邮说国学

哺育中华三千年

《邮说国学：哺育中华三千年》编写组 编著

邮說國學

厦门大学出版社
XIAMEN UNIVEESITY PRESS
国家一级出版社
全国百佳图书出版单位

图书在版编目(CIP)数据

邮说国学:哺育中华三千年/《邮说国学:哺育中华三千年》编写组编著.—厦门:厦门大学出版社,2019.9
ISBN 978-7-5615-7528-4

Ⅰ.①邮… Ⅱ.①邮… Ⅲ.①邮票－中国－图集②中华文化－通俗读物 Ⅳ.①G262.2－64②K203－49

中国版本图书馆 CIP 数据核字(2019)第 141467 号

出 版 人 郑文礼
策　　划 宋文艳
责任编辑 章木良
封面设计 李夏凌
技术编辑 许克华

出版发行 厦门大学出版社
社　　址 厦门市软件园二期望海路39号
邮政编码 361008
总　　机 0592-2181111　0592-2181406(传真)
营销中心 0592-2184458　0592-2181365
网　　址 http://www.xmupress.com
邮　　箱 xmup@xmupress.com
印　　刷 厦门市金凯龙印刷有限公司

开本　889 mm×1 194 mm　1/16
印张　19.75
插页　2
字数　540 千字
版次　2019 年 9 月第 1 版
印次　2019 年 9 月第 1 次印刷
定价　148.00 元

厦门大学出版社
微信二维码

厦门大学出版社
微博二维码

《邮说国学：哺育中华三千年》

编委会

顾　问： 陈义兴

主　任： 黄序和　吴富立

副主任： 刘宏伟　黄建计

编　委（以姓氏笔画为序）：

卢　明　庄慧蓉　宋文艳　宋晓文　何梅芳

陈显成　杨传金　林　间　范　军　张国德

郑大成　郑启五　黄　恺　黄小蓉　黄国斌

主　编： 林　间

Studies of
Chinese Ancient Civilization
on Stamps

前言

邮说國学

东周出孔丘，南宋有朱熹。

中国古文化，泰山与武夷。

这是我国当代著名思想家蔡尚思对中国古文化的高度概括，全诗以东周的孔子和南宋的朱熹以及产生这两位国学宗师的泰山与武夷山，作为中国古文化的杰出代表。这一跨越时空、穿透历史的评价，道出了中国传统文化发展的历史脉络和辉煌鼎盛。

国学泛指中国传统思想与文化学术，它是中华民族的核心价值理念和追求，也是数千年来中国人思维方式、生活方式的高度总结；不仅融入在中华儿女的血脉、精神和灵魂中，而且是中国人信仰的天空和大地。

国学内容广泛，博大精深，是以先秦儒家经典及诸子百家学说为根基，涵盖两汉经学、魏晋玄学、宋明理学，以及汉赋、六朝骈文、唐宋诗词、元代戏曲、明清小说等形成的一整套系统而完整的文化与学术体系。

在漫长的历史岁月中，国学融儒、释、道为一体，哺育了一代代中国人，成为他们安身立命的精神家园。如以孔子、孟子为代表的儒家"仁爱""中庸"思想，以老子、庄子为代表的道家"崇尚自然"思想，以及佛教中国化后产生的禅宗思想，讲求阴阳变化、追求"天人合一"的和谐思想等，已深深地积淀在中国人的精神生活中，成为他们思考自然人生、处理人伦社会关系的"指南"。

国学源远流长，命运多舛，在历史长河中曾几经沉浮。尤其是1840年鸦片战争后，由于国运衰弱，西学东渐，国学也历经风雨，饱受劫难。随着1978年改革开放，中国国力逐步增强，国际地位不断提高，国学也由此劫后重生，披沙沥金，走上了复兴之路。

邮票作为国家名片，于方寸之间展现特定的历史、文化、思想内涵，具有广泛的观赏、收藏和文化传播价值。新中国成立以来特别是改革开放40年来，中国邮政发行了大量包含传统文化和国学题材的邮票。鉴于此，我们尝试把国学和邮票结合起来，通过富有文化艺术韵味的邮票，阐释丰富深奥的国学内涵，以推动国学的大众化、普及化。

全书共分为十章，以国学传统分类的"经史子集"为基本脉络展开，其中：

第一章"国学先贤"介绍了孔子、孟子、老子、庄子、墨子、荀子、孙子、管子、司马光、朱子和王阳明等著名思想家；第二章"国学经典"介绍了《诗经》《尚书》《易经》《礼经》《春秋》《大学》《论语》《孟子》《中庸》等"四书五经"及《孝经》《史记》《坛经》等国学经典著作；第三章"国学精华"介绍了"仁、义、礼、智、信"等"五常"和"忠、孝、廉、耻、勇"等"五德"，这些纲常伦理均为国学的精粹；第四章"国学书院"介绍了应天书院、嵩阳书院、岳麓书院、白鹿书院等中国古代"四大书院"以及石鼓书院、安定书院、鹅湖书院、东坡书院等中国著名书院；第五章"文学巨匠"展现了屈原、贾谊、司马相如、班固、扬雄、曹植、陶渊明、李白、杜甫、白居易、韩愈、柳宗元、苏轼、关汉卿、冯梦龙、洪昇、孔尚任、曹雪芹等文学大家的风采；第六章"文学名著"介绍了《红楼梦》《三国演义》《水浒传》《西游记》等中国"四大古典文学名著"以及《楚辞》《唐诗三百首》《宋词三百首》《元曲选》《西厢记》《牡丹亭》《聊斋志异》《儒林外史》等中国古代文学的经典名著；第七章"成语典故"介绍了取材于国学典籍的"邯郸学步、叶公好龙、鹬蚌相争、愚公移山、毛遂自荐、卧薪尝胆、闻鸡起舞、同舟共济、狐假虎威、掩耳盗铃、水滴石穿、庖丁解牛、鸿雁传书、八仙过海"等脍炙人口的成语典故及蕴含其中的动人故事；第八章"戏曲艺术"介绍了对国学传播产生过重要影响的"京剧、越剧、昆曲、粤剧、黄梅戏、提线木偶、相声、鼓曲、评弹、快书"等不同的戏剧、曲艺表现形式，均为大众喜闻乐见、声名远播的艺术形式；第九章"书法艺术"介绍了在国学传播中发挥过重要作用的篆书、隶书、楷书、行书、草书等不同的书法形式，至今这些书法仍深受广大人民群众的喜爱；第十章"文物瑰宝"介绍了甲骨文、后母戊鼎、西周青铜器、东周青铜器、曾侯乙编钟、里耶秦简、汉代木椟、明代铁券、清代国书等具有代表性的国学载体，它们是中华文化当之无愧的国宝。

全书文字简练，文笔优美，图文并茂，展现了国学的风采神韵和艺术瑰宝的魅力。

一千多年前，宋代理学宗师朱熹在《观书有感二首·之一》中写道：

半亩方塘一鉴开，天光云影共徘徊。

问渠那得清如许？为有源头活水来。

朱子在诗中借水流之清澈，说明源头活水不断注入池塘的重要性；比喻要不断接受新事物，才能保持思想的活跃与进步，这对我们今天重温国学、普及国学同样具有重要的指导意义。

愿本书能带你迈入国学的殿堂，领略国学的丰采，把握国学的精髓；愿中华优秀传统文化宝库能源源不断地为你送来精神的食粮、生命的活水！

《邮说国学：哺育中华三千年》编委会
2019年8月8日

目录

邮說國學

玖　书法艺术

拾　文物瑰宝

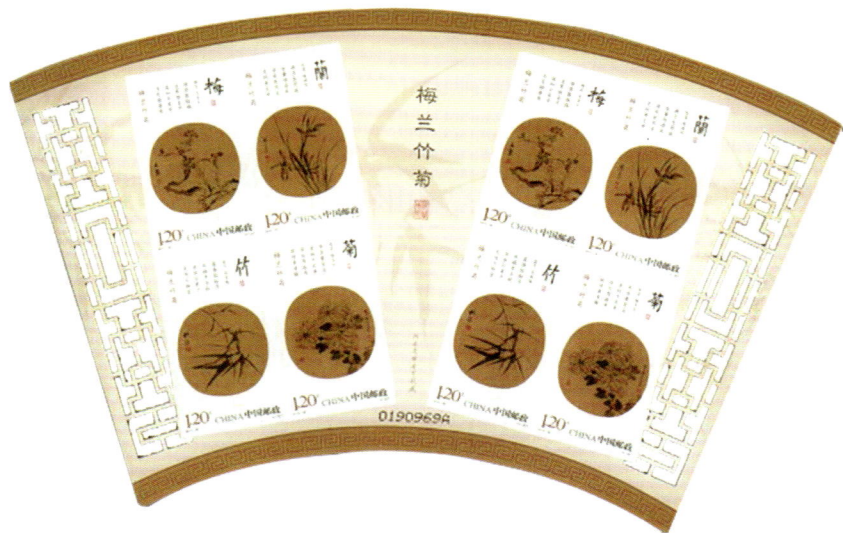

梅兰竹菊

国学先贤

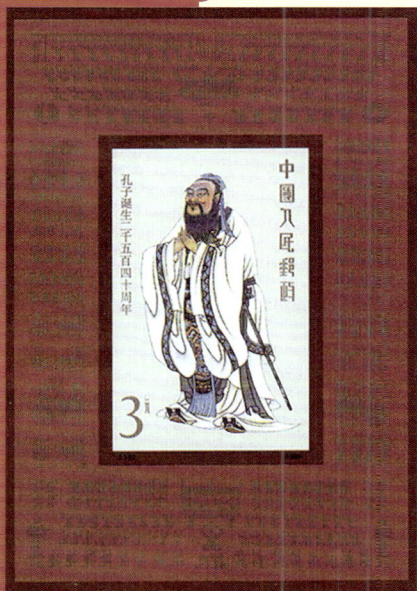

孔　子
孟　子
老　子
庄　子
墨　子
荀　子
孙　子
管　子
司马光
朱　子
王阳明

孔 子

孔子是中国著名的大思想家、大教育家，也是儒家学派的创始人。儒家思想对中国和世界产生了深远的影响，孔子也因此被尊为"儒家始祖""至圣先师"，并被列为"世界十大文化名人"之首。

古代思想家——孔子

孔子（前551—前479），名丘，字仲尼，鲁国陬邑（今山东曲阜）人。三岁时父亲去世，他和母亲一起过着清贫的生活。年轻时管理过仓库、畜牧；曾一度出仕，担任过鲁国大司寇，摄相事；后来带领部分弟子周游列国十四年，纵论天下大事，关注国家治理，经历了种种风波坎坷；晚年修订六经，即《诗》《书》《礼》《乐》《易》《春秋》。孔子去世后，其弟子和再传弟子把孔子及其弟子的言行语录和思想记录下来，整理编成儒家经典《论语》。

孔子一生致力于教育，广招门徒，首创私人讲学风气。相传有弟子三千，其中七十二贤人。他主张"有教无类"，即不分贵贱、不分国界，只要有心向学，都可以入学受教，从而开创了教育普及的先河。他强调"学而时习之""不知为不知"，注重学习和思考相结合，并主张因材施教，发扬"学而不厌，诲人不倦"的精神。

孔子在政治上主张"为政以德"，即用道德和礼教来治理国家，实行"德治"和"礼治"。德治就是以道德去感化教育人；"礼治"即遵守严格的等级制度，君臣、父子、贵贱、尊卑都有严格的区别。孔子认为这是最高尚的治国之道。

孔子开创的儒家思想是中国影响最大的思想流派，并成为中国古代的主流意识形态，对中国和东亚乃至全世界都产生过深远的影响，被后人尊为"万世师表"。作为历史上如此重要的人物，孔子自然也成为邮票选题中不可错过的好题材。1989年、2000年、2010年，先后三次发行以孔子为题材的邮票。

1989年9月28日，邮电部发行了《孔子诞生二千五百四十周年》纪念邮票，1套2枚。

（2-1）杏坛讲学（2-2）周游列国

第一枚为《杏坛讲学》，描绘了孔子给弟子授课的情景。孔子端坐在讲坛上，那种循循善诱、诲人不倦的神韵跃然纸上；众弟子手捧竹简、俯首聆听的专心神态，栩栩如生。第二枚为《周游列国》，描绘了当年孔子率弟子到各国宣传其政治主张的场面。另有小型张一枚，图案为孔子像，图中孔子慈眉善目，神采奕奕，一副万世师表的风貌。

2000年11月11日，中国邮政发行《中国古代思想家》纪念邮票，其中第一枚图案就是孔子头像（参见题图）。

2010年9月28日，中国邮政发行《孔庙 孔府 孔林》特种邮票，1套3枚，分别以孔庙大成殿和孔子行教像、孔府崇光门和《论语》书、万古长春坊

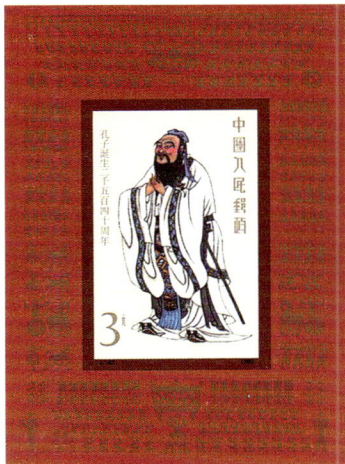

孔子诞生二千五百四十周年（小型张）

和孔子墓为主图，背景附有《论语》中的语句，同时还发行小全张一枚。

（3-1）孔庙是全国最大的祭孔要地，共有九进院落，南北为轴，分左、中、右三路。这里本是孔子的故居，孔子死后第二年，鲁哀公将其故宅改建为庙。孔庙中轴线上分布着奎文阁、十三碑亭、杏坛、大成殿及其两庑的历代碑刻。

（3-2）孔府本名衍圣公府，位于曲阜城中孔庙东侧，是孔子嫡氏孙居住的府第。孔府坐北朝南，入圣人之门，迎面是重光门。门楣因悬明世宗亲颁"恩赐重光"匾额，故称"重光门"。其后便是宽敞的正厅，即孔府大堂。

（3-3）孔林本称至圣林，是孔子及其家族的墓地。孔林内树木种类繁多，使其成为一座天然的植物园。万古长春坊位于孔林的林道上，石质结构，六柱五间五楼，气势宏伟，造型优美。在万木掩映的孔林中，碑石如林，石仪成群，因此，孔林又称

得上是名副其实的碑林。孔子墓位于孔林中偏南地段，东西30米，南北28米，高5米，墓碑篆书"大成至圣文宣王墓"。孔子墓东为其子孔鲤墓，南为其孙孔伋墓，这种墓葬布局名为"携子抱孙"。

曲阜的孔府、孔庙、孔林，统称"三孔"，是中国历代纪念孔子、推崇儒学的表征，以丰厚的文化积淀、悠久的历史、宏大的规模、丰富的文物珍藏和独特的科学艺术价值而著称。它们以其独有的艺术特色、民族风格和历史渊源而被誉为"东方文化宝库"和中国封建社会的"小百科全书"，1994年12月被联合国教科文组织列入世界文化遗产名录，曲阜也被尊崇为"世界三大圣城"之一。全国各地保存了许多历朝历代的孔庙，其中以曲阜的孔庙规模最大、时代最早，是中国现存最大的四大古建筑群之一。

孔子的"仁说"体现了人道精神，孔子的"礼说"则体现了礼制精神，即现代意义上的秩序和制度。人道主义是人类永恒的主题，对于任何社会、任何时代、任何政府都是适用的；而社会秩序和制度则是建立人类文明社会的基本要求。孔子的这种人道主义和秩序精神是中国古代社会政治思想的精华。

孔子的思想在中国思想发展史上具有划时代的意义，并被后世统治者尊为"孔圣人、至圣先师、大成至圣文宣王先师、万世师表"等。孔子的"大同"社会、"小康"社会理想对中国后世影响深远。后来不同历史时期、不同阶段的思想家，包括洪秀全、康有为、谭嗣同和孙中山等都受到其影响，并提出过不同内容的憧憬未来社会的蓝图和奋斗目标。

（3-1）孔庙（3-2）孔府（3-3）孔林

早在400多年前，孔子的学说就已被传到西方。来华的意大利传教士把记录孔子言行的《论语》一书译成拉丁文带到欧洲。而今，孔子学说已走向了五大洲。为了发展中国与世界各国的友好关系，增进世界各国人民对中国语言文化的理解，为各国汉语学习者提供方便、优良的学习条件，中国"国家汉办"先后在世界上有需求、有条件的若干国家，建设了500多所以开展汉语教学为主要活动内容的孔子学院。各国孔子学院的建立，正是孔子"四海之内皆兄弟""和而不同""君子以文会友，以友辅仁"思想的现实实践。

2012年12月1日，中国邮政发行《孔子学院》特种邮票，1套2枚。

（2-1）交流。画面创意围绕对孔子学院院徽的解读，通过抽象标志与具象写实重构的设计手法，将鸽子这一象征和平、传递文化的使者与象征世界各国国际交流的地球图案加以组合。

（2-2）教学。选用国宝大熊猫作为形象使者，将它变成一位憨态可掬的小老师，在黑板上教大家学习汉字。

该套邮票的发行是为了进一步推广汉语和传播中国文化与国学，将孔子学院这一开展汉语教学以及中外教育、文化等方面的交流与合作的非营利性教育机构开设到更多的国家和地区。

（2-1）交流（2-2）教学

孟　子

孟子是战国时期的著名思想家、政治家、教育家，也是儒家学派的重要代表人物。他继承并发扬了孔子的思想，成为仅次于孔子的一代儒家宗师，有"亚圣"之称，与孔子合称"孔孟"，"孔孟之道"也因此成为儒家学说的代名词。

古代思想家——孟子

孟子（前372—前289），名轲，字子舆，鲁国邹邑（今山东邹城）人。父名激，母仉（zhǎng）氏。他幼年丧父，家境贫困，孟母艰辛地将他抚养成人。为了不使他受到不良习气的影响，孟母对其管束甚严，曾三迁其居，使其能致力于学问。"孟母三迁""孟母断织"等故事成为千古美谈。

作为孔子之孙孔伋（子思）的再传弟子，孟子深受孔子思想的影响，不仅大力宣扬孔子的"仁爱"思想，而且最早提出"民贵君轻"的思想，主张兴"王道"、行"仁政"。

孟子认为，人皆有"恻隐、羞恶、辞让、是非"之心，其中包含着善的萌芽，是"仁、义、礼、智"四种道德观念的发端。在他看来，人性是人区别于动物的本性，人生下来就具有善良的本性，但能否持久地保持善良本性，并使它成长为"仁、义、礼、智"四德，则取决于后天的习染、熏陶、修养。一方面，每个人要自觉地滋养、扩充自己的善良本性，克制自己的欲望而不使"人欲横流"；另一方面，要从身边的平常事做起，做到"亲其亲，长其长"，即孝敬父母、尊敬兄长，使仁爱之心、孝悌之心得到弘扬。只有清心寡欲，或饱经磨难，才能"存心养性"，养成"浩然正气"，做到"富贵不能淫，贫贱不能移，威武不能屈"，成为顶天立地的大丈夫，达到"万物皆备于我"的高度。

孟子主张"亲亲而仁民"，即把自己对亲人的感情、关爱扩大到广大民众中去，做到"老吾老，以及人之老；幼吾幼，以及人之幼"。每个人的仁心扩而充之，推己及人，就会形成社会的仁义、仁政。他崇尚尧、舜、禹、汤、文、武、周公的政治，称赞"先王之道"，以井田制作为理想制度，憧憬百姓温饱无忧、讲究礼义仁爱的世界。他反对暴政，主张以仁政来实现这一理想，使社会达到"仁爱"的理想境界。

为了实现这一理想境界，他主张在经济上，要"制民之产"，使民众拥有基本的生产、生活资料，因为"有恒产者有恒心"；在政治上，要以仁德而非强力来治理国家，因为"以力服人者，非心服也；以德服人者，心悦而诚服也"；在教育上，要对民众施以教化，以提高他们的道德水准和文化水准，因为"善政得民财，善教得民心"；在文化上，君主应"与民同乐"，在爱好、情感等方面与民众相互沟通，营造良好的社会氛围，因为"乐民之乐者，民亦乐其乐；忧民之忧者，民亦忧其忧"。

孟子继承了孔子"重义轻利"的义利观，但对义更加重视和赞扬，强调不能"见利忘义、唯利是图"，不能以一己之利、小团体之利损害公众之利。主张"士穷不失义，达不离道"，必要时应当"舍生取义"。他还提出"得道者多助，失道者寡助"，鄙视暴君和不义之战；认为"天时不如地利，地利不如人和"，"生于忧患，死于安乐"；主张"没有规矩，不成方圆"，"尽信书，不如无书"。

为了实现自己的理想世界，他效仿孔子，周游列国，向各国君主宣传他的主张。他先后见过齐威王、齐宣王、魏（梁）惠王、魏襄王，大讲"得民心者得天下，失民心者失天下"的道理，但那些国君并不欣赏他的主张，他始终没有受到重用。晚年他回到家乡，与弟子万章等聚徒讲学，著述以终。《孟子》一书即是由孟子及其弟子共同编写完成的一部记录了孟子言行的儒家经典著作。

千年礼乐归东鲁，万古衣冠拜素王。韩愈《原道》将孟子列为先秦儒家继承孔子"道统"的代表性人物，元朝追封孟子为"亚圣公"，尊称"亚圣"。孟子的思想对后世儒学的发展，特别是对宋儒有较大影响，由于其发展了孔子的思想，后人合称二人的思想为"孔孟之道"。

位于山东邹城的孟庙又称亚圣庙，为历代祭祀孟子的场所。亚圣殿为孟庙的主体建筑，大殿正面重檐之间高悬一匾，上书"亚圣殿"楷书贴金大字。正中门额上挂"道阐尼山"横匾一块。殿内承以八根巨型朱漆木柱，迎门正面两柱挂以一副巨型抱柱对联："尊王言必称尧舜，忧世心切同禹颜。"对联和门匾都是清代乾隆帝手书。东侧神龛有雍正帝手书"守先待后"的金匾一块。山东因拥有孔子和孟子两位伟大思想家而被称为"孔孟之乡"。

2000年11月11日，中国邮政发行《中国古代思想家》纪念邮票，1套6枚，其中第二枚图案就是孟子头像（参见题图）。

孟子（极限片）

链接：孟母三迁与"断织喻学"

孟子小时候，他的母亲仉氏为选择良好的环境教育孩子，曾煞费苦心，多次迁居。第一次，因为居住的地方离墓地很近，孟子玩起祭拜之类的的游戏。孟母认为此地不适合孩子居住，便将家搬到集市旁。没想到，孟子却学起了吆喝做买卖，孟母觉得这个地方还是不适合孩子居住，于是再次搬家。由于新家距离屠宰场很近，孟子成天看着屠杀牲口的场面，孟母感觉很不是滋味，最后将家搬到学宫旁边。每月初一，官员们都要入文庙，行礼跪拜，揖让进退。孟子一一习记在心。孟母认为这才是适合孩子居住的地方，于是就在这里定居了下来。孟子长大成人后，不仅彬彬有礼，而且学成六艺，最后成为大儒。这与孟母当年的潜心教化无疑是分不开的。

孟子原先对学习很感兴趣，但时间长了就觉得有些厌烦，于是经常逃学。孟母知道后非常生气，她拿刀把织布机上的经线割断，并对孟子说："你逃学就像我一刀割断织布机上的线。布是一丝一线织起来的，割断了线布就无法织成，君子求学也是如此。博学多问才能增加智慧，你经常逃学怎么能成为有用之材呢？"

孟母用"断织"来警喻"辍学"，指出做事必须要有恒心，一旦认准目标，就不应为外界所干扰，半途而废。"断织喻学"的一幕在孟子小小的心灵中，留下了鲜明的印象，孟子从此旦夕勤学，终于成为一代儒学大师。

《三字经》说："昔孟母，择邻处；子不学，断机杼。"讲的就是孟母因居住之所"近于墓，近于市，近于屠"而三次迁居，最后在学宫之旁安家，终于使孩子拥有一个真正良好的教育环境的故事。

孟母三迁

老 子

老子是西周末期中国著名的思想家、哲学家，也是道家学派的创始人和主要代表人物，被尊为"道教始祖"。他所著的《道德经》被公认为我国历史文化的瑰宝，也是世界哲学的经典。

古代思想家——老子

老子（约前571—前471），姓李名耳，字伯阳、聃。据《史记》记载，老子乃楚国苦县曲仁里（今河南省鹿邑县太清宫镇）人，曾做过周朝"守藏室之官"（管理图书的官员），居于洛阳（今属河南），转掌王室书籍；后来又担任柱下史，知识渊博，通晓古今，传说孔子也曾向他请教过有关礼仪的问题。晚年老子退隐归山，隐居沛（今江苏沛县），躬耕授徒，讲道论德。后见周室日趋衰微，他厌恶世风日下，乃离开周室，骑驴西去，不知所终。

老子在出函谷关前著有五千言的《老子》一书，又名《道德经》。全书分为上下两册，共81章，前37章为上篇《道经》，第38章及以下为下篇《德经》。全书的思想结构是：道是德之"体"，德是道之"用"。《道德经》《易经》《论语》被认为是对中国人影响最深远的三部思想巨著。

在思想上，老子以"道"解释宇宙万物的演变，即"道生一，一生二，二生三，三生万物"，"人法地，地法天，天法道，道法自然"。在他看来，"道"为客观自然规律，同时又具有"独立不改，周行而不殆"的永恒意义。

在政治上，老子主张无为而治、不言之教。他认为，"天之道，损有余而补不足，人之道则不然，损不足以奉有余"；"民之饥，以其上食税之多"；"民之轻死，以其上求生之厚"；"民不畏死，奈何以死惧之"。

在方法论上，老子认为世间事物均为"有"与"无"的统一，"天下万物生于有，有生于无"，"有无相生"，而"无"为基础。《老子》一书中包含着大量朴素辩证法的观点，如认为一切事物均具有正反两面，并能由对立而转化，即"物极必反""反者道之动""正复为奇，善复为妖""祸兮福之所倚，福兮祸之所伏"等。

在修身上，老子是道家"性命双修"的始祖，讲究虚心实腹、不与人争的修持，最后达到"返璞归真"。在他看来，天地万物的运行和人的行为都应顺乎自然而不能强求，应当以柔弱不争修养自我，知足、知止，清心寡欲，清静无为，才能战胜自我，完善自我。

在老子看来，凡事顺乎自然便合于道。他最欣赏水，认为水能顺乎自然，随物赋形，可以水滴石穿，柔而胜刚。他认为"天下难事，必作于易；天下大事，必作于细"；"甚爱必大费，多藏必厚亡"。他的这种辩证观，承认事物存在着矛盾的双方，而且又会互相转化，从而奠定了"一体二元"的思维模式框架，成为辩证思维的基本思路。

老子要求人们朴素寡欲，知足常乐，以慈爱和俭廉为本，予而不取，不与人争。他反对暴力和战争，憎恨暴君和专制统治，指出"民不畏死，奈何以死惧之"。他热爱人生，却不能冷静地分析人生；他愤世嫉俗，却向往着美好的与世无争的世界——"邻国相望，鸡犬之声相闻，民至老死，不相往来"。在那里可以"甘其食，美其服，安其居，乐其俗"。

老子的哲学思想和由他创立的道家学派，与儒家、墨家等同为先秦思想的主干，不仅对中国古代思想文化的发展做出了重要贡献，而且对2000多年来中国传统文化的发展产生了深远的影响。魏晋玄学、禅宗等都明显地受到它的影响，东汉以后产生的中国本土宗教——道教，更是把老子奉为始祖，《道德经》被称为《道德真经》，成为道徒们顶礼膜拜的圣物。

在道家学说中，老子与后世的庄子并称"老庄"。民间自古有"老子天下第一"之称。唐高宗曾亲临鹿邑拜祭老子，后来武则天又封其为"太上老君"，唐朝帝王还追认他为李姓始祖。唐之后，中国历史上还有多位皇帝曾亲临鹿邑拜祭老子，可见其影响之大。

老子是中国乃至世界文化名人，被誉为"东方三大圣人"之首。他所著的《道德经》已被译成多国文字，流传海外，成为东方古典哲学名著之一，享誉世界，成为全球文字出版发行量最大的著作之一。20世纪80年代，据联合国教科文组织统计，在世界文化名著中，译成外国文字出版发行量最大的是《圣经》，其次就是《道德经》。

2000年11月11日，中国邮政发行《中国古代思想家》纪念邮票，其中第三枚图案就是老子头像（参见题图）。

《老子出关图》（纪念张）

庄 子

庄子是战国时期著名思想家、哲学家、文学家，也是道家学派的代表人物以及老子哲学思想的继承者和发展者。后世将他与老子并称为"老庄"，并把他们的哲学称为"老庄哲学"。

古代思想家——庄子

庄子（约前369—前286），名周，字子休（一说子沐），战国时期宋国蒙（今河南民权县）人，原系楚国贵族后裔，后因战乱迁至宋国。曾担任漆园（今河南涡河北岸）吏，有"漆园傲吏"之称，被誉为"地方官吏之楷模"。后楚庄王钦慕他的学问，欲礼聘他为楚相，庄子却因崇尚自由而婉言谢绝。从此他不再做官，逍遥物外，以学问自娱。

他秉承老子的学说，赞成以"道"为宇宙本本，认为道无所不履，无所不载，自生自化，永恒存在。但他比老子更为透彻，把自己看成与"道"为一本，即"天地与我并生，万物与我为一"。

"齐物论"是庄子哲学的核心思想，它是一种"齐物我""齐大小""齐生死""齐是非"的相对主义，认为万物都处在"无动而不变，无时而不移"中，其形态是不固定的，事物之间也不存在真正的质的稳定性和差异性。一切事物都是无差别的，即"万物一齐"；人们对事物的认识也不存在确定的是非标准，但由于各种原因，人们却自以为是，以彼为非，产生了是非之争。而一切是非之争都是对道的割裂，"是非之彰也，道之所以亏也"。

庄子的思想包含着朴素的辩证法。他认为宇宙本起于无生、无形、无气，以后从混沌之间变而有气，气变而有形，形变而有生，生变而有死。这犹如春夏秋冬循环不已，人们无须感到突然，也无须注重变化，而应听其自然。在他看来，死生、善恶、贵贱、是非、成败、毁誉等并没有差别，人应当看破一切，自由旷达，无拘无束，安时处顺，逍遥自得。只要能达到这样的境界，就能与世无争，成为没有烦恼而精神愉快的"至人"。

庄子和老子一样，主张"天道无为"，认为自然的比人为的要好；主张人类应该摒弃外加的"仁义礼智"，依照人的自然本性，自然而然地生存和发展。在政治上"无为而治"，不要"妄为"；在生活上"清静无为"，清心寡欲。

庄子一生淡泊名利，主张修身养性。虽然生活穷困，却不接受楚威王的重金聘请；虽然与世无争，却在内心深处充满对现实世界的强烈爱恨。他洞悉易理，深刻指出《易》以道阴阳"，其"三籁"思想与《易经》"三才"之道也是相吻合的。

庄子的想象力极为丰富，语言运用自如，灵活多变，能把一些微妙难言的哲理说得引人入胜。他的作品被人称为"文学的哲学，哲学的文学"。庄子的言论辑成《庄子》一书，其中的名篇有《逍遥游》《齐物论》等。文笔优美生动，想象浪漫丰富，许多道理是以故事的形式加以阐述的，如"东施效颦""庖丁解牛"等，活泼而幽默，成为我国古典寓言散文的杰作。

庄子的学说涵盖着当时社会生活的方方面面，其根本精神虽然归依于老子的哲学，但有着自己独特的哲学思想体系和文风。庄子不仅是先秦庄子学派的创始人，而且是先秦道家学说的集大成者。

据传，他曾隐居南华山，故唐玄宗天宝初，诏封庄子为南华真人，称其书《庄子》为《南华真经》。后来庄子更是被道教徒加以神化，被奉为"南华真人""微妙玄通真人"，成为道教的精神领袖。

庄子追求旷达超脱和绝对自由的思想，对后世影响深远。魏晋时期，《庄子》《周易》《老子》被并称为"三玄"。《庄子》的精神在于强调自然，人不要蒙蔽了自己，给人生加上太多的枷锁。近现代西方的一些大思想家、大文学家，包括卢梭、梭罗、尼采、陀思妥耶夫斯基、劳伦斯、德里达等，无不在自己的著作中承认，自己的思想曾受到2000多年前东方哲学家庄子的影响，庄子的思想对于他们是一剂解决心灵迷惑的"灵丹妙药"。

2000年11月11日，中国邮政发行《中国古代思想家》纪念邮票，其中第四枚图案就是庄子头像（参见题图）。

链接：庄周梦蝶

庄周梦蝶典出《庄子·齐物论》，它是战国时期道家学派主要代表人物庄子所提出的一个哲学命题。在其中，庄子运用浪漫的想象力和美妙的文笔，通过对梦中变化为蝴蝶和梦醒后蝴蝶复化为己的事件的描述与探讨，提出了人不可能确切地区分真实与虚幻以及生死物化的观点。虽然故事极其短小，但由于其渗透了庄子诗化哲学的精义，成为庄子诗化哲学的代表。也由于它包含了浪漫的思想情感和丰富的人生哲学思考，引发后世众多文人骚客的共鸣。

实际上，本我即是庄周，超我即蝴蝶，庄周先梦到自己变成了蝴蝶，然后又以蝴蝶身份做梦变回自己。他希望在现实与理想之间，能像蝴蝶一样拥有自由。

戏曲《蝴蝶梦》进入方寸，不是为了展示蝴蝶的美艳，而是为了昭告人们蝴蝶已成为一种文化的载体，融入人们的精神与情感生活中。让人口口相传、津津乐道的庄周梦蝶，被后人称为"蝶梦"就是最好的例证。

《蝴蝶梦》

墨　子

墨子是春秋战国之际的著名思想家、教育家，也是著名的科学家、军事家和社会活动家，先秦墨家学派的创始人。

中国邮政 CHINA

80分

古代思想家—墨子
2000-20 (6-5) J

古代思想家——墨子

墨子（约前468—前376），名翟，宋国人（一说鲁国人）。他是宋国贵族木夷的后代，当他出生时家道已经沦落，平民出身的墨子一生都称自己为"北方之鄙人"，"鄙人"即劳动人民。少年时代曾做过牧童，学过木工，后来成为一位出色的工匠，能制可飞行1天的"飞鸢"和可载重30石的"车辖"。宋昭公时曾任大夫，后来寓居鲁国，讲学授徒，弃儒倡墨。

墨子在青年时代就走出大山，到各国游历，拜访天下名师，欲求治国之道。后来回到故里开始数年隐修，从政治文献中寻求救世之道，从各种兵书中揣摩攻守之术，从武术秘籍中习练独特剑术。此后到各地聚众讲学，以激烈的言辞抨击儒家和各诸侯国的暴政。大批手工业者和下层人士开始追随墨子，组成了庞大的游侠集团，其成员被称为"墨者"。他们有严格的组织和纪律，穿短衣草鞋，参加劳动，以吃苦为高尚。

墨子早年曾经师从儒者，学习《尚书》《春秋》等儒家典籍，后来逐渐对儒家烦琐的礼乐感到厌烦，最终舍弃儒学，形成了自己的墨家学说。他的思想与学说反映了一些小生产者和平民的主张，比较讲究实际。他认为富贵贫贱并不是来自先天，也不是固定不变的；否定命运对人事的主宰，但同时又认为鬼神与天对人事有监督作用。

墨子认为，判断事物的有与无不能凭个人臆想，而要以大家所看到、听到的东西为依据。据此他提出检验认识真伪标准的"三表法"：第一要根据历代帝王的统治经验；第二要根据当前百姓的感觉和反应；第三要根据实际的效果。

基于这种认识论，墨子针对社会现状，提出"兼爱"说。与儒家的"亲亲有术，尊贤有等"相反，他主张泛爱，要求君臣、父子、兄弟都要在平等基础上相互友爱，"爱人若爱其身"，主张实行人道主义和广泛的社会互助。在他看来，社会上"强执弱、富侮贫、贵傲贱"等现象就是因"天下人不相爱"所致。

他反对战争，提出"非攻"说，认为社会最大的弊病就是战争，它给老百姓带来了无穷的灾难。因此他一生不遗余力地奔走各诸侯国，东到齐、鲁，北到郑、卫，反对兼并战争，阻止相互攻伐。但他并不是无条件地反战，对汤武伐纣，他就非常赞成，主张"兴天下之利，除天下之害"。

墨子提倡"尚贤"，主张尊重贤能，让有能力的人负责政治事务；提出"官无常贵，民无终贱"的主张，反对贵族的世袭和垄断。与儒家鼓吹礼乐相反，墨子提出"非礼""非乐"，主张"节用""节葬"，抨击君主、贵族的奢侈浪费，并身体力行，过着清廉简朴的生活，倡导"赖其力者生，不赖其力者不生"。

墨子也是中国古代逻辑思维的重要开拓者之一，他比较自觉、大量地运用逻辑推论方法，包括运用类推的方法揭露论敌的自相矛盾等，以建立或论证自己的政治、伦理思想。在中国逻辑史上首创"辩、类、故"等逻辑概念，并要求将"辩"作为一种专门知识来学习。

他还注意观察天体的运行变化，探索光学、力学、数学等自然科学的奥秘，来丰富自己的学说；强调人的认识必须以人的感官所能感觉到的客观实际为根据和来源。

墨子和他弟子的言行，后人辑为《墨子》，它包括《墨经》，今存53篇。全书内容广泛，包含政治、军事、哲学、伦理、逻辑、科技等方面，概括了墨家关于认识论、逻辑学的研究成果，并涉及力学、光学、几何学、物质结构与时空等自然科学知识，是我国古典哲学与自然科学著作的珍贵文献。

墨子所开创的墨家学派，含有许多批评儒家学派的成分。这两派学说的彼此辩难，活跃了思想，从而揭开了战国时期"百家争鸣"的序幕。墨子去世后，墨家分为三个学派，即相里氏之墨、相夫氏之墨、邓陵氏之墨。三派互相都攻击对方是"别墨"，此后墨学中心逐渐转移到秦国。

虽然墨家在汉代已逐渐衰落、消亡，但墨者具有的侠客精神、牺牲精神、讲信守诺精神和行动果断的风格，以及墨家注重自然科学的风气，却不断地为后人所继承和发扬光大。

2000年11月11日，中国邮政发行《中国古代思想家》纪念邮票，其中第五枚图案就是墨子头像（参见题图）。

墨子（极限片）

荀　子

荀子是战国时期著名思想家、文学家、政治家，也是战国后期儒家学派的重要代表人物。他是第一个使用赋的名称和用问答体写赋的人，因此与屈原并称"辞赋之祖"。

古代思想家——荀子

荀子（约前313—前238），名况，字卿，时人尊称"荀卿"（西汉时因避汉宣帝讳，改称孙卿），战国时期赵国猗氏（今山西新绛）人。他年轻时曾到齐都临淄（今属山东淄博）稷下学宫求学，广泛地接触了各派学说。后来又游学楚国，考察社会。齐襄王时，荀子回到稷下学宫讲学，并且以博学三任祭酒。后前往秦国考察商鞅变法后的社会状况，访秦相范雎等，对秦国政治予以肯定。认为"秦四世有胜，数也，非幸也"，同时又对秦国重视刑法苛治，轻视仁德士君子的方略不以为然，谓之"县之以王者之功名，则偶偶然其不及远矣"。游赵时曾与临武君在赵孝成王面前讨论时局和议兵。晚年应春申君之邀赴楚，担任兰陵（今属山东苍山县）令。春申君去世后，荀子失官，因而寓居兰陵，著述收徒，终老他乡。

荀子在长期的游学和考察生活中，经过反复比较，认为孔子的学说讲求"仁"，是最好的治国理念，也比较符合他的心意，而其他各派都有所局限，因此推崇儒家思想，并以孔子的继承人自居，对儒家学说特别是儒家的"外王之学"有所发展。

荀子最著名的是他的"性恶论"，这与孟子的"性善说"直接相反。在他看来，所谓人性就是人的自然本性，是所谓"生之所以然者"。其自然表现为"饥而欲饱，寒而欲暖，劳而欲休"。其实质就是人天然具有的自然生物本能和心理本能。

荀子认为人的这种天然的对物质生活的欲求是与道德礼仪规范相冲突的，人性"生而有好利焉""生而有疾恶焉""生而有耳目之欲，有好色焉"。如果"从人之性，顺人之情，必出于争夺，合于犯纷乱理而归于暴"，所以说人性是"恶"，而不是"善"。正因为人的本性是恶的，有各种欲望，因而引起了互相的争斗。荀子虽然反对孟子的"性善说"，提出了"性恶论"，但是他赞成孟子以"礼义"去改造人的恶性。

荀子反对道家的天命论，认为"天行有常，不为尧存，不为桀亡"。也就是说，日月星辰的运行，寒暑风雨的现象，都不过是自然的变化，有它的客观规律，不以帝王的更替、政治的好坏为转移。因此他反对迷信天命，反对天治，主张人治，认为"人定胜天"。这种认识，与儒家"生死有命，富贵在天"的思想也是大相径庭的。

荀子在政治上提出"法后王"的主张，主张革新，实行"法治"，富国强兵。他的这一观点，既不同于儒家的"法先王"，又不同于墨家的"兼爱"，更有别于道家的"无为而治"。他强调中央集权，反对世袭，提倡用贤，王霸并用，德治与法治相结合，这是荀派儒学的一个特点。

荀子在经济上主张强本节用，开源节流。

荀子主张"行贵于知"，重视实践的作用，与墨家之说相吻合。他承认人的欲望与生俱来，这被科学证明是正确的。为此，他强调后天的教育作用，并且在实践中总结了许多教育与学习的经验。他认为只要经过刻苦的努力，就可以后来居上，做到"青出于蓝而胜于蓝"。

荀子否认天赋的道德观念，强调后天环境和教育对人的影响。晚年的代表作有《劝学》。他提出"锲而不舍，金石可镂"，又提出"积小流而汇江海，积小步以至千里"，倡导渐进的知识积累方法。他还号召学以致用，宣传尊师好学。这些看法至今仍有积极意义。

他从知识论的立场批判地总结和吸收了诸子百家的理论主张，形成了富有特色的"明于天人之分"的自然观、"化性起伪"的道德观、"礼仪之治"的社会历史观，并在此基础上对先秦哲学进行了总结。

他的"正名"学说，有着丰富的逻辑理论，对古代名学的建立贡献显著。他对重新整理儒家典籍也有相当显著的贡献。

他曾经传道授业，战国末期两位最著名的思想家、政治家——韩非、李斯都是他的入室弟子。两人受学之后，均由儒变法，后来成为法家的杰出代表人物。《史记》记载李斯"乃从荀卿学帝王之术"。通过李斯的实践，荀子的"帝王之术"得以展现出来。北宋苏轼在《荀卿论》中说："荀卿明王道，述礼乐，而李斯以其学乱天下。"

荀子的著作集为《荀子》（唐代杨倞为其作注），因为荀子受历代学者的抨击，其注者不多。直至清代考据学兴盛，注释校订者才增加。现代研究荀子的学者也较古代为多，包括清代的王先谦、民国时期的梁启雄（梁启超胞弟）等。清末维新学者谭嗣同在他的《仁学》中曾评价说："（中国）二千年来之学，荀学也，皆乡愿也。"

2000年11月11日，中国邮政发行《中国古代思想家》纪念邮票，其中第六枚图案就是荀子头像（参见题图）。

荀子（极限片）

孙 子

孙子是春秋时期的著名军事家、政治家和思想家，被尊称为"兵圣"。其所著《孙子兵法》被誉为"兵学圣典"，置于《武经七书》之首，在中国乃至世界军事史、思想史上都占有极为重要的地位。

兵者国之大事，死生之地存亡之道不可不察也

中国邮政 20分
1995-26 (5-1)T CHINA

孙子

孙子（约前545—前470），即孙武，字长卿，春秋时期齐国乐安（今山东广饶）人。祖上为齐国贵族，祖父田书曾任齐国大夫，颇有军事才干，鲁昭公十九年（前523年）因伐莒有功，齐景公封乐安，赐姓孙氏。孙书（即田书）生子孙凭，孙凭生子孙武。

由于出身贵族家庭，孙武自幼得以熟读诗书。其时各诸侯国战乱频仍，兼并激烈，少年孙武不仅耳闻目睹了一些战争，而且阅读了古代军事典籍《军政》。齐景公二十一年（前527年），眼见国内时局动荡，四大家族争权夺利，而地处南方的吴国国势强盛，很有新兴气象，于是，年仅18岁的孙武毅然离开故乡，远奔吴国。

在吴都姑苏（今江苏苏州）定居后，孙武潜心读书、钻研和写作，并结识了从楚国而来的伍子胥。前512年，吴王阖闾继位后两年，吴国国内稳定，仓廪充足，军队精悍，于是准备进兵伐楚。经吴国谋臣伍子胥多次推荐，孙武得以晋见吴王，并向吴王进呈其所著兵法十三篇，受到吴王赏识，任命其以客卿身份担任吴国将军。

前506年（周敬王十四年），吴楚六战开始后，孙武指挥吴国军队以三万之师，千里远袭，深入楚国，五战五捷，大破楚国军队，并直捣楚国国都郢城，几近灭亡楚国，创造了中国军事史上以少胜多的奇迹，为吴国立下了卓著战功。

在吴楚大战中，吴军先后采用了孙武"伐交"（策动桐国，使其叛楚）的战略和"因粮于敌"（用敌人的粮食补充自己）的策略。最后在孙武、伍子胥的直接指挥下，经过多次大战击败楚师，只用了十几天工夫，就攻入了楚都郢城。

阖闾去世后，由夫差继位，孙武、伍子胥等大臣继续辅佐夫差，努力积蓄钱粮，充实府库，制造武器，扩充军队。经过三年，吴国国力得到恢复。前494年（勾践三年），越王勾践进攻吴国。吴军由伍子胥、孙武策划，在夜间布置了许多"诈兵"，分为两翼，点上火把，袭击越军，越军很快大败。接连吃了几次败仗后，勾践只得向吴王屈辱求和。

后因至交好友伍子胥被杀，年过半百的孙武决定不再为吴国的对外战争谋划出力，转而隐居乡间，修订其兵法著作。前470年，因忧国忧民和郁郁不得志而谢世，死后葬于吴都郊外。

孙武所著《孙子兵法》十三篇，为后世兵法家所推崇。他在书中强调，战争的胜负不取决于鬼神，而是与政治清明、经济发展、外交努力、军事实力和自然条件等诸因素密切相关，认真分析这些条件就可预测战争的胜负。在他看来，世界上的事物都在不停地运动变化，因此在战争中应积极创造条件，发挥人的主观能动性，促成对立面朝着有利于自己的方向转化。

正是因为孙武对古代战争理论和军事科学理论做出了异常丰富的概括和总结，并具有深刻的哲学内涵，因而确立了他在春秋末期思想界中与孔子、老子并列的地位，被称为春秋末期思想界的三颗明星。

孙武和他的军事思想享誉古今、蜚声中外，对后世影响极为深远，在世界军事史上亦有着极高的

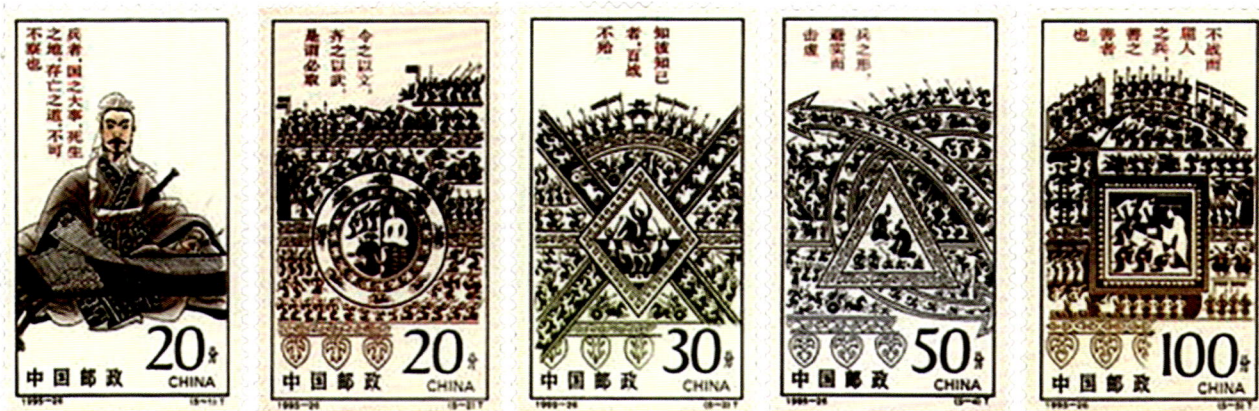

（5-1）孙子像（5-2）吴宫教战（5-3）五战入郢（5-4）艾陵之战（5-5）黄池会盟

地位。他的《孙子兵法》被国际上认为是"世界古代第一部兵书"，被译为英文、法文、德文和日文等，成为国际最著名的兵学典范之书。不仅在军事领域，而且在政治、经济、文化等领域，都受到了广泛关注和应用。

1995年，中国邮政发行《孙子兵法》特种邮票，1套5枚。其中第一枚图案即为孙子坐像，并选用《孙子兵法》卷首篇的名言："兵者，国之大事，死生之地，存亡之道，不可不察也。"这是孙子对战争认识的基本观点，主张重视战争，研究战争，审慎运用战争手段。

孙子（极限片）

管 子

管子是中国古代著名政治家、军事家、思想家和经济学家，也是春秋时期法家的代表人物，被誉为"华夏第一相""法家先驱""圣人之师"。

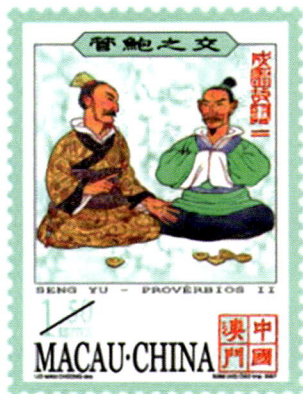

管鲍之交

管仲（约前723—前645），姬姓，管氏，名夷吾，字仲，安徽颍上人，系周穆王的后代。管仲之父管庄曾任齐国大夫，后家道中衰，到管仲时家庭已经十分贫困。为了谋生，管仲与鲍叔牙合伙经商，却总是铩羽而归；但通过经商，他得以四处游历，见多识广，并与鲍叔牙结下了深厚的情谊。

齐僖公三十三年（前698年），齐僖公驾崩，太子诸儿即位，是为齐襄公。当时，管仲和鲍叔牙分别辅佐公子纠和公子小白。齐襄公十二年（前686年），齐国内乱，公子小白率先进城，顺利登上君位，是为齐桓公。齐桓公即位后，拟请鲍叔牙出任齐相。但鲍叔牙认为自己才能不如管仲，转而推荐管仲，以使齐国能够富强与称霸。齐桓公接受举荐，以隆重的仪式拜管仲为相，并称管仲为"仲父"。

齐桓公二年（前684年），齐桓公欲伐宋，管仲劝阻说："内政不修，对外用兵不会成功。"齐桓公不听，起兵伐宋。各诸侯兴兵救宋，把齐军打得大败。齐桓公三年（前683年），管仲建议出兵问罪不

遵礼法的谭国。齐国没费什么力气就消灭了力量微弱的谭国，扩大了国土。此后为了提高齐国的威望，又消灭了遂国。

到齐桓公六年（前680年），鲁、宋、陈、蔡、卫都先后屈服齐国，只有郑国还处于内乱。管仲建议齐桓公出面调解，以此来提高齐国的地位，加速实现称霸目的。翌年，管仲又让齐桓公召集宋、陈、卫、郑在鄄地会盟，从此齐国成为各诸侯国公认的霸主。

为了实现富国强兵的目的，管仲在任内大兴改革。他提出的用人原则是："德义未明于朝者，则不可加以尊位；功力未见于国者，则不可授与重禄；临事不信于民者，则不可使任大官。"即在任命官员时，必须根据其实际政绩，并做到取信于民。与此同时，他还总结出一套对各级官员实行奖惩的具体办法，做到选贤任能。这在一定程度上突破了世卿世禄制，扩大了人才来源，成为日后科举制度的雏形。

管仲注重发展经济和农业，主张改革以富国强兵。他认为，"国多财则远者来，地辟举则民留处，仓廪实而知礼节，衣食足而知荣辱"。齐桓公对此十分赞赏，并授权让他主持一系列政治和经济改革：在全国划分政区，组织军事编制，设官吏管理；建立选拔人才制度，士经三审选，可为"上卿之赞"（助理）；提出"相地而衰征"，即按照土质好坏、产量高低分等来确定赋税征收额；禁止贵族掠夺私产；发展盐铁业，铸造货币，调剂物价；实行粮食"准平"政策，以平衡粮价，保障私田农的生产利润；主张"山泽各致其时"，即伐木和捕猎只准在适当的季节进行，反对"竭泽而渔"，即禁止人们为了眼前利益而滥伐滥捕，以保护树木和鱼类的正常生长，免遭破坏。管仲的改革成效显著，齐国由此国力大振。

在对外关系方面，管仲最早提出"华夷之辨"与"尊王攘夷"的主张，联合北方邻国，抵抗山戎族南侵，并获得了巨大成功。自齐桓公元年（前685年）任齐相，到齐桓公四十一年（前645年）病逝，管仲在齐国为相40年，辅佐齐桓公"九合诸侯"，成为春秋时期第一位无可争议的霸主。后来孔子感叹说："管仲相桓公，霸诸侯，一匡天下，民到于今受其赐。"

蜀汉名相诸葛亮生前也经常把自己比作管仲。历史上管仲相齐，使齐国成为春秋五霸之首；诸葛亮相蜀，使刘备与曹操、孙权三分天下。二人皆呕心沥血，鞠躬尽瘁，居功至伟。

在长达数十年的合作中，管仲和鲍叔牙的友情也被传为美谈。两人相知最深，交情深厚，互相提携，共同发展。管仲对此深怀感激，动情地说："生我者父母，知我者鲍子也。"两人的友情堪比俞伯牙与钟子期，伯牙鼓琴，钟子期听，竟能领会其"巍巍乎志在高山"和"洋洋乎志在流水"。伯牙引为知己，经常为之弹琴。钟子期死后，伯牙痛失知音，摔琴绝弦，终身不操，故有"高山流水"之说。有道是"高

山流水觅知音，子期不在对谁弹"。

管仲和鲍叔牙正是这样一对政治上珠联璧合，堪称"高山流水"的知音。后来"管鲍之交"和"高山流水"一样，均被比喻为知己或知音。

管仲一生著有《管子》85篇，今存76篇，内容极为丰富，包含道、儒、名、法、兵、阴阳等家的思想以及天文、舆地、经济和农业等方面的知识，其中《轻重》等篇是古代典籍中不多见的经济文章，对生产、分配、交易、消费、财政和货币等均有论述，是研究我国先秦农业和经济的珍贵资料。

被称为"国之四维"的礼义廉耻，也来自《管子》。《管子·牧民·四维》曰："国有四维，一维绝则倾，二维绝则危，三维绝则覆，四维绝则灭……何谓四维？一曰礼，二曰义，三曰廉，四曰耻。礼不逾节，义不自进，廉不蔽恶，耻不从枉。故不逾节则上位安，不自进则民无巧诈，不蔽恶则行自全，不从枉则邪事不生。""礼义廉耻，国之四维；四维不张，国乃灭亡。"

"礼义廉耻"不仅在古代，而且在当代都具有十分重要的意义，承载着一个民族、一个国家的精神追求，体现着一个社会评判是非曲直的价值标准，必须"内化于心，外化于行"。有鉴于此，两千多年前就提出"国之四维"的管子自然功不可没。

高山流水

司马光

司马光是北宋著名政治家、史学家、文学家。曾主持编纂了中国历史上第一部编年体通史《资治通鉴》，被称为"北宋六子"之一。

司马光砸缸：(3-1)落水 (3-2)砸缸 (3-3)获救

司马光（1019—1086），字君实，号迂叟，陕州夏县（今山西夏县）人，系西晋安平献王司马孚之后。父亲司马池曾任兵部郎中、天章阁待制，官居四品，为人清直仁厚，号称一代名臣。司马光自幼受父亲的教育和影响，聪敏好学，常常手不释卷，以至不知饥渴寒暑。七岁时便能够熟练地背诵《左传》。

有一次，他和小伙伴们在后院玩耍，一个小伙伴不慎掉到水缸里。其他小伙伴吓得边哭边喊。司马光却急中生智，从地上捡起一块大石头，使劲向水缸砸去。砰的一声，水缸破了，缸里的水流了出来，被淹在水里的小孩也得救了（参见题图）。此事一时震动京洛，遇事沉着冷静、聪明机灵的小司马光也因此出了名，受到人们的广泛赞扬。

宋天圣九年（1031年），司马光随父入川，一路经洛阳、潼关、宝鸡，过秦岭，前往四川广元。父亲出任利州转运使，他也在当地继续修学。由于他好学强识，又诚实聪明，十分懂事，因此深得父亲喜爱，并着意培养。每逢出游或和同僚密友交谈，总喜欢把他带在身边。耳濡目染，使司马光不论在知识方面，还是见识方面，都"凛然如成人"。

宋宝元元年（1038年），司马光登进士第，从此步入仕林。初任华州（今陕西华县）判官，后任苏州判官、大理评事、国子直讲、馆阁校勘、天章阁待制兼侍讲等职，累进龙图阁直学士。在漫长的官场生涯中，他除了关注社会上层，帮助朝廷解决好皇位继承和皇帝的修身要领、治国政纲等关系国家命运的大事外，也把注意力放到下层人民身上，多次发出关心人民疾苦、减轻人民负担的呼声，为民众排忧解难，取得"政声赫然，民称之"的政绩。

宋神宗时，因反对王安石变法，司马光离开京都，外任西京御史台。自此居洛阳15年，不问政事。其间，他主持编纂了中国历史上第一部编年体通史《资治通鉴》。全书卷帙浩繁，共294卷近400万字；通贯古今，上起战国初期韩、赵、魏三家分晋（前403年），下迄五代（后梁、后唐、后晋、后汉、后周）末年赵匡胤（宋太祖）灭后周以前（959年），凡1362年。作者把这1362年的史实，依时代先后，以年月为经，以史实为纬，顺序记写；对于重大历史事件的前因后果，与各方面的关联都交代得清清楚楚，使读者对史实的发展能够一目了然。

该书由司马光任主编，刘恕、刘攽、范祖禹为协修，司马光的儿子司马康负责检阅文字的工作。全书从发凡起例至删削定稿，司马光都亲自动笔，不假他人之手。为此他付出了毕生精力，成书不到两年，便积劳而逝。宋神宗对该书非常重视，不仅赐书名《资治通鉴》，而且亲为写序，称该书"有鉴于往事，以资于治道"，并降诏奖谕司马光，说他"博学多闻，贯穿今古，上自晚周，下迄五代，成一家之书，褒贬去取，有所据依"。

历代史学家对《资治通鉴》都给予了高度评价。宋元之际史学家胡三省说："为人君而不知《通鉴》，则欲治而不知自治之源，恶乱而不知防乱之术。为人臣而不知《通鉴》，则上无以事君，下无以治民。……乃如用兵行师，创法立制，而不知迹古人之所以得，鉴古人之所以失，则求胜而败，图利而害，此必然者也。"（《新注资治通鉴序》）

在经学上，司马光弘扬儒术，力辟佛老，对儒家经义做了许多开创性的阐释。如对《古文孝经》进行了系统的研究，并撰写了《古文孝经指解》一文；辑录《国语》的精要，编成《徽言》一书。此外，还撰写了《疑孟》《潜虚》《机权论》《才德论》《廉颇论》等几十篇经论、史论、政论文章。朱熹因此将司马光及同时代的周敦颐、邵雍、二程（程颢、程颐）、张载合称为北宋"道学六先生"。

司马光一生历仕宋仁宗、英宗、神宗、哲宗四朝，官至尚书左仆射兼门下侍郎。他为人温良谦恭、刚正不阿，做事用功刻苦、勤奋努力，以"日力不足，继之以夜"自诩。其人格堪称儒学教化下的典范，历来深受人们景仰。

晚年司马光曾两次为相，并涉入新旧党争，因罢除新法而颇受争议。宋元祐元年（1086年），司马光因病逝世，享年六十八岁，获赠太师、温国公，谥号文正。宋哲宗赐碑名为"忠清粹德"，并将他安葬于高陵。

作为司马光的同僚与好友，大诗人苏轼评价说："公忠信孝友，恭俭正直，出于天性。自少及老，语未尝妄，其好学如饥之嗜食，于财利纷华，如恶恶臭，诚心自然，天下信之。"

清康熙六十一年（1722年），司马光与历代功臣四十人从祀历代帝王庙。康熙帝称："司马光立朝行已，正大和平，无几微之可议。不祗冠有宋诸臣，求之历代亦不可多得。"李光地也高度评价这位前朝宰相和理学先驱："武侯（诸葛亮）之外，如郭令公（郭子仪）、范文正公（范仲淹）、司马温公，皆实有孟子之意。"

2004年6月1日，中国邮政发行《司马光砸缸》特种邮票，1套3枚，分别为《落水》《砸缸》《获救》（参见题图）。

《司马光砸缸》（小本票）

朱子

朱子是南宋著名思想家、教育家，也是闽学的主要代表人物。作为宋代理学思想的集大成者，他综合"濂洛关闽"四家学说，建立了新儒学思想体系，成为中国儒学发展史上的第二代传人。

（2-1）朱熹像（2-2）游学传道

朱子（1130—1200），名熹，出生于福建尤溪，祖籍虽是徽州婺源，却是在福建土生土长的。父亲朱松曾任尤溪县尉。朱熹自幼聪敏好学，7岁时随父母迁居建州（今建瓯）。14岁时其父去世，临终前把他托付给崇安五夫里的好友刘子羽（朱熹义父），并嘱托刘子翚、刘勉之、胡宪三位学养深厚的朋友代为教育。父亲的四位友人视朱熹如同子侄，不仅为其一家安排生活，而且尽心尽力对朱熹加以栽培。宋绍兴十八年（1148年），朱熹娶刘勉之的女儿刘清四为妻，婚后三个月便赴京应试，并荣登进士。

绍兴二十三年（1153年）七月，朱熹赴泉州就任同安县主簿。任上重视地方教育，倡建"教思堂""经史阁"，整顿县学；"敦礼义、厚风俗、劾豪奸、恤民隐"，排解同安、晋江两县械斗，减免经总制钱；还把闽北的书坊刻印技术发展到泉南一带，改变了泉南文化闭塞落后的状况，为当地经济发展、教育普及和减轻百姓负担做出了贡献。

三年任满后，他回到武夷山，潜心读书著述。由于深感"妄佛求仙之世风，凋敝民气，耗散国力，

有碍国家中兴"，于是踏上求师之路，绍兴三十年（1160年）正式拜李侗为师。在李侗的教导和影响下，终于逃禅归儒，并得以承袭二程"洛学"正统，为后来创建新理学奠定了理论基础。

宋乾道三年（1167年），朱熹应长沙岳麓书院之邀前往讲学，持续两个多月，开创了书院会讲制度的先河。乾道五年（1169年）九月，朱熹的母亲去世，他在崇安修建寒泉精舍并为母守墓，开始了长达六年的寒泉著述时期。

宋淳熙二年（1175年）正月，他与吕祖谦在寒泉精舍相聚。两人谈诗论道，情义无间，并一起编写了《近思录》。后又与陆九渊兄弟及吕祖谦在江西信州（今铅山）围绕理学方法论问题展开了一场大辩论，史称"鹅湖之会"。

淳熙五年（1178年），朱熹知南康军兼管内劝农事。到任后适逢大旱，他立即着手兴修水利，全力赈灾，使灾民生活得以改善。次年十月，他竭力帮助修复庐山白鹿洞书院，并兼任山长，延请名师，充实图书，置办学田，供养贫穷学士，使书院弦歌不断，声誉鹊起。他订立的《白鹿洞书院学规》不仅在当时被各地书院广泛采用，而且成为元明清三代书院办学的基本规范。

淳熙九年（1182年），时年52岁的朱熹终于完成了《四书章句集注》，将多年来苦心孤诣编写的《大学章句》《中庸章句》《论语集注》《孟子集注》合为一书，使经学史上第一次出现了"四书"之名。此后他仍不断呕心沥血加以修改，使之臻于完善。翌年他在九曲溪畔创建了武夷精舍，广收门徒，聚众讲学，潜心著书立说及开展论辩。

淳熙十五年（1188年），朱熹向宋孝宗上万言奏章，提出"诚意正心、辅翼太子、选任大臣、振举纪纲、变化风俗"等诸多建议，却因触及当政权臣利益，被弹劾为"假道学"。

淳熙十六年（1189年），年已六十的朱熹出任漳州知州。上任后他大胆进行施政变革，"正经界、蠲横赋、敦风俗、播儒教、劾奸吏"，成效颇著。他刻印"四书""五经"，广为流传；禁止妇女当尼姑，废除淫祠秽庵；奏请朝廷免去漳州各县原上缴的无

名税赋共700万缗，减轻了百姓负担。后因长子朱塾去世而请辞回籍，随后迁居建阳，在麻阳溪畔的考亭修建了"竹林精舍"（后更名为"沧州精舍"，1244年诏赐"考亭书院"），聚徒讲学，教书传道。

宋绍熙五年（1194年），湖南瑶民起义，震动朝野。朱熹临危受命，除知潭州、荆湖南路安抚。他到任后，兴学校，广教化，督吏治，敦民风，并改建、扩建了长沙岳麓书院，空余时间还亲自到此讲课，使岳麓书院与九江白鹿洞书院、河南应天书院、河南嵩阳书院并称南宋"四大书院"。

晚年朱熹被卷入"庆元党祸"，并被作为"伪学之首"而撤职罢祠。宋庆元六年（1200年）三月初九日去世，葬于建阳县黄坑大林谷。其门生故旧近千人前来送葬。好友陆游作文哭祭："某有捐百身起九原之心，有倾长河注东海之泪。路修齿毫，神往形留。公殁不亡，尚其来享！"诗人辛弃疾专程从信州赶来为他送葬，祭文曰："所不朽者，垂万世名。孰谓公死，凛凛犹生！"

在宋代内忧外患、传统礼教秩序面临崩塌、世风日下人心浮动的现实中，朱子吸收佛教和道教思想的精华，把孔子创立的尚不具备严密理论形态的儒学，发展成为具有科学意义的思辨哲学，成为融儒释道于一体、集"濂洛关闽"之大成的庞大理学体系，使儒家文化发展到一个新的历史阶段。

在儒家经典中，朱熹着重阐述的是"四书"义理。他编撰的《四书章句集注》不仅内容丰富，而且阐释精确，方法得当，简明扼要，受到历代统治

朱子像（极限片）

者的推崇。元皇庆二年（1313年）恢复科举，诏定以朱熹《四书章句集注》为标准取士，朱子学从此被定为科场程式。明清时期官方举行的科举考试，也以朱熹等人的"传注为宗"，《四书章句集注》遂成为历代科举考试的"教科书"，程朱理学也因此成为社会的主流意识形态和维护社会秩序的精神支柱。

朱熹一生，先后为官9年，讲学传道40多年。不仅著作等身，著有《四书章句集注》《周易本义》《西铭解》《太极图说解》《诗集传》《楚辞集注》等数十部著作；而且诲人不倦，亲手创办了云谷、寒泉、考亭、武夷等多所书院，培养了一大批理学人才，为福建的文化、教育发展做出了卓越的贡献。

福建原本被称为蛮荒之地，自从朱子理学诞生之后，才在中国思想史上占有一席之地；福建文化教育原本在全国也处于落后位置，朱子在闽北创办书院、授徒讲学，在闽南倡导礼仪、移风易俗之后，福建才逐渐成为文教昌盛之地。正因此，朱子学被誉为"接伊洛之渊源，开闽海之邹鲁"。

朱熹去世后，虽然理学遭受重大打击，但他的学生、门徒依然坚持不懈地研究和传播朱子的理学思想，并取得了丰硕成果。如被称为朱熹"四大弟子"的蔡元定、黄榦、陈淳、蔡沈等人，孜孜不倦地传播闽学，影响达于浙、赣、湘、鄂、皖、川、粤等地，形成了庞大的闽学力量。到元初，由于朱子门生的努力，实现了"朱学北传"，使朱子学流传于全国。明代时进一步扩散到韩国、日本和越南等国，使闽学载誉东亚，影响世界。

郑成功收复台湾时，从军中带去一批儒家学者，朱子文化也随之融入台湾文化。郑成功之子郑经接受陈永华的建议，兴建了台湾第一座孔庙——台南孔庙，被誉为"全台首学"。陈永华后来在台湾设立地方学校，制定科举考试办法，设计出一套完整的教育制度来培育、拔擢人才，成为台湾文化教育的开创者。经过三百年辛勤垦殖，儒学在台湾生根、发芽、开花、结果，使台湾成为保存中国优秀传统文化最丰厚的地区之一，朱子文化也成为联通两岸的纽带。

有宋一代，福建理学思想昌盛。北宋初期，就

有"闽中四先生"(陈襄、郑穆、陈烈、周希孟)倡道闽中,使福州一跃成为"儒学最盛之地"。其后杨时、游酢游学中原河洛,承接周敦颐、程颢、程颐的理学思想,返乡之后南剑州(今南平)便成为理学在南方的传播中心。二程理学经杨时、罗从彦、李桐三传至朱熹后,在师承和延续"洛学一脉"的同时,朱熹集理学思想之大成,开创了福建理学的新天地,其学说因此被称为"闽学"或"朱子学",朱子和"南剑三先生"(杨时、罗从彦、李桐)一起被誉为"延平四贤"。

朱子一生除在外为官、游学三年外,大部分时间是在福建度过的,其中有近五十年是在武夷山度过的,武夷山也因此被誉为"朱子理学"的摇篮。清康熙年间,喜爱中国传统文化的康熙帝高度评价朱熹作为宋代理学集大成者的卓著功绩,并为朱熹御笔题写了一副对联,表达了对他的推崇和怀念:"集大成而绪千百年绝传之学,开愚蒙而立亿万世一定之规。"

"东周出孔丘,南宋有朱熹。中国古文化,泰山与武夷。"这是著名闽籍学者蔡尚思对宋代理学宗师朱熹的由衷诗赞。

2010年10月22日,朱熹诞生880周年之际,中国邮政发行《朱熹诞生八百八十周年》纪念邮票,1套2枚(参见题图)。(2-1)朱熹像。主图为头戴儒巾、气宇轩昂的朱熹画像,背景是朱熹的著作《四书章句集注》及其中的《大学章句》。(2-2)游学传道。主图为站在松柏之下、头戴儒巾、身穿儒服、眼神和悦的朱熹与童子游学传道,背景是位于武夷山中朱熹长期在此耕读、讲学、著书、立说的重要活动场所"武夷精舍"和武夷山局部风光。

朱熹诞生八百八十周年(特制小型张)

王阳明

王阳明是明代著名思想家、教育家、文学家和军事家，也是陆王心学的集大成者；不仅精通儒释道三家学说，而且能够统军征战，是中国历史上一位罕见的全能大儒。

王阳明

王阳明（1472—1529），名守仁，字伯安，浙江余姚人。父亲王华是明成化十七年（1481年）状元，官至南京吏部尚书。十二岁时王阳明入读师塾。翌年母亲郑氏去世，少年失恃对他打击很大，但他志存高远，更加发愤读书。后曾筑室于会稽山阳明洞，自号阳明子，学者称之为阳明先生。

十八岁时王阳明途经广信拜谒娄谅，听其讲授"格物致知"之学。之后他遍读朱熹的著作，思考宋儒所谓"物有表里精粗，一草一木皆具至理"的学说。为了实践朱熹的"格物致知"学说，他下决心穷竹之理，"格"了七天七夜的竹子，结果什么都没有发现，人却因此病倒。从此，他对"格物致知"学说产生了极大的怀疑，这就是中国哲学史上著名的"守仁格竹"。

二十岁时王阳明第一次参加浙江乡试，与胡世宁、孙燧同榜中举，其后，学业大有长进。二十八岁时参加礼部会试，中进士（赐二甲进士第七人），后历任刑部主事、贵州龙场驿丞、庐陵知县、右金

都御史、南赣巡抚、两广总督等职，晚年官至南京兵部尚书、都察院左都御史。

明武宗正德元年（1506年）冬，宦官刘瑾擅政，并逮捕南京给事中御史戴铣等二十余人。王阳明上疏论救，触怒刘瑾，被杖四十，谪贬至贵州龙场（贵阳西北七十里，修文县治）当龙场驿栈驿丞。相传途中被刘瑾派人追杀，他伪造跳水自尽躲过一劫。

到贵州龙场后，王阳明见"万山丛薄，苗、僚杂居"，尚未开化，但他没有气馁，而是根据风俗开化教导当地人，受到民众爱戴。同时他潜心研读经典，对《大学》中心思想有了新的领悟，认识到"圣人之道，吾性自足，向之求理于事物者误也"，并写了《教条示龙场诸生》一文，史称"龙场悟道"。

正德四年（1509年）闰九月，王阳明谪戍期满，复官庐陵县（今江西吉安）知县；刘瑾下台后升任南京刑部主事。正德六年（1511年）被召入京，历任吏部验封司主事、署员外郎、吏部文选司主事、吏部考功司郎中、南京太仆寺卿、南京鸿胪寺卿。

正德十一年（1516年）八月，经兵部尚书王琼力荐，王阳明被擢为都察院左都御史，巡抚南（安）、赣（州）、汀（州）、漳（州）等地。当时，南中地带盗贼蜂拥四起，他传檄福建、广东会兵一处，首先讨伐大帽山的盗贼。他恩威并施，且用兵诡异、狡诈，亲率精锐在上杭屯兵，假装撤退，出敌不意进攻，连破四十余寨，斩杀、俘获七千多人。后进兵大庾（今江西省大余县），克左溪、横水，破巢八十四，斩杀、俘获六千多人。战毕，在横水设置崇义县。随后师还赣州，讨伐利头的盗贼，斩杀两千多人，迅速荡平了为患数十年的盗贼。

撤军途中，王阳明默默沉思，慨叹"破山中贼易，破心中贼难"。在他看来，用兵剿灭这些造反的百姓并不难，而要把他们心里想造反的念头去掉可就难了！如果贪官污吏横行，而百姓愚昧无知，又如何能使国泰民安呢？

正德十四年（1519年），宁王朱宸濠发动叛乱，朝野震惊不已。正准备前往福建平定叛乱的王阳明行至半路，得到朱宸濠叛乱的消息，立即赶往吉安，募集义兵，发出檄文，出兵征讨。他采用疑兵

之计，在朱宸濠率兵六万自九江沿江而下、窥伺南京时，自己率领仓促组建的八万平叛军直捣宁王的老巢——南昌，迫使朱宸濠回援，并在其回援途中迎头痛击。最终双方在鄱阳湖决战，经过三天激战，宁王战败被俘，历时三十五天的宁王叛乱宣告结束。平定宁王之乱后，他被将士称为"大明军神"。

明世宗即位后，王阳明因擒贼平乱之大功被升为南京兵部尚书，不久又加封为世袭新建伯。明嘉靖元年（1522年），因父亲王华去世，王阳明回乡守制，受邀在稽山书院讲学；随后在绍兴创建阳明书院。其弟子亦开始讲学，传播"王学"。

嘉靖六年至七年（1527—1528年），思恩、田州的民族首领卢苏、王受造反。王阳明兼任左都御史、两广总督兼巡抚。临行前他与钱德洪、王畿两位弟子在家附近的天泉桥上谈论儒学，对"无善无恶心之体，有善有恶意之动。知善知恶是良知，为善去恶是格物"有了深刻的感悟，后来这次交谈被称为"天泉证道"，这四句话也被称为"王门四句教"而流传后世。

上任后，王阳明屡出奇兵，四面夹击，迅速平定了西南部的思恩、田州土瑶叛乱和断藤峡盗贼。平乱后，王阳明因肺病加重，向朝廷上疏乞求告老还乡。嘉靖七年十一月（1529年1月）病逝于江西南安府大庾县舟中，时年57岁。临终之际，弟子问他有何遗言，他说"此心光明，亦复何言！"隆庆时追赠新建侯，谥文成。明万历十二年（1584年）从祀于孔庙。

王阳明一生著作等身，著有《大学问》《王阳明全集》《传习录》，作品收录于《明史》《古文观止》。后世评价他时，说他"集'立德、立功、立言'于一身而成为'真三不朽'，实现了古今圣贤的最高人格理想"。清初学者魏禧说："阳明先生以道德之事功，为三百年一人。"清代著名学者王士慎说："王文成公为明第一流人物，立德、立功、立言，皆居绝顶。"

阳明学又称王学、心学，是由王阳明创立、发展的一门儒家学说。他一生经历受到道家的影响明显多于佛家，但终究不离儒学本质；他继承陆九渊

"心即是理"的思想，反对程朱理学事事追求"至理"的"格物致知"方法，认为事理无穷无尽，格之未免烦累，故提倡"致良知"，主张从自己内心中去寻找"理"。在王阳明看来，"理"全在人心，"理"化生宇宙天地万物，人秉其秀气，故人心自秉其精要。

在知与行的关系上，他强调要知，更要行，知中有行，行中有知，所谓"知行合一"，二者互为表里，不可分离。知必然要表现为行，不行则不能算真知。阳明学是明朝中晚期的主流学说之一，后传于日本，在中国、日本、朝鲜半岛和东南亚国家都有重要而深远的影响。

王阳明一生走过大半个中国，行军、沉思、传学，反思程朱理学，大悟"格物致知"之旨，创立"知行合一"学说，奠定了"致良知"的学术思想，终至创立了"心学"体系，影响深远，远及海外。作为心学的集大成者，他与孔子（儒学创始人）、孟子（儒学集大成者）、朱熹（理学集大成者）并称"孔、孟、朱、王"。

王阳明去世后，后世对他好评如潮。明穆宗朱载垕称赞王阳明："两肩正气，一代伟人，具拨乱反正之才，展救世安民之略，功高不赏，朕甚悯焉！因念勋贤，重申盟誓。"《明史》对他盖棺论定："终明之世，文臣用兵制胜，未有如守仁者。"

王阳明集立德、立言、立功于一身，成就冠绝，有明一代。其弟子极众，世称"姚江学派"。著有《王文成公全书》，其文章博大昌达，行墨间有俊爽之气。

2019年，中国邮政发行古代思想家纪念邮票（第二组），王守仁、黄宗羲两位余姚先贤被选入。

王阳明（明信片）

邮说国学

哺育中华三千年

邮说國學

贰

国学经典

《诗经》　　《中庸》

《尚书》　　《道德经》

《易经》　　《孙子兵法》

《礼经》　　《韩非子》

《春秋》　　《孝经》

《大学》　　《史记》

《论语》　　《坛经》

《孟子》

《诗经》

《诗经》是我国第一部诗歌总集，收录了自西周初期至春秋中叶约500年间的诗歌作品305篇，开创了我国古代诗歌创作的现实主义优秀传统。

（6-1）《周南·关雎》（6-2）《秦风·蒹葭》

《诗经》收入的诗当初都是配乐而歌的歌词，保留着古代诗歌、音乐、舞蹈相结合的形式。正如墨子在《墨子·公孟》中所说："诵诗三百，弦诗三百，歌诗三百，舞诗三百。"精练地概括了这些诗歌可诵、可奏、可歌、可舞的音乐性质。只是在长期的流传中，尤其是到秦始皇焚书之后，《诗经》的乐谱和舞蹈失传，曲调亡佚，才成为纯粹的诗歌形式。

《诗经》原称《诗》，包括"风""雅""颂"三部分，是依据诗歌和音乐的不同内容、形式来划分的。其中"风"是民间歌谣，共有160篇，含15个诸侯国或地区的诗歌，是《诗经》中的核心内容。"雅"是皇室颂歌，包括"大雅""小雅"，共105篇，其中大雅31篇，小雅74篇。雅为贵族作品，多为朝廷宴饮及赏赐功臣的诗歌，所配乐典为周朝京邑一带的乐调，称正乐。"颂"是宗庙祭歌，即皇室贵族祭祀神灵祖先时的乐歌，其中周颂31篇、鲁颂4篇、商颂5篇，共40篇。多为颂扬先王功德的赞歌和追念先祖基业的史诗，少数是春夏之际向神祈求丰年或秋冬之际酬谢神的乐歌，反映了周代以农业立国的社会特征和西周初期农业生产的情况。正如宋代郑樵所说："风土之音曰'风'，朝廷之音曰'雅'，宗庙之音曰'颂'。"其中，"风"以抒情诗为主，"雅""颂"以叙事诗为主。

《诗经》约编订于春秋中叶，距今已有2500多年的历史。其作者上至王公贵族，下至平民百姓。由于年代久远，具体作者已无法考证。《诗经》最初保存在周王室的乐官——太师那里，他们对作品进行过加工整理，使《诗经》的语言形式基本上都是四言体，韵部系统和用韵规律也大体一致。后来孔子也参与过对《诗经》的编选。

《诗经》是一部具有浓郁现实主义风格的诗歌集。与以往民间流传的诗歌有所不同，《诗经》很少幻想和虚构，而主要采用现实主义的手法，直接反映人们生活中最真实、自然的一面，表达了一种淳朴的浪漫，被称为是"诗化的历史"。《诗经》的主要艺术手法是"赋、比、兴"，与风、雅、颂合称为《诗经》的"六义"，前三义说的是手法，后三义说的是内容。

作为一部从内容到形式都富于首创性的文学杰作，《诗经》的思想倾向与艺术风格影响后世文学至为深远，一部中国文学史，可以说是在《诗经》的导引下得以发展的。同时，《诗经》是古代中国的首席政治伦理教材，它担负着教化万民的任务，即所谓"诗教"，被视为"经夫妇，成孝敬，厚人伦，美教化，移风俗"的普及文本。

《诗经》是我国源远流长的文学史上绚丽夺目的瑰宝，其中的爱情诗则可谓华夏民族最古老的恋歌。这些古老的恋歌自诞生之日起，就以其健康、率真的高尚格调，自主、坚贞的情感美质以及情景相糅的比兴艺术手段，为后世许多优秀诗人所推崇，并奠定了其在文学、艺术史上的独特地位。

至美的情感乃是最纯真的情感。《诗经》爱情诗的宝贵之处就在于它是自然天成的。男欢女爱、两情相悦在这里自由健康地表现着，一如山野之花在清风白露中舒展着、开放着，没有虚伪、没有做作、没有功利、没有淫邪，一切都是自然朴实的。就连礼教的始祖孔子也说：《诗》三百，一言以蔽之。曰：

思无邪。"这才是人类情感最美的境界。

2018年9月8日，中国邮政发行《诗经》特种邮票，1套6枚，分别为《周南·关雎》《秦风·蒹葭》《秦风·无衣》《小雅·鹿鸣》《小雅·鹤鸣》《鲁颂·駉》。

其中（6-1）《周南·关雎》（参见题图）通过关关和鸣的雎鸠、河中的荇菜、河畔温婉恬静的女子，描绘了对美好爱情的追求。（6-2）《秦风·蒹葭》（参见题图），画中芦苇铺满河面，河边的男子似在思念爱人，描绘了追求所爱而不得的惆怅与苦闷。

（6-3）《秦风·无衣》描绘了战士驰骋疆场，抵御外敌、保家卫国的豪情壮志。（6-4）《小雅·鹿鸣》画面中宾客们琴瑟歌咏，把盏举杯，鹿群在远处呦叫，自始至终洋溢着欢快的气氛。（6-5）《小雅·鹤鸣》画面中鱼在小溪中遨游，溪边的几只仙鹤自由鸣叫，画面有声有色，有情有景。（6-6）《鲁颂·駉》描绘了群马奔腾的壮阔意境。

《诗经》所表现出的关注社会现实的热情，强烈的政治、道德意识以及真诚积极的人生态度，被后人概括为"风雅"精神，直接影响了后世诗人的创作，成为中国现实主义文学的光辉起点。

（6-3）《秦风　无衣》（6-4）《小雅·鹿鸣》（6-5）《小雅·鹤鸣》（6-6）《鲁颂·駉》

《尚书》

《尚书》简称《书》，是我国最古老的官方文件总集，也是中国第一部政事书。因是儒家"五经"之一，又称《书经》。

复旦大学校训："日月光华，旦复旦兮"

《尚书》是一部将上古历史文件和古代事迹汇编在一起的书。"尚"意为"（把卷着的东西）摊开、展平"，"书"即文字、文档，"尚书"即"解密的王家文档"或"公开的皇室卷宗"。《尚书》包括《虞书》《夏书》《商书》《周书》，汉代统称《尚书》，即"上古之书"。

《尚书》的主体是商周两代王室的"典、谟、训、诰、誓、命"。典是典范、规则，如《尧典》《舜典》；谟是计谋、策略，如《大禹谟》《皋陶谟》；训是训导，如《伊训》；诰是朝廷的文诰、诰谕，如《酒诰》《康诰》；誓是军人的誓言、誓词，如《牧誓》《秦誓》；命是君王的命令，如《文侯之命》。这些均为当时史官记录，作为王室档案资料而编撰、保存下来的（其中虞、夏及商代部分文献是据传闻而写成的）。

作为我国第一部政治文献总集，《尚书》不仅记载了虞、夏、商、周特别是西周初期的一些重要历史事实，如尧舜禅让、夏禹治水、商汤伐桀、盘庚迁殷、武王伐纣、周公东征等；而且保存了许多重要的史料，如西周初期的《大诰》《康诰》《酒诰》等；还保留了我国典籍中十分罕见的关于氏族民主的记述。特别是《尚书》所提供的一系列重要观念与命题，对后世影响十分深广。

——天命思想。《商书》提出了天命论，如《盘庚》就充满"天其永我命"之类的文句。它以天命观解释历史兴亡，为现实提供借鉴，具有理性的内核：一是敬德，二是重民。《周书》则在承袭"上天授命"的基础上，强调"以德配天""明德慎罚"。

——统一思想。《尧典》《舜典》记载尧舜巡视四岳八方，统一历法、音律和度量衡。《禹贡》以大禹治水为导引，划分九州，显示了统一的国家区划思想。

——"五行""九德"思想。《周书·洪范》的五行观，奠定了中国传统宇宙论和社会思想的基石。《尚书》认为君王应当具备"九德"，即宽宏而有威严，柔和而有主见，老实谨善而严肃庄重，多才而不傲慢，和顺而刚毅，耿直而温和，简约而刚正，刚强而求实，勇敢而有道义。君王能够拥有这些美德，并持之以恒，就能使国家无忧。

《尚书》在被作为政事书和历史典籍的同时，也被称为我国最早的散文总集，是和《诗经》并列的一个文体类别。《尚书》中不少文章是对美德的褒扬称颂等，被认为是中国古代散文开始形成的标志。书中文章的结构已渐趋完整，有一定的层次，并注意在命意谋篇上用功夫。春秋战国时期散文的勃兴就是对它的继承和发展，秦汉以后各个朝代的制诰、诏令、章奏之文也明显地受到它的影响。

《尚书》中部分篇章带有一定的文采和情态。如《盘庚》三篇，是盘庚动员臣民迁殷的训词，语气坚定、果断，显示了盘庚的目光远大。其中用"若火之燎于原，不可向迩"比喻煽动群众的"浮言"，用"若乘舟，汝弗济，臭厥载"比喻群臣坐观国家的衰败，都比较形象。《无逸》篇中周公劝告成王："呜呼！君子所其无逸，先知稼穑之艰难乃逸，则知小人之依。"这些篇章，或注重人物的语气口吻，或注重语言的形象化和表达的意趣，或注重场面的具体描写，都较为生动。此外，《尧典》《皋陶谟》等篇中，还带有神话色彩，或篇末缀以诗歌。因此，尽管《尚书》在语言方面被后人认为"佶屈聱牙"（韩愈《进学解》），古奥难读，但仍为历代散文家所喜爱和借鉴。

《尚书》有今古文之分。《尚书》原有百余篇，由于秦始皇焚书，并禁止民间藏书，汉初已难见其文本。到汉惠帝开书禁及汉文帝鼓励献书后，先秦的书才渐渐展露出来。其中，由秦博士伏生在秦始皇下诏焚烧诗书时私藏在墙壁中，于汉文帝时献出的残篇，加上后来民间所献《泰誓》，共29篇，于武帝、宣帝间先后立于学宫，系用当时通行的隶书书写抄录并流布的，故称《今文尚书》。汉景帝时由鲁恭王在拆除孔子旧宅墙壁时发现的文本，比今文多出16篇，系用先秦六国文字书写，称《古文尚书》，又称"孔壁本"。

汉成帝时，刘向、刘歆父子先后领校皇家藏书。刘向开始用《古文尚书》校勘今文本子，校出今文脱简及异文各若干。汉哀帝时，刘歆想以《左氏春秋》《毛诗》《逸礼》《古文尚书》等"古文"经典立博士，五经博士们却不以为然，刘歆便写了长信和他们争辩，酿成了"今古文之争"。

今古文之争，所争的虽是不同文字的经书，但两派都认为它关系到孔子之道的传承，两派学风也确有不同之处。今文派继承先秦诸子的风气，"思以其道易天下"，主张通经致用，解经只重微言大义；古文派不重哲学而重历史，要负起保存和传布文献的责任，所留心者在章句、训诂、典礼、名物之间。到东汉时，书籍流传渐多，民间私学日盛。私学压倒了官学，古文经学压倒了今文经学，学者也以兼通为贵，不再专主一家。

自汉以来，《尚书》一直被视为中国封建社会的政治哲学经典，既是帝王的教科书，又是贵族子弟及士大夫必修的"大经大法"，在历史上很有影响。《尚书》中有许多名句、警句，至今脍炙人口。如：

——"德惟治，否德乱。"意思是：推行德政，天下就会安定；没有道德，社会就会大乱。道德是一切生活的基础，如果一个国家的道德沦丧了，这个国家就没有希望了。

——"不矜细行，终累大德。"意思是：不在细节上注意，就会败坏大的品德。细节是体现品德的亮点，如果忽视了细节，那些美好的德行也就像是夸夸其谈了。

——"非知之艰，行之惟艰。"意思是：知道道理不难，难的是把它落实到行动上。很多人都是明白事理的，但是真正做到的人总是很少，所以才会有人与人之间的差距。

——"日月光华，旦复旦兮。"意思是：太阳和月亮的光芒，日复一日永不变化。

创建于1905年的复旦大学，原名复旦公学，"复旦"的名字就出自《尚书·虞夏传》中的这一名句，以每天都充满希望的日出寄寓创办者兴学救国的宏大理想，意在自强不息，系由学校创始人、中国现代知名教育家马相伯先生亲自选定。

2005年5月，为纪念复旦大学百年华诞，中国邮政发行《复旦大学建校一百周年》纪念邮票（参见题图），1套1枚。邮票图案以部分重叠的复旦大学校徽和百年校庆两个圆形徽记为主图，左侧竖印"日月光华，旦复旦兮"金色字条，构成"100"的整体图形，点明了建校百年的主题。

"复旦复旦旦复旦，沪滨屹立东南冠……复旦复旦旦复旦，日月光华同灿烂。"创作于1925年的复旦校歌和《尚书·虞夏传》一起，留在了无数复旦学子心中，也留在了千千万万的中国人心中。

《易经》

《易经》是我国古代最古老、最著名，也最具有权威的一部经典，是中国传统思想文化中自然哲学与伦理实践的根源。它蕴含着博大精深的内容，对中国文化产生了巨大的影响，是中华民族聪明智慧的结晶，被誉为"群经之首，大道之源"。

《易经·八卦》（一）：乾、夬、大有、大壮、小畜、需、大畜、泰卦

《易经》简称《易》，因为是"成于周代讲变易的书"，又称《周易》。它既是一部由卦画符号和解释卦画符号的文字组成的卜书，也是一部与社会的政治、经济、军事、文化和个人命运发生广泛联系的著作。

《易经》由符号和文字系统组成，其含义深奥极难读懂，被称为"世界文化史上的天书"。最简单的符号称爻，长划"—"称阳爻，短划"--"称阴爻，六爻构成一卦，共有八个，统称八卦。八卦代表八种基本物象：乾为天，坤为地，震为雷，巽为风，艮为山，兑为泽，坎为水，离为火，总称经卦。由八个经卦中的两个为一组的排列组合，可演绎为六十四卦。卦序中包含着深刻的哲学哲理，文字则是对卦象的说明。

《周易》的"周"指周代，"易"指变易。"上日下月为易"，也就是说日月象数蕴含着交替、变化的含义。日月代表天地，亦代表阴阳，阴阳两种势力相互作用产生万物。"阴阳接而变化起"，整个宇宙就处在这样一种生生不息的变化中，而阴阳的变化正是《易经》的内涵及核心思想。

"易"有三义。一是变易：世界上的万事万物，没有一样是不变的，非变不可，就如同"春夏秋冬，循环往来是也"。而易就是讲变化之道，讲辩证法的。二是简易：宇宙间的万事万物虽然错综复杂、变化无穷，但都有其"理"。了解了这个理，它就会变得非常平凡和简单，即"大道至简是也"，就能非常通俗易懂地去解释。三是不易：万事万物虽然随时随地都在变化，但有一样东西却是永远不变的，即能主宰事物变化之"道"。既然道是永恒不变的，那么掌握了道，就可以"以不变应万变"。

《易经》包括经与传两大部分。其中经分为《上经》《下经》。《上经》三十卦，《下经》三十四卦，一共六十四卦。传是解说经的内容的，一共十篇（又称"十翼"），包括《彖》上下篇、《象》上下篇、《文言》、《系辞》上下篇、《说卦》、《杂卦》和《序卦》。

《易经》最核心的东西就是阴阳概念，正如《系词》所说："一阴一阳谓之道。"在古人心目中，诸如天地、昼夜、阴晴、炎凉、生死等自然现象，君臣、男女、父子、夫妇等人及其关系和安危、存亡、治乱、胜败等社会现象，都体现着互相对立的方面，都可以用阴与阳来表示其性质及其变化的规律，如刚与柔、健与顺、进与退、伸与屈、贵与贱、高与低等。

《易经》中用阳爻"—"和阴爻"--"来表示阴与阳。这两个符号的变化就表示阴阳二气的消长，而阴阳二气的消长、变易就表现着宇宙的生化过程。因为宇宙是从混沌未分的"太极"产生出来的，而后便有阴与阳；阴与阳两种物质又分化出太阳、太阴、少阳、少阴等四象；四象又分化为八卦，即"天、地、雷、风、水、火、山、泽"，这八种物质实际上代表着宇宙万物的基本性质；由八卦又演变出六十四卦，象征着纷纭复杂、变化万端的自然和社会现象。在六十四卦中，每一卦有六爻，这六爻只要任意变动其中一爻，阴变阳或者阳变阴，立即就会出现不同的卦象，产生不同的意义。它告诉人们，即使眼下是吉，也有可能变成凶；反之，即使眼下贫困得一无所有，经过努力也有可能变得富足充裕。所以，面对复杂的自然和社会变化，要沉着冷静，因势利导。但并非说到了六十四卦，宇宙的生成过程就完结了，实际上六十四卦最后两卦为"既济""未济"，说明事物发展到最后虽然有一个终结，但此一终结却又是另一新的开始。因此，它是生生不息的，不断地生成，不断地创造，如《系辞》所说："生生之谓易。"这既是对"易是什么"的最好回答，也是对"易"的根本精神的最透彻说明。

《易经》起源自《河图》与《洛书》。传说在远古时代，黄河出现了背上画有图形的龙马，洛水出现了背上有文字的灵龟，圣人伏羲据此画出了"先天八卦"。殷商末年，周文王被囚禁在羑里（今河南省汤阴县北），又根据伏羲的"先天八卦"演绎出了"后天八卦"，即"文王八卦"，并进一步推演出六十四卦，同时作了卦辞和爻辞。因此，《史记》说"文王拘而演《周易》"。《易传》则是春秋时期孔子所作。所以《易经》有"人更三圣，世历三古"的说法，即《易经》的成书，由伏羲、文王、孔子三个圣人完成，并经历了上古、中古、下古三个时代。后来在秦始皇焚书坑儒时，由于李斯将《周易》列入医术占卜之书，才使其得以幸免。

《易经》曾是一本"卜筮"之书，即对未来事态的发展进行预测的书，但它通过建立完备的理论框架和创造独特的概念、范畴系统，总结出预测未来发展的规律，使其占卜功能逐渐退居次要地位，而成为一部博大精深的哲学著作，故后人有"善易者不卜"之说。

《伏羲氏画卦图》（小型张）

作为我国最古老的一部经典，《易经》是华夏五千年智慧与文化的结晶，其内容十分丰富，思想十分深邃，不仅包含着丰富的哲理，而且渗透到政治、军事、伦理、文化等各个领域。如"天人合一"就是《易经》哲学思想体系中最重要的一个概念，注重从整体的角度去认识世界和把握世界，把人与自然看作一个互相感应的有机整体，形成了"天人合一"的宇宙思维模式。《易经》的最高理想就是实现"天人合一"的境界。

《易经》是中国最早的文明典籍，也可以说是中华文化的根。它对中国的儒家、道家，文学、医学、哲学乃至术数等民俗文化都产生了重要影响。它的阴阳学说及其演变规律、先天后天八卦等思想对道家影响深远，是道家学说的思想根基，被道家崇为"三玄"之一。它也是儒家中庸之道、仁义礼智信和三纲五常等思想的重要来源，被儒家尊为"群经之首"。

《易经》阴阳学说是中医阴阳学说的基础。它的四时变易、与时相偕等思想对中医八纲辨证、风寒暑湿燥火六邪等学说的形成有着至为重要的影响，中医"一人一方、因病成方"的治疗原则皆源于此。《黄帝内经》受它的影响也很大。

《易经》的阴阳学说对建筑学也有很大的影响，中国古代的城建布局、建筑设置等都遵循《易经》的思想。如四合院就是阴阳平衡、和谐观念的建筑典型，传统建筑中的"九梁十八柱"也是从《易经》中获得灵感的。

为宣传中国传统文化，中国澳门邮政于2001年12月10日至2012年3月1日，按照"天、泽、火、雷、风、水、山、地"的顺序，总共发行8套《易经·八卦》邮票，每套均为8枚及小型张一枚。邮票均以等边六角形设计，异图连印，以小版张方式推出，别具特色，成为世界邮票史上首次成套发行完整的八卦邮票，也是澳门首推等边六角形的异形系列邮票。

《易经·八卦》系列邮票以八卦符号为主题，每枚邮票表现一个卦象故事，配以相关的传说典故，画面工笔彩画技法细腻精练，设色明快，色彩清秀，生趣盎然。

《易经·八卦》（一）（参见题图）邮票上所表现的卦名依次为：乾、夬、大有、大壮、小畜、需、大畜、泰。卦象乾为天，为父，为首领。小型张名为"伏羲氏画卦图"，图案描画了伏羲背靠山岳，与灵龟共语，推演八卦的场景。

《易经·八卦》（二）邮票上所表现的卦名依次为：履、兑、睽、归妹、中孚、节、损、临。卦象兑为泽，为少女，为宴乐（故小型张名为"歌舞升平图"）。

《易经·八卦》系列邮票发行历时十一年，邮票设计独特，文化含义深刻，受到了集邮者和传统文化爱好者的广泛好评。

《易经·八卦》（二）：履、兑、睽、归妹、中孚、节、损、临卦

《礼经》

　　《礼经》简称《礼》，包括《仪礼》《周礼》《礼记》，统称"三礼"。它是古代礼乐文化的理论形态，对礼法、礼义做了最权威的记载和解释，对历代礼制的影响十分深远。

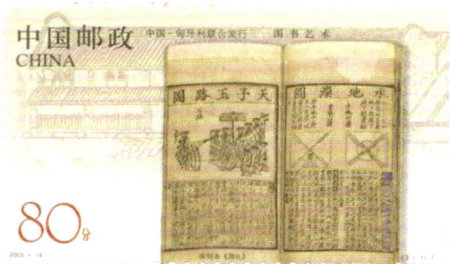

宋刻本《周礼》

　　《礼经》原本是宗教祭典上的规定，用以规范参加祭典者的上下尊卑关系，并以乐舞仪程等"礼"的形式表现对祖宗神灵的敬重。战国中后期及秦汉之际的儒生搜集周代礼制的各项具体条文加以整理、补充、编纂，成为先秦典章制度的大汇编。谈到中国古代的礼乐文明、礼乐文化，便不能不提到"三礼"，中国被称为"礼仪之邦"与"三礼"也是分不开的。

　　《仪礼》古称《礼》，是春秋战国时期礼制、礼仪的汇编，先秦"六经"中的《礼》指的就是《仪礼》。《周礼》原称《周官》，主要是周朝官制以及各诸侯国官制和其他制度，以儒家的政治理想加以增减取舍汇编而成。《礼记》又称《小戴礼记》，是为解释说明《仪礼》而作的传，多为战国至秦汉年间的儒家学者探讨礼治的文章。其内容广博，门类杂多，涉及政治、法律、道德、哲学、历史、祭祀、文艺、日常生活、历法和地理等诸多方面，几乎包罗万象。

　　"三礼"的学统本不一致，《仪礼》是今文经学（董仲舒）的经典，《周礼》为古文经学所推崇，《礼记》则兼采今古文。融会今古文之学的郑玄（东汉）

对三部礼书都加以注释整理后，突破了学派的门户之见，使礼学成为一种综合的、整体的学问，为礼教提供了学说的根基。

　　《仪礼》共有17篇，内容包括冠礼（成人礼）、婚礼、丧礼、祭礼、朝礼（诸侯朝见天子之礼）、聘礼、燕礼（宴会礼仪）、射礼（射箭比赛的礼仪）等。各种礼仪的具体规定，涉及每个人的家庭生活、政治生活、宗教生活的方方面面，无论是天子、诸侯，还是卿大夫和士都要严格遵守，不得僭越。礼仪文化是文化中国的核心，它使我们的民族在任何时候都依礼而行，从而具有高度的凝聚力。如《仪礼》的开篇——《士冠礼》，一个人成人就意味着他开始独立地承担自己的责任，参与社会的各项事务。仪式的每一个细节都承载着不同的功能，在看似烦琐的各项程序中，先民们表达对神、对现世生活的慎重与热爱。历朝礼典的制定，大多以《仪礼》为重要依据，对后世社会生活影响至深。

　　《周礼》也是一部通过官制来表达治国方案的著作。其内容极为丰富，大至天下九州、天文历象，小至沟洫道路、草木虫鱼。凡邦国建制、政法文教、礼乐兵刑及各种名物、典章、制度，无所不包，堪称上古文化史之宝库。

　　《周礼》据称为西周的周公旦所著，后经孔子订正。原有天官（冢宰）、地官（司徒）、春官（宗伯）、夏官（司马）、秋官（司寇）、冬官（考工记）等六篇，因冬官篇已亡，汉儒取与之相似的《考工记》补之。王莽当政时，刘歆奏请将《周官》列入学官，并更名为《周礼》。东汉末郑玄为《周礼》作注，使《周礼》成为儒家的皇皇大典之一。

　　《周礼》"六官"分别为：天官主管宫廷，地官主管民政，春官主管宗族，夏官主管军事，秋官主管刑罚，冬官主管营造，涉及社会生活的各个方面。其所记载的礼制十分系统，既有祭祀、朝觐、封国、巡狩、丧葬等国家大典，也有用鼎、乐悬、车骑、服饰、礼玉等制度的具体规制，还有各种礼器的等级、组合、形制、度数的记载。许多礼制又见于此书，因而尤其宝贵。全书4万余字，仅官名就有300多个，向人们展示了一套完善的国家典制和井然有序的社会，令人顿生"治天下如指之掌中"的感觉。

《周礼》以儒家思想为主干，融合法、阴阳、五行诸家，呈现出多元一体的特点。如王城中"面朝后市、左祖右社"的布局，就是阴阳思想的体现。南为阳，故天子南面听朝；北为阴，故王后北面治市。左为阳，是人道之所向，故祖庙在左；右为阴，是地道之所尊，故社稷在右。其精致程度远超过《吕氏春秋》，成为历代帝王取法的楷模。元世祖忽必烈在北京建立元大都时，就是以《周礼》为范本，建立"面朝后市、左祖右社"的格局。后来明清两朝不仅沿用不废，还仿照《周礼》建天坛、地坛、日坛、月坛、先农坛等，形成今日的布局。

《周礼》的许多礼制，影响百代。如从隋代开始实行的"三省六部制"，其中的六部就是仿照《周礼》的六官设置的。唐代将六部之名定为吏、户、礼、兵、刑、工，作为中央官制的主体为后世所遵循，一直沿用到清朝灭亡。书中完善的官制体系和丰富的治国思想，成为帝王取之不尽的人文资源。

《周礼》对官员、百姓采用儒法兼容、德主刑辅的方针，不仅显示了相当成熟的政治思想，而且有着驾驭百官的管理技巧。历史上每逢重大变革之际，多有把《周礼》作为重要的思想资源，从中寻找变法或改革的思想武器者，如西汉的王莽改制、六朝的宇文周革典、北宋的王安石变法等，无不以《周礼》为圭臬。

《礼记》是战国至秦汉年间儒家学者解说《仪礼》的文章汇编，全书有9万字左右。其思想内容比较庞杂，除记述先秦的各种礼制、礼仪外，还有大量托名孔子的儒家言论，以及孔子与其弟子的问答和结构完整、相对独立的儒家论文，如《礼运》《学记》《大学》《中庸》《经解》《祭义》等。这些论文涉及门类杂多，包括政治、法律、道德、哲学、历史、文艺、历法、地理和日常生活等诸多方面，不仅记述了修身作人的准则，而且集中体现了先秦儒家的政治、哲学和伦理思想，是研究先秦社会的重要资料。

《礼记》的作者众多，写作时间也有先有后。多数用记叙文形式写成，一些篇章具有相当的文学价值。有的用短小、生动的故事阐明某一道理，有的气势磅礴、结构谨严，有的言简意赅、意味隽永，有的擅长心理描写和刻画。书中还收有大量富有哲理的格言警句，精辟而深刻。

《礼记》由西汉礼学家戴德及其侄子戴圣编选。戴德选编的85篇本叫《大戴礼记》，流传到唐代只剩下了39篇。戴圣选编的49篇本叫《小戴礼记》（即《礼记》）。东汉末年，郑玄为《小戴礼记》作了出色的注解，后来便盛行不衰，并由解说经文的著作变成经典，成为士者必读之书。

"三礼"中，《礼记》的影响最大。因为它不仅记载了许多生活中实用性较强的礼仪，而且详尽论述了各种典礼的意义和制礼的精神，透彻地宣扬了儒家的礼治，受到历代王朝的青睐，成为占统治地位的意识形态，并沉淀到中华民族的性格和心理中。

《礼记》的教育思想也十分丰富，如教学相长、长善救失、启发诱导、因材施教等教育原则，至今仍有现实的意义。书中还有许多名言警句，如："玉不琢，不成器。人不学，不知道。""学然后知不足，教然后知困。""苟日新，日日新，又日新。"至今读来也仍十分受用。

宋刻本《周礼》现藏于北京大学图书馆，系南宋建阳书坊所刻。2003年，中国邮政发行《宋刻本〈周礼〉》邮票，全套1枚（参见题图）。它是我国首枚以雕版印刷的古籍图书为主题的邮票，画面的主体部分是我国现存最早的插图本《周礼》书影。

宋刻本《周礼》极限片

《春秋》

《春秋》是我国第一部编年史，也是一部文采斐然的史学巨著和蕴含着深刻政治思想的政治学著作，被作为中国古代儒家典籍"六经"之一，受到广泛推崇，对后世影响至深。

关公：夜读《春秋》

《春秋》原是西周末期至东周前期各诸侯国编年国史的通称，因只有《鲁春秋》流传下来，于是《春秋》便成为鲁国历史的专称。《春秋》的得名，是因为各国史书均为编年体，而一年有春夏秋冬四季，因此用春秋二字表示编年。《春秋》所记史事，以鲁国为主，包括周王室和其他诸侯国，主要记述政治事件和人物活动，也有若干自然现象。相传《春秋》之书出于孔子之手，因此有"文王拘而演《周易》，仲尼厄而作《春秋》"之说。

《春秋》记事极为简约，讲究一字褒贬，即用极简练的文字来表示作者的价值取向，传达其"惩恶扬善"的意图，被称为"春秋笔法"。其标准是周代的礼制，凡是遵守周礼的人与事都会受到褒扬；反之，一切违背周礼的僭越行为，必然受到谴责。《春秋》通过这样的价值评判，以达到'正名分"的目的。

《春秋》言简意赅，200多年的鲁国及列国史事，仅仅用16572字进行记述。每件事多则40余字，少则1字，缺乏历史细节的具体描述。后来，陆续出现了一些解释《春秋》的书，包括《春秋左氏传》《春秋公羊传》《春秋谷梁传》，合称"春秋三传'。

《春秋左氏传》简称《左传》，是"春秋"三传中最有影响力的一本，后人甚至直接将其称为《春秋》。《左传》起自鲁隐公元年（前722年），结束于鲁悼公十四年（前454年），以《春秋》为本，通过记述春秋时期的具体史实来说明《春秋》的纲目，是儒家重要经典之一。相传《左传》是春秋末年左丘明为解释孔子的《春秋》而作，实际上是一部独立的史书。

左丘明是鲁国人，其家族世代为史官，本人知识渊博，品德高尚，曾与孔子一起"乘如周，观书于周史"。孔子称与其同耻，曰："巧言、令色、足恭，左丘明耻之，丘亦耻之；匿怨而友其人，左丘明耻之，丘亦耻之。"司马迁称其为"鲁之君子"。由于左丘明据有鲁国和其他封侯各国大量的史料，所以依《春秋》著成了中国古代第一部记事详细、议论精辟的编年史《左传》，和现存最早的国别史《国语》一起成为史家的开山鼻祖。《左传》重记事，《国语》重记言。

《左传》记事年代大体与《春秋》相当（仅后面多了27年），主要记述这一时期列国的政治、军事、外交等方面的重大事件和有关言论，以及天道、鬼神、占卜、占梦之事等。作者对凡是可以借鉴和劝诫的事件、人物都进行了记载，具有鲜明的政治与道德倾向。其观念较接近于儒家，强调等级秩序与宗法伦理，重视长幼尊卑之别，同时也表现出"民本"思想，要求统治者不可逞一己之私欲，而要从整个统治集团和国家的长远利益考虑问题。这些都反映出儒家的政治理想，是研究先秦儒家思想的重要历史资料。《左传》本不是儒家经典，但自从它立于学官，后来又附在《春秋》之后，就逐渐被儒者当成经典。

《左传》是记录春秋时期社会状况的重要典籍，取材于王室档案、鲁史策书、诸侯国史等。记事基本以《春秋》鲁十二公为次序，主要记录了周王室

的衰微、诸侯争霸的历史以及诸侯国之间的聘问、会盟、征伐、婚丧、篡弑等，对各类礼仪规范、典章制度、社会风俗、民族关系、道德观念、天文地理、历法时令、古代文献、神话传说和歌谣言语也均有记述和评论。

《左传》是研究先秦历史的重要文献，它代表了先秦史学的最高成就，对后世的史学、文学产生了很大影响，特别是对确立编年体史书的地位起了很大作用。它补充并丰富了《春秋》的内容，不仅记鲁国一国的史实，而且兼记各国历史；不仅记政治大事，而且广泛涉及社会各个领域的小事；一改《春秋》流水账式的记史方法，代之以有系统、有组织的史书编纂方法；不仅记春秋时史实，而且征引了许多古代史实。这就大大提高了《左传》的史料价值，其被认为是继《尚书》《春秋》之后，开《史记》《汉书》之先河的重要典籍。

《左传》不仅是一部集大成式的史学巨著，也是一部非常优秀的文学著作，长于记述战争，又善于刻画人物，重视记录辞令。其声律兼有诗歌之美，言辞婉转，情理深入，描写入微，是中国最为优秀的史书之一。全书共18万字，叙事能力惊人，许多头绪纷杂、变化多端的历史大事件，都被写得有条不紊，繁而不乱；故事生动有趣，常以细致生动的情节表现人物的形象；作者还善于将每一战役都放在大国争霸的背景下展开，对于战争的远因近因、各国关系的组合变化，以及战前策划、交锋过程、战争影响，以简练而不乏文采的文笔写出，被称为先秦时期最具文学色彩的历史散文，形成了文史结合的传统。对后世的《战国策》《史记》的写作风格产生很大影响，司马迁的《史记》就有不少取材于《左传》。

《左传》记载了很多文采斐然的辞令，也是许多成语的出处，如退避三舍、言归于好、狼子野心、外强中干、厉兵秣马、鞭长莫及、尔虞我诈、骄奢淫逸、众叛亲离、大义灭亲、居安思危、风马牛不相及、多行不义必自毙等。

《春秋公羊传》又称《公羊传》《公羊春秋》，专门阐释《春秋》的微言大义，是今文经学的重要典籍。旧题作者为齐人公羊高，相传是子夏的学生，专治《春秋》。最初只有口说流传，西汉景帝时，由其玄孙（第四代孙）公羊寿"著于帛书"。

《春秋公羊传》以问答体形式逐段逐字阐释《春秋》经文之书法、义例，主旨为微言与大义。微言为后王立法，使其尊周室，亲中国，斥夷狄，宣扬了大一统思想；大义则诛乱臣贼子，辨是非，别嫌疑，明善恶，宣扬德义。其学传至两汉，又与谶纬之说相结合，东汉何休受董仲舒余脉，精研今文经学，凡历十七年乃成《春秋公羊传解诂》，系统地阐发了《春秋》中的微言大义。此书既出，遂成为今文经学家议政的主要理论依据，并对后来的儒家思想产生了重大影响，同时也为研究战国秦汉间儒家思想观点提供了丰富的参考资料。《公羊传》所传达的思想，主要有十个方面：

一是"春秋新王"，指在缺少尧舜的时代，《春秋》在道德上就能起到"王"的作用。换言之，《春秋》就是新王，当世的王者也应当以《春秋》的褒贬为褒贬。

二是"春秋王鲁"，指《春秋》这个"新王"借助于鲁国的十二世诸侯，行王者之事，以更有说服力和权威性。《春秋》及《春秋》中的鲁公、孔子其实就是孔子政治理想中的三位一体。后世的《公羊》学者们，往往也借助这种说法来制衡皇帝的权力。

三是"孔子改制"，指孔子在《春秋》中通过讥、贬、诛、绝等条例，实际上改变了周制，而实行"春秋制"，包括嫡长子继承制、大一统制、亲迎制、三田制、三年丧制、三等爵制、七等官制、选举制、井田制、郊制等。到西汉中后期，这些制度成为理想政治制度。

四是"天人感应"，即借用一些灾异，赋予政治意义，以达到"屈君伸天"。它一方面承认等级制度的合理性与必要性，另一方面又试图给最高等级的皇帝寻找制约力量。这是公羊家政治学说的最大特点。

五是"夷夏之辩"，指公羊学以野蛮与文明为界来区分夷夏，而非以血统、种族来区分夷夏。这是一种对自己文明的自信和基于自信的矜持，它不认为夷狄有资格和中国相提并论，但在邲之战这样的具体事件中，肯定作为夷狄的楚，否定作为诸夏的晋。

六是"经权说"，指在遵守春秋大义的基础上，可以采取从权的实际行动。也就是说，并不需要事事符合经典理论，只要大的原则不违背就行了。经权说用行为结果的正确与否来评断行为本身的正确与否，同时把这种行为限制在一定的原则之内。这成为西汉王道与霸道"杂治暗合"的理论依据。

七是"张三世说"，所谓"三世"是指"据乱世、升平世、太平世"，其中小康世为升平世，大同世为太平世。它表达了人们对现实的不满，于是构建了一个乌托邦作为批评现实政治的平台，并为运用"经权说"寻找现实依据。

八是"大一统"，表达了人们对长时间社会无秩序的厌恶和对未来社会的梦想。董仲舒在"天人三策"中提出"独尊儒术"，就是借"大一统"的名义发难的。事实上，任何一个统一的国家都需要有一种主流意识形态来指导国家发展，况且"独尊儒术"并没有打击迫害其他思想派别的意思。

九是"通三统"，所谓"三统"是指黑统、白统和赤统。它提供了一种暗示，即天下非一家独有，没有哪个朝代可以千秋万世。"通三统"是对"大一统"的补充，也是一种促使帝王行德政的历史观。它告诫后任统治者要给予前任及其后代较好待遇，而不要搞血腥清算。

十是"大复仇"，包括国君复国君杀祖杀父之仇，个人复国君杀父之仇，臣子复乱贼弑君之仇。由于春秋时代秩序混乱，正义不能伸张，因此《公羊传》推崇血性和复仇精神，赞成用极端手段去讨回应有的公道，追求自然公正。

《春秋谷梁传》又称《谷梁传》《谷梁春秋》。传说子夏将该书内容口头传给谷梁俶，谷梁氏将它记录下来并写成书。实际上成书时间约在西汉，较《公羊传》为晚，与《公羊传》同属今文。

《谷梁传》以语录体和对话文体为主，体裁与《公羊传》相似。主要以文义阐发《春秋》经文，

相对较为谨慎，主张"信以传信，疑以传疑"，"贵义而不贵惠，信道而不信邪，成人之美而不成人之恶"。

"春秋三传"中，属于今文的《公羊传》和属于古文的《左传》都曾长期受到人们的瞩目和重视，《谷梁传》则少有问津，显得门庭冷落。实际上，西汉后期也一度有过谷梁之学大盛的局面，并影响了当时社会政治的各个方面。其时适逢汉宣帝即位，要求"稽古礼文"，实行礼乐教化和仁德之治。而《谷梁传》着重宣扬的儒家思想、礼义教化和宗法情谊，恰恰适应了统治阶级的政治需要，因此受到统治集团的青睐。汉甘露三年（前51年），在宣帝支持下，谷梁学被正式立为官学。

在《谷梁传》中，力主仁德之治、称引古礼之处比比皆是，并屡屡贬斥非礼行为。它明确指出，"民者，君之本也"，认为那些昏君暴主败亡出奔，使民如释重负；对那些爱护百姓、志在民生的圣主明君予以褒美，而对那些只顾个人享乐、不顾百姓死活的君主则予以讥斥。

《谷梁传》倡导的尊王思想，也是其兴盛一时的重要原因。宣帝入主汉室，本无任何政治基础，完全是霍光一手包办。因此，宣帝即位后要实现皇权的绝对统治，必然喜欢《谷梁传》的尊王之说。荀子是《谷梁传》承前启后的关键人物，他使《谷梁传》"亲亲上恩"的学术特色得到进一步加强。《谷梁传》虽不符合汉武帝对内大一统、对外大攘夷的政治需要，却在汉宣帝时期的政治生活中发挥了重要作用。

《谷梁传》解释《春秋》的用词和书法，体现出一种准确、凝练的文风。在史实记载上，虽不及《左传》丰富，但也具有重要的史料价值。它主张"著以传著，疑以传疑"，要求史家遵从忠实记载史实的原则，并将这一原则贯彻到自己的著作之中。

晋范宁在评"春秋三传"特色时说："《左氏》艳而富，其失也巫。《谷梁》清而婉，其失也短。《公羊》辩而裁，其失也俗。若能富而不巫，清而不短，裁而不俗，则深于其道者也。故君子之于《春秋》，没身而已矣。"宋代的《春秋》学家胡安国则指出：

"其事莫备于《左氏》，例莫明于《公羊》，义莫精于《谷梁》。"

总之，包括"春秋三传"在内的这部搜罗广泛、丰富多彩的史学巨著，对后世史学、散文乃至小说、戏剧的发展，都有重大的影响。它的春秋笔法，不论有多少后人穿凿附会，其本身所彰显的史学精神却勿庸置疑，那便是勇敢无畏、刚直无私。中国史脉能绵延至今而不断，与孔子当初所赋予的那股坚韧之气息息相关。

圣人其萎，而《春秋》不老。爱读《春秋》者，代不乏人。最为民间所熟悉的，恐怕就是三国那位挑灯清夜读《春秋》，后来与孔圣人齐名的关圣人关羽了。有对联云：

孔夫子，关夫子，万世两夫子；

修春秋，读春秋，千古一春秋。

关公：夜读《春秋》（极限片）

被称为"中国古典四大悲剧"之一的《赵氏孤儿》（全名为《冤报冤赵氏孤儿》），就是取材于《春秋左传》《国语》《史记》等史籍。作者纪君祥根据历代流传的程婴保存赵氏孤儿的故事进行加工创造，

写出了这部悲壮的历史剧。主要记叙春秋时期晋国贵族赵氏被奸臣屠岸贾陷害而惨遭灭门，幸存下来的赵氏孤儿赵武长大后为家族复仇的故事，鲜明地表达了中国百姓"善有善报，恶有恶报"的传统观念，以及历经艰险、完成复仇的主题，戏剧情节十分感人。

《赵氏孤儿》也被搬上了众多戏剧舞台，许多著名艺术家在剧中扮演了重要角色。如马连良在剧中扮演的程婴，演唱流利、舒畅，雄浑中见俏丽，深沉中显潇洒，奔放而不失精巧，粗豪又不乏细腻。

马连良以独特的风格为京剧开创一代新声，形成广大群众喜闻乐唱的马腔，丰富了京剧老生的唱腔艺术。2009年11月28日，为纪念著名京剧表演艺术家马连良先生，以表彰其舞台艺术的贡献，中国邮政发行《马连良舞台艺术》特种邮票，1套2枚。其中就有一枚有关马连良舞台艺术的代表作《赵氏孤儿》。

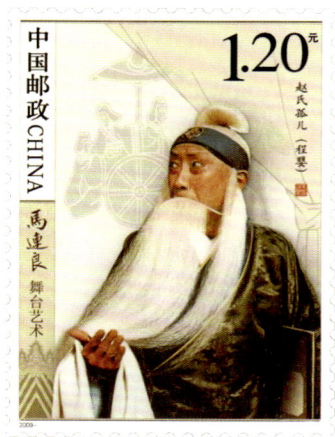

马连良：《赵氏孤儿》（程婴）

在该邮票设计中，设计师刘钊用中国画的工笔白描方式，手绘马派艺术的舞台标志"车马人造像"为背景。邮票还巧妙地运用中国传统艺术的书法、印章元素。右上方的图题文字采用楷体字和少见的马连良篆刻印章，彰显国粹、书卷之气；左边用马连良大师的手迹墨宝，以表现字如其人的国学根基；左下方的票眉"海、云、山"图饰体现梨园老生的独特神韵。整体设计是传统元素和现代结构重组的效果，在色彩、文字和形式上增强国粹、国学和传

统文化气息。这些文化元素的融合与展示颇具功力与走心的设计，使《马连良舞台艺术》在中国邮票设计史上写下重重的一笔。

2014年12月，中国邮政发行《元曲》特种邮票，1套6枚。其中第四枚为元杂剧《赵氏孤儿》。

《赵氏孤儿》

赵氏孤儿（邮资封）

《大学》

《大学》是一篇论述儒家修身治国平天下思想的经典作品，也是中国古代讨论教育理论的一部重要著作。与《中庸》《论语》《孟子》并称"四书"，成为元明清三代学校官定的教科书和科举考试的必读书，对中国古代教育产生了极大的影响。

香港大学校训：明德格物

《大学》原是《小戴礼记》中的第四十二篇，主要阐述道德修养与为人处世、从政的关系。相传为曾子所作（实为秦汉时儒家作品），全篇只有1751字。分为经、传两个部分，其中经只有一章，205字；解释经的传则有十章，1546字。全篇概括总结了先秦儒家道德修养的基本原则和方法，对儒家政治哲学也有系统的论述，对做人、处事、治国等具有深刻的启迪性。文辞简约，内涵丰富，影响深远。

这里的"大学"是针对"小学"而言的。当时的小学学的是"六艺"，即礼、乐、射、御、书、数，属于艺的层面；而大学学的是修身之学，是道德教化之学，属于道的层面。道和艺，一为形而上，为体，为性；一为形而下，为用，为相。因此，朱熹称大学为"大人之学"，大人即道德完善之人。如朱熹所说，"民之俊秀，皆入大学"。

《大学》的内容可概括为"三纲领、八条目"（简称"三纲八目"）。"三纲领"就是明明德、亲民、止于至善；"八条目"则是格物、致知、诚意、正心、修身、齐家、治国、平天下，简称"修、齐、治、平"。

它强调修己是治人的前提，修己的目的是治国平天下，说明治国平天下和个人道德修养的一致性。

《大学》开宗明义，第一句话就是"大学之道，在明明德，在亲民，在止于至善"。这里的"明明德"是指要彰显、扬明道德品行，使由于种种原因被"灰尘"掩盖的良好品性得到彰显和弘扬；"亲民"即新民，就是要弃旧图新，与时俱进，教化人民，日新其德，即不断创新；"止于至善"就是要努力达到完美的境界，做到"为人君，止于仁；为人臣，止于敬；为人子，止于孝；为人父，止于慈；与国人交，止于信"，就是国君要仁，大臣要敬，儿子要孝，父亲要慈，朋友交往要讲诚信。

明德、亲民是达到至善境界的方法，也是两个不同的阶段。明德指个人通过修养，达到道德的觉悟，即"大成"。所谓大成是"知类通达，强立而不反"（知类是指了解事物的本质，通达是指将知识触类旁通，不反则是指不退转，保持稳定性）。亲民则是在个人觉悟之后，还要推己及人，帮助他人觉悟，成为有道德的人，即"亲亲而仁民"。换言之，只有在明德的基础上，才能以仁爱之心教化他人，做到化民易俗，使近者悦而远者来。

至善是指最高的善，即道德的最高境界。朱熹认为至善是"事理当然之极"，即把善发挥到完美极致；王阳明则认为，至善之性是人类的固有本性，"止于至善"就是对人类本性的复归。虽然两人阐释侧重不同，但都是要通过道德修养而达到人类最高的善。

《大学》的核心是修身。修身的重点是道德的修养、伦理的修养，通过不断修身达到"止于至善"的境界。那么，如何修身呢？《大学》指出："古之欲明明德于天下者，先治其国；欲治其国者，先齐其家；欲齐其家者，先修其身；欲修其身者，先正其心；欲正其心者，先诚其意；欲诚其意者，先致其知。致知在格物。"

作者在正序谈了一遍之后，又逆序强调了一遍："物格而后知至，知至而后意诚，意诚而后心正，心正而后身修，身修而后家齐，家齐而后国治，国治而后天下平。自天子以至于庶人，一是皆以修身为本。"也就是说，一个人必须通过对万事万物的认识、研究才能获得知识，获得知识后意念才能真诚，意念真诚心思才能端正，心思端正后才能修养品性，品性修养好才能管理好家庭和家族，管理好家庭和家族后才能治理好国家，治理好国家后天下才能太平。上自国家元首，下至平民百姓，人人都要以修养品性为根本。

这就把个人的道德修养即修身与治国平天下联系起来，并强调修身是治国平天下的根本，治国平天下是个人道德修养的结果。这种重视道德修养、以修身为根本的思想，反映了儒家严格要求自己、追求高尚人格、积极进取的人生态度。

八条目是一种由小及大、循序渐进、环环相扣的修养方法，具有积极的实践价值。它告诉人们，不要以为小恶就可以做，小节就可以错，实际上细节往往决定成败，一个人小时候的某个习惯也可能决定他一辈子的成功与失败。关键在于能否认真学习，获得内在自我的提升，从而彰显出精神的魅力。

在八条目中，对内是"明德"，即格物、致知、诚意、正心、修身，称"内圣"；对外是"亲（新）民"，包括齐家、治国、平天下，称"外王"。以"内圣"而言，修身主要强调言行一致、言语谦恭、行动合乎规范；正心则要让自己做到问心无愧；诚意强调做人要真诚、本真，而不要虚伪；致知强调要努力掌握知识，全面提升自己；格物则要求躬身实践，看清那些虚幻、表面现象，把握事物的真实本质。

八条目的核心在于修身，而基础在于格物。朱熹认为，格、致、诚、正作为修身的方法，属于明德的内容；而齐、治、平作为修身的功用，是亲民的内容。八条目是《大学》的中心思想，有着很深的思想关怀和人文意识，它引导人抛弃虚假、消极的自我而走向纯真、积极的自我。它对心性之学的强调，对诚意、正心的关注，让人克制自我，让人要有敬畏之心，而不要见利忘义、自我膨胀，不要肆无忌惮、贪婪无比，四处投机钻营，以免最后被绳之以法，落得人财两空。

《大学》后面的章节主要内容是阐释八条目，即如何通过八条目的修行，达到三纲要求的境界，由"内圣"而达"外王"。它包括内圣之路和外王之路，内圣是格至诚正之路，外王是修齐治平之路；内圣是修身的内容，外王为修身的功用。通过内求圣人之德，开出齐家、治国、平天下的外王之境。这样，以修身为核心，由己及人，由近而远，由内而外，由道德而事功，最终实现人生的价值。

原本名不见经传的《大学》经北宋程颢、程颐竭力尊崇，南宋著名理学家朱熹为之作《大学章句》，顿时"身价倍增"，不仅名列"四书"之首，而且在宋、元之后，成为官方指定的教科书和科举考试的必读书。莘莘学子在读完《三字经》《百家姓》《千字文》之后，就要开始读经书，而经书中首先要读的就是《大学》。可以说，它对中国社会影响至深，至今仍有其重要的现实意义。

1961年，香港邮政发行香港大学50周年华诞纪念邮票，邮票图案中在校徽两侧分列的香港大学校训"明德格物"就出自《大学》（参见题图）。

厦门大学、东南大学校训中的"止于至善"也是来自《大学》，两校的校徽都将此训镌于其上，以示庄重和时刻牢记在心。

在河南大学明伦校区，建于1936年的南大门上，用柳体金字书写的校训赫然醒目——"明德新民，止于至善"。从战火纷飞的革命时期到信息爆炸的网络时代，出入此门的河南大学师生，时刻将之铭记于心。

朱子遗训（首日封）

链接："东坡画竹"

苏东坡多才多艺，既是书画家，又是大诗人，还是造福一方百姓的清官。他的《水调歌头·明月几时有》传唱千古；他画的竹和一般人也不一样，竹子原本都是青绿色的，但他却用朱砂来画，画出的竹子是红色的，且不画出竹叶有光的一面，而是把竹子画得竹影婆娑。一些同僚说他画竹都没有去格竹，即没去仔细观察、仔细琢磨竹子，去把握那个真实精深之竹。苏东坡却说自己把握的恰好就是那个去其表面现象，得其神得其本质之竹。可以说，正是因为他观竹观得如此之深，才可能出现属于他的丹竹、赤竹。那是他的"胸中之竹、人格之竹、丹心之竹"。用他的诗来说，就是"诗书本一律，天工与清新"。

而文与可画竹，画的是弯竹。谁都知道，竹是一杆直上苍天、中正挺拔、高风亮节。文与可的弯竹则表明，知识分子哪怕是被压在巨石之下，也要挺身而昂扬向上。这就是知识分子那种九死而未悔，不屈服于任何恶势力的光辉形象。

郑板桥也画竹。他从竹子那婆娑的身影当中，从风吹过竹子的声音当中，听到了民间的疾苦，正可谓"衙斋卧听萧萧竹，疑是民间疾苦声。些小吾曹州县吏，一枝一叶总关情"。

苏东坡、文与可、郑板桥三人画竹的故事深刻体现了"格物致知"的重要性。它告诉人们，观物很重要。在观物过程中，人就在诚意正心，就在推己及人，就在将美德推向社会，让整个社会充满人间的温情。

东坡画竹（明信片）

《论语》

《论语》是儒家的重要经典，也是一部优秀的语录体文集。它记录了孔子及其弟子的言行，集中体现了孔子的政治主张、伦理思想、道德观念和教育原则等，对后世产生了巨大的影响。

孔庙、孔府、孔林（小全张）

《论语》由孔子的弟子及其再传弟子编撰而成，以语录体和对话文体为主。《论语》的"论"指论纂，"语"是话语，《论语》就是把"接闻于夫子之语"论纂起来的意思。《论语》共有20篇，492章，分上、下两论，各10篇，约1.6万字。其中记录孔子与弟子及时人谈论之语约444章，记录孔门弟子相互谈论之语的有48章。

《论语》约成书于在战国初期，距今已有2400多年。因秦始皇"焚书坑儒"，到西汉时期仅有口头传授及从孔宅中所得的版本。全书内容丰富，不仅有孔子仪态举止的静态描写，而且有其个性气质的传神刻画。此外，还成功刻画了一些孔门弟子的形象。如子路的率直鲁莽、颜回的温雅贤良、子贡的聪颖善辩、曾皙的潇洒脱俗等，均个性鲜明，给人们留下了深刻印象。孔子善于因材施教，对不同的教育对象，考虑其不同的素质、优点和缺点以及进德修业的具体情况，给予不同的教诲，表现出诲人不倦的可贵精神。全书不仅语言简练，思想精深，而且颇具文学性。不乏循循善诱的教诲之言，或简单应答，点到即止；或启发论辩，侃侃而谈，令人

记忆犹深。

《论语》是中国人的安身立命之道，它从根本上教人如何做人。不读《论语》，不知道人生的价值和意义，不懂得做人的尊严和人格的力量。《论语》的核心是"仁"，《论语》中先后有109次提到了仁，说明对仁是非常重视的。这是孔子对中国文化的最大贡献，也是中国传统思想中最重要的价值理念。

何谓仁？孔子曰："仁者爱人。"在孔子看来，一个人能够爱人，爱自己的亲人，进而爱自己的同类就是仁。仁爱是人之所以为人的根本，也是孔子希望建立的和谐社会的出发点。正如孔子所说："弟子，入则孝，出则悌，谨而信，泛爱众，而亲仁。行有余力，则以学文。"从对亲人的"孝悌"出发到"泛爱众"，这就是孔子描绘的人与人之间相互关爱、充满同情和友爱的社会。

如何才能做到仁呢？孔子曰"为仁由己"，即首先要在内心建立起道德的自我，努力克制、约束、修养自己，使自己的内心充满仁德。孔子认为："刚、毅、木、讷近仁。"只要自己内心刚强果断、质朴谦逊、光明磊落，就是有仁德的人。也就是说，做人应当正直，内不自欺，外不欺人。在孔子看来，一个有仁爱之心的人，凡事应当推己及人，不仅要使自己站得住，也要使别人站得住；自己希望达到的，也要帮助别人达到，即"己欲立而立人，己欲达而达人"（《雍也》）。

《论语》（极限片）

从仁爱的观点出发，孔子主张在人与人相处中，要努力实践仁的要求。为此他提出实践仁德的五项

标准——"恭、宽、信、敏、惠"（即恭谨、宽厚、守信、勤敏、慈惠）。他对子张说："恭则不侮，宽则得众，信则人任焉，敏则有功，惠则足以使人。"也就是说，对人恭谨就不会招致侮辱，待人宽厚就会得到大家拥护，守信就能得到别人的信任，做事勤敏才能取得成功，给人慈惠才能很好地领导民众。孔子认为如果能做到这五项，就可以称为仁。

而一个人要立足社会、融入社会，则应当严格按照礼的标准行事。当颜渊向孔子请教时，孔子告诉他："克己复礼为仁。一日克己复礼，天下归仁焉。"孔子认为，将自己的行为克制在礼的范围内就是仁。如果大家都能如此，天下就能充满仁爱。而要做到这一点，则应当"非礼勿视，非礼勿听，非礼勿言，非礼勿动"。凡是不符合礼的东西，都不要看、听、说、做。在孔子看来，孝悌仁爱是为人立身处世的根本，一个人如果没有仁爱之心，制礼作乐又有何益呢？

从仁爱的观点出发，孔子主张实行仁政、德政，反对苛政、暴政。所谓仁政就是按照人伦纲常来治理国家，君主像个君主，臣子像个臣子，父亲像个父亲，儿子像个儿子。不同的社会角色应当各在其位，各司其职；否则国将不国，政将不政，社会将陷入混乱不堪的状态。

实行仁政要求为政者必须宽厚待民，笃亲兴仁。因为"宽则得众，信则民任焉，敏有功，公则说"。一个宽厚、诚信、勤敏、公正的君王，一定能得到老百姓的拥护和喜爱；反之，一个好杀、好刑的君王一定不会得到老百姓的爱戴。

所谓德政就是以道德来引导和教育民众、治理国家。孔子说："导之以政，齐之以刑，民免而无耻；导之以德，齐之以礼，有耻且格。"如果为政者用政令训导百姓、用刑罚整治百姓，老百姓因为害怕可能不会去犯罪，但不会产生羞耻之心，自觉不去犯罪；反之，如果用道德来感化、引导百姓，用礼乐文化来教化百姓，老百姓不仅会有羞耻之心，而且会心悦诚服。前者只能治标，后者则能治本。

为此，为政者首先要以身作则，严于律己。"子帅以正，孰敢不正？"反之，如果自己不正，随心所欲，为所欲为，又如何去端正别人和治理国家呢？

只要为政者"言忠信，行笃敬"，即言谈忠诚、守信，行为端庄，即使在蛮夷之邦也能处处逢源；反之，如果不忠不信，行为乖戾，即使在自己家乡也可能寸步难行。

只要为政者讲究信用，取信于民；同时节省俭用，爱护百姓，重视民生，使老百姓不违农时，维持正常的生产、生活，有可靠的生活保证，老百姓就一定会拥护他。

此外，《论语》在读书、学习、教育、修养等方面也有许多精辟的论述。如"三人行，必有我师焉""学而不思则罔，思而不学则殆""敏而好学，不耻下问""有教无类""学以致用""学而时习之，不亦说乎"等，对莘莘学子都具有深刻的启示作用。

作为儒家的经典之作，《论语》在历史上产生了很大的影响，在东汉时就被列入经部。从汉到唐，《论语》是妇女、儿童的启蒙读本。北宋时期，辅佐宋太祖的名相赵普更有"半部《论语》治天下"之说。到南宋时期，《论语》被列为"四书"之一，地位更是大大提高。从元至清，它成为士子参加科举考试的必读书。

《论语》在现代仍有着深远的影响。毛泽东就曾借用《论语》中"君子欲讷于言，而敏于行"给女儿取名为李敏、李讷，希望她们成为少说空话、多做实事的人。《论语》中有许多言论至今仍被世人视为至理。如2008年北京奥运会开幕式上唱响的"有朋自远方来，不亦乐乎"，就出自《论语》第一篇《学而》。

暨南大学校训：忠信笃敬

暨南大学的校训"忠信笃敬"四个字也出自《论语·卫灵公》。当时孔子的学生子张问如何才能使自己到处行得通。孔子回答："言忠信，行笃敬，虽蛮貊之邦，行矣。言不忠信，行不笃敬，虽州里，行乎哉？"其内容包括"言"和"行"两个方面，浓缩了一个人立身行事的全部内容。

2004年5月，中国邮政发行《侨乡新貌》特种邮票，1套4枚。其中第二枚是《暨南大学》，邮票构图以暨南大学高大的拱形校门为主体，常见的热带植物装饰四周。最有代表性的建筑在大学中分布几处，邮票设计者选择以学校大门为主图，用不完全写实的手法浓缩了暨南大学"忠信笃敬"的校训精神。分布于校门前后左右的热带植物色彩明丽，种类丰富，充分体现出暨南大学硕果累累的办学成就、欣欣向荣的生命力和蓬勃向上的发展趋势。

2010年9月28日，中国邮政发行《孔庙　孔府　孔林》特种邮票，1套3枚，邮票的图案背景上均附有《论语》的经典名言。其中《孔庙》为："子曰：学而时习之，不亦说乎？有朋自远方来，不亦乐乎？人不知而不愠，不亦君子乎？"《孔府》为："仲弓问仁。子曰：'出门如见大宾，使民如承大祭，己所不欲，勿施于人，在邦无怨，在家无怨。'仲弓曰：'雍虽不敏，请事斯语矣。'"《孔林》为："子曰：吾十有五而志于学，三十而立，四十而不惑，五十而知天命，六十而耳顺，七十而从心所欲，不逾矩。"

孔子（极限片）

《孟子》

《孟子》是儒家重要经典之一，与《大学》《论语》《中庸》并列为"四书"，明清两代被列为科举考试教材，成为士子们的必读书，对后世影响深远。

《孟子》：弈秋课徒

《孟子》一书是孟子的言论汇编，记录了孟子的言行以及他和当时的王宫贵族、门人弟子互相问答的许多政治观点。由孟子及其弟子共同编写而成，是"四书"中篇幅最大的一本，共有35000多字。分有7篇，即《梁惠王》《公孙丑》《滕文公》《离娄》《万章》《告子》《尽心》，每篇分为上下卷，共14卷。全书说理畅达，气势充沛并长于论辩，逻辑严密，尖锐机智，是一部精彩的语录体散文集，代表着中国传统散文写作的高峰。

孟子是战国时期儒家代表人物，曾仿效孔子带领门徒周游各国，游说诸侯，宣讲仁义道德以及统一天下的方法和治国的良策。但当时诸侯们大多认为他所言迂阔，不切实际，很少采纳他的主张。后来他退隐家乡，与弟子们一起问学研究，著书立说，写下了《孟子》一书。

孟子继承并发扬了孔子的思想，而又有比孔子进步的地方。如孔孟都讲尊君，都要维护传统秩序，但孟子突出了民本思想，强调"民贵君轻"。在《孟子·尽心下》中，他提出："民为贵，社稷次之，君为轻。"孟子认为，统治者要获得民心，就应当"与民同乐"，"乐民之乐者，民亦乐其乐；忧民之忧者，民亦忧其忧"（《孟子·梁惠王下》）。

《孟子》一书在汉代就被列为辅翼经书的传，和孔子的《论语》并列，五代时升格为儒家经典。宋神宗熙宁四年（1071年），《孟子》一书被列入科举考试科目。南宋时朱熹把《孟子》与《论语》《大学》《中庸》合为"四书"。明清两代，官方均规定科举考试题目须从"四书"中选取，《孟子》一书自然也成为明清两代士子们的必读书。

《孟子》一书的核心思想主要表现在他的心性论、仁政论和义利论中。

从心性论看，孟子认为，心是"天之所与我者"，也是人与禽兽的区别，人有心而禽兽无心，人会思考而禽兽不会思考。人的恻隐之心、羞恶之心、羞恶之心、是非之心就是心的内涵，也是人不同于动物的、与生俱来的"良知、良能"。它包含着善的萌芽，是"仁义礼智"四德的发端。"恻隐之心，仁之端也；羞恶之心，义之端也；辞让之心，礼之端也；是非之心，智之端也。"

在孟子看来，人性是人区别于动物的本性，因为人有"四心"，因此人的本性是善的。但是，人的善良本性能否持续长久，并成长为"仁义礼智"四德，则取决于后天的习染、熏陶、修养。如果不认真修养，人的善良本性就会衰败、消亡。而人一旦失去了善良的本性和仁义之心，人的行为就会变得如同禽兽；一个社会如果很多人都失去了善良本性，这个社会就会一片混乱，就会成为一个非人的社会。

从性善论出发，孟子主张要"存心养性"。一方面，要自觉自愿地滋养、扩充自己的善良本性，克制自己的欲望而不使"人欲横流"；另一方面，要从身边做起，从平常事做起，使善心得到弘扬。如"亲其亲，长其长"，即孝敬父母、尊敬兄长，这是人人都能做到的，也是"存心养性"的最便捷方式。

从性善论出发，孟子提出"尽心、知性、知天"的观点，即充分认识自己的善良本心，努力扩充自己的善良本性，顺天意，尽人事，矢志不移。这正

朱子：《孟子章句》（极限片）

是做人的根本。当一个人安身立命之后，就会在内心深处产生一种顶天立地的浩然之气。当世间充满浩然之气，世间就会是一个美好的世间，天地就会是一片辽阔、光明的天地。

从仁政论看，孟子继承了孔子的仁学思想，并进一步发展为仁政学说。他主张把仁政建立在"亲亲而仁民"的基础之上。所谓"亲亲而仁民"，就是要把自己对亲人的感情、关爱扩大到广大民众中去。孟子说："老吾老，以及人之老；幼吾幼，以及人之幼。"（《孟子·梁惠王上》）就是说，要热爱、敬重自己的长辈，进而推广到热爱、敬重别人的长辈；关心、疼爱自己的子女，进而推广到关心、疼爱别人的子女。如果能做到这一点，即"以不忍人之心，行不忍人之政，治天下可运于掌上"（《孟子·公孙丑上》）。

孟子认为，要使仁政"推恩足以保四海"，就应当在经济、政治、文化、教育等方面采取各种行之有效的措施。在经济上，要"制民之产"，使民众拥有基本的生产、生活资料，有恒产才会有恒心，才会安分守己。同时，要"省刑罚，薄税赋，不违农时"，注意发展生产，使人民富裕起来，这样财政收入才有充足的来源，人民的物质生活才有可靠的保障。

在政治上，孟子主张以仁德而非强力来治理国家。他说："以力服人者，非心服也，力不瞻也；以德服人者，中心悦而诚服也。"（《孟子·公孙丑上》）靠威吓、镇压来对待民众，民众口服心不服；只有以仁德来关心爱护民众，才能得到他们发自内心的支持和拥护。因此，孟子要求统治者要"明其政刑"，

而不要滥开杀戒。同时，要"听政于国人"，以避免偏听偏信和独断专行。

在文化教育上，他主张要对民众施以教化，以提高他们的道德水准和文化水准。例如，兴办学校，用孝悌之道来教化民众，引导他们向善，造成一种亲亲、长长的良好道德风尚。而君主也应"与民同乐"，在爱好、情感等方面与民众相互沟通，营造一种祥和的社会氛围。他认为，君主如果实行仁政，就能得到民众的衷心拥护；反之，如果不顾人民死活，推行苛政，不仅会失去民心，而且可能被民众所推翻。

从义利论看，孟子继承了孔子的义利观，对义更加重视与赞扬，《孟子》一书先后有108处提到了"义"。孟子强调，不能见利忘义，唯利是图，不能以一己之利、小团体之利损害公众之利，否则就是不义；而不义之利，决不会长久。在他看来，义是一个人行事做人的基本原则，是不可背离的。儒家确立的仁的精神、礼的规范，都必须通过义去实施。也就是说，义是达到仁与礼的途径。

孟子主张，在社会关系上，要做到"贵贵、尊贤、事亲、守身"。如果"君之视臣如手足，则臣视君如腹心"（《孟子·离娄下》），上下协同，国势必然强盛。在遇到功名利禄诱惑时，如何取舍应当以义为准绳：合义则取，不合义则舍。当义利发生冲突，必须在两难中做出抉择时，则应当"舍生取义"。在他看来，道义比生命更重要，只要行为符合道义，即使丧失生命也是值得的。

从这一观点出发，孟子提出："士穷不失义，达不离道。"读书人即使在不得志的时候也不应当丧失道义，而在得志的时候更不应当背弃道义。在他看来，"富贵不能淫，贫贱不能移，威武不能屈，此之谓大丈夫"。即在富贵中不迷失心灵，在贫困中不动摇意志，在强势面前不卑躬屈膝，这样的人才能称作大丈夫。孟子坚持儒家的仁爱思想，按照儒家的行为规范约束自己，要求自己坚持自己的原则，成为一个身心自由、特立独行的完全意义上的人。

《孟子》中有许多名句，如"生于忧患，死于安乐""得道者多助，失道者寡助""尽信书，则不

如无书""没有规矩，不成方圆""天时不如地利，地利不如人和"等，至今仍散发着经久的魅力。

中国围棋第一高手弈秋的故事也出自《孟子》。在《告子·弈秋》篇中，孟子介绍说："弈秋，通国之善弈者也。使弈秋诲二人弈，其一人专心致志，惟弈秋之为听；一人虽听之，一心以为有鸿鹄将至，思援弓缴而射之。虽与之俱学，弗若之矣。为是其智弗若与？曰：非然也。"

春秋时期鲁国有位叫秋的人特别喜欢下围棋，潜心研究，终于成为当时的第一高手，人们不知道他姓什么，因为他是下围棋而出名的，所以就叫他弈秋。他曾经教两个徒弟学习下棋。其中一个徒弟专心致志，弈秋怎么教，他就怎么做；另一个虽然也在听讲，心里却老想着可能会有天鹅飞过来，该怎么样拉开弓箭将它射下。两人虽然一起跟弈秋学棋，他的棋艺却远不如专心的徒弟。这并不是因为他不聪明，而是因为他不够专心致志，说明做事应当要心无旁骛。

《孟子》一书自汉代起，历代学者研习不已，为之作注者颇多。而南宋著名理学家朱熹的《孟子》研究成果尤其丰厚，著作甚多，主要有《孟子集注》、《孟子精义》(亦称《孟子集义》)、《孟子成问》、《孟子要略》、《晦庵先生朱文公文集》卷七十三《读俞隐之尊孟辩》和《朱子语类》卷五十一至六十一等。这些著作既重文字训诂，又精于义理阐发，注释简洁精要，语言通俗易懂。他综合前人和当代人之说，全面继承、发展了孟子的思想，扩大了孟学在宋代的影响，在儒学发展史上留下了厚重的一页。

2002年12月12日，中国邮政发行《孟庙》普通邮资封一枚，邮资图为孟庙亚圣殿。孟庙位于山东邹城市城南，是历代祭祀孟子的场所，1988年被列为全国重点文物保护单位。

孟庙（普通邮资封）

《中庸》

《中庸》是儒家重要经典之一，与《大学》《论语》《中庸》并列为"四书"，是"四书"中思想精深、语义深奥的一部经典著作，被称为"群经之统会枢要"。

中山大学校训：博学、审问、慎思、明辨、笃行

《中庸》原为《礼记》中的一篇，南宋时被朱熹抽出来单独加以分章断句和注释，并与《大学》《论语》《孟子》合编为"四书"。《中庸》的作者是孔子之孙子思，大名叫孔伋。他师从曾子，再传孟子，在先秦儒家中是承前启后的一位知名学者。《三字经》曰："作《中庸》，乃孔伋；中不偏，庸不易。"意思是写《中庸》的是孔伋，中就是不偏，庸就是不变。

在道学的历史谱系中，尧最早传给舜的是四字真言："允执厥中。"舜传给禹的则是十六字真言："人心惟危，道心惟微，惟精惟一，允执厥中。"从尧舜到成汤、文武，再到孔子、曾子，中庸之道都是历代圣贤所传的"心法"。但到子思的时代，由于"去圣远而异端起"，子思担心"愈久而愈失其真"，因此呕心沥血，写下了《中庸》一书。

《中庸》一书共三十三章，第一章是子思对中庸大意的概述，第二章至第二十一章主要记述孔子关于中庸的言论，后十二章是子思关于中庸的言论。《中庸》全书虽然只有3545个字，却是"孔门传授心法"的总结，从《尚书》《周易》《论语》到《中庸》，儒家学者围绕"中"展开了持续不懈的思想努力。而在更为深远的历史场景中，从《老子》《墨子》《韩非子》到《淮南子》《抱朴子》，都可以看到"守中"的概念，甚至在东传的佛教中，也出现了"中道观"。这表明"中"不仅是儒家的核心观念，而且是整个中国传统文化的核心观念。

那么，究竟什么是"中庸"呢？二程认为，中是不偏之意，庸是不易之名。朱熹同意二程的诠释，并进一步指出："中者天下之正道，庸者天下之定理。"《中庸》曰："喜怒哀乐之未发谓之中，发而皆中节谓之和。中也者，天下之大本也，和也者，天下之达道也。致中和，天地位焉，万物育焉。"由此可见，中庸、和谐是儒家最高的理想境界，不仅表现为人与人之间的"和为贵"，而且表现为大自然与人类之间的"天人合一"。

中庸的方法是儒家知识分子所奉行的人生哲学和修养的最高境界。通过个体修养而达到主观精神境界的高扬，就可保持个人内心的"矜而不争"。受"中庸之道"思维模式的熏陶，儒家知识分子往往企求在灵魂和肉体、正义和生存之间保持一定适度的张力，寻找某种微妙的平衡取向和处世态度。他们在自我容忍、自我开脱、自我谅解中求得与当下自然的和谐一致。

孔子的中庸思想强调"尚中"，即"无过无不及"，在做人做事上，就是不偏激，既要做到位，又不要做过头，恰到好处；注重"时中"，即"时时处中"；坚持"中正"，追求"中和"的和谐之美。它正是孔子孜孜以求的"修己安人"之道，即所谓"修己以安人，修己以安百姓"的求仁之道，也是《中庸》中成己和成物的最直接体现。换言之，儒家并不只是单纯敬仰天地，而是注重天道与人伦的关系，注重天人之间的和谐。

《中庸》是儒家阐述中庸之道的理论著作。《中庸》曰："天命之谓性，率性之谓道，修道之谓教。"

就是说人性是由上天赋予的，循着这种天性而行就合于道，教育的作用就在于使人的本性符合儒家之道，即孔门相传的中庸之道、忠恕之道。因为"忠恕违道不远，施诸己而不愿，亦勿施于人"，这正是孔子"己所不欲，勿施于人"的思想。

《中庸》提出有德之人必须依赖"三达德"，实行"五达道"，才能达到中庸的境界。所谓"三达德"指智、仁、勇，"五达道"指君惠臣忠、父慈子孝、夫义妇顺、兄友弟恭、朋友有信。五达道的实行，要依靠三达德；三达德的培养则需要靠"诚"。教育的目的就是要促进人们主观心性的养成，以达到至诚的境界。这使得中庸学说的思想核心指向"诚"。诚与不诚既是中庸之道能否实现的必要条件，也是儒家区分君子与小人的标准。《中庸》说："君子中庸，小人反中庸。"一个社会，如果许多人都违背了诚之性，变成了伪善者，那么就将大乱。在某种意义上，中庸之道所标举的"诚"，是一个社会保持和谐共生的重要精神内核。

在古代中国思想史上，中庸思想是很重要的思维方法论和践行本体论，在儒家道统传承中具有承前启后的重要地位，是儒家心性论的主要理论纲领。《中庸》提出的"三达德""五达道"，与三纲八目是一致的。朱子高度评价《中庸》，认为它"提挈纲维，开示蕴奥，历选前圣之书，未有若是之明且尽者也"。可以说，包括《中庸》在内的"四书"并行是继"五经"立于学官之后中国学术思想史上的又一件大事。

元朝恢复科举，以《四书章句集注》试士子，悬为令甲。从此，《四书章句集注》成为科举士子的必读经书和科举考试的标准答案。明永乐帝敕撰《四书大全》，四书与五经共同列为经书，从此，四书确立了其儒家经典的地位，而理学则成为官方哲学。源自于《礼记》的《中庸》《大学》在历史文化中不断调整位置，终于被确立为中国思想史上的经典文本。

中国人生活的最高类型终究是《中庸》所倡导的中庸生活，即一种介于两个极端之间的有条不紊的生活。这种生活在动和不动之间找到了一种完全的均衡，是中国人所发现的最健全的生活理想，正如李密庵在《半半歌》里所说：

看破浮生过半，半之受用无边。半中岁月尽幽闲，半里乾坤宽展。

半郭半乡村舍，半山半水田园。半耕半读半经廛，半士半姻民眷。

一半还之天地，让将一半人间。饮酒半酣正好，花开半时偏妍。

百年苦乐半相参，会占便宜只半。

这种生活把道家的现世主义和儒家的积极观念调和起来，成为一种中庸的生活、中庸的哲学。只有在这种环境之下，当一个人的名字半隐半显，经济尚称充足，生活颇为逍遥自在的时候，人类的精神才是最快乐的，人生也才算是最成功的。因为人类毕竟生于真实的世界和虚幻的天堂之间，人们终究必须在这尘世生活下去，所以应当把哲学由天堂带到地上来。

《中庸》在教育上也有许多重要的论述和启示。例如，它阐述了为学的程序，即"博学之，审问之，慎思之，明辨之，笃行之"，并强调"择善而固执之"的勤奋不懈精神。这一为学程序与顽强的学习精神，至今仍有重要的借鉴意义。

著名的中山大学原名"广东大学"，1924年由孙中山先生创办于广州，并题写了"博学、审问、慎思、明辨、笃行"的校训。这一校训的十个字全部出自于《中庸》，至今仍为学校所沿用。它激励着成千上万的中大学子在博学、笃行的道路上奋发有为。

2006年11月12日，中国邮政发行《孙中山诞生一百四十周年》纪念邮票，1套4枚。其中第四枚图案即为中山大学（参见题图）。

中山大学（明信片）

《道德经》

《道德经》是中国古代思想史上的一部著名经典，也是道家学派最重要的代表作。全书虽然只有5000个字左右，却蕴含着丰富的哲学思想和朴素的辩证法，对中国传统文化乃至人类思想的发展产生过巨大的影响。《道德经》与《易经》《论语》一起被公认为是对中国人影响最大、最深远的三部思想巨著。

老子

《道德经》的作者传为老子。老子学识渊博，影响很大。孔子周游列国时，曾向他请教有关礼的学问。事后，孔子对他的学生称赞说，老子就像云中之龙，高深莫测，对老子极为崇拜。

老子晚年见周王朝衰败，便离京西去。函谷关的关令尹喜热情地接待了他，并向他求道。于是，老子写下了五千余言的不朽著作——《道德经》（又称《老子》）。此后，老子出关，过流沙西去。《史记》言其"不知所终"，成为一个历史之谜。老子毕生只留下一部著作，即《道德经》；而正是这部著作，使他成为道家学派的创始人，成为我国古代最伟大的哲学家和思想家之一。

《道德经》分为上下两篇，共81章，前37章为上篇《道经》，后44章为下篇《德经》。全书对个人、社会和自然的关系做了全面的阐述，其中《道经》以探讨宇宙规律和人生哲理为主，类似于纯哲学原理；《德经》以社会、政治行为规则为主，类似于社会学与政治学。在作者看来，道是德的体，德是道的用。

全书内容深奥，思想深刻，但书中既没有时间、地点，也没有人物，几乎全是抽象的论述。上、下篇均由各自独立的短章连缀而成，结构比较松散，各章之间缺少连贯性。各章文字多为短句，且喜欢押韵，读来朗朗上口，便于记诵。其思想主要体现在以下几个方面：

一是"重道"。"道"是《老子》一书的核心范畴。在老子看来，道是无法用语言来描述的，因为道就是"无"，先天地而生，因此被称为"天下之母"；它玄而又玄，蕴含着世界本原，包含着天地万物变化的规律，因此是"众妙之门"，是世界的最高法则。所以，老子说"道可道，非常道，名可名，非常名"。

《老子》认为，宇宙生成的过程，是"道生一，一生二，二生三，三生万物。万物负阴而抱阳，冲气以为和"。在这里，"一"是由道生出来的元气，"二"是元气分成的阴阳二气；"三"是阴阳互动交合，阳气上升为天，阴气下沉为地，阴阳二气冲和为人，即天、地、人三才。天有日月星辰，地有花草鸟兽，人有各种禀赋，通过辛勤劳作，与天地一起生成万物。老子以道解释天地万物的演变，认为"天地万物生于有，有生于无"。天地万物处于不断的运动变化之中，道即是天地万物的本质及其循环演变的基本规律，具有"独立而不改，周行而不殆"的特性，并不以人的意志为转移。因此，他主张要按照"人法地，地法天，天法道，道法自然"的原则，顺应自然规律，采取"无为之道"。

二是"贵德"。老子认为，道生万物，德养万物。既然天地万物都是按照道的规律生成的，那么也应当按照道的规律来培育万物，使其茁壮成长，这就是德。他由此提出"贵德"的主张，强调"道生之，德蓄之，物形之，势成之，是以万物莫不尊道而贵德"。

老子的"贵德"思想与其"贵柔"思想是相联系的。所谓"贵柔"，就是要"以柔克刚"，做到"知其雄而守其雌，知其白而守其黑，知其荣而守其辱"，宁为"天下溪""天下谷"，以使"常德不离""常德乃足"，使天下"复归于朴"。为此，必须"道法自然"，做到"无为而治"，因为"天地无人推而自行，日月无人燃而自明，星辰无人列而自序，禽兽无人造而自生，此乃自然为之也，何劳人为乎"。在他看来，"圣人之道，为而不争"，"我无为而民自化，我好静而民自正，我无事而民自富，我无欲而民自朴"。

三是"思辨"。《老子》一书具有极强的思辨哲学色彩，被称为中国古代辩证思维的杰出代表。他认为，自然界和人类社会变动不居的原因，是由于天地万物都存在着两个互相矛盾的对立面。据此他揭示出一系列矛盾，如有无、难易、长短、高下、音声、前后、美丑、祸福、刚柔、强弱、损益、兴衰、大小、轻重、智愚、巧拙、生死、胜败、进退、攻守等。他认为，这些矛盾的任何一方都不能孤立存在，而是互相依存，互为前提，即"有无相生，难易相成，长短相形，高下相倾，音声相和，前后相随"。

老子深刻揭示了对立面的互相转化。他说："正复为奇，善复为妖。""曲则全，枉则直；洼则盈，敝则新；少则得，多则惑。"即正常能转化为反常，善良能转化为妖孽，委曲反能保全，屈枉反能伸直，低下反能充满，少取反能多得。当事物发展到一定程度，就会走向它的反面，即物极必反。而"反者道之动"，同样是"道"运动变化的表现形式。

老子揭示对立面的互相转化主要是为了说明静可以转化为动，柔可以转化为刚，弱可以转化为强。从这一观点出发，老子主张柔弱胜刚强，并提出了以静制动、以弱胜强、以柔克刚、以少胜多的战略原则。他说："弱者道之用。""水，天下之至柔，驰骋天下之至坚。""以其不争，故天下莫能与之争。"

正是这些独特的观点，使《道德经》一书及老子的思想学说，对中国古代哲学的发展产生了深刻影响。作为道家学派的"开山之作"，《道德经》在先秦诸子百家争鸣中发挥了重大作用，不仅以"一家之言"提出了治理国家的设想和思路，而且对儒家、墨家、法家思想的形成起了一定的补充作用，对道家内部不同派别的思想更是产生了直接影响。

《道德经》思想与黄帝治国理论相结合，被称为"黄老之学"，成为一种以道家、法家理论为主，兼采儒、墨、阴阳等各家学说的思想流派，在汉初恢复经济、巩固政权、与民休养生息中发挥了极大的作用，直接影响了当时的国家政治走向。魏晋时期，《道德经》的思想与《易经》《庄子》的思想相结合，被称为"三玄"，对魏晋玄学的形成和后世传统哲学的流变，产生了重大的影响。

最令人瞩目的是，《道德经》的思想与民间神仙方术相结合而催生出的道教，成为中国历史上最早出现的本土宗教，对中国传统文化的发展产生了难以估计的重大影响。老子因此被道教尊为"道祖"，《道德经》一书也被道教奉为圣典，成为道教许多教理教义，如道生德育、自然无为、清静寡欲、柔弱不争、长生久视等的源泉。

《道德经》中的许多名句，"知人者智，自知者明""天网恢恢，疏而不漏""大音希声，大象无形"等，成为中国人理解人生、社会的取之不尽、用之不竭的生命智慧。

唐玄宗时，该书即被高僧玄奘和道士玄英译为梵文，后来又被译为多种文字，成为最受西方人瞩目的中国古代经典，也是世界上少有的得到广泛传播的古籍。老子也因此被称为中国"哲学之父"。

2007年11月30日，中国澳门邮政发行《道德与伦理价值观》邮票，1套4枚及小型张1枚。4枚邮票以中国古代思想家孔子、孟子、老子、庄子半身像及"道""德""伦""理"书法体为主图；小型张邮票为圆形，以4位思想家半身像为主图。孔子、孟子、老子、庄子的道德、伦理价值观是中国传统文化的精髓，该邮票表现了他们的形象，充分表达了传承中华民族传统道德与伦理价值观的愿望。

老子

2017年3月1日，中国澳门邮政发行《中华传统文化》邮票，1套3枚，分别为道、释、儒。邮票图案取材自澳门画家绘制的三尊道、释、儒三教的代表人物，即老子、释迦牟尼和孔子。

中华传统文化源远流长，灿烂辉煌，一直以来都推崇融儒、释、道三家为一体。《弟子规》是儒教之根，十善业是佛教之根，《太上感应篇》是道教之根。儒、释、道三教皆以孝悌忠信、诚敬谦和行教化，这是中华传统文化之特质与根基，中国几千年来社会文化皆根植于此。

老子

古代思想家首日封（设计者袁熙坤签名）

《孙子兵法》

《孙子兵法》是我国现存最古老、最杰出的一部兵书，也是我国古代军事思想与作战经验的高度概括和总结，是中国古代朴素唯物论、辩证法与军事实践相结合的天才产物。在中国军事史上占有举足轻重的地位，其军事思想对中国历代军事家、政治家、思想家产生了非常深远的影响。

《孙子兵法》：吴宫教战

《孙子兵法》为春秋末年吴国的伟大军事专家孙武所著，虽然只有五千余言，但内容包罗万象、博大精深，涉及战争规律、哲理、谋略、政治、经济、外交、天文和地理等方面，堪称古代兵学理论的宝库和集大成者，后世有"用兵如《孙子》，策谋《三十六计》""前孙子者，孙子不遗；后孙子者，不遗孙子"的说法，并将它与《战争论》（克劳塞维茨）、《五轮书》（宫本武藏）并称"世界三大兵书"。

《孙子兵法》成书于春秋末期（前515年—前512年），是孙武初次拜见吴王阖闾时上呈的见面礼。全书分为十三篇，包括《始计》《作战》《谋攻》《军形》《兵势》《虚实》《军争》《九变》《行军》《地形》《九地》《火攻》《用间》等篇，对用兵的各个侧面、各个环节做了精深的分析。

根据各篇内容，大致可以分为两类：第一类是战略篇，包括第一至第五篇。其中，首篇《始计》主要讲的是庙算，即出兵前在庙堂上比较敌我的各种条件，估算战事胜负的可能性，并制订作战计划。这是全书的纲领。《作战》篇主要讲庙算后的战争动员。《谋攻》篇是讲如何以智谋攻城，即不专用武力，而是采用各种手段使守敌投降。《军形》《兵势》两篇主要讲决定战争胜负的两种基本因素："形"指具有客观、稳定、易见等性质的因素，如战斗力的强弱、战争的物质准备等；"势"指主观、易变、带有偶然性的因素，如兵力的配置、士气的勇怯等。

第二类是战术篇，包括第六至第十三篇。其中，《虚实》篇主要讲如何通过分散集结、包围迂回，造成预定会战地点上的我强敌劣，最后以多胜少。《军争》篇讲如何"以迂为直，以患为利"，夺取会战的先机之利。《九变》篇主要讲军事指挥员如何根据不同情况采取不同的战略战术。《行军》篇讲如何在行军中宿营和观察敌情。《地形》篇讲六种不同的作战地形及相应的战术要求。《九地》篇讲如何依据主客观形势的变化和深入敌方的程度等，划分九种作战环境及相应的战术要求。《火攻》篇讲以火助攻的作战战术。《用间》篇讲五种间谍的配合使用。

书中的语言叙述简洁，内容也很有哲理性，后来的很多将领用兵都受到了该书的影响。书中的许多著名论断，如"知己知彼，百战不殆""出其不意，攻其不备"等，已成为千古不移的至理名言。

1995年12月，中国邮政发行《孙子兵法》特种邮票，1套5枚。邮票选取《孙子兵法》的警句5条，通过5幅精美图案，分别将其中蕴含的军事思想即主要精华体现了出来。

第一枚主图为孙子像，并选用《孙子兵法·始计》中的名言："兵者，国之大事，死生之地，存亡之道，不可不察也。"这是孙子对战争认识的基本观点，主张重视战争，研究战争，审慎运用战争手段。孙子认为，在诸侯混战的情况下，战争决定着国家的存亡兴衰和人民的命运，必须把战争作为国家大事严肃对待，认真研究克敌制胜的用兵之道。同时，他主张对战争采取审慎态度，反对盲目滥战，并告诫说："主不可以怒而兴师，将不可以愠而致战。"

第二枚为《吴宫教战》（参见题图），选用《孙子兵法·行军》中的名言："令之以文，齐之以武，是谓必取。"其意为：要靠宽仁相待来使士卒亲附合心，要靠军纪军法来统一步调，这样才能得到士卒的敬畏和拥戴，获取战争的胜利。由此可以看出，恩威并举、宽严相济是孙子治军的基本思想。

第三枚为《云战入郢》，选用《孙子兵法·谋攻》中的名言："知彼知己者，百战不殆。"它体现了孙子关于知与战关系的战争认识论思想。孙子认为知是战的前提，是胜利的基础。只有先知，即了解敌我双方情况，才能做出正确的决策，作战才能"动而不迷，举而不穷"。孙子将这一原则直接运用于实战，取得了辉煌的战果。

第四枚为《艾陵之战》，选用《孙子兵法·虚实》中的警句："兵之形，避实而击虚。"它体现了孙子关于进攻作战要选择攻击时机和目标的思想。在他看来，作战要想有必胜的把握，必须抓住有利时机，避开敌人坚实之处，攻击其薄弱之点。《史记·哀公十一年》记，吴王阖闾采用孙子的谋略，使吴军大败齐军于艾陵（今山东莱芜东北），迫使齐国求和。艾陵之战恰当地体现了孙子这一重要军事思想。后来孙膑把孙武"避实击虚"的用兵原则，概括为"避亢捣虚"，使这一思想的表达更加完整明确。

第五枚为《黄池会盟》，选用《孙子兵法·谋攻》中的名言："不战而屈人之兵，善之善者也。"它体现孙子以遏止战争为目的，以非战争手段避免兵燹战祸的战略指导思想。采用孙子的这一战略思想，使得吴国恃强威迫齐、晋诸国在黄池（今河南境内）言和会盟，实现了"不战而屈人之兵"的军事目的。

孙子认为，军事斗争的最终目的是保国安民，任何战争都不可避免地会造成军民的伤亡和经济的破坏。因此，贯穿《孙子兵法》的基本原则是以军事实力为后盾，综合运用政治、经济、军事、外交、心理等各种斗争手段，把战争遏止在萌芽状态。

《孙子兵法》谈兵论战，集韬略、诡道之大成，被历代军事家广为援用。其缜密的军事思想体系、变化无穷的战略战术、常读常新的理论韵味，在世界军事思想领域拥有广泛的影响，享有极高的声誉。

全世界有数千种关于《孙子兵法》的刊印本，不少国家的军校把它列为教材。据报道，1991年海湾战争期间，交战双方都曾研究《孙子兵法》，借鉴其军事思想以指导战争。

孙子是兵家的代表，但是他并不是一个好战的人；相反，他认为最好的兵法就是尽一切力量避免战争流血，不战而全胜。可以说，孙子是一个有大爱的人，他比普通人更懂得珍惜生活和生命。

《孙子兵法》内容博大精深，哲学思想精邃，逻辑缜密严谨，不仅是中国古典军事文化遗产中的璀璨瑰宝，而且是中国优秀传统文化的重要组成部分。

首日封 B·F.D.C.

邮政编码

《孙子兵法》（首日封）

《韩非子》

《韩非子》是战国时期著名思想家、先秦法家思想的集大成者韩非子的著作总集，也是中国古代法家思想的代表性作品，对后世影响深远。

《韩非子》：滥竽充数

韩非（约前281—前233）是战国末期韩国都城郑城（今河南新郑）人，为韩国公子，后世称韩子或韩非子。他和李斯都是荀子的学生，但其思想观念不同于老师，不好儒而"喜刑名、法术之学"。其学本之"黄老之法"，主张清净无为，君臣各司其职；同时又融合了儒、道、法等各家学说的思想，尤其是继承了战国时期的法家思想。

韩非子博学多能，才学超人，思维敏捷，文章气势逼人，堪称当时的大手笔。由于生活在战国末期的动荡年代，目睹韩国的日趋衰弱，曾多次向韩王进谏，希望国家变法图强，却始终未被采纳。失望之余，他开始探索变法图强之道，通过"观往者得失之变"，撰写了《孤愤》《五蠹》《内外储》《说林》《说难》等长达10余万言的文章，详细阐述了自己的法治思想。秦王读后十分赞赏，并利用韩非子出使秦国之机，向其问计。最终却遭到李斯等人的离间，韩非子被打入大牢，最后迫于无奈而服毒自杀。秦王痛惜不已，采纳了韩非子的治国理念和思想，使之成为秦王朝统治的重要理论指导，并使秦国很快强盛了起来。

在韩非子的时代，思想界以儒家、墨家为显学，崇尚"法先王"和复古。韩非子则反对复古，主张因时制宜，实行法治，提倡"君权神授"，并提出"重赏、重罚、重农、重战"四项政策，对中国历代封建王朝的治国理念产生了深刻的影响。

《韩非子》一书现存55篇，约10万言。它吸收了商鞅、慎到、申不害的"刑名法术"思想，集秦晋法家思想之大成，提出"法、术、势"相结合的法治理论，又吸收道家"虚静无为"的思想和荀子"性恶说""功利论"的思想，将法治理论系统化，构建了新型的具有兼容并包特征的法家学说，达到了先秦法家理论的最高峰，为秦统一六国提供了理论武器；同时，也为中国封建社会的专制制度提供了理论根据。

韩非子吸收荀子"性本恶"的理论，提出了"性本利"的观点。认为人本身是好利的，人与人的关系是以自利为纽带的，强调要以法来约束民众，施刑于民，才可"禁奸于为萌"，这恰恰是爱民的表现（《韩非子·心度》）。

同时，他继承和总结了战国时期法家的思想和实践，提出了中央集权的君主专制理论。主张加强君主集权，剪除私门势力，以法为教，厉行赏罚，奖励耕战。他认为，国家大权要集中在君主一人手里，君主必须有权有势，才能治理天下。为此必须选拔一批经过实践锻炼的封建官吏来取代贵族，因为"宰相必起于州部，猛将必发于卒伍"（《韩非子·显学》）。

韩非子主张进行改革和实行法治，不仅要"废先王之教"，"以法为教"，而且强调法制定之后就要严格执行，任何人也不能例外，做到"法不阿贵""刑过不避大臣，赏善不遗匹夫"（《韩非子·有度》）。只有实行严刑重罚，人民才会顺从，社会才能安定，封建统治才能巩固。

他认为，法一定要让人明了，而术一定不能被人觉察。主张君主对臣下要去"五蠹"、防"八奸"，以免扰乱法制。同时要避免生杀予夺之权落入臣下手中，造成君主失势的危机。在他看来，过于宠溺臣下法令就难以确立，从而会危及君主自身；缺乏威严就会被臣下欺凌，而臣下权势过重，必然有篡位之心。

　　韩非子的这些主张反映了新兴封建地主阶级的利益和需要，为结束诸侯割据，建立统一的中央集权的封建国家，提供了理论依据。秦始皇统一中国后采取的许多政治措施，就是韩非子理论的应用和发展。司马迁在《史记》中评说："韩子引绳墨，切事情，明是非，其极惨礉少恩。"

　　韩非子的文章构思精巧，说理精密，文锋犀利，议论透辟，推证事理，切中要害。如《亡征》一篇，分析国家可亡之道达47条之多，实属罕见。《难言》《说难》二篇，无微不至地揣摩所说者的心理，以及如何趋避投合，周密细致，无以复加。有些文章描写大胆，语言幽默，于平实中见奇妙，具有耐人寻味、警策世人的艺术效果。

　　韩非子还善于用大量浅显的寓言故事和丰富的历史知识作为论证资料，说明抽象的道理，形象地体现其法家思想和对社会人生的深刻认识。书中的许多名言，如"长袖善舞，多钱善贾""自胜谓之强，自见谓之明""善张网者引其纲""千丈之堤，以蝼蚁之穴溃""家有常业，虽饥不饿；国有常法，虽危不亡"等，至今仍为人们广泛运用。

　　从文风来看，荀子的散文词汇丰富，句法规整，层次清晰，论点鲜明；而韩非子的散文则善用寓言、比喻，锋芒锐利，议论透辟。师徒二人的散文对后世影响很大，尤其是对汉初许多政论家的政论文有着直接的影响。郭沫若曾将他与战国其他名人对比，认为"孟文犀利，庄文恣肆，荀文浑厚，韩文峻峭，各有千秋"。

守株待兔（澳门）

　　《韩非子》一书是在韩非子去世后，由后人辑集而成的。书中许多民间传说和寓言故事，后来成为成语典故的出处。如"滥竽充数"（参见题图），就出自《韩非子·内储说上》："齐宣王使人吹竽，必三百人。南郭处士请为王吹竽，宣王说之，廪食以数百人。宣王死，湣王立，好一一听之，处士逃。"比喻没本事的人冒充有本事的人，或以次充好。

　　"守株待兔"的典故出自《韩非子·五蠹》："宋人有耕田者。田中有株，兔走触株，折颈而死。因释其耒而守株，冀复得兔。兔不可复得，而身为宋国笑。"比喻那种妄想不劳而获，或死守狭隘的经验，不知变通、抱残守缺的人和事，以及愚蠢的思想方法。

　　韩非子在文后强调说："今欲以先王之政，治当世之民，皆守株之类也。"意思是，如今居然想用过去的治国方略来治理当今的百姓，这无异于在犯守株待兔一样的错误。

《孝经》

《孝经》是中国古代儒家的伦理著作，较为集中地阐述了儒家的孝道伦理思想，被列为儒家"十三经"之一，不仅在古代对传播和维护社会伦理、社会秩序起了很大作用，而且对现代的家庭、社会关系也有着深刻的影响。

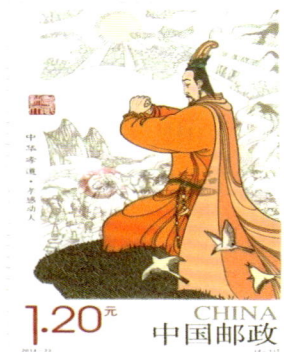

（4-1）孝感动天

《孝经》相传是孔子所作，实乃后人附会。清代纪昀在《四库全书总目》中指出，该书是孔子"七十子之徒之遗言"，成书于秦汉之际。自西汉至魏晋南北朝，注解者多达百家。现在流行的版本是唐玄宗李隆基注，宋代邢昺疏。全书共分18章。

《孝经》以孝为中心，肯定孝是上天确定的规范，是诸德之本。"夫孝，天之经也，地之义也，人之行也。"认为"人之行，莫大于孝"，不仅国君可以用孝来治理国家，臣民也能够用孝来立身理家。

《孝经》首次将孝与忠联系起来，认为忠是孝的发展和扩大，并把孝的社会作用推而广之，认为"孝悌之至"能够"通于神明，光于四海，无所不通"。对实行孝的要求和方法也做了系统而详细的规定。

它主张把孝贯穿于人的一切行为之中，把孝和维护宗法等级关系联系起来，认为孝要"始于事亲，

中于事君，终于立身"。"身体发肤，受之父母，不敢毁伤"，是孝之始；"立身行道，扬名于后世，以显父母"，是孝之终。

孝的具体要求是："居则致其敬，养则致其乐，病则致其忧，丧则致其哀，祭则致其严。"《孝经》还根据不同阶层人士的身份差别，规定了行孝的不同内容：天子之孝要求"爱敬尽于其事亲，而德教加于百姓，刑于四海"；诸侯之孝要求"在上不骄，高而不危，制节谨度，满而不溢"；卿大夫之孝要求"非法不言，非道不行，口无择言，身无择行"；士阶层之孝要求"忠顺事上，保禄位，守祭祀"；庶人之孝要求"用天之道，分地之利，谨身节用，以养父母"。

《孝经》还把道德规范与法律（刑律）联系起来，认为"五刑之属三千，而罪莫大于不孝"，主张利用国家法律的权威，维护其宗法关系和道德秩序。《孝经》在中国古代影响很大，历代王朝无不标榜"以孝治天下"。唐玄宗在御注《孝经》序中说：

朕闻上古，其风朴略。虽因心之孝已萌，而资敬之礼犹简。及乎仁义既有，亲誉益著。圣人知孝之可以教人也，故因严以教敬，因亲以教爱，于是以顺移忠之道昭矣，立身扬名之义彰矣。子曰："吾志在《春秋》，行在《孝经》。"是知孝者德之本欤。经曰："昔者明王之以孝理天下也，不敢遗小国之臣，而况于公侯伯子男乎！"朕尝三复斯言。景行先哲，虽无德教加于百姓，庶几广爱，刑于四海。

《孝经》认为，能够亲爱自己父母的人，就不会厌恶别人的父母；能够尊敬自己父母的人，也不会怠慢别人的父母。以亲爱、恭敬的心情尽心尽力地侍奉双亲，而将德行教化施之于黎民百姓，使天下百姓遵从效法，这就是天子的孝道。

《孝经》与《礼记》有着十分密切的关系。《礼记》的孝道思想既丰富又全面，不仅论述了孝的起源、地位与作用，而且论述了孝与忠、礼、政、教的关系等问题，同时还有关于孝道和孝行的具体论述。可以说，《礼记》在中国儒学发展史上，完

成了孝道的理论创造并达到顶峰。《孝经》是一部专门论孝的经，虽然字数不足两千，却言简意赅，易于传播推广；其中也有不少内容来源于《礼记》。由《礼记》创造的孝道理论与孝道原则，借助《孝经》而得以广泛传播；《礼记》总结的孝行也通过《孝经》《二十四孝》《弟子规》《女儿经》等童蒙教材与家训之书而得以流传，对中国人的传统生活方式产生了巨大的影响。

中华孝道的代表首推虞舜。《尚书》载，舜"父顽、母嚚，象傲；克偕以孝，烝烝乂，不格奸"。意思是说，虞舜的父亲瞽叟、继母和异母弟象，都十分冥顽不化，心地不善，不仅谎话连篇，甚至多次想害死他。虞舜面对复杂的家庭环境、各色各样的家庭成员，不仅毫不嫉恨，而且极尽孝道，始终对父亲恭顺，对弟弟慈爱，把家庭关系搞得十分和谐。帝尧听说舜非常孝顺，有处理政事的才干，就把两个女儿娥皇和女英嫁给他。经过多年观察和考验，又选定舜做他的继承人。舜登帝位后，去看望父亲，仍然恭恭敬敬，并封弟弟象为诸侯。

（4-1）孝感动天（4-2）扇枕温席

2002年，中国澳门邮政发行了一套有关孝道的邮票，包括《孝感动天》《扇枕温席》《哭竹生笋》《卧冰求鲤》等4枚。此外，还有1枚小型张，名为《鹿乳奉亲》。

2014年9月30日，中国邮政发行《中华孝道（一）》特种邮票，1套4枚。其中第一枚就是《孝感动天》（参见题图），讲述的就是虞舜孝心感动上天的故事。其他3枚邮票分别是《涌泉跃鲤》《替父从军》《学医疗亲》。

（4-2）涌泉跃鲤（4-3）替父从军（4-4）学医疗亲

《史记》

《史记》是我国西汉著名史学家司马迁撰写的一部纪传体史书，也是中国历史上第一部纪传体通史，被列为"二十四史"之首。

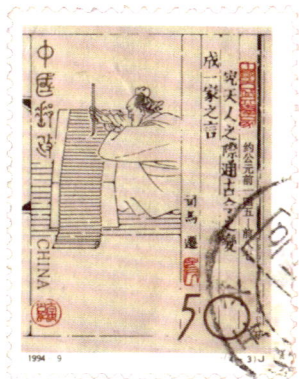

司马迁

《史记》原名《太史公书》《太史公记》，"太史公"即指写历史书的人。"史记"原本是古代史书的通称，从三国时期开始，逐渐成为司马迁《太史公书》的专称。作者司马迁以其"究天人之际，通古今之变，成一家之言"的史识，使《史记》成为中国历史上第一部经典正史，对后世史学和文学的发展都产生了深远影响。其首创的纪传体编史方法为后来历代正史所传承。同时，《史记》还被认为是一部优秀的文学著作，在中国文学史上占有重要地位，有很高的文学价值。古代史学大家刘向等认为此书"善序事理，辩而不华，质而不俚"，与司马光的《资治通鉴》并称"史学双璧"。

汉太初元年（前104年），身为太史令的司马迁在完成我国第一部历书《太初历》后，就开始着手撰写《史记》。汉天汉二年（前99年），司马迁因替李陵辩护而被关入监狱，并处以宫刑（当时叫腐刑），直至三年后才出狱，后出任中书令。汉征和二年（前91年），司马经过十多年的辛勤整理和写作，终于完成了《史记》这部历史巨著，他也因此被称为"史圣"。

司马迁撰述《史记》的动机主要有三：一是为了继承其父司马谈编订史书的遗志，完成撰述《史记》的宏愿；二是要继承《春秋》"明道义，辨人事，拨乱反正"的使命和臧否褒贬的精神；三是要尽史学家的职责，完成上代历史的整理计划，"以究天人之际，通古今之变，成一家之言"。

《史记》全书包括十二本纪（记历代帝王政绩）、三十世家（记诸侯国和汉代诸侯、勋贵兴亡）、七十列传（记重要人物的言行事迹，主要叙人臣，其中最后一篇为自序）、十表（大事年表）、八书（记各种典章制度，如礼、乐、音律、历法、天文、封禅、水利、财用），共130篇，52万余字。全书记载了从黄帝开始直到汉武帝元狩元年（前122年）约3000年的历史，不仅内容上条理明晰，而且文笔酣畅淋漓，被称为"史家之绝唱，无韵之《离骚》"，与此后班固编撰的《汉书》、范晔和司马彪的《后汉书》、陈寿的《三国志》合称"前四史"。

《史记》的文章可分成两个部分。前面的正文是人物的生平描述，这部分皆以代表性事件或逸事衔接交杂而成；正文后面会加上作者的评论或感想，通常以"太史公曰"为起头，内容或有作者的个人经历，或有对人物的评价，或有收集资料的过程，但仍以评论题材人物的性格与行事为主，这与司马迁"究天人之际"的写作目标是相吻合的。

司马迁撰写《史记》态度严谨认真，实录精神是其最大的特色。他写的每一个历史人物或历史事件，都经过了大量的调查研究，并对史实做了反复核对。文章公正，史实可靠，不空讲好话，不隐瞒坏事。在给人物作传记时，并不为传统历史记载的成规所拘束，而是按照自己对历史事实的把握真实记录。从最高的皇帝到王侯贵族、将相大臣，再到地方长官等，莫不如此，以为朝廷提供有益的历史借鉴。

《史记》参考了众多典籍，如《左传》《国语》《世本》《战国策》《楚汉春秋》和诸子百家等，同时参考档案、民间古文书籍。司马迁还亲自采访，进行实地调查，然后对材料精心选择使用，治学态度异常严谨。汉代之前的历史著作在内容、史事、材料、作者编撰水平上都无法和《史记》相比。

生活的不幸使司马迁满怀悲愤，他将这种浓郁的感情融入《史记》创作中，因而其笔下的人物刻画和褒贬中都饱含着诗人般的激情。如《屈原列传》是屈原伟大人格的赞歌，《项羽本纪》是一首充满悲壮叹惋之情的英雄史诗，《伯夷列传》则是一首喷发出愤激不平之情的怨刺诗。

作为中国史学史上第一部贯通古今、网罗百代的通史名著，《史记》对中国史学的发展可谓贡献巨大：一是建立了杰出的通史体裁，代表了古代中国史学史乃至世界史学史的最辉煌成就；二是建立了史学在中国学术领域里的独立地位；三是建立了史传的文学传统，对中国古代的小说、戏剧、传记文学、散文产生了广泛而深远的影响。

从总体上说，《史记》作为我国第一部以描写人物为中心的大规模作品，为后代文学的发展提供了一个重要基础和多种可能性，对小说的体裁和叙事方式产生了显著影响，并由此产生了大量的历史人物传记。同时，由于《史记》故事具有强烈的戏剧性，人物性格鲜明，矛盾冲突尖锐，因而成为后代戏剧取材的宝库。据《元代杂剧全目》所载，取材于《史记》的剧目就有180多种，包括《赵氏孤儿》这样具有世界影响的名作，以及京剧《霸王别姬》《鸿门宴》、汉剧和越剧《卧薪尝胆》、话剧《大风歌》、秦腔《萧何月下追韩信》、同州梆子《和氏璧》等。

《史记》还为后世留下了许多传世名句，如"项庄舞剑，意在沛公""人为刀俎，我为鱼肉""桃李不言，下自成蹊""不鸣则已，一鸣惊人""智者千虑，必有一失""匈奴未灭，无以家为""王侯将相，宁有种乎"，以及"燕雀安知鸿鹄之志哉""运筹帷幄之中，决胜千里之外""良药苦口利于病，忠言逆耳利于行"等。

《史记》不仅是我国纪传体史学的鼻祖，也是我国传记文学的开端。它继承了先秦《诗》《骚》的抒情传统，又吸收了先秦散文的酣畅风格，融会贯通，自成一家。它所颂扬的进取精神、入世情怀、

人道主义和自强不息的意志，以及一系列光辉的人物形象，为后世所追慕、景仰。其文章技巧、风格、语言，无不令后世散文家宗奉。

坐落在陕西韩城市芝川镇南原上的司马迁衣冠冢和祠，犹如一座古城堡依山而筑，巍然屹立在高高的山梁上。祠里现有碑石60余块，镌刻着历代为纪念司马迁的业绩而撰写的诗文。其中有一块碑刻为郭沫若所题，表达了对这位旷世奇才的推崇和怀念之情：

> 龙门有灵秀，钟毓人中龙。
> 学殖空前富，文章旷代雄。
> 怜才膺斧钺，吐气作霓虹。
> 功业追尼父，千秋太史公。

诗中推许司马迁渊博的才学，赞颂他蒙受奇冤而发愤著述的崇高精神，讴歌司马迁完成不朽巨著所立下的千秋功业。悠悠往事，有多少在历史的长河中沉没消失。唯独这位两千多年前的史学家，精神与日月争辉，文字同天地共存，至今人们还在纪念他。

1994年6月，中国邮政发行《中国古代文学家（第二组）》纪念邮票，1套4枚，其中第三枚图案即为司马迁（参见题图）。邮票主图表现了司马迁在遭受惨烈的横祸之后，毅然决然发奋著史，忍辱负重，无所畏惧，终至流芳千古的高大形象。

司马迁（极限片）

《坛经》

《坛经》是佛教禅宗的代表性经典，也是中国人撰写的唯一一部被尊为经典的佛经，不仅在佛教经典中具有很高的地位，而且在中国传统文化中也堪称"子书"中的精品，其影响十分深远。

南华禅寺：大雄宝殿

《坛经》全称为《六祖大师法宝坛经》。所谓"法宝"即佛法之宝，意为躬行《坛经》之教，就能觉悟和摆脱烦恼，获得人身自由与精神升华；称为《坛经》则是因为六祖当年在广州光孝寺受戒，戒坛为南朝译《楞伽经》的求那跋陀罗（393—468）三藏法师所建，后六祖于戒坛说法，由其弟子记录，法海整理而成，是为《坛经》。

《坛经》的产生与禅宗六祖惠能的出道及继承五祖衣钵密切相关。惠能（638—713），祖籍河北涿州，唐太宗贞观年间出生于广东新州。三岁时丧父，随母亲迁南海。家庭生活贫苦，长大后砍柴为生。他虽然没有文化，但悟性颇高。有一次送柴途中，听人诵读《金刚经》，心中若有所悟，便下决心求法。后来一路北上，于671年来到黄梅东禅寺拜见弘忍，一开始被派做杂务，他也毫无怨言。

几个月后，弘忍要众僧各作一首偈语以明心性，并拟议把写得最好、悟性最高的弟子选为继承人。其时，弘忍的大弟子神秀（605—706）正担任寺院的"上座"，他不仅比惠能年长33岁，阅历丰富，而

且佛学造诣颇深，精通《老》《庄》《易》和各种佛教理论。他先做了一首偈语："身是菩提树，心如明镜台。时时勤拂拭，勿使惹尘埃。"新来乍到的惠能"一闻，便知此偈未见本性"，于是作了一首新的偈语："菩提本无树，明镜亦非台。本来无一物，何处惹尘埃？"虽然只改动了几个字，却是境界迥异。弘忍一看，其透彻清净境界呼之欲出，比起神秀还在向往清净的修为阶段，可谓有质的飞跃。于是，便将其袈裟传给惠能，将他定为自己的继承人。后来惠能到广东韶州（今韶关）南华寺驻锡弘法，建立了禅宗南派，神秀则在北方建立了禅宗北派。北宗主张"渐修"，南宗则主张"顿悟"。

禅宗的兴起与其主张的"顿悟"修行方法有关。禅宗自称是来自佛祖的"教外别传"，这种传不是言传而是心传，所以"不立文字"；因为是心传，所以"直指人心""见性成佛"。《坛经》云："若欲修行，在家亦得，不由在寺。在家能行，如东方人心善。但心清净，即是自性西方。"这种平实入世的风格摆脱了一切教条羁绊，与现实生活打成一片，从生活中直接体味身心性命，体味人生宇宙中佛法之真谛。它不仅使禅宗的发展迅速普及，亦深得讲究三纲五常、修身齐家的儒者的认同；不仅对佛教具有革命性意义，在世界思想史上也是独一无二的心理实践体系。

《坛经》记载惠能一生得法传宗的事迹和启导门徒的言教，内容丰富，文字通俗，是研究禅宗思想渊源的重要依据。全书共有十个部分（称十品）。一是行由品（自序）：惠能自述身世及求法、得法、弘法的种种经历。二是般若品：该篇为全书核心，记述惠能应韦刺史之请，为大众开讲"摩诃般若波罗蜜多"的法义，提出"若识得自性般若，即是见性成佛"，对禅宗的观点发挥最为透彻。三是决疑品：记述惠能为韦刺史解释达摩事迹等疑问。四是定慧品：记述惠能为大众开示"定慧之法"的内容，强调禅宗的修行法门以定慧为本，以无念为宗。五是妙行品（坐禅品）：记述惠能为大众开示修习"禅定之法"的内涵。六是忏悔品：收录惠能为前来听法的四方人士传授"自性五分法身香"及"无相忏悔"

等内容。七是机缘品：汇录惠能得法后在曹溪与四方学者僧众交往的经历。八是顿渐品：记述惠能为神秀门人志诚禅师阐发南北禅宗分离的经过，强调"法无顿渐，人有利钝"的观点。九是护法品：记述朝廷下诏迎请、奖谕惠能的经过。十为附嘱品：记述惠能临终遗嘱及迁化的经过。

《坛经》的思想建立在"人人皆有佛性"的基础上，而佛性又建立在每个人的心中。《坛经》认为："菩提本清净，起念既是妄。"也就是说，心的状态原本是清净的，而一旦有贪欲的念想，就会变得迷妄，即"自心迷"。若能明了心性，即可从迷返悟，参透佛性，达到"自心悟"，这当下一念之间的"自心悟"也就是"顿悟"。

"顿悟"是"不修之修"。它虽然也是修行，但修行者不能老想着修，而要做到"无念"，即平常心，顺其自然，不刻意做任何事，《古尊宿语录》称"平常心是道"，《传灯录》也说"担水劈柴，无非妙道"。做到"无相"，即摆脱外在事物和物我对立的观念，达到无我、无物的境界，即"物我同在，物我一本"的世界，此时，我的生命就不仅是在"我"中，而且是在整个"万物"中，我的生命即是永恒之生命。做到"无住"，即不执着于"念"，一念发动，必有所指、有所"住"；但万物皆流、皆变，一"住"即死，"无住"才能顺时而动，生命才能不息，才能在呼吸之间获得永恒。

"本来无一物，何处惹尘埃。"世间各种现象原本就是虚幻的，又何必为此烦恼呢？"顿悟"就是达到"无念、无相、无住"的境界。无念才能不为妄念所迷，无相才能不为现象所惑，无住才能不为任何束缚所阻碍。《坛经》主张人人皆有佛性，因此人人都能顿悟，都能成佛。《坛经》的中心思想就是"直指人心，见性成佛"。惠能强调指出，"人虽有南北，佛性本无南北"。这一思想与《涅槃经》"一切众生悉有佛性"之说是一脉相承的。

《坛经》的"顿悟成佛"说，把人们学佛参禅的追求融入日常的生活之中，为出世的佛教找到了立足现世的土壤，也为寻求解脱的众生找到了亲近佛境的便捷途径。人们不必念念不忘去西方寻找净土，净土就在自己的心中。

《坛经》的特点：一是简明化，高度浓缩了佛教宗旨与修行方法，在《般若品》中直截了当地提倡个人反省自觉，顿悟成佛。二是中国化，不仅融会了《楞伽经》《金刚经》的精要，而且融入了《法华经》《涅槃经》心要，使之彻底中国化、口语化，变为中国风格。所谓"佛想性中作，莫向身外求"，有不依赖外在权威之特点，亦与中国文化"敬鬼神而远之"及注重个人道德修养的人文精神相符合。三是普及化，《坛经》是唐代白话语录体，文风不像其他大经典雅深奥，也不像后来的禅宗公案艰深晦涩，故适合大众学修，由此建立起注重现世的人间佛教，六祖惠能也因此成为禅宗真正意义上的开山祖师。

在佛教中国化的历程中，惠能首创禅宗（曹溪宗），后"一花开五叶"，发展成禅门五家七宗。他的思想主要反映在《坛经》里，对中唐以后的佛教和宋明理学都产生了深刻影响，成为中国汉传佛教的主流，后传至朝鲜、日本，近代又向欧美发展，表现出强大的生命力。

为纪念六祖惠能圆寂1300周年，中国邮政于2013年9月7日发行《南华寺》特种邮票，1套4枚，分别表现南华寺的曹溪门、大雄宝殿、灵照塔、祖殿等内容。

南华寺坐落于广东省韶关市曲江区马坝东南的曹溪之畔，依山面水，峰峦奇秀。它不仅是中国佛教名寺之一，也是写下千古绝句的禅宗六祖惠能弘扬"南宗禅法"的发祥地。惠能在此传授佛法三十七年，法眼宗远传世界各地，因而南华寺有南禅"祖庭"之称。

南华寺距今已有近1500年的历史。寺后有几株高达数十米的古老水松，是现在世界上稀有的树木，寺庙内现存大量珍贵文物，为全国重点文物保护单位之一。建筑面积12000多平方米，由曹溪门、放生池、宝林门、天王殿、大雄宝殿、藏经阁、灵照塔、祖殿等建筑群组成。现有建筑除灵照塔、祖殿外，都是1934年后虚云和尚募化重修的。1983年，南华寺最早一批被国务院定为国家重点寺院。2001

年6月，南华寺作为明清时期古建筑，被国务院批准列入第五批全国重点文物保护单位名单。

古往今来，南华寺因惠能在中国佛教史和哲学思想史上的崇高地位，吸引着许许多多的人们。宋代大文学家苏轼有诗曰："不向南华结香火，此身何处是真依？"表达了对南华寺的深挚向往之情。南宋民族英雄文天祥也在《望南华》中写道："北行近千里，迷复忘西东。行行至南华，匆匆如梦中。佛化知几尘，患乃与我同。有形终归灭，不灭惟真空。笑看曹溪水，门前坐松风。"

曹溪门是南华寺第一山门，上书有曹溪二字，门口还悬有赵朴初老先生所写"南华禅寺"。门旁有一副对联："庾岭继东山法脉，曹溪开洙泗禅门。"

大雄宝殿（参见题图）建于元大德十年（1306年），明清时及1934年重修。殿前有月台，四周回廊，重檐歇山顶。殿中有8.31米高的三宝大佛雕塑、身高4米的观音菩萨泥塑及五百罗汉泥塑群，与名山大海浑然一体，气势磅礴。

灵照塔为楼阁式八角五层砖塔，是南华寺最古老、最高的建筑。塔高29.6米，底径11米。塔顶用生铁铸成"堵婆"式，铜铸宝瓶塔刹，正面有券门可入内。塔内辟有螺旋形阶梯直到塔顶。寺后有卓锡泉，俗称九龙泉，传为六祖浣洗袈裟之处，泉水甘冽，经年不竭。

祖殿即六祖殿，气势宏伟，结构庄严。被称作镇山之宝的六祖真身像就供奉在红墙绿瓦、古色古香的六祖殿内，是南华寺最珍贵的文物。坐像通高80厘米，六祖惠能结跏趺坐，头部端正，面向前方，双目闭合，面形清瘦。从塑像中可以看出这位饱经风霜的高僧多思善辩的才智和自悟得道的超然气质，表情生动，栩栩如生。

曹溪门　　　　　　灵照塔　　　　　　祖殿

叁

国学精华

仁义礼智信忠孝廉耻勇

仁

何谓仁？"仁"的基本含义就是孔子所说的"爱人"、孟子所说的"恻隐之心""不忍之心"，就是人对于同类生命的基本同情和关怀。

澳门大学廿五周年纪念：仁

《说文解字》曰："仁，亲也。"人与人相互亲切关爱就是仁。《礼记》曰："上下相亲谓之仁。"也就是说，一个人在与另一个人相处时，能做到融洽和谐，即为仁。反之，缺少对生命和人性的同情与关怀，就是麻木不仁。

仁是会意字，从人，从二。《说文解字》认为，人是"天地之生，最贵者也"，因此凡是属于人的都从人；二也是会意字，古文作"上"，就是上字，含有高的意思。结合起来看，仁就是世人的高尚情怀。

作为一种道德范畴，仁指的就是人与人之间的相互友爱、互助、同情等，体现在父子关系上就是孝。它是人类所特有的一种美好情操。早在《诗经》《国语》中，就有关于仁的记载，如"洵美且仁"（《郑风·叔于田》）、"人美且仁"（《齐风·卢令》）、"爱亲之谓仁"（《晋语一》）等。周初"保民、敬民"的思想也包含着仁的成分。

但在孔子之前，仁的思想并未受到特别的重视。春秋后期，礼崩乐坏，世衰道微，有识之士开始寻求一种新的理想的人与人之间的关系。孔子从春秋时期有关仁的观点中加以取舍、提炼和综合，使仁成为一个具有普适意义的道德范畴，并以此为逻辑起点，构筑了儒家思想体系。可以说，仁的产生是社会关系大变动在伦理思想上的表现，是对父与子、君与臣以及国与国关系的伦理总结，因而具有十分重要的意义。

孔子提出的具有全新意义的仁，是他敏求善思、自家体贴出来的。发现仁，并把礼乐文化植根于仁的基础，这是孔子对中国文化最伟大的贡献。借助于仁，中国传统文化顺利实现了由上古向中古的转折，孔子之前数千年和孔子之后数千年的文化血脉也得以沟通连接，而没有中断决裂。

孔子认为，"仁者爱人"。"爱人"作为仁的重要精神内涵具有广泛的适用性。首先，仁是做人的根本，也是人的精神家园。提倡"仁爱"道德，就是要以人为本，把人当作人来对待。既然人与人在生命价值上是平等的，那么人与人之间就应该以"己所不欲，勿施于人"的态度友好相待，以"己欲立而立人，己欲达而达人"的态度互相帮助。这是仁的精神价值的重要体现。

其次，仁的精神也是人性与人道的精神。儒家以仁为道德之源，是因为就人的本质而言，人与人之间的关爱、和谐、合作，比人与人之间的冲突、竞争更为重要、更为根本，具有更高的价值。换言之，无论在何种情况下，人道与人性的价值都是终极的、最高的价值。任何科学技术的发明与运用，政治经济措施的建构与实施，都不能违背人道与人性的原则，都不能以牺牲人的生命与尊严为代价，否则就是不道德的。儒家的仁爱精神还不止于对自己同类的爱，而是进一步推广到对自然界一切生灵和万物的爱，这就是孟子所说的"亲亲而仁民，仁民而爱物"。

孔子的仁爱说是关于如何处理人与人、人与社会、人与自我之间关系的理论，也是关注人的自身发展的学说。他对人类自身以及人类与自然和谐相处的关注，奠定了他作为中国乃至世界伟大思想家的地位。直至今天他所提出的一系列思想仍具有普遍、永恒的价值。在崇尚科学技术、提倡竞争的当代社会，尤其需要强调"仁爱"的道德原则，以便使科学技术与竞争机制更好地为人道与人性的根本目的服务。

孔子把仁作为最高的道德原则，把整体的道德规范集于一体，形成了以仁为核心的伦理思想结构，包括孝、悌、忠、恕、礼、知、勇、恭、宽、信、敏、惠等内容。如以仁为本体，表现在具体行为上，对父母孝，对兄弟悌，对朋友信，对国家忠，对人富有爱心。

孝悌是仁的基础，是仁学思想体系的支柱。孔子曰："入则孝，出则悌，谨而信，泛爱众而亲仁。"也就是说，仁爱首先可从自己的亲人开始，对父母孝敬、对兄长敬重，然后再延伸到其他亲人和一切人，即"老吾老，以及人之老；幼吾幼，以及人之幼"。

忠、恕是仁的两翼。忠指忠诚、忠心、尽职尽力、忠贞不贰，它表现为仁的主动层面，即"己欲立而立人，己欲达而达人"。自己要站得住，也要让别人站得住；自己要想通达，也要使别人通达。恕指宽恕、宽容，设身处地为他人着想，它表现为仁的被动层面，即"己所不欲，勿施于人"。自己不想做的事情，也不应强加于人。

礼是仁的目标。礼包括礼仪、礼制、礼貌等。在颜渊问仁时，孔子曰："克己复礼为仁。一日克己复礼，天下归仁焉。"他要求弟子们克制和约束自己，使自己的言行符合礼的要求。如果人人都能做到克己复礼，天下便将是仁爱的世界。也就是说，仁者不仅要时时处处以他人为主，而且要以博大宽厚的胸怀对待和爱护民众，即"泛爱众而亲仁"。

孔子还提出，如果能做到恭、宽、信、敏、惠，即恭敬、宽厚、诚信、机敏、慈惠，就能仁爱他人，也就能使自己行于天下。因为"恭则不侮，宽则得众，信则人任焉，敏则有功，惠则足以使人"。仁者必然是有勇气的，因此是无所畏惧的。为了崇高的仁的境界，有时候甚至不惜牺牲自己来成就事业，即"杀身以成仁"。它对后世产生了很大的影响，成为许多仁人志士报国捐躯的行为准则。

在孔子看来，"为仁"是某种自觉的内在情感行为，任何人都无法替代。只有内心以仁的标准严格要求自己，才有可能达到真善美的崇高境界。这种在内心深处对仁的价值追求的思想，后来被孟子引申为"四端说"。

总之，在孔子思想体系中，仁的内涵是极为丰富的，既有内在的仁的内涵、仁的要求，也有外在的如何实现仁的方式；小到个人理想人格的培养，大到治理国家、报效国家的措施、制度，是一个具有深刻内涵，包括个体及群体生活在内的理想人格修养体系。

孔子关于仁的思想在今天仍然具有一定的合理性及适用性，对于当代社会个人的道德自律和自我修养依然很有帮助，这也是孔子思想的强大生命力之所在。孔子在《论语》中提出的"己所不欲，勿施于人"的口号，至今仍树立在联合国大厦的入口，成为处理人际关系乃至国际关系的重要原则。时时提醒着过往的人们，不要忘了两千多年前孔子的教诲。这是尊重他人、平等待人的体现，也是一个人、一个国家应有的气度和胸怀。

2006年9月28日，中国澳门邮政发行《澳门大学廿五周年纪念》邮票，1套5枚，小型张1枚。邮票图案以澳门大学校训"仁、义、礼、知、信"为背景图案，配合5种不同颜色代表该校5个学院："仁"代表社会及人文科学学院，"义"代表法学院，"礼"代表教育学院，"知"代表科技学院，"信"代表工商学院。

链接：布谷哺乳、乌鸦反哺

孔子曾说："布谷哺乳，乌鸦反哺，仁也。"布谷鸟在刚出生时，母鸟会寻找食物来喂养雏鸟，直到小鸟能自食其力。乌鸦也是如此，当幼鸦长大后，母鸦已年老体衰，不能觅食。幼鸦就四处寻找可口的食物，嘴对嘴地喂到母鸦口中，以回报母鸦的养育之恩，并且从不厌烦，直到母鸦临终，再也吃不下东西为止。这就是人们常说的"乌鸦反哺"。

孔子儒学中提出的尊老、敬老、养老、爱老的思想美德，在一定意义上源于乌鸦反哺的启示。仁的概念包含"布谷哺乳、乌鸦反哺"双重含义，因此被列为儒家"五常"之首。

义

义是中国传统文化的一个重要范畴，也是儒家伦理道德的重要内容。它是社会公认的适宜的、应该遵循的道德行为准则。义的原则往往也会以法律的形式体现出来，所以也是一定社会的法律前提。

澳门大学廿五周年纪念：义

何谓义？义就是正义。其本义是适宜，"义者，所以合宜也"，合宜也就是合乎社会的道德行为标准。繁体的"义"字是会意字，从我，从羊。我也是会意字，从戈，而戈是兵器；羊是象形字，表示祭牲。兵器的戈使义字充满了铿锵的阳刚之气，而献祭的羊表明义是富有自我牺牲精神的。所谓"义不容辞"乃至"舍生取义"，也充分表明了古人的牺牲精神、奉献精神。

孔子最早提出了义，在《论语·为政》中说："见义不为，无勇也。"孟子则进一步阐述了义，在《孟子·离娄下》中指出："大人者，言不必信，行不必果，惟义所在。"也就是说，言行必须以义为准则。在《孟子·告子上》中他进一步指出："生，亦我所欲也；义，亦我所欲也。二者不可得兼，舍生而取义者也。"表明了儒家对于个体生命与道义的认识。

在这里，孟子以严肃的态度、庄重的语言，阐述了儒家的一个重要观点，即道义重于生命，当道义和个体的生命不能两全时，应该舍生取义。这就是儒家的道德标准和政治节操。中国历史上"荆轲刺秦""苏武牧羊""文天祥慷慨就义"，无疑都是威武不屈、舍生取义的典型。

人类社会不能没有义，完全不讲义的社会是难以想象的，也是无法维系的。尽管在不同社会和不同时代，义的具体内容和标准会有所不同，但那些被社会普遍认为是适宜的道德原则，就是"天下之公义"。

一个人要在社会上立足，也不能不讲义。无论是对家人、朋友，还是他人、社会，都不能无情无义，也不能见利忘义，更不能忘恩负义。

孟子认为，义出自人固有的"羞恶之心"；荀子则认为源于人作为社会存在的"群"与"分"的需要。两种说法虽然不同，但都说明了义在社会生活中的重要性。

孟子在孔子提出仁的基础上，进一步把仁与义联系起来，视仁义为道德行为的最高准则。孔子的仁指人心，即人皆有之的恻隐之心、仁爱之心；孟子的义则指正路，即人应当走的阳光大道。此后，仁义经常被合用，如韩非子在《五蠹》中说："宽厚正直，故文王行仁义而王天下。"

在义和利的关系上，儒家虽然重视"义利之辨"，但并不一概反对个人或群体对利益的合理追求。孔子就说："富与贵，是人之所欲也。"荀子也说："好利恶害，是君子小人之所同也。"但是儒家强调，无论是追求利，还是追求个人的自由发展，都应该有一个底线，这就是义。符合道义的可以做，不符合道义的就不能做，更不能以不义的手段去追求利。

一个社会如果没有基于义的道德、法律原则作为底线，人们对利的追求就可能会不择手段，最终受到损害的必然是所有人的利。因此，孟子要求，"为人臣者怀仁义以事其君，为人子者怀仁义以事其父，为人弟者怀仁义以事其兄"。在他看来，"君子之教民者，亦仁义而已"。

孟子反对"唯利是求"，主张"以义为利"。利有两种，一是私利，一是公利；前者利己，后者利人。孟子不仅不反对公利，而且竭力倡导公利；同时儒家也不一概反对私利，而是反对极端的私利，如杨子"拔一毛而利天下，不为也"；反对把公利与私利截然对立起来，如墨子"兼爱，摩顶放踵利天下"的所谓"公利"；主张把公利和私利有机地结合起来，主张"执中"和"权变"，而不要走极端和绝对化。这与儒家主张的爱的差等性无疑是密切相关的。

在孟子看来，凡是损人而利己的，就是不义之利；凡是利人而利己的，则是正义之利。这与孔子所说"不义而富且贵，于我如浮云"是高度一致的。孔子还洒脱地说："富而可求也，虽执鞭之士，吾亦为之；如不可求，从吾所好。"（《论语·述而》）

义的提出，无疑是为了更好地解决利益冲突的问题。这就需要建立制度规范，需要提出正义的原则来作为评判的标准。所谓"见利忘义""忘恩负义"乃至"背信弃义"，就是人们以"义"作为衡量标准，来区分君子和小人的。

《三国演义》中的关云长，无疑是一个义薄云天的忠义典型。当年在曹营，曹操给他香车美女他不要，豪门大院他也不要；甚至给他封侯赐印，他还是不要。离开曹操时，他封金银于库中，悬侯印于堂上，并给曹操留言："新恩虽厚，旧义难忘。……余恩未报，愿以俟之异日。"在他心中，仁义高于云天，因此绝不肯图富贵而背旧盟。后来在华容道上，曹操命悬一线，而关羽不忘昔日之恩，义释曹操，成为传世美谈。

宋代以后，由于理学家的阐发、推崇，"仁义"成为传统道德的别名。常与道德并称"仁义道德"，并与"礼、智、信"合称"五常"。

为了弘扬关公文化，传承中华美德，2011年9月中国邮政在湖北荆州首发《关公》特种邮票，1套2枚，分别为《千里单骑》《夜读〈春秋〉》，从不同角度表现了横刀立马的"武关公"和夜读《春秋》的"文关公"形象，给人们留下了深刻的印象。

（2-1）千里单骑（2-2）夜读《春秋》

《桃园三结义》

礼

礼是中国传统文化的一个重要范畴，也是儒家伦理道德的重要内容。中国传统文化被称为"礼乐文化"，中国被誉为"礼仪之邦"，都与礼有十分密切的关系。

澳门大学廿五周年纪念：礼

何谓礼？礼就是礼仪、礼制、礼节、礼貌，泛指各种伦理制度和道德规范。与作为儒家伦理思想和道德情感内在表现的仁相较而言，礼是儒家伦理行为和社会制度的外在表现。礼最初是指敬神求福或祭祀祖先的仪式活动。《说文解字》曰："礼，履也，所以事神致福也。"礼的原意主要是对神灵的祭祀，表达对神灵的敬意和尊重。引申到日常生活，就是对别人的尊重。

礼是会意字，"从示，从豊"。示是会意字，小篆字形，示字上面的"二"是古文"上"字，下面的"小"字本是三竖，代表日、月、星。《周易》说："天垂象，见吉凶。"只有观察上天的天文，才能洞察世间的变化，这是因为天象是神用来垂示人类的手段。示作为一个汉字部首，其字也多与祭祀神明有关，比如：祝，祭主的赞词；福，天神佑护才叫福；禅，帝王祭天；社，土地之神。豊是象形字，从豆，豆是古代祭祀用的器，如用于事神就叫礼。两者结合起来看，礼的意思就一目了然了。在古代，举行仪礼、祭神求福是很重要，也很严肃的事。《左传》

说："夫礼，天之经也，地之义也，民之行也。"说明了礼的重要性。

礼的简化字，已经完全没有了敬神求福的内涵，但仍有尊重、礼貌的字义。因为"礼者，示人以曲也。己弯腰则人高"。礼的精要就在于对他人尊敬。因此，古之礼，示人如弯曲的谷物，只有结满谷物的谷穗才会曲弯低头。因此，敬人即为礼。管仲最早提出了礼，他说："四维不张，国乃灭亡。""何谓四维？一曰礼，二曰义，三曰廉，四曰耻。"（《管子·牧民第一》）

在古代中国，礼既是人与人交往中的礼节仪式，又是社会普遍认可的道德规范。礼不仅是各个阶层尤其是贵族阶层行为的标准和要求，也是维持社会政治秩序、巩固等级制度、调整人与人之间各种社会关系和权利义务的规范和准则。

礼在中国有着悠久的历史，但它原本只是宗教祭祀仪式上的一种礼仪，并没有等级制度方面的伦理道德意义。在阶级社会出现后，开始有了等级之分，宗教祭祀也随之出现了身份等级。于是，作为宗教祭祀仪态的礼也开始具有社会身份区分的内容，并逐渐转化为古代社会的一种身份制度。

早在孔子之前，我国就已有夏礼、殷礼、周礼。夏、殷之礼，因革相沿，到周初已初步成型。周武王伐纣灭殷之后，为了巩固统治，周公在殷礼的基础上，重新"制礼作乐"，将作为社会身份意义的礼制度化、系统化，使周代的典章制度不仅比前代更为完备，而且发展到了"郁郁乎文哉"的程度。孔子为之赞叹不已，宣称"吾从周"。

周人本以尊礼著称，到了春秋时代，王室衰微，礼乐征伐自诸侯出，陪臣执国命，等级制度遭到破坏，统治者内部对于礼任意僭用，导致礼崩乐坏。所以司马迁说："孔子之时，周室微而礼乐废。"（《史记·孔子世家》）但由于周代礼制非常完善、周密，仍为士大夫所向往，并力图予以恢复。

在这些力图恢复周礼的士大夫中，出力最大、论礼最多并自成体系的当首推孔子。他一生以诗书礼乐教授弟子，仅在《论语》中就有34处论礼的记载。他着重从理论上说明礼的重要性，认为礼是一个人为人处事的根本，也是人之所以为人的标准。无论是立身、治国，都非有礼不可，故《论语》曰："不学礼，无以立。"在孔子的思想体系中，礼与仁是密切联系的。他说："人而不仁，如礼何？"把礼与仁义看作儒家学说的核心，并主张"道之以德，齐之以礼"。孔子提倡的德治，打破了"礼不下庶人"的限制。

到了战国时期，孟子把"仁、义、礼、智"一起作为儒家的基本道德规范。在他看来，礼产生于辞让之心，因此成为君子的德行之一，而小人则"不讲礼""无礼"。荀子比孟子更为重视礼，他专门撰写了《礼论》，对礼的起源和社会作用做了论证，认为"忠信，礼之本也；义理，礼之文也。无本不立，无文不行"。礼使每个人在贵贱、长幼、贫富的社会等级制度中都有恰当的地位。

礼是儒家文化的重要内容，具有作为政治等级制度和伦理道德两个方面的属性。作为等级制度的礼，强调的是身份、名位，即孔子所说的"君君、臣臣、父父、子子"；作为伦理道德的礼，其具体内容包括孝、慈、恭、顺、敬、和等。

在礼的两个方面的属性中，等级制度是礼的本质，而伦理道德则是等级制度的外在显现。封建礼教实际上是通过向人们灌注孝、慈、恭、顺、敬、和等观念，把这些外在的伦理规范变为人的内在需求，以约束人们的行为，达到维护封建等级制度的目的。正因为如此，历代统治者都把礼作为维护其统治的不二法门。

儒家主张的理想社会秩序，是贵贱、尊卑、长幼、亲疏有别的宗法制度。它要求人们的生活方式和行为符合他们在家族内的身份和社会、政治地位，不同的身份有不同的行为规范，因此礼具有鲜明的阶级性和差别性。

一定形式的礼，无论对于社会还是对于个人，都是必不可少的。对社会而言，礼是这个社会道德文明程度的直观表征；对个人而言，礼则是其道德素质和教养程度的外在标志。儒家认为，人人遵守符合其身份和地位的行为规范，就能"礼达而分定"，达到孔子所说的"君君臣臣父父子子"的境界，"贵贱、尊卑、长幼、亲疏有别"的理想社会秩序也就可以得到维持，国家便可以长治久安。

因此，儒家非常重视礼在治理国家上的作用，提出实行"礼治"的口号。孔子说："安上治民，莫善于礼"，"礼之用，和为贵"。通过在政治、宗教、社交、家庭、娱乐等不同场合人们必须遵循的各种礼节、仪式，并配以音乐，来融洽不同身份、不同角色的社会成员之间的关系，使之和谐相处，促进社会和睦安定。

古代的礼是一系列程式化、仪式化的文化规则，既包括国家的典章制度，也包括宗教仪式、社会习俗、礼仪规范。其内容繁多，范围广泛，涉及人的各种行为和国家各种活动。如古代君臣之礼，日常生活中接人待物、处世的礼节以及人与人之间相互礼让的行为。礼在实行过程中，主要遵循以下几个原则。

一是尊重原则：它要求在各种类型的人际交往中，以相互尊重为前提，既要尊重对方，不损害对方利益；同时又要保持自尊。二是诚信原则：它要求遵守公认的社会道德和礼仪规范，遵时守信，真诚友善，做到礼尚往来。大到国家的外交，小到日常生活的方方面面，都要遵循它。讲究礼仪、礼节和礼貌，既是一个民族文明程度的标志，也是公民素质的基本体现。三是适度原则：它强调人与人、国家与国家之间的交流与沟通一定要把握适度性，在不同场合，针对不同对象，把握好一定的分寸，做到不卑不亢、落落大方。四是自律原则：它要求人们在交往活动中严格自律，保持良好的行为规范，包括礼仪、礼节和礼貌。尤其首先要检查自己的行为是否符合礼仪规范的要求，注重礼仪，把自己"整理"清楚，也是对他人尊重的一种表现。

修身养性，信守承诺，这就是好的品行。言行合乎道义，这就是礼的本质。如果一个人缺乏道德修养，妄自尊大，没有礼貌，不懂礼仪，言行随心所欲，没有约束，他就难以在社会上立身处世。只有博学识广，以礼制欲，循礼而行，才能称之为君子。

在长期的历史发展中，礼作为中国社会的道德规范和生活准则，对中华民族精神素质的修养起了重要作用。

智

智是中国传统文化的重要体现，也是儒家伦理道德的基本要素。儒家把智列为"五常"之一，认为追求知识，增长智慧，是人生重要的价值取向，体现了对知识和智慧的尊重。《中庸》也把智（知）与仁、勇一起作为"三达德"之一，可见其重要性。

澳门大学廿五周年纪念：知

何谓智？智就是智慧、智谋、明智、理智、睿智。智又作"知"，如孔子说"好学近乎知"，这里的知指知识、智慧，和智是一个意思。

智是知的后起字，"从日，从知"，会意兼形声。知为会意字，"从矢从口"。矢是象形字，像镝羽之形，本意是箭，引申为正直、端正，再引申为出口无悔的发誓。《管子》提出"四时能变谓之智"，"知日之四时、春秋之序，穷循环之理，智也"。在管子看来，能通晓天地变化之道、深明人世之理的才能叫智。

智是儒家理想人格的重要品质。儒家认为，智首先是人的一种修养，是君子、贤臣的一种必备品质。孟子说："是非之心，智之端也。"荀子更明确指出"是是非非谓之智，非是是非谓之愚"，也就是说，智表现为对是非曲直的判断。

在孔子看来，具有完善理想人格的君子，不仅应当是仁者，也应当是智者，智与仁是相辅相成的。孔子说："知（智）者不惑，仁者不忧，勇者不惧。"把智与仁、勇两个道德规范并举，定位为君子之道。孟子认为，智作为一种道德修养，其核心在于知仁、

知义、知礼，并把不仁不义视为不智。荀子认为，智是处理人与外部环境关系的一种智慧，包括对外部环境的了解、把握和感知。只有当人的认识与客观事物相吻合时，方可称为智，所谓"审时度势"即是智慧的表现。

在儒家思想史上，孟子第一次将"仁义礼智"四德并提。他从行为的节制、形式的修饰、道德的认知和意志的保障等意义上确立了礼与智在道德体系中不可或缺的位置。最终，"仁义礼智"四位一体，构成一个完整的道德范畴系统。到汉代，儒家"五常"（仁义礼智信）正式确立，智理所当然地被列入其中。

儒家认为，人有认识事物的能力，而任何事物都是可以被认识的。世界上只有尚未被人所认识的事物，而没有不可以被人所认识的事物。人类通过不断实践，逐步认识世界，认识自我，积累起越来越丰富的科学文化知识。这些知识代代相传，不断发展，犹如漫漫长夜里永不熄灭的明灯，照耀着社会与人生。

在古代，掌握知识并善于思考的人被称为智者。智者不仅知识丰富，而且有智有谋。智者的思维通常比较敏捷，善于观察，善于分析，善于研究，而且崇尚知识、追求真理、明辨是非。他们的思维就像自然界流动不息的水，在实践中不断涌现出智慧的甘泉。

智者的胸襟通常比较宽广，就像大海一样能够容纳百川，甚至能忍常人所不能忍，容常人所不能容。智者的性格通常也比较冷静、稳重，"不管风吹浪打，胜似闲庭信步"。内方外圆，既内心坚持原则，又有一定的有灵活性；对芸芸众生充满怜悯、同情，在造就自身的同时，给人们带来欢乐。智者通常还具有坚韧不拔的精神，认定目标就义无反顾，无论遭遇多大的困难挫折，都像水流一样勇往直前。极端的命运是对智慧的检验，谁经受得起这种考验，谁就有大智大慧。

智者是高智商的人，不仅智力的水平高，而且善于学习。孔子认为，"好学近乎智"；子贡也说："学而不厌，智也。"崇尚知识与智慧，必然重视学习与教育。孔、孟都是伟大的教育家。孔子主张"有

教无类"，可以说是提倡全民教育的先驱。孔门"四科""六艺"等教学内容，体现了对学生德、智、体、美、情的全面教育，可以说是全面素质教育的典范。他们的教育理念本身，体现了一种道德的而非功利的学习精神。

中华民族是勤劳、智慧的民族，历史上足智多谋的例子不胜枚举，如《孙子兵法》提出的"兵无常形""知己知彼，百战不殆"等观点，无不充满了智慧；著名的"三十六计"，几乎每一计都是智谋的结晶；而打蛇打七寸、量体裁衣、触类旁通、举一反三以及"世事留心皆学问，人情练达即文章"'与有肝胆人共事，从无字句处读书"等，都是充满睿智的箴言。

大智是对大势的判断。孔子说，"邦有道则智，邦无道则愚"，能明大势的卫国大夫宁武子因此受到了孔子的夸赞；大禹治水采取因势利导的办法，不是堵而是导，既使水流畅行无阻，又保证了灌溉用水，化水害为水利，具有很高的聪明智慧，孟子对此赞不绝口；古人云"识时务者为俊杰"，能够认清形势和时代潮流的"识时务者"无疑都是智者。

"急中生智"是危急情况下产生的一种智慧，一种应付危机的能力。它不仅是思维敏捷的表现，而且是以丰富的经验和过人的胆识为基础的。"狡兔三窟"则表现了一种深谋远虑的睿智。"智者不惑"，就是能从战略的全局利益出发，而不为眼前的小利所迷惑。"有道则显，无道则隐"，同样是一种大智若愚的智慧。

作为一种良好的道德修养，孔子要求自己的学生"知之为知之，不知为不知"，并将这种诚实的学习态度和良好的学风称为"智"。他认为，好学求知也能促进仁德的自觉生长，正如子夏所说："博学而笃志，切问而近思，仁在其中矣。"

古代儒家留下了许多通过教育、学习增长智慧的格言，例如"学而不思则罔，思而不学则殆""尽信书则不如无书""三人行必有吾师""教学相长""不耻下问""温故知新"等，都是儒家思想中的精华，在当代社会仍然具有重要的意义。

被称为"智慧化身"的诸葛亮，不仅有智有谋，

为蜀国提出了许多奇谋良策，而且在躬耕南阳时，就能明了天下大势。著名的"隆中对"就是他审时度势提出的策略。汉末的"三分天下"被他了然于胸，草船借箭和空城计则是他利用计谋进攻敌军和巧退追兵的两个典型战例，可谓"羽扇纶巾"，使敌人灰飞烟灭；"七擒七纵"孟获更是他"攻心为上"谋略的具体体现。

2014年8月，中国邮政发行《诸葛亮》特种邮票，1套2枚。邮票采用中国工笔画色彩与白描结合的手法，展现了诸葛亮的雄才大略。

（2-1）卧龙出山（2-2）鞠躬尽瘁

（2-1）《卧龙出山》描述刘备三顾茅庐、求贤若渴，诸葛亮运筹帷幄、分析天下形势的场景。

（2-2）《鞠躬尽瘁》展现诸葛亮胸怀统一大志，上表出师北伐的情景。整个设计很好地把握人物性格，使人物形象栩栩如生，跃然纸上。

链接：曹冲称象

曹冲（196—208），字仓舒，谥号邓哀王，东汉末年曹操幼子，聪慧过人，是我国古代有名的神童之一，深受曹操喜爱。汉建安十三年（208年），曹冲病重不治而去世，年仅十三岁。

曹冲生性聪敏，五六岁时智力就和成年人相仿。当时东吴的孙权送给曹操一头大象，曹操想知道大象的重量，就问手下人称象的办法。正当众人面对这个庞然大物一筹莫展的时候，站在身边的曹冲说，只要把大象放进船里，记下水痕到达之处，然后让大象出来，再把石头陆续放到船上，直至船达到水

痕处，再称出这些石头的重量，就能知道大象的重量了。曹操听后大悦，立即命人按此法称出了大象的重量。这就是千古传诵、妇孺皆知、家喻户晓、脍炙人口的曹冲称象的故事，也是教育鼓励子女上进的良好素材。年龄不在大小，关键是遇事要善于观察，开动脑筋想办法，小孩也能办大事。

2008年6月1日，为了纪念六一国际儿童节和弘扬中华民族的创新精神，中国邮政发行《曹冲称象》特种邮票，1套2枚，内容分别为《载象刻舟》《换物知重》。

（2-1）载象刻舟。描绘了曹操等人在看曹冲

（2-1）载象刻舟（2-2）换物知重

把大象放进船里，记下水痕到达之处时的情景。

（2-2）换物知重。描绘了曹冲告知曹操等人把石头陆续放到船上，直至船达到水痕处，再称出这些石头的重量，就能知道大象重量时的情景。

《曹冲称象》（小全张）

信

信是一个人为人处世的基本信条，也是儒家伦理道德的一项重要内容。数千年来，诚信一直是中华民族的传统美德，并被列入仁、义、礼、智、信"五常"，成为社会道德的基础。

澳门大学廿五周年纪念：信

何谓信？信即诚信、信用、信誉。儒家把诚信作为人的基本道德，孔子说："人而无信，不知其可也。"信的内涵十分丰富，包括说话算数、信守承诺、言行如一、忠于职守等。

信是会意字，"从人，从言"。言是指事字，甲骨文字形下面是舌字，下面一横表示言从舌出，是张口伸舌讲话的象形。以"言"作偏旁部首的字，都与说话或道德有关。《说文解字》曰："直言曰言，论难曰语。"就是说，心里有什么直接表白就叫言，而推理辩论诘问的话则叫语。《法言义疏·问神》曰："言，心声也。"程颢、程颐说："信者，无伪而已。"（《河南程氏遗书》卷一）"无伪"即不说假话，既不自欺，亦不欺人。

从道德角度看，信与诚是同义等值的概念，《说文解字》云："信，诚也。""诚，信也。"其基本含义都是诚实无欺，信守诺言，言行相符，表里如一。诚信是做人的基本要求，它不仅要求人们说话诚实可信，切忌说大话、空话、假话，而且要求做事也要诚实可靠。王通说："推之以诚，则不言而信。"

（《中说·周公》）说明只要推心置腹，以诚相待，不用言说也会相互信任。如程颐所说："诚则信矣，信则诚矣。"（《河南程氏遗书》卷二十五）诚实就会有信誉，讲信誉就代表诚实，可见诚与信是相通的。朱熹明确指出："诚者，真实无妄之谓。"（《四书章句集注·中庸章句》）也就是说，诚信就是真实而无虚假，不虚伪、不做作。曹端认为："一诚足以消万伪。"（《明儒学案》卷四十四《语录》）意思是，一个诚实的行为足以消解千万种虚伪。《诗经·卫风·氓》称"信誓旦旦"，表明古代的人一旦信誓，就一定要兑现。

《中庸》认为，诚是"天之道"，把诚作为至高无上的价值源头来看待。《大学》也以"正心诚意"作为修身的前提，肯定诚是一种真实不欺的美德，要求人们修身养性，真实无妄，说真话，做实事，反对欺诈、虚伪。只有真诚才能使自己问心无愧，坦然宁静，给自己和他人带来最大的精神快乐；否则，就会使彼此缺乏信任感，后患无穷。如果一个社会普遍缺失诚信，人与人之间尔虞我诈，就会造成社会秩序混乱，这个社会就会成为一个丑恶可怕的社会。

诚信是诚实和信用的合称，被称为是公民的第二个"身份证"。每个人在接人待物、为人处事中，做到真诚、老实、讲信誉，言必信、行必果，一言九鼎、一诺千金，对于个人的信誉和社会的道德建设都具有重要的意义。

——诚信是立人之本。"人无信不立。"讲究信誉、遵守诺言是做人的基本准则，也是人际交往的重要原则。一个人如果不讲信用，在社会上就没有立足之地，寸步难行。只有"言忠信，行笃敬"，才能畅行于天下。

孔子说："信则人任焉。"只有当你被证明是一个值得信赖的人时，大家才会觉得你可靠，才会把大事托付给你。诚信是一个人的优良品格，没有诚信的人说话，人们是不会相信的，即所谓"无信人之言，人实不信"（《诗经·郑风·扬之水》）。因此，要取得人们的信任，自己首先必须做诚信之人。孔子教导学生要做到"文、行、忠、信"，即要求学生

博学多闻（文）、敦品励行（行）、尽忠职守（忠）、诚实不欺（信），把智育与德育结合起来，做一名德才兼备的人。

子曰："公鸡打鸣雁南飞，信也。"每天早晨公鸡打鸣都很准时，每年秋天大雁南飞也很守时，动物尚且如此，何况人呢？

——诚信是齐家之道。家和万事兴，只要夫妻、父子、兄弟和其他家庭成员之间大家以诚相待，诚实守信，彼此就能和睦相处。唐代魏徵说："夫妇有恩矣，不诚则离。"一夜夫妻百日恩，夫妻之间如果彼此缺乏忠诚、信任，就会离心离德，导致家庭逐渐走向崩溃。

——诚信是交友之基。"言而有信"是做人的基本原则，也是友情的基础。"与朋友交，言而有信"（《论语·学而》），才能做到"朋友信之"，才能使彼此推心置腹、肝胆相照、无私帮助。交朋友如果不交心，不能开心见诚，友谊就难以持久。彼此之间如果口是心非、相互欺骗或充满虚伪，就绝不会有真正的友情。真正的朋友，即使大家很久没有见面，听到有关朋友的谣言时，也不会轻易相信，而依然会互相信任。

"君子之交淡如水"。朋友相交要以道义为基础，贵在平等和相互尊重，贵在志同道合、情趣相投，而非看中对方的地位、权势、财富。君子"所守者道义，所形者忠义""上交不谄，下交不骄"。小人则不同，其"所好者利禄也，所贪者货财也。……见利而争先，或利尽而交疏"。

——诚信是经商之魂。诚信是市场经济的灵魂，也是各种商业活动的最佳竞争手段，是企业家真正的金质名片。经商的诚信包括以诚待客、货真价实、公平买卖、信守合同、按时还债、不做假账等。商家只有以诚待客，方能赢得顾客盈门。

——诚信是为政之法。治理国家要"敬事而信"。《左传》云："信，国之宝也。"指出诚信是治国的根本法宝。孔子在足食、足兵、民信三者中，宁肯去兵、去食，也要坚持保留民信。因为他认为"民无信不立"，如果人民不信任统治者，国家朝政就根本无法施行。因此，统治者必须取信于民，如王安石所言："自古驱民在信诚，一言为重百金轻。"

荀子指出："古者禹汤本义务信而天下大治，桀纣弃义背信而天下大乱。故为人上者，必将慎礼义、务忠信然后可，此君人者之大本也。"（《荀子·强国》）古代圣王禹、汤循义讲信而天下大治，暴君桀、纣弃义背信而天下大乱。所以，作为国君一定要慎礼义、讲忠信，然后才能治国。这说明诚信是治国之本。

《吕氏春秋·贵信》认为："君臣不信，则百姓诽谤，礼稷不守；处官不信，则少不畏长，贵贱相轻；赏罚不信，则民易犯法，不可使令；交友不信，则离散郁怨，不能相亲；百工无信，则器械苦伪，丹漆染色不贞。"如果君臣不讲信用，则百姓诽谤朝廷，国家不得安宁；做官不讲信用，则少不怕长，贵贱相轻；赏罚无信，则人民轻易犯法，难以施令；交友不讲信用，则互相怨恨，不能相亲；百工无信，则手工产品质量粗糙，以次充好，丹漆染色也不正。可见失信对社会的危害是何等之大。对于从政者来说，取信于民是最重要的。只有政府守信，赏罚分明，人民才能信赖政府，也才会遵纪守法。

对国家来说，"祸莫大于无信"。周幽王为了取悦宠妃褒姒，以烽火戏弄诸侯，失信于诸侯而亡国的历史典故充分说明了这一点。司马光由此得出结论："夫信者，人之大宝也。国保于民，民保于信。非信无以使民，非民无以守国。是故古之王者不欺四海，霸者不欺四邻。善为国者，不欺其民；善为家者，不欺其亲。"（《资治通鉴》卷二）可见，诚信在治国齐家中十分重要。

诚信应当遵循以下原则，方能取得大家信任。一是诚实戒欺：既不欺人，也不自欺或为人所欺。著名徽商胡雪岩在杭州胡庆余堂药店中，挂了一块"戒欺"的牌匾。他说："余存心济世，誓不以劣品弋取厚利""采办务真，修制务精，不至欺余以欺世人"。胡庆余堂药店之所以能够生意兴隆，蜚声海内外，其秘诀就在于"戒欺"二字。

二是信守承诺：一旦许下诺言，就必须认真对待，切勿掉以轻心，失信于人。《左传》曰："弃信背邻，患孰恤之。无信患作，失援必毙。"意思是说，若自己丧失信用，背弃邻国，遇到祸患又有谁会同情自己、支援自己呢？失去了信用，就必定走向灭亡。"狼来了"的故事，从反面证明了不讲信、说假话的坏处。也就是说，承诺之前一定要三思，承诺了就一定要兑现，轻诺则容易寡信。信誉是长久的，眼光也要长远：不图今年竹，但求来年笋。

三是言行一致：言行一致才能取信于人。朱熹认为"信是言行相顾之谓"，要求口能言之，身能行之，把行为作为评价诚信品格的标准。《礼记·中庸》曰："言顾行，行顾言。"也就是说，要"听其言而观其行"，不仅听他怎么说，还要看他怎么做。切不可自食其言、面诺背违、阳是阴非。

诚信是修身之本，也是一切事业成功的保证。周敦颐说："诚，五常之本，百行之源也。"即把诚作为"五常"（仁、义、礼、智、信）的基础及各种善行的根源。因此，我们立身处世，应当以诚信为本。

诚信是社会道德水平高低的标志，失信则是社会道德沦丧的反映。造成失信的原因，主要在于物质主义、功利主义和享乐思想的冲击和影响，使人们急功近利、贪图享受、崇尚金钱和权力的思想不断膨胀，道德价值观念不断失落，诚信等传统美德逐渐被淡忘，为一己私利而不择手段，将道德规范、承诺信誉、合约法律统统置之度外，导致投机取巧、见利忘义、损人利己，乃至物欲横流。人们利用高科技创造了物质财富，自己却反被物质财富所奴役。

立身诚为本，处世信为基。诚信和信用是现代社会良性运转的必备条件，诚信存则社会存，诚信亡则社会亡。中华民族有着悠久的诚实守信的优良道德传统，历史上传诵着许多诚实守信的动人故事，在今天仍有着重要的现实意义。

2014年8月20日，中国邮政发行《诚信》个性化服务专用邮票，1套1枚。邮票以鼎为主图，寓意诚信（"一言九鼎"），附票带有"诚信"字样。

诚信

鼎是古代烹煮用的器物，九鼎是古代国家的宝器，象征九州。一言九鼎形容说的话分量大，起决定作用，出自司马迁《史记·平原君列传》："毛先生一至楚而使赵重于九鼎大吕。毛先生以三寸之舌，强于百万之师。胜不敢复相士。"文中的毛先生指毛遂，是战国时期赵国人，身为赵公子平原君赵胜的门客，居平原君处三年未得崭露锋芒。公元前257年，他自荐出使楚国，促成楚、赵合纵，声威大振，并获得了"三寸之舌，强于百万之师"的美誉。

忠

忠是儒家政治伦理和社会伦理的一个重要范畴，也是中华民族传统道德的重要内容。在中华民族绵延数千年历史进程中，忠被历代统治者视为"立国之本，兴邦之基"，是中华民族历经磨难而生生不息的重要精神支柱之一。

（3-1）精忠报国（3-2）高风亮节（3-3）名垂青史

忠即忠诚、忠心，指对国家、对事业、对朋友等真心诚意、尽心尽力，没有二心。孔子称"忠、信、孝"为仁德三品。当樊迟问仁时，孔子说："居处恭，执事敬，与人忠。虽之夷狄，不可弃也。"意思是，在家恭敬有礼，办事严肃认真，待人忠心诚意，即使到了夷狄之地，也不可背弃。这说明孔子把忠心诚意视为仁德的基本内涵。

《说文解字》曰："忠，敬也，尽心曰忠。"原指心态中正、立正纠错；作为道德概念，指为人正直、诚恳厚道、尽心尽力；后指忠于国家、忠于君主及忠于他人。

孔子主张："君使臣以礼，臣事君以忠。"（《论语·八佾》）即君主应该依礼来使用臣子，臣子应该忠心地服侍君主。这里不仅强调了君臣之间人格上的对等性，而且强调"君使臣以礼"是"臣事君以忠"的前提。正因此，孔子很反对愚忠，虽然他曾担任鲁国大司寇，但在发现当权的鲁君昏庸无能、季氏腐败无礼已经达到令人失望的程度时，便毅然挂印而去，周游列国，寻找能发挥自己才能、实现理想抱负的新天地。

在先秦儒家的忠孝观中，非常讲究忠恕之道，忠就是尽己之心、尽己之力去为人；恕就是将心比心，推己及人，设身处地为他人着想。《左传》要求国君发令没有失误，臣子恭敬忠心无二。《荀子·尧问》指出："忠诚盛于内，贲于外，形于四海。"

汉以后的儒学思想家继承了先秦儒家的忠孝观，汉荀悦在《汉纪·文帝纪下》中强调："周勃质朴忠诚，高祖以为安刘氏者必勃也。"唐柳宗元在《吊屈原文》中写道："忠诚之既内激兮，抑衔忍而不长。"苏武牧羊的故事之所以被千古流传，就是因为苏武"临患不忘国，忠也"。

苏武，字子卿，武帝时以中郎将身份持节出使匈奴。匈奴单于骄横，借故扣留了他，并逼使归降，但苏武始终坚贞不屈。汉朝降臣卫律前去相劝，却遭苏武严词痛斥。卫律回报单于，单于逼降的念头反而更加强烈了，他把苏武囚禁在地窖里，不与饮食。当时正值严冬，天降大雪，苏武躺在地窖中靠吃雪和毡毛维持生命，居然没有被饿死，匈奴人以为他是神。

后来匈奴又把苏武转移到荒无人烟的北海（今俄罗斯贝加尔湖）一带，让他放牧公羊，并说只有公羊产羔才能返回。苏武到了北海，匈奴不给口粮，只得掘野鼠、挖草根充饥。每日放牧时手持汉节，日夜不离手，随着岁月流逝，节上的穗子全都掉了。

汉昭帝始元六年（前81年）春天，苏武终于回到汉都长安。昭帝使苏武以最隆重的祭礼拜谒武帝陵庙，并拜他为典属国。苏武在匈奴共十九年，出使时年富力强，归来时已是须发皓白了。他成为中国历史上为国尽忠的典范。一生"鞠躬尽瘁，死而后已"的诸葛亮，同样是中国传统文化中忠臣与智者的代表人物。

诸葛亮（181—234），字孔明，琅琊阳都（今山东沂南）人，三国蜀汉政治家、军事家。东汉末年，诸葛亮为避战乱隐居隆中，躬耕陇亩，留心世事，被称为"卧龙"。后来诸葛亮出山成为刘备的主要谋士，协助刘备"联孙抗曹"，取得赤壁大战的胜利，并辅助刘备建立了蜀汉政权。他以丞相辅政，励精图治，赏罚分明，推行屯田政策，改善与西南各族关系，促进当地经济发展。曾五次出兵攻魏，争夺中原，终积劳成疾，病逝于五丈原。明胡应麟高度评价诸葛亮："汉末诸葛氏分处三国，并著忠诚。"

诸葛亮（小型张）

在封建社会，君臣关系是很明确的，而且不容侵犯。君是绝对权威和无上权力的化身，自始至终都高于臣。为了统治阶级的绝对统治，统治者对于臣是否忠诚尤为看重；而身为臣，首要的品质就是忠。

清朝灭亡后，延续了几千年的封建统治随之寿终正寝，忠的内涵也发生了很大的变化。忠诚的对象变成了忠于祖国、人民和事业。如朱德在《悼罗荣桓同志》一诗中高度评价了罗荣桓光辉的一生："起义鄂南即治军，忠诚革命贯平生。"

忠是中华传统文化的一种优良品德，通常与忠诚老实、忠诚勇敢、忠诚可靠相联系，表示竭尽全力，肝脑涂地，使命必达。如不遗余力地匡扶正义，对祖国无限忠诚，为了正义事业无条件地付出自己的一切。中华民族自古以来就有精忠报国、舍生取义的优良传统，"天下兴亡，匹夫有责"是历代仁人志士的共同操守。忠于祖国，忠于人民，忠于事业成为中华民族最为神圣、崇高的价值追求。

2003年3月17日是著名民族英雄岳飞诞生900周年纪念日。为了弘扬中华民族的优秀文化，激发人们的爱国主义精神，2003年9月25日，中国邮政发行《古代名将——岳飞》纪念邮票，1套3枚（参见题图），分别为《精忠报国》《高风亮节》《名垂青史》；

另有一枚小型张。邮票图案采用仿古画法展现了一代名将岳飞的风采，个性鲜明，设计精美，人物栩栩如生，具有很高的收藏价值和艺术欣赏价值。

岳飞（1103—1142），字鹏举，宋相州汤阴县（今河南汤阴县）人，抗金名将，中国历史上著名军事家、战略家、书法家、民族英雄，位列南宋中兴四将之首。

北宋末年，辽军大批入侵中原，皇帝昏庸用将不当，致使败仗不断，百姓生活无靠流离失所。岳飞在替父守孝期间，到三朝元老韩肖胄府上做护院，边教授武艺，边涉猎军事政治。不久，金兀术带兵南侵直逼汴梁，岳母姚氏送子出征，临行前在二十岁的岳飞后背刺上"精忠报国"四个大字。

此时，宋钦宗登基，朝中赵构主战，秦桧主和。主战首领人物宗泽设下比武擂台，征召大江南北为国效命英才，小梁王受人唆使，在擂台上斩杀各方江湖武士。岳飞及时赶到，枪挑小梁王，一时声名大振。后岳飞率军到前线抗击金兵，打了许多胜仗，却在关键时刻，被高宗十二道金牌召回临安。

宋绍兴十一年十二月二十九日（1142年1月27日），秦桧以"莫须有"的罪名将岳飞杀害于风波亭，岳飞时年三十九岁，是为千古奇冤。绍兴三十二年（1162年）高宗退位，孝宗即位，为岳飞平反。后以礼改葬，建庙于鄂，赐岳飞庙曰忠烈，谥武穆。

岳飞作为家喻户晓、妇孺皆知的抗金名将和民族英雄，其高大形象和悲壮人生早已被人们传颂。这套邮票以《精忠报国》《高风亮节》《名垂青史》三幅画面，描绘了英雄一生的精神气质和人格特征，塑造了岳飞的英雄形象，在方寸之间演绎出一曲浩然的正气之歌，激励了国人的爱国主义情操，振奋了民族精神。

链接：忠义典范

古代忠义的代表莫过于关公了。关公是三国时期的一员猛将，他陷于曹营时，曹操看重他的忠义诚信，对他热情款待，再三挽留，但丝毫没有动摇他信守承诺、坚守诚信的意志。他忠心赤胆，没有背叛与兄长刘备、三弟张飞的桃园盟誓，时刻想回到兄长刘备的身边。无论曹操抛出多大的诱惑，他都不为所动，一心追随刘备，忠心不二，令曹操无可奈何。后来在华容道，为了报恩，放走了曹操。可见，关羽的忠义不仅是对兄弟，对敌人同样如此。也正因此，千百年来关羽一直都是忠义的代表。其忠义之名流传于世，为人们所尊敬。

宋代著名诗人辛弃疾在《永遇乐·戏赋辛字送茂嘉十二弟赴调》中写道："烈日秋霜，忠肝义胆，千载家谱。""艰辛做就，悲辛滋味，总是辛酸辛苦。"想当年，这位"金戈铁马，气吞万里如虎"的爱国诗人，也是一位武艺高强、驰骋疆场、恢复河山的帅才，"男儿到死心如铁，看试手，补天裂""醉里挑灯看剑，梦回吹角连营。八百里分麾下炙，五十弦翻塞外声，沙场秋点兵"就是他驰骋沙场的亲身经历，也是脍炙人口的经典诗词。辛弃疾去世后被封谥号忠敏，正是对他忠诚奋勉的最高褒奖。

诸葛亮（极限片）

孝

"百善孝为先。"孝是儒家伦理的一个重要范畴，也是中华民族传统的基本道德行为准则。孝道文化在中国历史发展过程中，具有修身养性、融合家庭、报国敬业、凝聚社会、塑造文化等积极作用。

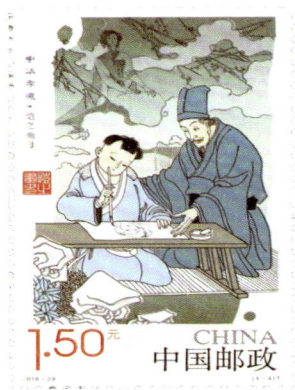

中华孝道：恺之画母

孝指孝敬、孝顺、孝心、孝道。孝是我国古代长期社会实践的历史产物。《说文解字》曰："孝，善事父母者。从老省，从子，子承老也。"孔子在《论语》中说："夫孝，始于事亲，中于事君，终于立身。"

在中国古代文献中，"孝"字出现较早。它是随着中国父权制的确立和一夫一妻制家庭的出现而逐步产生和形成的思想理念。先秦儒家经典文献《尚书》和《诗经》中，多处出现"孝"字。如《尚书·酒诰》中有"远服贾，用孝养厥父母"，即到外乡做生意，用赚来的钱财孝敬和赡养父母。《诗经·大雅·既醉》中有"孝子不匮"，即孝子的孝心永不停止。我国最早的一部词典《尔雅·释训》中，对"孝"做了如下解释："善事父母为孝。"这是"孝"字的一般含义。但是，在先秦儒家的思想和行为中，孝的含义不止于此。孝在当时人们的政治生活和日常生活中，还有许多具体的内涵。孝的基本内涵包括：

中华民族崇尚祖辈传承理念，强调长幼有序，

孝主要是对父母、长辈之孝。孔子首创私学，把孝放在教学首位，说"孝乃德之本"，即孝是道德的根本；"百善孝为先"，如果一个人连自己的父母都不孝顺，你还能指望他对谁好呢？

孔子认为孝悌是仁的基础。孝不仅是对父母的赡养，而且是对父母和长辈的尊重，如缺乏孝敬之心，赡养父母也就视同于饲养牲口，乃大逆不道。当然不能愚孝，父母可能有过失，儿女应该分辨是非，并婉言规劝，力求其改正，而非对父母绝对服从。

中国传统孝道文化是一个复合概念，既有文化理念，又有制度礼仪。从敬养的层面看，主要包含爱敬、奉养、侍疾、承志、立身、谏诤等几个方面的内容。

一是爱敬。孔子的学生子游问何谓孝。孔子回答说："今之孝者，是谓能养。至于犬马，皆能有养；不敬，何以别乎？"（《论语·为政》）曾子认为："君子之孝也，忠爱以敬，反是乱也。"（《大戴礼记·曾子立孝》）即君子行孝，应是发自内心的爱并恭敬地侍奉父母，如果相反的话就乱了纲纪。《孝经·纪孝行章》中提出："孝子之事亲也，居则致其敬，养则致其乐，病则致其忧，丧则致其哀，祭则致其严。五者备矣，然后能事亲。"这里把"敬"列为孝之首。《孝经·天子章》进一步提出，天子之孝应该是"爱敬尽于事亲，而德教加于百姓"，以为天下人之仪范。可见古代对"爱敬"这一孝亲观念的重视。

二是奉养。古代先贤十分重视对父母的奉养，曾子认为："孝子之养老也，乐其心，不违其志，乐其耳目，安其寝外，以其饮食忠养之。"（《礼记·内则》）孟子认为："人人亲其亲，长其长，而天下平。"（《孟子·离娄上》）他还进一步提出在整个社会推行"老吾老，以及人之老；幼吾幼，以及人之幼"（《孟子·梁惠王上》）的善举，以便在整个社会形成敬老慈幼、养老尊贤的良好风气。

三是侍疾，即精心侍奉有病的父母和其他长辈。子夏强调："事父母，能竭其力。"也就是说，父母有疾，在旁侍奉的子女要做到不讲究梳洗打扮，走路脚步要轻，说话要恭敬温顺，不吹弹取乐，不大吃大喝，不燥不烦，以使父母早日安康。这里包

括关心父母的生老病死。"亲有疾，饮药，子先尝之。""疾止复故。"这就是《孝经》所强调的"病则致其忧"。曾子还说："孝子无私乐，父母所忧忧之，父母所乐乐之。孝子唯巧变，故父母安之。"（《大戴礼记·曾子事父母》）

四是承志。子承父志，也是儒家提倡的孝道内容之一。《礼记·中庸》说："夫孝，善继人之志，善述人之事也。"即所谓孝，就是很好地继承前人的遗志，完成前人未完成的事业。曾子也曾说："君子之所谓孝者，先意承志，谕父母以道。"（《大戴礼记·曾子大孝》）即不辜负父母望子成人、望子成才的殷切期望，继承前人的遗志，光大父祖之业。

五是立身。所谓"立身"就是要立志成就一番大事业。《孝经》说："夫孝，始于事亲，中于事君，终于立身。""立身行道，扬名于后世，以显父母，孝之终也。"（《开宗明义章》）这里指出，立身扬名的途径是由孝至忠，把孝于父母和忠于君国二者有机地结合起来，怀孝亲之心，立报国之志，扬名显亲，光宗耀祖，做到忠孝两全。

六是谏净。孔子主张："事父母几谏，见志不从，又敬不违，劳而不怨。"（《论语·里仁》）曾子说："君子之孝，以正致谏也。"（《大戴礼记·曾子本孝》）也就是说，父母有过错，当子女的应当规劝。先秦儒家无论是讲忠还是讲孝，都强调谏净，反对绝对服从的愚忠愚孝。荀子认为，国有净臣，"封疆不削，社稷不危，宗庙不毁"，"父有争子，不行无礼"。（《荀子·子道》）《孝经》也说："天子有净臣，不失其天下；诸侯有净臣，不失其国；父子有争子，则身不陷于不义。"（《谏净章》）

孝可以说是人的一种本能，对那些和我们有血缘关系的亲人来说，孝是起码的礼节。古代所奉行的孝道还包括送葬和追念等内容，体现了中华民族"慎终追远，民德归厚"的文化心理，也是国民奉行孝道、怀念祖先、追思父母、承志述事的传统美德。

"孝"观念作为农业文化的产物，在生产力水平低下的古代社会，不仅有其合理性，而且是社会正常运转的重要保障。因为人口是当时生产力的决定因素，所谓"不孝有三，无后为大"的原则，可以保持家庭的稳定，促进人口的增长。在当时的生产力条件下，"孝"这一道德规范的作用之一，是强调子女对父母的绝对服从，以树立父母在家庭的权威和地位。包括父母死后还要守丧三年，"三年无改于父之道，可谓孝矣"（《论语·学而第一》）。此外，还有"父母在，不远游"之类的要求，也反映了这一观念的时代局限性。

而封建统治者之所以极力提倡孝道，除了维护君亲长上的利益和宗法专制制度，更是为了维护自身的封建统治。通过树立老人的家庭地位和权威，就能够管住血气方刚、敢闯敢干的青年人；一个人从小养成服从家父的习惯，出门在外自然就会服从君父，而不致"犯上作乱"。孔子说："其为人也孝悌，而好犯上者鲜矣；不好犯上，而好作乱者未之有也。"（《论语·学而第一》）正因此，儒家才有"求忠臣于孝子之门"的说法。

先秦儒家积极主张"以孝治天下"，目的也是实现"修身、齐家、治国、平天下"的主张。与此相适应，他们积极主张：

——内孝外忠。"出则事公卿，入则事父兄""迩（近）之事父，远之事君""内则父子，外则君臣，人之大伦也。父子主恩，君臣主敬"，即在家庭里有父子，在家庭外有君臣，父子之间以慈孝为主，君臣之间以忠敬为主。正如《大学》所说："为人君，止于仁；为人臣，止于敬；为人子，止于孝；为人父，止于慈；与国人交，止于信。"每个人都要明确自己在家庭和社会上的身份，并自觉地奉行相关的道德规范，从而才能创造出安定和谐的社会生活秩序，利家利国利子孙。

——以孝劝忠。《论语·为政》记载，季康子问："使民敬，忠以劝，如之何？"子曰："临之以庄，则敬；孝慈，则忠；举善而教不行，则劝。"大意是季康子问孔子：要使老百姓敬业乐群，尽心竭力，劝励互勉，应该怎么办？孔子回答说：你对老百姓的事情认真负责，他们对你的政令也会认真执行；你在孝顺父母、慈爱幼小方面做出榜样，他们就会忠实地为国家尽心竭力；你提拔贤良，教导素质差的人，他们就会从中得到劝诫。曾子以孝劝忠，提出"孝子善事君，悌弟善事长"（《大戴礼记·曾子立孝》），把孝亲、忠君看作孝子的本分，并认为"居处不庄，非孝也；事君不忠，非孝也；莅官不敬，非孝也；朋友不信，非孝也；战阵不勇，非孝也"（《礼记·祭义》）。这不仅扩大了孝的内涵，把孝视为忠的基础，把忠看作孝的延伸和扩展；同时还把"不忠"看作"不孝"，劝励人们在日常生活中起居要庄重，事君要忠诚，为官要谨慎，交友要诚信，上阵要英勇。

——移孝于忠。《孝经·广扬名章》提出："君子之事亲孝，故忠可移于君；事兄悌，故顺可移于长；居家理，故治可移于官。"同时要求，为臣的必须遵守臣道，做到忠敬、勤恪、谦恭、俭约；为君的也必须恪守君道，做到宽厚、整肃、周遍、惠爱，形成"君讲君道，臣讲臣道，父讲父道，子讲子道"的良好政风、家风。通过"移孝于忠"，达到君臣父子心理的互换和行为的互动，使君臣父子按照自己的身份标准塑造自己的理想人格，创造"以天下为一家，以中国为一人"的社会氛围，达到"以孝治天下"的目的。

中国自古以来是一个礼仪之邦，作为中华传统文化的核心，孝的观念深入人心。

2016年10月7日，中国邮政发行《中华孝道（二）》特种邮票，1套4枚。此套邮票根据《全相二十四孝诗选》及古代圣贤孝道故事选取内容，讲述了"亲尝汤药""文姬续书""恺之画母""百里负米"4个孝道故事。

其中，《恺之画母》（参见题图）通过著名画家顾恺之年幼时强忍丧母之痛、续画母亲画像的经历，表现了他对母亲的一片深情。

顾恺之（348—409），晋陵无锡（今江苏无锡）人，魏晋时期著名画家。他善于画人物，尤其擅长画女人，这与他的孝心有关。顾恺之出世没多久，母亲就去世了。因其他小朋友都有母亲，唯独自己没有，他便每天缠着父亲追问母亲的长相。父亲被儿子的情思所感动，便不厌其详地叙述了母亲的长相和衣着。他就是凭借父亲的描述，一次又一次地给母亲画像。每次画好之后，他都要问父亲像不像，父亲总在肯定之后，表示遗憾。但他不气馁，仍然画笔不辍。当他又一次把画像送到父亲面前时，父亲大喜过望说："这就是你的母亲。"这一年他才八岁。到二十岁时，他已是著名的画家了，驰誉画坛的《洛神赋图》就是顾恺之的作品。当同行问他曾经拜谁为师时，他回答道："我的母亲是我心中一直活着的老师。"

《中华孝道》系列邮票通过古人的孝亲故事，使人从中得到启发和借鉴，以此弘扬孝亲的传统美德，在全社会形成尊老、敬老、养老的社会风气，为建设和谐家庭、和谐社会做出贡献。

《中华孝道（二）》（小版票）

链接：孔融让梨

"孔融让梨"故事见于《后汉书·卷七十·郑孔荀列传》："兄弟七人，融第六，幼有自然之性。年四岁时每与诸兄共食梨。融辄引小者。大人问其故。答曰：我小儿，法当取小者。由是宗族奇之。"又见于《三字经》："融四岁，能让梨。弟于长，宜先知。"

孔融（153—208），东汉文学家。孔融四岁时，与兄弟们一起吃梨，他先拿时却挑了一个最小的，父亲问他为什么，他回答："与哥哥比，我年纪小，应该把大的留给哥哥吃；与弟弟比我是哥哥，应该把大的留给弟弟吃。"上让哥哥，下让弟弟，孔融礼让的美德受到人们的称颂。千百年来，这个故事一直流传下来，成为教育儿童礼貌谦让的著名典故。

2007年6月1日，为庆祝六一国际儿童节和宣扬中华民族传统美德，中国邮政发行了《孔融让梨》特种邮票，1套2枚。

（2-1）分果。画面描绘了父亲形象和四个孩子各分到一个梨时的情景。

(2-1) 分果 (2-2) 让梨

（2-2）让梨。画面描绘了母亲和一个分到梨的兄长形象及孔融一手把小梨藏在身后，一手把一个大梨给另一个兄长的情景。

本套邮票采用中国传统民间年画样式，用连票把两枚邮票组合在一起。一家人围在大花瓶四周，四岁的小孔融背着手把一颗小梨藏在身后留给自己，而另一只手则举着大梨让给哥哥，一幅美满祥和、其乐融融的和谐家庭写照，跃然纸上。邮票赋色鲜艳、浓烈、喜庆，人物的神态刻画惟妙惟肖，恰如一幅和谐融洽的民俗画。

廉

廉是儒家伦理的一个重要范畴，也是为官从政的基本道德行为准则。在中华文化史上，倡廉之声久唱不衰。

（4-1）立檄拒礼（4-2）不贪为宝

廉指清廉，就是不贪取不应得的钱财；洁是洁白，就是指人生光明磊落的态度。廉洁就是做人要清清白白，光明磊落。廉是形声字，从广兼声，本义为厅堂的侧边。"广"本指依托山岩造的房屋，"廉"以"广"表义，所以"廉"的意义与房屋有关。古人夯土筑成高出地面的四方形屋基叫堂，堂上建的屋子叫厅堂，厅堂的侧边就叫"廉"。封建制度规定：天子之堂高九尺，诸侯七尺，大夫五尺，士三尺，所以有"廉远地则堂高，廉近地则堂卑"之说。

《说文解字》曰："廉，仄也。堂之侧边曰廉，故从广。"相对于宽广的堂屋而言，逼仄之处为廉。引申出边，与角相对。《九章算术》："边谓之廉，角谓之隅。"廉有棱角，汉语系统中就用"廉"比喻人的品行方正，有操守，并引申出正直、清廉等。《广雅》："廉，清也。"

《礼记·大学》说："所谓诚其意者，毋自欺也。"宋代陆九渊则认为："慎独即不自欺。"意为即使在自己闲居独处时，行为也能谨慎而不苟且。东汉杨震"天知，神知，你知，我知"，"坚拒不受四

知金"的故事，说明其道德修养已达到了不自欺的慎独境界。

廉洁最早出现在战国时期的伟大诗人屈原的《楚辞·招魂》中："朕幼清以廉洁兮，身服义而未沫。"东汉著名学者王逸在《楚辞章句》中注释说："不受曰廉，不污曰洁。"也就是说，不接受他人馈赠的钱财礼物，不让自己清白的人品受到玷污，就是廉洁。

在《周礼·天官·小宰》中，关于考核官吏治事的标准是："一曰廉善，二曰廉能，三曰廉敬，四曰廉正，五曰廉法，六曰廉辨。"要做到这六个方面确实不易，而廉是其根本。可见，在先秦时期，古人就已经深刻地认识到了廉的重要性。汉元光元年（前134年），汉武帝首次下令郡国俸禄为二千石的官员要推举孝、廉各一人，如完不成任务者则被视为不敬业、不能胜任其职，由此可见廉在汉武帝心目中的地位。

坚贞守廉确属不易，不仅需要有敬畏之心，而且还要忍受生活的窘迫，甘于清贫。南朝宋颜延之在《庭诰》中说：当一个人贫困至极，以致形容憔悴、神情沮丧时，不仅朋友会疏离，连家人都会厌弃，"非廉深远识者何能不移其植（心志）"。

春秋时期，鲁国的季文子三朝为相，清正廉洁，后出使晋国。鲁成公十六年（前575年），鲁宣伯请求晋国杀掉季文子，但晋人认为季文子是节义之人，没有答应宣伯的请求。季文子去世时不仅家中无穿丝绸的妾，马棚中没有吃谷子的马，府中也没有金玉之器，后代史家对他的评价是"廉洁忠正"。

廉洁的品性要靠自身的修炼，也需要社会环境的滋育。宋代范仲淹《答手诏五事》说："贪冒者废之，趋附者抑之，如此，则多士知劝，各生廉让之心。"古人已经重视到反腐与倡廉的内在关系。晋陶潜《感士不遇赋·序》："自真风告逝，大为斯兴，闾阎懈廉退之节，市朝驱易进之心。"对任何一个社会而言，营造纯洁的环境有利于每个个体的健康发展，也决定着一个民族的未来。历史上陕西境内曾有"廉泉让水"之名，把自然河流取名为廉和让，让百姓在日常生活中潜移默化地得到陶冶，以求民

风的淳朴，可谓用心良苦。

汉语中还有"廉石"一词，记载的是汉代末年，郁林太守陆绩解甲归田，行装很少，船轻难以渡海，于是取来巨石镇船。回到吴地，陆绩把石头抛弃于野外，百姓称扬其廉，就把这些石头称作"郁林石"来纪念他。明弘治年间，巡按御史樊祉派人为石头造亭遮风挡雨，取名为"廉石"。清康熙年间陈鹏年做苏州太守时，重修郡学，把廉石移至郡学内，成为苏州古迹之一。后人就以廉石来比喻清廉的家风。

守廉之人具有刚直不挠之禀性，但中华文化讲究的是廉而不刿。养廉是严于律己，守廉还须宽以待人。要像玉一样，有棱边但不至于割伤人，廉洁而又温和才是真君子、真义士。廉洁之人具有一种能抵御外界诱惑的坚毅品格，一种让世人望而生畏的凛然风骨。

《清正廉洁（一）》特种邮票选取了中国古代从春秋时期到清代四个广为流传的居官正直、廉洁自律的故事，以中国传统绘画的艺术形式生动还原了故事场景，包括《立檄拒礼》《不贪为宝》《羊续悬鱼》《两袖清风》。

（4-3）羊续悬鱼（4-4）两袖清风

"立檄拒礼"的故事发生在清朝初年。于成龙是清初的名臣，在为官的二十四年中，他以卓著的政绩和廉洁刻苦的一生深得百姓爱戴和康熙帝的赞誉。有一年中秋，于成龙管辖下的大名县县令曾私下送来一份厚礼，于成龙不仅当场严词拒绝，更张榜颁发了一份《严禁馈赠檄》，严令所属官员一律不准送礼行贿，如再有犯者绝不宽恕。

"不贪为宝"的故事发生在春秋时期。子罕是宋国的贤臣，位列六卿之一。有人得到一块精美的玉石想献给子罕，子罕拒不接受，并正告献宝人称："你以精美玉石为宝贵的东西，我则把不贪这种品质视若珍宝。如果我收了此玉，你失掉了宝，我也将失去了心爱之物。所以，我们还是各存其宝吧。"

"羊续悬鱼"的故事发生在东汉时期。羊续在东汉时期曾任南阳太守，南阳郡是大郡，羊续作为封疆大吏位高权重。当时有下属府丞进献活鱼给羊续，他却把鱼悬挂于厅堂之上。府丞再送鱼时，羊续把所挂的鱼拿出来教育他，以示拒绝馈赠。明代于谦十分欣赏羊续的做法，特赋诗赞道："喜胜门前无贺客，绝胜厨传有悬鱼。清风一枕南窗卧，闲阅床头几卷书。"

"两袖清风"的故事发生在明中期。于谦是被称为民族英雄的明代名臣，《明史》称赞其"忠心义烈，与日月争光"。有一年，于谦进京朝会面圣述职，被别人劝诫诱导，一定要巴结阉党权贵才是做官的捷径。于谦当面拂袖离去，并在《入京》诗中写下"清风两袖朝天去"的著名诗句，后人常用"两袖清风"来比喻为官廉洁。

《清正廉洁（一）》（首日封）

耻

　　耻是儒家伦理的一个重要范畴，也是为人处事、为官从政的基本道德行为准则。"礼义廉耻"被合称为"国之四维"，成为传统道德体系的重要支柱之一。

（2-1）掷端砚（2-2）铡美案

　　耻是羞耻、耻辱，本义是羞愧，指羞愧的心理感受或使人感到羞愧的耻辱之事。凡是不合理的事情、违背良心的事情，都会因羞愧而绝对不做。知耻是自尊、自重的重要表现。唯有知耻，才有自尊和自重。

　　耻是形声字，从心，耳声。因为羞愧乃心有所惭而生，故从心；又以耳为司听闻之器官，人每因闻过而耳赤面热，故耻从耳声。《说文解字》曰："耻，辱也。"《谷梁传·襄公二十九年》称："君不使无耻。"无耻即不知羞耻或恬不知耻；人若无耻，便无异于禽兽。因为禽兽没有羞耻感，完全依本能而生活，也不知道什么叫不光彩、不体面。正是在这个意义上，孟子说："无羞恶之心，非人也。"即把这种羞耻感看成人与禽兽相区别的标志之一。

　　知耻是人性本善之使然，知耻之心是人之天良。孟子曰："羞恶之心，义之端也。"羞耻之心是正义的发端，也是保全人的心念、行为不离正道的护栏。人如果起一恶念，便生羞耻之心；行一恶事，便感羞愧惶恐，自必速止其恶，所以说"耻可以全人之德""耻之于人大矣"。因为知耻对于人来说是极其重要的，

正如康有为所说："人之有所不为，皆赖有耻心。"

　　孔子曰："好学近乎知，力行近乎仁，知耻近乎勇。知斯三者，则知所以修身；知所以修身，则知所以治人；知所以治人，则知所以治天下国家矣。"所谓"知耻近乎勇"，意思是知道自己错了，就赶紧去改过，为当所为，同样也是勇的表现。既有智慧，又努力行善，而且懂得纠正错误，就知道该如何修养品德，如何治理百姓和国家。

　　春秋时期，吴越交兵，越国兵败。越王勾践入吴宫，做了吴王夫差的奴隶。勾践含羞忍辱，终于获释回国。他卧薪尝胆，访贫问苦，任用贤才，发展生产。那种情状，在中国历代统治者中绝无仅有。十年生聚，十年教训，终于国家富足，军队精壮，一举灭掉吴国，勾践也成为春秋霸主。这就是"知耻而后勇"。

　　人人都有知耻良知，明代思想家王阳明用生动的事实证明了这一点。有一次他外出，不幸与同行的人被盗贼绑劫，当盗贼得知他是王阳明时，就问他："你说人人都有良知，我们这群盗贼也有良知吗？"王阳明肯定地回答说："有。"盗贼反问："你怎么能证明呢？"王阳明便让他们把外衣、内衣一层层地脱掉，直到剩下最后一条裤衩时，还命令他们再脱。盗贼大喊道："不行呀，这不能再脱了！"王阳明就说："原来你们也知道羞耻呀！这知耻就是你们的良知！"

　　知耻是一个正常人所具有的最基本的道德感。这种道德感体现着人性的尊严，是社会正义的心理基础。也就是说，凡为善之心，皆起自人的正确的荣辱观念；凡为恶之念，皆起自人的羞耻感的丧失。"不耻则无所不为。人而如此，则祸败乱亡，亦无所不至。"不仅个人的文明生活与人的知耻之心联系在一起，一个社会的治乱也总是与人们的知耻之心联系在一起。人人知耻，则正义流行；人人不知耻乃至无耻，则邪恶大行其道。古人所谓"人心正则国治，人心邪则国乱"，其中确实包含有深刻的道理。

　　因此，历史上所有伟大的政治家在治国的同时，无不注重人心的治理。行自身出，身由心使。俗语云："人心齐，泰山移。"说的就是人的心理和精神状态

的巨大力量。春秋时期的杰出政治家管仲，曾经辅佐齐桓公使齐国盛极一时，成为春秋时期的第一个霸主。正是他提出了"礼义廉耻，国之四维"的主张。他认为，立国有四大纲，包括礼义廉耻。缺了一纲，国家会倾斜不正；缺了二纲，国家会危殆不安；缺了三纲，国家会颠覆不立；四纲都不存在了，国家就会彻底灭亡。

在《牧民篇》中，管子把耻规定为"不从枉"。枉即邪枉不正。知耻也就是不随从邪枉，不追随不正，羞于为非。无耻也就是没有是非、善恶、荣辱观念，丧失了起码的正义感和尊严感，曲从不正，追随邪恶。正如明清之际的思想家顾炎武所说："不廉则无所不取，不耻则无所不为。人而如此，则祸败乱亡，亦无所不至。况为大臣，而无所不取，无所不为，则天下其有不乱，国家其有不亡者乎！"（《日知录·廉耻》）

确实，如果只是个别人没有羞耻感，国家生死存亡还不会因此而受到影响。但如果无耻之行不受谴责、无耻之人不受唾弃反而扶摇直上，无耻之风就会像瘟疫一样蔓延开来。社会必然会变成一个人性堕落的社会，一个没有天理、缺乏仁义、禽兽横行的社会，如此国家岂有不亡之理！

宋代理学家、思想家朱熹把"孝、悌、忠、信、礼、义、廉、耻"并称为"八德"，世称"朱子八德"。它是儒学的精髓，也是古代做人的基本道德标准和行为规范。

知耻之心是与节气、名节、操守、节制以及理想、信念、信仰等相联系的。孔子在《论语·述而》中说："不义而富且贵，于我如浮云。"孟子在《孟子·滕文公下》中提出了"富贵不能淫，贫贱不能移，威武不能屈"的至理名言。讲气节、重操守、重名节、轻利欲，历经千百年的锤炼和发展，熔铸成为不图名利、为政清廉、公正无私的高尚品质，克己为人、自强不息、奋发有为的伟大精神和崇高的民族气节，成为中华民族自尊自强的精神支柱和一个人永葆铮铮铁骨的人格追求。

岳飞在《满江红》一词中写道："靖康耻，犹未雪；臣子恨，何时灭？"所谓"靖康耻"就是指北宋靖康二年（1127年），金国大军攻陷宋都汴梁，除了烧杀抢掠之外，更俘虏了宋徽宗、宋钦宗父子，以及大量赵氏皇族、后宫妃嫔与朝臣等共三千余人北上金国。"靖康耻"在岳飞心中留下了巨大的伤疤，横扫金兵、一雪"靖康耻"成为他为国拼杀沙场的原动力。

这说明，人们的耻感绝不是一件小事，它关系到一个国家的生灭、一个民族的存亡。举国之人皆知有耻，中华民族才会避免蒙受耻辱。在历史的长河中，中华民族虽然饱经忧患，灾难深重，但始终屹立不倒、不可征服，就在于它的人民受过优良传统文化的熏陶，在血液中流淌着仁义的精神，在心灵的深处凝结着正确的耻感。

如果一个人具有正确的荣辱观，知善知恶、知是知非、知荣知耻，就会有所为，有所不为。一个民族也是如此，其成员能有正确的荣辱观，尊道贵德、崇仁尚义，弱小也能变为强大。它激励着无数人为正义、为自由、为尊严而战。今天祖国的繁荣昌盛、人民的幸福生活、国家的尊严，都是与中华民族这种宝贵的荣辱观紧密地联结在一起的。

2006年6月，为庆祝建党85周年，大力弘扬以"八荣八耻"为主要内容的社会主义荣辱观，中国邮政发行了《大力弘扬社会主义荣辱观》个性化邮票。该邮票每版8枚，主票图案为天安门，附票的8幅图案分别体现了以热爱祖国、服务人民、崇尚科学、辛勤劳动、团结互助、诚实守信、遵纪守法、艰苦奋斗为荣，以危害祖国、背离人民、愚昧无知、好逸恶劳、损人利己、见利忘义、违法乱纪、骄奢淫逸为耻的主题。

2015年8月8日，中国邮政发行《包公》特种邮票，1套2枚，小型张1枚。邮票采用工笔人物的表现手法，笔力深厚，构图考究，于细微处表现人物性格。翻涌的河水、拂袖分别表现了包公愤怒的心情，塑造了包公廉洁、公正的形象；秉烛夜读塑造了包公勤政的形象。

包拯（999—1062），北宋名臣，庐州（今安徽省合肥市）人。他是我国历史上的传奇人物，也是清正廉明、刚直不阿、断案高明、至忠至孝的代表人物。在我国民间，包公被称为"包青天"，几百年

包拯（京剧）

来都是老百姓心中最公正的官员代表，受到历朝历代的赞誉。

在父母相继去世，他即将离开乡村、前往京城等候授官之际，住在小客栈里，夜晚守灯苦读，写下了他平生唯一的一首五律：

清心为治本，直道是身谋。
秀干终成栋，精钢不作钩。
仓充鼠雀喜，草尽狐兔愁。
史册有遗训，无贻来者羞。

其意是，做人要光明正大，就像秀挺的木材应该做房屋的栋梁，精炼的钢料决不应去做铁钩，自己应该顶天立地，做一个青史留名的清官，而无愧史书教诲，不让前贤蒙羞。

他是这样说的，也是这样做的。他曾担任生产

端砚的端州知州。以往在端州任职的知州，总要在上贡朝廷的端砚数目之外，再多加几倍，作为贿赂京官的本钱。包拯上任之后，一改陋习，决不多收一块。离任赴京时，就连他平时在公堂上用过的端砚，也造册上交了。但在赴京途中，他的船在羚羊峡口遇到一阵奇怪的大风雨，他亲自下舱检查，发现船舱里私藏了一块端砚，这是当地百姓悄悄送给他的。包拯一言不发，将那块名贵的端砚丢入江心。后来他在开封府尹任上，公正地断了许多奇案，博得了清官的好名声，实现了"史册有遗训，无贻来者羞"。因其大公无私，拥有一副铁面如墨的脸孔以震慑佞臣，额上挂有一弯苍白明月，故亦有"包黑子"称号。历代流传着许多关于他的审案故事，以及据此编写的小说、戏剧，著名的有古典小说《三侠五义》以及戏剧《铡美案》《狸猫换太子》《乌盆记》《铡包勉》等。

历代文人还写了不少颂扬包拯的诗词，用诗歌来歌颂他的刚正不阿和清正廉明，表达对他的景仰之情。包公一生清正廉洁、刚正不阿，是老百姓心目中崇高的清官形象。政治清明时，人们固然怀念他；世道衰败时，老百姓更加怀念他。自宋朝到今天，虽然世事变幻不定，然而人们对于包公的怀念却是永远的。

《包公像》（小型张）

勇

勇是儒家的伦理范畴，也是中华民族的优秀品质。中国传统文化蕴含的这种英勇顽强的刚健精神，是中华民族生生不息、愈挫愈勇的不竭动力。

《水浒传》：武松打虎

勇即勇敢、坚强、刚毅，指一个人或一个战士、一个团体、一个民族在面对困难和挑战时，不怕危险和困难，有胆量，不退缩，果断向前，敢作敢为，毫不畏惧，如机智勇敢、英勇无畏、勇敢作战等。勇敢是对自我的一种保护方式，但勇敢不同于鲁莽，甚至是截然相反。

《说文解字》曰："勇，气也。一曰健也。从力，甬声。""勇，从甬从力。力及所至，生命勃发甬甬然也。""勇者，气也。气之所至，力亦至焉。心之所至，气乃至焉。"故古文勇从心，写作"恿"。其本义是果敢、胆大，遇事勇于担当，敢于负责。

在《论语·宪问》中，孔子说："仁者不忧，智者不惑，勇者不惧。"意思是仁者宽厚爱人，所以无忧；智者能明辨是非，所以不惑；勇者能临危不惊，所以无所畏惧。具有不忧、不惑、不惧这三项美德的人，就是顶天立地的君子。孔子又说"好学近乎知，力行近乎仁，知耻近乎勇"，把"好学""力行""知耻"看成达到知、仁、勇的主要途径。

《中庸》指出："知仁勇，三者天下之达德也。"把"知仁勇"作为儒家人格要求的三个基本要素，即"三达德"。达即通达，指对事理认识得清、讲得透。康有为解释说："人之生世，忧患、迷惑、恐惧，乃共苦者。极乐、大明、无畏，乃神明之至，人道之极。孔子深得极乐之道，随入黑暗，皆光明四照，而永无迷失者也；浩气独立，随入危险，皆定安从容，而绝无畏惧者也。故仁智勇三者，乃度世之宝筏也。"

《论语》认为："见义不为，无勇也。"它倡导一种为正义赴汤蹈火、在所不辞的浩然正气。反对有勇无谋的匹夫之勇，主张智勇双全的仁者之勇、智者之勇。同时强调"君子有勇而无义为乱""勇而无礼则乱"，认为只有在义和礼的指导下，勇的实施才能符合中庸的标准，才不至于乱。

老子在《道德经》中说："慈故能勇，俭故能广，不敢为天下先，故能成器长。今舍慈且勇，舍俭且广，舍后且先，死矣！"意思是，因为慈爱所以勇敢，因为俭朴所以宽广，因为不敢自傲居天下之先，所以能成就大器；反之，只有死路一条。

韩非子在《解老》中解释说："爱子者慈于子，重身者慈于身，贵功者慈于事。……圣人之于万事也，尽如慈母之为弱子虑也，故见必行之道；见必行之道则明，其从事亦不疑，不疑之谓勇。不疑生于慈，故曰'慈故能勇'。"这表明，人的情感是能激发、影响其意志的。

中华传统文化对"勇"赋予了丰富内涵，如"投身为义曰勇""知死不避曰勇""胜敌壮志曰勇"。不够"勇"则是与怯懦、怯弱、害怕、胆小、胆怯、懦弱、畏惧、无能等相联系。不够勇就难以成大事，因为遇事怵头、后退、萎缩、畏首畏尾，常常丧失机会，虽然减少了风险，但也一事无成，甚至可能导致祸害。而忠勇、英勇、彪悍、勇决、勇力、勇猛等则都是成功者的品质。

"勇"就是要敢想、敢干、敢闯，敢于创新，敢于开拓，敢于承担责任，敢于说真话，敢于坚持原则，敢于实事求是。一言以蔽之，"勇"就是勇敢果断、徇义不惧、刚健不屈。中国传统文化蕴含的这种自强不息、英勇顽强的刚健精神，是中华民族饱经磨难、历久弥新、愈挫愈勇、愈挫愈奋的不竭动力。

当然，勇也要适度，要与谨慎、冷静为伴，不冲动、不莽撞，才能取得成就而减少不必要的损失，一时逞匹夫之勇，吃亏的往往是自己。这就需要靠平时的修养、历练。人生不如意事十之八九，经历挫折磨难是常有的事。但有了仁、智、勇三种素质，就经得起各种磨难的考验，生活得愉快和长寿。

　　咬住青山不放松，立根原在破岩中。

　　千磨万击还坚劲，任尔东西南北风。

这是清代著名画家郑板桥在《竹石》中写下的铿锵诗句。它告诉人们：无论遭遇什么样的艰难困苦、折磨击打，都要坚定顽强地扎根大地。越是困难，越要坚定，越要积极果敢。作者通过赞美竹石的这种精神，隐喻了自己风骨的强劲。其后常被用来形容革命者在斗争中的坚定立场和受到敌人打击决不动摇的品格。

正如作家亚米契斯所说：要坚强，要勇敢，不要让绝望和庸俗的忧愁压倒你，要保持伟大的灵魂在经受苦难时的豁达与平静。

在中国历史上，关羽是一位堪称"神勇"的历史人物。他的一生留下诸多精彩瞬间，无不闪耀着动人的人格魅力，其忠义神勇、大义凛然的威武形象也定格在中华民族的记忆深处。在《三国演义》中，罗贯中挥舞如椽妙笔，畅快淋漓地描绘出关羽义勇无敌、威震华夏的英雄画卷。例如，当关羽得知刘备下落后，随即挂印封金，作书辞曹。在千里寻兄

的路上，过五关斩六将，一气呵成，既展现了他勇者无惧的气魄，又刻画了他义无反顾的决心。鲁迅在《中国小说史略》中称赞《三国演义》对关公的描写"义勇之概，时时如见矣"。

2011年9月12日，中国邮政发行《关公》特种邮票，含小型张一枚。小型张图案为关公像，邮票画面描绘了手持大刀、昂首挺胸、威风凛凛的关公立像。边饰为山西解州关帝庙及悬挂于崇宁殿大殿明间的清乾隆帝手书"神勇"横匾。

《水浒传》中的武松也是古代一位英勇无比的人物，武松打虎的故事家喻户晓，老少皆知。1989年，邮电部发行第二套《水浒传》系列邮票，1套4枚。其中第一枚邮票图案就是武松打虎，其故事情节取自于第二十三回"横海郡柴进留宾，景阳冈武松打虎"。人称"武二郎"的武松身躯魁梧，相貌堂堂，秉性刚烈，武艺高强。票面图案表现了赤手空拳的武松在景阳冈上把一只活生生的恶虎打死的场面。

戚继光（1528—1588）也是中国历史上一位骁勇无比的将军。这位与俞大猷齐名，被称为"俞龙戚虎"的戚继光是明代著名抗倭将领、军事家，他从小就喜欢研究各种兵法，针对倭寇的特点，创设了一种新的战斗队形——鸳鸯阵，给予倭寇以毁灭性的打击。他编练的水军"戚家军"，纪律严明，素质优良，迅速成为抗倭主力。他在浙、闽、粤沿海诸地抗击来犯倭寇，历十余年，大小八十余战，终于扫平倭寇之患，被誉为"民族英雄"。

2008年7月19日，为纪念戚继光诞生480周年，中国邮政发行《古代名将——戚继光》纪念邮票，1套2枚。

《关公像》（小型张）

（2-1）练兵（2-2）大捷

其中，（2-1）《练兵》以"鸳鸯阵"战术队形为背景，前景为戚继光侧面向前，手持宝剑，神态自若，邮票右上方写有"纪效新书"4个字，反映出戚继光用兵如神的特征；（2-2）《大捷》描绘了戚继光指挥水军出战后，胜利归来时的盛大场面。

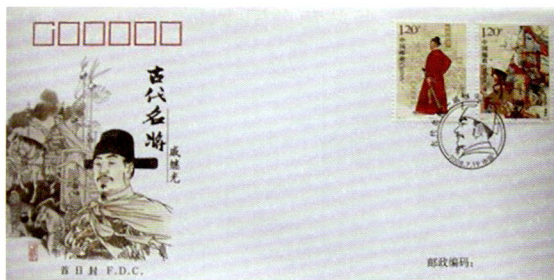

《古代名将——戚继光》（首日封）

戚继光（极限片）

国学书院

古代书院（三）

应天书院
嵩阳书院
岳麓书院
白鹿书院
石鼓书院
安定书院
鹅湖书院
东坡书院

应天书院

位于应天府（今河南商丘）的应天书院，因有范仲淹而闻名于世，是北宋最具影响力的书院之一，与河南登封嵩阳书院、湖南长沙岳麓书院、江西庐山白鹿洞书院并称"北宋四大书院"。

应天书院

应天书院又称"睢阳书院"，始建于五代后晋时期，前身是乐为教育的杨悫创办的私学。后其弟子戚同文继承师业，不仅自己成为一代经师，学校的规模也得以发展。学子们不远千里而至，"远近学者皆归之"。北宋初年开科取士，应天书院人才辈出，百余名学子在科举中及第的竟多达五六十人。

宋真宗时，因追念太祖自立为帝，应天顺时，于1006年将宋太祖赵匡胤发迹之处宋州改为应天府。戚同文去世后，商丘富户曹诚于宋大中祥符二年（1009年）出资在原址筑学舍150间，聚书1500余卷，广招生徒，盛况空前。书院因迅速发展，人才辈出，很快得到朝廷的嘉奖，赐匾额"应天府书院"，从此取得了官学地位。官府拨学田十顷，充作学校经费。

大中祥符七年（1014年），应天府升格为南京，成为宋朝的陪都，应天书院又称为"南京书院"。1017年，23岁的范仲淹慕名前来求学，苦学5年，考中进士，后成为北宋时期著名的政治家、文学家。宋天圣五年（1027年），知府晏殊聘范仲淹主管学府，他以育天下英才为己任，培养了大批人才，使

应天书院达到了鼎盛时期。这一年，应天书院的学生王尧臣、赵鲭分别高中状元和探花。后来范仲淹曾在《南京书院题名记》中记述了书院的沿革和办学经验，称"天下庠序，视此而兴"。《九朝编年备要》也记载："宋兴，天下州府有学始此。"

宋庆历三年（1043年），范仲淹参与庆历新政，应天书院（南京书院）改名并升格为"南京国子监"，成为中国古代书院中唯一一座升级为国子监的书院，与东京（今开封）、西京（今洛阳）的国子监并列为北宋最高学府。范仲淹提出"精贡举、择官长"等十项改革主张，对教育系统进行改革。书院率先行动，一改当时崇尚辞赋的浮浅学风，重经义、重时务、重实际。 元代赵孟頫在《义学记》中记载："宋初时天下有四大书院，应天书院为首。"

应天书院原址在县城南门外东侧，位于商丘旧城州之东。北宋书院多设于山林胜地，唯有应天书院设立于繁华闹市之中，因而不断遭受兵灾战乱之祸，历尽黄河水患灾害，虽几经修整，终难保全。明正德六年（1511年）归德府迁城，应天书院也迁往城内（中山东二街路北）。现仅存有大成殿、明伦堂、月牙池等建筑。原大成殿内立有孔子及其弟子的牌位，为祭孔之地；明伦堂为学堂，乃应试之地。这两座建筑均为歇山式建筑，现为县级文物保护单位。

应天书院历代人才辈出。尤其是随着晏殊、范仲淹等人的加入，应天书院逐渐发展成为北宋最具影响力的书院，曾经显盛一时。当年州人曹诚愿以学舍入官，宋真宗大为赞赏，并使端明殿学士盛度著文评记其事，前参政事陈尧佐题写匾额。

范仲淹执掌应天书院时，主张选拔人才要德才兼备，且首先要"从德"，而不能仅以科举仕进作为求学的最终目的。他不仅"日于府学之中，观书肄业，敦劝徒众，讲习艺文，不出户庭"；而且常宿学中，训督学者皆有法度，勤学恭谨，以身先之，在他提出的"为学之序"中，学、问、思、辨四者最后也是要落实到"行"上。后人在书院立有《宋范文正公讲院碑记》，回顾范仲淹的讲学生涯，以兹纪念。

在范仲淹主讲该书院的过程中，率先明确了具

有时代意义的匡扶"道统"的书院（学校）教育宗旨，并以此确立了培养"以天下为己任"的士大夫的新型人才培育模式，推动了宋初学术、书院学风朝经世致用方面的转变；后来又通过"庆历兴学"的若干措施，肯定、鼓励了这些成就，进一步推动了北宋书院的发展，明确了学术、大师在书院中的重要作用和历史地位。

曾先后主盟北宋文坛的戚同文、范仲淹、欧阳修、王安石、曾巩、毕士安、王洙等人，"宋初三先生"之中的孙复、石介二人，"双状元兄弟"宋庠、宋祁，"北宋五子"之一的张载等，皆出自应天书院。撇开论资排辈，单就开学术风气之先及荐拔人才而论，范仲淹的宋学开山地位也是当之无愧的。

1998年4月29日，中国邮政发行《古代书院》纪念邮票，1套4枚，其中第一枚为《应天书院》（参见题图）。邮票画面为其全景构图（系采用复原规划图进行设计），表现了应天书院的古朴沧桑。中国邮政还选择在商丘举办了《古代书院》邮票首发仪式。

《宋词之美——范仲淹》（纪念封）

嵩阳书院

位于河南登封嵩山南麓的嵩阳书院以"二程"（程颢、程颐）理学著称于世，是北宋"四大书院"之一。

嵩阳书院

嵩阳书院始建于北魏孝文帝太和八年（484年），为嵩山佛、道、儒三教荟萃之地。原为嵩阳寺，隋改为嵩阳观，唐改为奉天宫，五代后周改为太乙书院，宋仁宗景祐二年（1035年）赐额为"嵩阳书院"，成为传播儒家思想、培育英才的教育基地。

宋代巨儒程颢、程颐在嵩阳书院讲学十余年，创立了"二程理学"；名儒景冬曾就读于嵩阳书院，中进士后曾九任御史，从此嵩阳书院成为北宋影响最大的书院之一。司马光、范仲淹、杨时、李纲、朱熹等都曾在此著书讲学。据说《资治通鉴》第九卷至第二十一卷就是司马光在嵩阳书院及相邻的崇福宫完成的。

嵩阳书院建制古朴雅致，中轴线上的主要建筑有五进，廊庑俱全。明末书院毁于兵火。至清康熙十六年（1677年），书院重建，后又增建了书院别墅、藏书楼、讲堂、道统祠等，规模日渐宏大。因其独特的儒学教育建筑性质，嵩阳书院被称为研究中国古代书院建筑、教育制度和儒家文化的"标本"。耿介、汤斌等儒学大师又先后在此讲学，均以阐发程朱理学，继承孔孟道统为己任，以立志、存养、穷理、力行、虚心、有恒为教育原则，培养了不少文

人学士。

嵩阳书院在历史上曾是佛教、道教场所，但时间最长、最有名气的是作为儒教圣地。嵩阳书院古迹文物繁多，文化沉积丰厚，汉武帝游嵩岳时所封的"三将军柏"现存两株，高20余米，胸径5.4米，树龄古老，举世罕见。嵩阳书院门前，有一巨型石碑——圣德感应颂碑，全称是《大唐嵩阳观纪圣德感应之颂碑》，乃纪念嵩阳观道士孙太冲唐天宝三载（744年）为唐玄宗李隆基炼取仙丹、医病健身而立。碑高8米，宽2米，碑上的书法遒劲，文字雕刻精美，刚柔适度，系著名书法家徐浩之隶书，是河南省现存最大的碑刻，被称为我国书法宝库中的一颗明珠。2001年，嵩阳书院被国务院批准为国家重点文物保护单位。

书院内还有一幅明代登封县地图（石刻）。图上详细刻制着400多年前登封80多处名胜古迹的分布情况和山川河流、道路村落等，乃我国明代石刻县图中的珍品。

嵩山地区自古就是儒家学派活动的重要地区，书院众多，其中最显赫的为嵩阳书院。清高宗弘历于乾隆十五年（1750年）游嵩阳书院时曾赋诗以赞：

书院嵩高景最清，石幢犹记故宫名。
山色溪声留宿雨，菊香竹韵喜新晴。
初来岂得无言别，汉柏阴中句偶成。

1998年4月29日，中国邮政发行《古代书院》纪念邮票，1套4枚，其中第二枚为《嵩阳书院》（参见题图）。邮票画面为可窥其局部的敞开的大门，表现了嵩阳书院的隐秘幽深。

嵩阳书院经历代多次增建修补，书院内建筑布局保持着清代前的风格，南北长128米，东西宽78米，占地面积9984平方米。现存殿堂廊房500余间，由五进院落组成，院中有先贤祠、先师殿、三贤祠、丽泽堂、藏书楼、道统祠、博约斋、敬文斋、三益斋等建筑。首为先师祠，供奉与书院有关的先师先贤，其后为讲堂，讲堂后为道统祠，最后是藏书楼。两侧配房原为"程朱祠"、书舍、学斋等。院内廊房墙壁上镶嵌有历代文人墨客题字，其内容书法各具特色。西偏院有清代嵩阳书院教学、考场部分建筑。

建筑多为硬山滚脊灰筒瓦房，古朴大方，雅致不俗，与中原地区众多的红墙绿瓦、雕梁画栋的寺庙建筑截然不同，具有浓厚的地方建筑特色。

2010年8月1日，坐落在嵩山腹地及周围的历史建筑群，包括少林寺（常住院、初祖庵、塔林）、东汉三阙（太室阙、少室阙、启母阙）、中岳庙、嵩岳寺塔、会善寺、嵩阳书院、观星台被列为世界文化遗产。

嵩阳书院（极限片）

岳麓书院

位于湖南长沙岳麓山的岳麓书院，是北宋"四大书院"之一，也是著名的"朱张会讲"之地。自宋至今，历经千年，弦歌不绝，有"道南正脉""千年学府"之誉。

岳麓书院

岳麓书院始建于北宋初期。北宋开宝六年（973年），朱洞以尚书出任潭州太守，鉴于长沙岳麓山抱黄洞下环境幽静、寺庵林立，于是接受刘鳌的建议，创建了岳麓书院。初创时书院有"讲堂五间，斋舍五十二间"，讲堂是老师讲学问道的场所，斋堂则是学生平时自学兼住宿的场所。岳麓书院这种"中开讲堂，东西序列斋舍"的格局一直流传至今。

宋太宗咸平二年（999年），李允则任潭州太守。他一方面继续扩建书院的规模，增设了藏书楼、礼殿（又称"孔子堂"），并"塑先师十哲之像，画七十二贤"；另一方面积极取得朝廷对岳麓兴学的支持，以促进书院的更大发展。咸平四年（1001年）国子监首次赐书岳麓书院，其中有《释文》《义疏》《史记》《玉篇》《唐韵》等经书，使书院的藏书和规制更加完备。

宋真宗大中祥符五年（1012年），经学家周式担任书院山长主持岳麓书院后，书院得到迅速的发展，学生定额逾百人。宋天禧二年（1018年），宋真宗召见周式，并赐"岳麓书院"匾额及内府书籍，岳麓书院由此名闻天下。

到南宋的乾道年间，岳麓书院达到鼎盛时期。著名理学家张栻主持岳麓书院，以"造就人才，传道济民"为办学宗旨，反对科举利禄之学。在教学方面，他提出"循序渐进""博约相须""学思并进""知行互补""慎思审择"等原则；在学术研究方面，强调"传道""求仁""率性立命"。不仅培养出吴猎、赵方、游九言、陈琦等一批经世之才而且使书院成为湖湘学派的主要基地，而且湖湘学派多数学者都在岳麓书院学习过。

一时间，全国各地大批游学的士子纷纷前来书院研习理学，问难论辩，有的还"以不得卒业于湖湘为恨"。其间，宋代理学集大成者朱熹来到岳麓书院，与张栻会讲《中庸》之义，开启了闽学和湖湘学派的交流。朱熹还手书"忠、孝、廉、节"四个大字刻在书院前厅左右两壁，勉励岳麓士子，书院声名大震，成为全国闻名的传习理学的基地，时有"潇湘洙泗"之说。

南宋淳熙七年（1180年），张栻去世后，朱熹任湖南安抚使，对岳麓书院的办学和传播理学表现出极大的热忱，使岳麓书院再度兴盛起来。他还将《白鹿洞书院学规》颁于岳麓书院，以此规范和激励岳麓学子。

从元、明至清初，由于战乱，岳麓书院曾两度遭到焚毁，后来虽然得以重建和恢复，已不复旧观。清初全国书院被禁，后康熙帝为了表彰理学，放宽书院政策。清康熙二十六年（1687年），康熙帝为岳麓书院御书"学达性天"匾额，并向书院赠送了《十三经》《二十一史》《经书讲义》等一批国学经典；雍正十一年（1733年），岳麓书院被列为省城书院，藏书达万卷以上；乾隆九年（1744年），乾隆帝又为书院御书"道南正脉"匾额，使岳麓书院得以复兴。

复兴后的岳麓书院，除了对斋舍屡加扩建外，其书院性质也由民办而逐渐演化为官办。随着乾嘉考据学的兴起，岳麓书院多由从事诂经考史的汉学家主持，学习的内容也由理学转向经史考证，特别是在王文清主院期间，更以群经教授诸子。此后罗典任山长，"唯以治经论文，启诱后进"。道光年间巡抚吴荣光在岳麓书院增设"湘水校经堂"，专以研习汉学为主。岳麓书院的最后一任山长是清末湖南著名经学家王先谦。

清代岳麓书院集聚了一代博学多才、德高望重的硕学名师，培养出王夫之、陶澍、魏源、左宗棠、胡林翼、曾国藩、郭嵩涛、李元度、唐才常、沈荩、杨昌济等著名的湖湘学者。清光绪二十九年（1903年），在新政之议的呼声中，由湖南巡抚赵尔巽主持，将延续了近千年的岳麓书院正式改为湖南高等学堂。尔后相继改为湖南高等师范学校、湖南工业专门学校，1926年正式定名为湖南大学至今。

岳麓书院自创立伊始，即以其办学和传播学术文化而闻名于世。岳麓书院占地面积2.1万平方米，现存建筑大部分为明清遗物，主体建筑有头门、二门、讲堂、半学斋、教学斋、百泉轩、御书楼、湘水校经堂、文庙等，分为讲学、藏书、供祀三大部分，各部分互相连接，合为整体，完整地展现了中国古代建筑气势恢宏的壮阔景象。1988年1月，岳麓书院被列为国家重点文物保护单位。

千余年来，岳麓书院学脉绵延，弦歌不绝。书院不仅"规模壮阔，丹艧炳焕，书声琅琅彻院外"，而且出现"甚林三百众，书院一千徒"的壮观景象，足见其鼎盛时期规模之宏大，地位之显赫。虽然历经宋、元、明、清等朝代的变迁，岳麓书院始终保持着文化教育的连续性。钟灵毓秀的岳麓山下，这座屋宇宏大、式样典雅的古建筑，门柱、匾额上剥落而显得有些模糊的字迹，都足以说明它所经历的漫长岁月。

如今，岳麓书院已成为湖南大学的一部分。整修后的书院红柱白墙，保留着古朴原始的样貌，从中透视出历史的真实感。大门上"惟楚有才，于斯为盛"的对联，是当年楚文化高度发达的真实写照。书院传承至今，不仅使湖南大学拥有深厚的文化底蕴，而且以"千年学府"的美名饮誉海内外。

1998年4月，中国邮政发行《古代书院》（第一组）纪念邮票，其中第三枚为《岳麓书院》（参见题图）。邮票图案以岳麓书院的古建筑为背景，画面上翠竹掩映的大门表现出岳麓书院的秀美和幽静。遥想当年，著名理学家张栻、朱熹曾为岳麓书院的发展付出了许多心血，人们对这座声名显赫的书院不禁更加充满了崇敬之情。

岳麓书院（极限片）

白鹿书院

位于江西九江庐山五老峰东南的白鹿书院是北宋"四大书院"之一，也是中国古代书院的样板，有"庐山国学"之誉。

白鹿书院

白鹿书院又称白鹿洞书院，初创于唐贞元元年（785年）。其时洛阳人李渤、李涉兄弟在此地隐居读书，李渤养白鹿以自娱，人称"白鹿先生"，后于其地建台榭，号为"白鹿洞"。唐朝末年兵荒马乱，各处学校毁坏，不少读书人到庐山隐居、避难，也常到白鹿洞研讨学问，交流心得，如颜真卿之孙颜翠就曾率弟子30余人到洞中读经。南唐昇元年间，利用这里优美的自然环境建学馆、置学田，称"庐山国学"。国子监九经李善道被任命为白鹿洞洞主，掌管教育和学习。这就是白鹿洞办学之始，比濂溪书院早了30多年，成为庐山第一所书院。

北宋初年，各地设置书院，庐山国学乃改称白鹿洞书院，从此规模逐步扩大，学生常达数十百人，逐渐成为全国"四大书院"之一。南宋淳熙六年（1179年），朱熹知南康军时，主持修复白鹿洞书院事宜。他为书院置田建屋，充实图书，确定办学方向，订立书院制度，延请名师，并亲自教导生徒，质疑问难。在教学上，以学生自己读书、感悟为主，书院以讲会、文会、师会等多种形式开展教学活动。朱子以勿事科举勉励学生，希望他们专心求学，莫问世事，莫羡荣华。他拟订的《白鹿洞书院学规》，

不仅成为后世书院和各种地方学校所共同遵循的制度，而且影响了整个封建教育的发展。

一时学者云集，南宋教育家陆九渊曾在这里讲过学，并留有《白鹿洞书堂讲义》；南宋史学家、教育家吕祖谦曾撰写《白鹿洞书院记》，记述了该书院创建的始末；明代思想家、教育家王阳明亦曾在这里讲学，并留有文字。清咸丰初年书院毁于兵火，至同治年间重建。清末改为江西林业学堂。民国初年，康有为曾为书院题额。

书院殿阁巍峨，亭榭错落，院内现有圣殿、御书阁、彝化堂等；院外有独对亭、枕流桥、华盖松、钓台等；后山洞中有石鹿。还有存碑百余块，其中有"紫阳手植丹桂"碑石（紫阳即朱熹）。此外，书院学规为朱熹手刻；《白鹿洞歌》为紫霞道人于明万历九年（1581年）所作。

白鹿书院背靠庐山后屏山，西抱左翼山，南拥卓尔山，苍松翠竹，郁郁葱葱。一股清泉从凌云峰而来，在左翼山与卓尔山交会处汇成贯逍溪。溪水由西向东，迂回流至白鹿洞前，穿过东面的峡口，注入鄱阳湖中。环境十分优美。

新中国成立后，白鹿书院逐步得到修整，并建立了文管所。1988年，白鹿书院被列为全国重点文

白鹿书院（极限片）

物保护单位。全院占地面积达3000亩，建筑面积约3800平方米，形成了以礼对殿为中心，由明伦堂、文会堂、御书阁、朱子阁、思贤台、状元桥、门楼、牌坊、碑郡等众多殿堂组成的古建筑群，与周围的山川环境融为一体。

1998年4月，中国邮政发行《古代书院》纪念邮票，其中第四枚为《白鹿书院》（参见题图）。邮票图案为书院雄伟厚重的大门，表现了白鹿书院的辉煌兴盛。

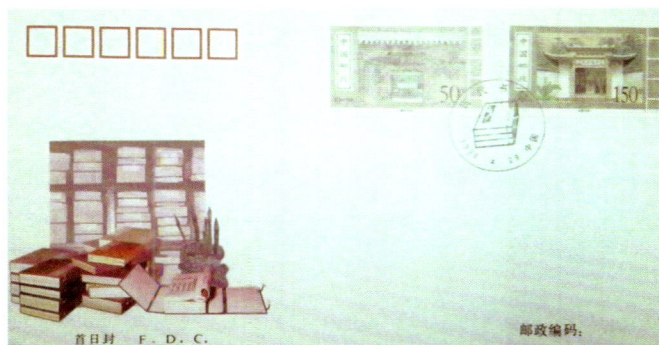

白鹿书院（首日封）

石鼓书院

位于湖南省衡阳市石鼓蒸水和湘江汇合处的石鼓书院，是宋代著名书院之一，也是中国古代最早的书院之一，被称为"湖湘文化发源地"和"湖南第一胜地"。

石鼓书院

石鼓书院始建于唐元和五年（810年），其时衡州名士李宽步李泌后尘奔南岳而来，见石鼓山林木葱郁，湘江、蒸水、耒水三江环绕，遂在石鼓山寻真观旁结庐读书，始称"读书堂"，后改称书院。宋太平兴国二年（977年），宋太宗赵光义御赐书院名为"石鼓书院"。

宋至道三年（997年），邑人李士真拓展其院，作为衡州学者讲学之所，并开始招收生徒。宋景祐二年（1035年），朝廷赐额"石鼓书院"，遂与应天书院、白鹿书院、岳麓书院并称"全国四大书院"。到南宋孝宗时，因旧址复院扩建，规模益增。

宋淳熙十四年（1187年），理学大师朱熹、张栻在此讲学。朱熹作《石鼓书院记》，记载书院发展始末，倡导以义理之学授徒，书院教学要重践履、穷理而笃行等理念；张栻在亭中立碑，亲书韩愈《合江亭》诗和《石鼓书院记》。后人将此镌制成石碑，置于石鼓书院内，名曰"三绝碑"，成为研究宋代书院的重要文献。

明清时石鼓书院不断扩大。明永乐十一年（1413年），衡州知府史中重修书院，设礼殿祭祀孔子，乾张祠祭祀韩愈、张栻。天顺、弘治年间均有修葺。明正德四年（1509年），叶钊为山长，讲圣贤身心之学、道德之首，剖晰异议、阐发幽微，"时学者翕然云从"。教育家兼书法家湛若水至书院讲论"体认"之学，王阳明的传人邹守益也来书院大倡"良知"之说。

明嘉靖二十八年（1549年），衡州知府蔡汝楠以书院为朱熹、张栻、湛若水、邹守益"过化之地"，乃重整书院，订立规约，以"学文敦行，辨声慎习，等伦常，识仁体"训士，刊《说经札记》《衡湘问辨》《太极问答》等；又请赵大洲、皮鹿门等"海内名公"到书院讲学，诸士环听，"宛然一邹鲁洙泗之风也"。著名地理学家徐霞客（弘祖）在《徐霞客游记》中也详细描述了石鼓的景色；青年时代的王船山更是多次写诗作词颂扬石鼓书院。明朝末年，书院再次毁于兵火。

清顺治十四年（1657年），偏沅巡抚袁廓宇上奏清廷，申请重建石鼓书院，衡阳县知县余天溥具体负责修复工程，石鼓书院遂成为清政府允许恢复的第一所书院。这一时期，书院科举化，石鼓书院成为传授举业、培养科举人才的基地。清康熙七年（1668年），衡州知府张奇勋扩建号舍20余间，"拔衡士之隽者肄业其中……每月试之，士风最盛"。康熙二十八年（1689年），知府崔鸣捐俸"增其所未备"，使七贤祠、仰高、大观二楼，以及敬业堂、留待轩、浩然台、合江亭、东西斋房等"焕然巨观"。山长多一时之选，如陈士雅、余廷松、林学易皆湖南名士，所授则多为科举之业。

清咸丰三年（1853年）九月至咸丰四年（1854年）正月，曾国藩、彭玉麟在衡州创建湘军水师，官兵驻扎石鼓，在石鼓书院附近的水面操练船舰，成为中国近代海军的摇篮。清光绪二十八年（1902年），石鼓书院改为衡阳官立中学堂，两年后又改为湖南南路师范学堂。民国时期，校名几经变更，校园也被迁移至金鳌山，石鼓书院则变成供人游览、祈祀的风景名胜区。

石鼓书院创办至今已有约1200年的历史。自创建以来，韩愈、周敦颐、朱熹、文天祥、徐霞客、王夫之等学者名流接踵至此，或讲学授徒，或赋诗作记，或题壁刻碑，或寻幽览胜，其状蔚为壮观。书院培养了众多的匡时济世之才，其中不乏国家栋梁、社会贤达，如与曾国藩、左宗棠、胡林翼并称"同治中兴"四大名臣，湘军水师的创建者彭玉麟也曾于该院修业。

石鼓书院三面环水、四面凭虚，地理位置独特，风光秀丽绝美，亭台楼阁，飞檐翘角，绿树成荫，江面帆影涟涟，渔歌唱晚，自古有"石鼓江山锦绣华"之美誉。书院屡经扩建修葺，面积达4000平方米，院内立有高约2米的石鼓。晋庚仲初《观石鼓书》云："鸣石含潜响，雷骇震九天。"北魏郦道元《水经注》记载："具有石鼓高六尺，湘水所经，鼓鸣则有兵革之事。"石鼓山峻峭挺拔，风景奇异，历夹有湖南第一名胜之称。后人有诗曰：

山形如鼓峙江边，旧有朱陵洞口仙。

胜地蒸湘山水合，真儒唐宋七贤传。

被称为石鼓书院"七贤"的就是李宽、韩愈、李士真、周敦颐、朱熹、张栻、黄干等七位声名显赫的学者。

1944年7月，石鼓书院在衡阳保卫战中毁于日军炮火。2006年4月，衡阳市决定重修石鼓书院。重修工程分为两个部分：一是石鼓山上的仿古建筑群，主要有唐宋时的大观楼、合江亭、武侯祠、李忠节公祠、书舍、石鼓书院山门；二是石鼓山下的桥亭和广场等附属建筑、禹碑亭、石拱桥、石鼓碑廊等。

石鼓书院的历史贯穿了中国古代书院发端、发展、鼎盛直至顺应时势改制的整个过程，在中国书院史、教育史、文化史上享有很高的地位。

如今，石鼓书院已成为集讲学问道、觅石探幽、游览休闲于一体的文化旅游胜地。作为中国书院的缩影，阅读石鼓书院的千年发展史，人们可以追寻中国书院的千年发展轨迹及其内在规律。

石鼓书院（极限片）

安定书院

位于江苏省泰州的安定书院是北宋著名书院之一，也是江苏省最古老的书院之一，因北宋理学先驱胡瑗（胡安定）曾在此讲学而闻名于世。

安定书院

安定书院创建于南宋宝庆二年（1226年），称胡公书院、安定讲堂，由泰州知州陈垓在北宋教育家胡瑗讲学旧址创建。

胡瑗（993—1059），北宋泰州人，字翼之，世称安定先生，是宋代义理易学的先驱和理学"安定学派"的创始人，被称为"宋初三先生"之一。青年时期曾与孙复、石介等人到山东泰山栖真观求学深造，十年后回到家乡，却七次应考不中。四十岁时放弃科举意念，返回泰州城，在华佗庙旁经武祠办起了一所私塾，讲学传道。宋景祐元年（1034年）应范仲淹之邀担任苏州郡学首任教习，设学讲授儒家经术。宋庆历二年（1042年），应滕子京邀请执掌湖州府学，以致"四方之士云集受业"。其间提出了"致天下之治者在人才，成天下之才者在教化，教化之所本者在学校"的至理名言，并创立了卓有成效的"湖学"。宋皇祐二年（1052年）起，被授为光禄寺丞、国子监直讲，主持太学讲坛；后又升任大理寺丞、太子中允、天章阁侍讲，成为当朝太子和众

多学者的导师，深得朝中上下的敬重，视他为一代宗师。一生著述丰富，现存《周易口义》十二卷、《洪范口义》二卷、《皇祐新乐图记》三卷以及清人编辑的《安定先生言行录》二卷等。

胡瑗在生前几十年的教学实践中，集教学理论、实践和改革于一身，开创了宋代理学先河，被范仲淹遵为"孔孟衣钵，苏湖领袖"。陈垓到泰州任职时，为了纪念这位理学前辈，就在其讲学旧址上建起了安定书院。"选收生徒二十人肄业，聘博学者讲学，定期会讲。每逢会讲期，知州亲临讲堂，主持讲学行礼仪式。"

明嘉靖初年，巡盐御史雷应龙（1484—1527）将泰山南麓的玉女祠改为书院，并增设经义、治事两座讲堂，从而恢复了讲学活动。泰州学派创始人王艮，曾应知州王臣（嘉靖六年知泰州）之请，主持书院教事，亲自讲说《安定集讲说》及"明哲保身论"。嘉靖十三年（1534年），王艮再度莅临书院讲学。

嘉靖十七年（1538年），巡按直隶监察御史杨瞻来泰州时拜谒了胡瑗讲学故址，并题写了七律《谒安定祠》："再拜瞻遗像，荒祠古树阴。苏湖体学用，朝野圣贤心。随铸匡时器，分方振铎音。至今薄海内，在在重儒林。"后又专门在书院立《宋安定胡先生讲学故址碑》及"安定祠"匾额。嘉靖四十四年（1565年），督学耿定向在东讲堂祭祀胡瑗，在西讲堂祀王艮。后王艮次子王襞曾负责祠屋整修，王艮族弟王栋曾主持书院教事。

清道光元年（1821年），知州赵钺重修书院，"建牌坊二座，二门一进"，修祠时，在祠屋前砌围墙，安定祠从此在书院中自成院落。书院、祠屋共有房舍54间。

明清时书院曾屡次重修、兴废，也曾多次改名。明万历四十四年（1616年），兵备副使张云鹗捐款修建书院后，改名为"泰山书院"，邑人陈应芳撰《重修泰山书院记》；明末战乱，书院、祠屋荒废。

清康熙年间，安定书院曾先后两次重修。清乾隆五年（1740年），知州段元文又将书院改名为"胡公书院"。清嘉庆二年（1797年），两淮盐运使曾燠

（1759—1831）应安定书院院长蒲忭之请，倡捐数千金重修书院，"建东西斋舍各两进，计十六间，另书舍一进、亭子一座，四周又加筑围墙，院内广植花木"，安定书院由此面貌一新。

清咸丰年间，太平军占领南京，安定书院停课，房舍荒废。清光绪五年（1879年），书院再次大修。到清末革废科举，书院完全停办。光绪二十八年（1902年），泰州知州侯绍瀛与乡绅陈文铎在安定书院旧址兴办新式学堂，对书院建筑进行了大规模的改造建设，使书院的文脉不断，后经多次演变，成为今天的江苏省泰州中学。

安定书院（极限片）

《泰州志》对清代安定书院的状态有详尽记录：书院教育模仿徽州紫阳书院、杭州万松书院，设院长、监院、斋长等，建有规章制度，除咸丰年间之外，教学基本没有中断。教学分内课、外课、附课三等，每月按等给以膏火费。书院经费主要来自捐置的租田，道光年间有田554亩，光绪年间有1000多亩，两淮盐运司库与州库也有一定补贴。

安定书院历经宋、元、明、清四代，屡经兴废，名称也几经变更。书院建筑原本气势壮观，如今仅存安定书院的东执事厅与客厅，回廊相连，四角飞翘，形似蝴蝶，故又被称为"蝴蝶厅"。书院西侧有一株树龄960多年的古银杏，传为胡瑗手植，至今枝繁叶茂，被列为江苏省城市古树名木保护"一号树"。

泰州诸多遗存中，安定书院最为厚重，最有智性，也最具怀古追圣的震撼力，可谓高远而博大，精深而亲切，古老而鲜活。著名书画大师范曾为安定书院题赠七言绝句一首：

海陵一树越千年，银杏不凋拂昊天。
安定胡瑗宣教化，神州太学注清泉。

历经近千年的沧桑岁月，安定书院依然斯文秀气，一幢幢古色古香的建筑掩映在绿枕丛中。步入其中，中国园林特色的移步为景之美，以及书院内的图片或实物所透显的内涵之深，使它更显得博大精深。1987年、2009年书院曾两次重修，2010年被列为泰州市文物保护单位。

2009年11月15日，《古代书院（二）》特种邮票首发仪式在泰安一中老校区隆重举行。这套特种邮票共4枚，由书画大师范曾亲手设计，其中一枚以安定书院为背景（参见题图），安定书院因此正式登上"国家名片"的大雅之堂。

鹅湖书院

位于江西省上饶市铅山县鹅湖山北麓的鹅湖书院，是宋代著名书院之一，也是"千古一辩"的发生地，与吉安白鹭洲书院、庐山白鹿书院、南昌豫章书院齐名，并称"江西四大书院"。

鹅湖书院

鹅湖书院前身是鹅湖寺，原为宋初名僧智孚于鹅湖山麓驿道旁所建之仁寿寺，俗称鹅湖寺。南宋时期，儒家学者风行讲学，书院发达。南宋淳熙二年（1175年），朱熹、吕祖谦、陆九龄、陆九渊四位名儒在此聚会讲学，就"教人之法"相互激辩，各持己见，听讲者逾百人，这就是中国儒学史上著名的"鹅湖之会"。

淳熙十五年（1188年），理学后人为纪念"鹅湖之会"，在寺院西面立祠以祀四贤，成为"四贤祠"，并在此聚徒讲学。这一年冬天，辛弃疾、陈亮步"朱陆"后尘，在鹅湖同憩，长歌相答，辩论世事，留下了多篇辞章，成为南宋词坛盛事。淳祐十年（1250年），朝廷命名为"文宗书院"。宋末毁于战火，元初及明弘治年间曾两度迁徙。

明景泰四年（1453年）经重建扩建，正式定名为"鹅湖书院"。明正德六年（1511年）重修，此后院址再无变更。清康熙五十六年（1717年），整修和扩建工程规模最大，书院的规模也得到进一步扩大，康熙帝还亲自为御书楼题字作对，门额题为"穷理居敬"，赐联"章岩月朗中天镜，石井波分太极泉"。

清光绪后废科举，兴学堂，书院先后改为鹅湖师范学堂、信鹅中学等。1949年后，上饶卫生学校、江西省地质专科学校等也相继在此办学。

现存书院建筑群为明清遗构，坐南朝北，分布在鹅湖山北麓的渐升台地上。主要建筑沿中轴线自北向南依次为照墙、头门、石牌坊、泮池、仪门、前讲堂、四贤祠、御书楼等，此外有东西碑亭、碑廊、东西士子号舍、书院古驿道等。

书院门前有古旧的石牌坊，上题"斯文宗主"四个褪色的汉字，走过牌坊后的状元桥，便是徽派特色的院落。院子五进五出，两边有厢房教室，整体布局对称工整，一派儒家士子的严谨风范。

走进占地面积约8000平方米的书院，只见满目苍翠，庭院宁静而清幽，亭阁、荷池、小桥和散落着午后阳光的草坪，无不散发着温和且淡雅的书卷气息。院落中斑驳的砖墙，覆满厚苔的地砖，以及寂静的氛围，一股沧桑的历史厚重感迎面扑来。

书院前面有石山作屏，山巅巨石覆盖，石尖耸立，千姿万态，突兀峥嵘。左右两侧山势合抱，重峰叠峦，苍翠欲滴。其左侧山顶还有飞瀑倾泻而下。书院所在的山谷小平川，更是古木参天，曲径流泉，幽静无比。

朱、陆的鹅湖会讲，辛弃疾、陈亮的鹅湖之遇，让书院文化声名鹊起。古往今来，吸引了许多文人墨客前来寻踪探胜。除了宋代的陆游、辛弃疾，明代的杨廷麟、清代的蒋土铨等也都曾有鹅湖之行，并留下了他们的文辞和诗篇。

书院四周有山有溪，环境幽雅。鹅湖书院建筑群的规模颇似孔庙，面积则比鹅湖寺大得多。最让人印象深刻的是那些散发着历史气息的牌匾，如西大门的"鹅湖书院"牌匾和"圣域贤关"匾额，东大门的"仁山知水"匾额，四贤祠题写的"顿渐同归"匾额，以及书院前排建筑中所悬"道学之宗"御匾和石牌坊正面额匾"斯文宗主"、背面额匾"继往开来"，无不令人肃然起敬，仰之弥高。

仪门东、西配屋之北的两座碑亭，各在泮池两侧，外观相同，单檐歇山顶，三开间，四金柱。然而柱形不同：东亭柱方形讹角，西亭柱圆形，或许是暗示"朱陆异同"。

鹅湖书院（极限片）

遥想宋淳熙二年（1175年）五月，吕祖谦与朱熹在闽编成《近思录》后归浙，朱熹亲自送行。抵信州铅山鹅湖寺时，吕祖谦为了调和朱熹理学与陆九渊心学之间的理论分歧，出面邀请陆九龄、陆九渊兄弟到鹅湖与朱熹会面。六月初，陆氏兄弟依约来到鹅湖寺，与朱熹展开了一场激烈的辩论。

"为学之方"成为辩论的中心议题，朱熹强调通过对外物的考察来启发人的内心潜在良知；陆氏兄弟则认为读书不是成为至贤的必由之路，反对多做读书穷理之工夫，而主张"先发明人本心"。正如陆九渊门人朱亨道所记载的："元晦之意，欲令人泛观博览而

后归之约；二陆之意欲先发明人之本心，而后使之博览。"双方各执己见，互不相让。主持辩论的吕祖谦在会上没有明确表态，只是虚心相听。会后他对朱熹和陆九渊评价说："元晦英迈刚明，而工夫就实入细，殊未可量。子静亦坚实有力，但欠开阔。"从中也可看出，其内心还是倾向于朱熹的"教人之法"，而认为二陆的主张过于疏阔，所谓"欠开阔"正是他对陆九渊认识论流于空疏的一种婉转批评。

"鹅湖之会"首开书院会讲之先河，在中国思想史上写下了精彩的一页。陆氏兄弟讲"万物皆备于我"，认为只有认识"本心"，方是木有根，水有源，因此要从自己身上下功夫；朱熹认为"立身以立学为先，立学以读书为本"，因此只有多读书，才能"穷理"，才能"存天理，灭人欲"。

那个时代，思想领域可谓是"百花齐放"，仅在儒学内部，就有理学、心学、婺学、湖湘学、永嘉学等各派学说争奇斗艳，鹅湖书院也因此为自己树立起了一座丰碑。

"少年易学老难成，一寸光阴不可轻。"历经数百年沧桑的鹅湖书院，风貌依旧，格局完整，原貌留存，殊为难得。2006年5月25日，鹅湖书院作为明清古建筑，被国务院批准列入第六批全国重点文物保护单位。

2009年，中国邮政发行《古代书院（二）》邮票，其中第三枚为《鹅湖书院》（参见题图）。邮票图案以国画的形式，呈现出古色古香、儒雅秀美的大气格调。票面上，宋代的文人大家朱熹、陆九渊等神态、动作各异，以白描手法跃然邮票之上，与鹅湖书院的古朴建筑相得益彰、交相辉映，书院的人文气息彰显无遗，可谓"岁月沉书迹，儒风亦悠悠"。

东坡书院

位于海南省儋州市中和镇的东坡书院，是北宋著名书院之一，也是海南人文历史领域的一颗璀璨明珠，被列为"海南十大名胜"之一。

东坡书院

东坡书院始建于北宋，是为纪念北宋大文豪、从京城贬谪至海南的苏东坡而建的。苏轼（1037—1101），字子瞻，号东坡居士，四川眉州（今四川眉山）人，北宋著名文学家、书法家、画家。出身书香门第，父亲苏洵是古文名家，《三字经》里提到的"二十七，始发奋"的"苏老泉"，即是苏洵，后来与苏轼、苏辙均被列入"唐宋八大家"。

幼时苏轼在父母教育下刻苦读书，砥砺名节。宋嘉祐元年（1056年）随父亲、弟弟出川赴京参加科考，嘉祐二年（1057年）进士及第，嘉祐六年（1061年）应中制科考试（即三年京察，宋代最高等），入第三等，为"百年第一"。入仕后奋厉有为，宋神宗时曾在凤翔、杭州、密州、徐州、湖州等地任职，勤于政事，革新除弊，因法便民，灭蝗救灾，抗洪筑堤，政绩卓著。

他为人坦荡，讲究风节，有志于改革朝政且勇于进言。由于注重政策的实际效果，他在王安石厉行新法时持反对态度，当司马光废除新法时又持不同意见，结果多次受到排斥打击。宋元丰三年（1080年），因"乌台诗案"被贬为黄州团练副使。到任后，他心情郁闷，曾多次到黄州城外的赤壁山游览，并写下了《赤壁赋》《后赤壁赋》《念奴娇·赤壁怀古》等名作，以此来寄托他谪居时的思想感情。宋哲宗即位后，曾任翰林学士、侍读学士、礼部尚书等职，并出知杭州、颍州、扬州、定州等地。

他一如既往地为民办实事，到杭州第二年，即率众疏浚西湖。动用民工二十余万，开除葑田，恢复旧观，在湖水最深处建立三塔（今三潭印月）作为标志，并把挖出的淤泥集中起来，筑成一条纵贯西湖的长堤，堤有六桥相接，以便行人，后人名之曰"苏公堤"，简称"苏堤"。

晚年因新党执政被贬惠州、儋州。在惠州时，他把皇帝赏赐的黄金拿出来，捐助疏浚西湖，并修了一条长堤。当地"父老喜云集，箪壶无空携"，人们欢庆不已。到海南岛儋州时他年已六十二岁（宋绍圣四年，1097年），他把徼边荒凉之地的儋州当成自己的第二故乡，在这里办学堂，介学风，以致许多人不远千里追至儋州，从苏轼学。在宋代一百多年里，海南从没有人进士及第。而在他北归不久，弟子姜唐佐就举乡贡，为此他题诗赞曰："沧海何曾断地脉，珠崖从此破天荒。"海南的民众也因此一直把苏轼看作儋州文化的开拓者、播种人，对他怀有深深的崇敬。在儋州流传下来的东坡村、东坡井、东坡田、东坡路、东坡桥、东坡帽等，甚至还有"东坡话"，表达了人们的缅怀之情。

宋徽宗时他获大赦北还，复任朝奉郎。北归途中于常州病逝，享年六十五岁。宋高宗时追赠太师，谥号"文忠"。

虽然苏轼一生仕途坎坷，晚年更被一贬再贬，到荒远的海南担任琼州别驾，食芋饮水，与黎族人民一起过着艰苦的生活。但他对苦难并非麻木不仁，对加诸其身的命运也不是逆来顺受，而是以一种全新的人生态度来对待接踵而至的不幸。他先住在儋州官舍里，后被上司逐出，只好在桄榔林里盖了几间茅屋居住，命名为桄榔庵。由于他与当地人结下深厚感情，儋州州守张中和黎子云兄弟共同集资，

东坡书院（极限片）

在黎子云住宅边建了一座房屋，既可做苏东坡父子栖身之处，也可作为以文会友的地方。苏东坡根据《汉书·扬雄传》中"载酒问字"的典故，为房屋取名为"载酒堂"。

此后，苏东坡便在载酒堂里会见亲朋好友，并给汉黎各族学子讲学授业，传播中原文化。他把海南当作自己的第二故乡，在《吾谪海南》一诗中写道："他年谁作舆地志，海南万里真吾乡。"这种乐观旷达的核心是坚毅的人生信念和不向厄运屈服的斗争精神，所以他在逆境中照样能保持浓郁的生活情趣和旺盛的创作活力，写下的诗作也依然是笔势飞腾，辞采壮丽，并无衰疲颓唐之病。

参横斗转欲三更，苦雨终风也解晴。
云散月明谁点缀？天容海色本澄清。
空余鲁叟乘桴意，粗识轩辕奏乐声。
九死南荒吾不恨，兹游奇绝冠平生！

这是苏轼从儋州遇赦北归时所作，流露出战胜黑暗的自豪心情和宠辱不惊的阔怀，气势雄放。《琼台纪实史》也记载："宋苏文忠公之谪居儋耳，讲学明道，教化日兴，琼州人文之盛，实自公启之。"

明嘉靖二十七年（1548年），载酒堂被作为专门讲学场所，改称"东坡书院"。海南名贤王佐在《重建载酒堂记》中赞誉："斯堂一区，阔不盈亩，而可以该夫半部《宋史》也。"明清两代，东坡书院作为儋州最高学府，为海南培养了不少人才。虽书院旧址已经历了九百年的风雨侵蚀，但当地人民出于对苏东坡的怀念仰慕之情，几番修建、扩建，现在东坡书院已完全恢复了当年风貌，成为海南重要的人文胜迹之一和颇具规模的旅游景点。

东坡书院占地面积约25000平方米，坐北朝南，大门轩昂宏阔，古雅别致。门上横书"东坡书院"四字，为清代举人张绩所题。院里古林幽茂，群芳竞秀。载酒亭、载酒堂等建筑古色古香。

书院大殿在载酒堂后面，两者相隔一庭院，左右两侧是廊舍，与载酒堂相边，形成一个四合院。庭院中有一棵上百年的杜果树，叶茂荫浓，使整个庭院显得幽静肃穆。东坡讲学的彩雕陈列大殿正中，苏东坡、黎子云等人物形象栩栩如生。馆前东坡笠屐铜像矗立在姹紫嫣红的鲜花丛中。

与载酒堂相邻的载酒亭，为重檐歇山顶结构，上下两层，上层四角，下层八角，各角相错，角角翘起呈欲飞之势。亭的东西两侧是莲花池，亭、池相依，倒影成趣。

书院碑刻琳琅满目，楹联比比皆是。许多碑刻、楹联翔实地记下了载酒堂的兴衰和名人登堂的胸臆，其中郭沫若、田汉和邓拓等的诗碑尤其引人注目。"冒雨来寻载酒堂，东坡佳句满高墙"，"诗魂更是掀须笑，十丈红花簇凤凰"，田汉的诗句既赞美了东坡书院的胜概，也表达了游览者的情怀。1996年，东坡书院被评为国家级重点文物保护单位。

2009年，中国邮政发行《古代书院（二）》邮票，其中第四枚为《东坡书院》（参见题图），向人们显示了海南悠久的历史文化底蕴。

邮说国学

哺育中华三千年

邮说國学

文学巨匠

民間疾苦笔底波瀾
世上疮痍詩中圣哲
杜甫誕生一二五〇周年
中国人民邮政　8分
62 93.2 - 2　(306)1962

屈原	欧阳修
贾谊	苏轼
司马相如	李清照
班固	陆游
扬雄	辛弃疾
曹植	关汉卿
陶渊明	汤显祖
李白	冯梦龙
杜甫	蒲松龄
白居易	洪昇
韩愈	孔尚任
柳宗元	曹雪芹

屈 原

屈原是战国时期楚国的诗人、政治家，也是楚辞的创立者和代表作者，被称为中国历史上第一位伟大的爱国诗人和中国浪漫主义文学的奠基人，有"中华诗祖""辞赋之祖"之誉。

屈原

屈原（约前339—约前278），芈姓，屈氏，名平，字原，又字灵均，出身于楚国贵族，也是楚国重要的政治家。他博闻强记，明于治乱，擅长外交辞令。初任楚怀王左徒、三闾大夫，兼管内政外交大事。因对内主张变法和彰明法度，举贤授能，对外力主联齐抗秦，颇得怀王信任。"入则与王图议国事，以出号令；出则接遇宾客，应对诸侯"，直接参与楚国内政外交等重大问题的决策。后来遭贵族排挤毁谤，怀王轻信靳尚对屈原居功自傲、藐视君王的诬告，"怒而疏屈平"。不久，又将他流放到江北。

秦王为削弱六国合纵联盟，趁屈原被疏之机，离间楚国与齐国的关系。约前313年，秦派张仪使楚，佯装许以"商於"六百里之地，诱怀王绝齐亲秦。怀王贪得土地而与齐国绝交后，秦国却变卦不给土地。怀王怒而发兵攻秦，结果遭到惨败。此时，楚国已日趋衰落。"怀王悔不用屈原之策，以至于此，于是复起用屈原"，并派屈原使齐，希望再度联齐抗秦。

没想到，屈原使齐未归时，张仪二次使楚，并贿赂靳尚，进行阴谋活动。昏庸的怀王在权奸的诱骗之下，竟将楚女嫁给秦昭王，认敌为亲，放弃抗秦。屈原使齐的努力全部付之东流。

屈原（极限片）

前299年，怀王稚子子兰等怂恿怀王至秦与昭王相会，屈原力阻无效。怀王入武关后，秦趁机要挟割地，怀王不从，被扣在秦国，三年后去世。怀王的死对屈原是一次沉重打击，毁灭了他依靠怀王整治国家的理想，对劝怀王入秦的子兰等人也更加愤恨。

前298年，楚襄王即位，以弟子兰为令尹，后又娶秦王女，媚敌忘仇。在子兰及靳尚等人谮毁之下，楚襄王"怒而迁之"，将屈原放逐到湖南沅湘流域。

20年后，秦国大将白起统兵攻打楚都，楚国君臣仓皇出逃，百姓也在战火中四散逃亡。屈原无力挽救楚之危亡，又无法实现政治理想，遂怀着满腔悲愤和痛苦投汨罗江而死。

屈原从被怀王"怒而疏之"到汨罗自沉，度过了30多年苦难岁月，遭尽了打击迫害，但他始终不肯离开自己的国土。在流放生活中，他和底层人民有了较多的接触，获得了思想上和艺术上的丰富滋养，使他能以更为深沉和强烈的思想感情倾注于诗歌创作，写出了千古流传的伟大诗篇。

《楚辞》中的《离骚》《九歌》《九章》《天问》《招魂》等共23篇，是屈原的作品。他的作品主要是以楚国的民间文学为基础，结合自己的生活经历和从政遭遇而创作的，大致可分两类：一类是《离骚》《九章》等在流放生活中写的政治抒怀诗；一类是以《九歌》为代表的祭歌和反映诗人世界观、人生观的《天问》。屈原创作的《楚辞》是中国浪漫主义文学的源头，与《诗经》并称"风骚"，对后世诗歌产生了深远影响。

1994年，中国邮政发行《中国古代文学家（第二组）》纪念邮票，1套4枚，其中第四枚为《屈原》。邮票以孤愤、幽凄作为画面的基调，人物面部锁眉，头发厚重，宽大的两袖拖曳于身后，以表现出人物缓行的沉重和孤寂、痛苦的心境。图案选用《离骚》中"路漫漫其修远兮，吾将上下而求索"的诗句，表达了他在文学上的卓绝和忧国忧民的伟大人格。

屈原邮票样张（邮票设计者黄木签名）

贾 谊

贾谊是西汉初年著名的政论家、文学家，也是汉赋的主要开创者之一，世称"贾长沙""贾太傅"。

贾谊

贾谊（前200—前168），西汉洛阳人。年少即有才名，18岁时以能诵诗书善文闻名于当地。河南郡守吴公将他召致门下，对他非常器重。在贾谊辅佐下，吴公治理河南郡成绩卓著，社会安定，时评天下第一。

汉文帝登基后，听闻河南郡治理有方，擢升河南郡守为廷尉，吴公因势举荐贾谊。于是汉文帝征召贾谊，委以博士之职，当时贾谊21岁，在所聘博士中年纪最轻。每逢皇帝出题讨论时，贾谊均有精辟见解，应答如流，获得同侪的一致赞许。汉文帝非常欣赏他，破格提拔，一年之内便被提为太中大夫。

贾谊积极为汉文帝出谋划策，主张革除时弊、更定法令。汉文帝元年（前179年），贾谊提议进行礼制改革，上《论定制度兴礼乐疏》，以儒学与五行学说设计了一整套汉代礼仪制度，主张"改正朔、易服色、制法度、兴礼乐"，以进一步代替秦制。由

于当时文帝刚即位，认为条件还不成熟，因此没有采纳贾谊的建议。

文帝二年（前178年），针对当时"背本趋末"（弃农经商）、"淫侈之风，日日以长"的现象，贾谊上《论积贮疏》，提出重农抑商的经济政策，主张发展农业生产，加强粮食贮备，预防饥荒。汉文帝采纳了他的建议，下令鼓励农业生产。政治上，贾谊提出遣送列侯离开京城到自己封地的措施。

鉴于贾谊的突出才能和优异表现，文帝想提拔贾谊担任公卿之职。绛侯周勃、灌婴、东阳侯张相如、冯敬等人都嫉妒贾谊，进言诽谤贾谊"年少初学，专欲擅权，纷乱诸事"。汉文帝亦逐渐疏远贾谊，不再采纳他的意见。

文帝四年（前176年），贾谊被外放长沙，贬为长沙王吴著的太傅。长沙地处南方，离京师长安有数千里之遥。贾谊因贬离京，长途跋涉，途经湘江时，写下《吊屈原赋》凭吊屈原，并发抒自己的怨愤之情。直至四年后方被召回长安，为梁怀王太傅。梁怀王刘揖坠马而死后，贾谊深感歉疚，年仅32岁即抑郁而亡。

贾谊虽英年早逝，但留下的政治、经济、民生、国防、外交遗产比比皆是。在他死后，他的理念、政策仍被汉王朝执行，为汉朝的强盛做出了巨大的贡献。

例如，贾谊对汉朝初期重商轻农的风气十分忧虑。"一旦老天不按时降雨，发生旱灾，需要拿什么去救济老百姓？边境突然出现了紧急情况，需要征调数百万将士，拿什么去供应军需？战事和旱灾同时发生，国家财力无法应付，啸聚劫掠，易子而食，天下就会起事大乱，如果发展到这种地步，怎么才能制止？"贾谊的三个问题使文帝大为焦虑，最终，文帝下诏举行"籍田"仪式，即皇帝亲自下田耕作，为天下人做出表率。于是乎，上行下效，各级官员纷纷下地，西汉初期农业的地位不断升高。这一仪式一直持续到了文帝驾崩。充足的粮食储备为汉王朝前期的稳固发挥了重要的作用，也使汉王朝在短时间内充实了国力，为汉王朝之后的南征北战奠定了扎实的基础。

纵观贾谊的政治生涯，虽受谗遭贬，未登公卿之位，没有完全施展自己的抱负，但他前瞻性的思维、卓越的见识、精确的判断、突出的贡献，是当时诸位公卿无法比拟的。他的英年早逝，对于汉王朝而言，确实是巨大的损失。王安石对他的评价很中肯：

> 一时谋议略施行，谁道君王薄贾生。
> 爵位自高言尽废，古来何啻万公卿。

毛泽东在《七律·咏贾谊》中对这位西汉才子也颇为怜惜：

> 少年倜傥廊庙才，壮志未酬事堪哀。
> 胸罗文章兵百万，胆照华国树千台。
> 雄英无计倾圣主，高节终竟受疑猜。
> 千古同惜长沙傅，空白汨罗步尘埃。

贾谊在文学史上有相当的地位，其著作主要有散文和辞赋两类，深受庄子与列子的影响。其散文的文学成就更高，主要是政论文，评论时政，风格朴实峻拔，议论酣畅，鲁迅称之为"西汉鸿文"，如《过秦论》《治安策》《论积贮疏》《陈政事疏》等都很知名；其辞赋皆为骚体，形式趋于散体化，是汉赋发展的先声，以《吊屈原赋》《鵩鸟赋》最为著名。

自魏晋至今，贾谊故居成了到长沙的官宦名流必访之地。太傅里小街侧有双眼水井，传为贾谊所凿。因杜甫《清明》诗有"不见定王城旧处，长怀贾傅井依然"的名句，此井又名"长怀井"。1996年11月，长沙市政府拨巨款修缮其故居，后又择地扩建。目前辟有长怀井、古碑亭、太傅殿、太傅祠等景点，占地22亩，恢复了清代原貌。其中特别引人注目的，是祠内的毛泽东诗碑——《七绝·贾谊》：

> 贾生才调世无伦，哭泣情怀吊屈文。
> 梁王堕马寻常事，何用哀伤付一生。

该诗与《七律·咏贾谊》是姊妹篇。首句写贾谊杰出的才华"世无伦"，次句猛转写贾谊遭贬，三、四句表达对贾谊因自责和哀伤而死的无限痛惜之情。整首诗反映了作者对贾谊的才华十分赞赏，对其怀才不遇、仕途受挫、未获重用、早亡的惋惜之情；同时对其自伤、脆弱、愚忠的性格做了委婉的批评。语言明白流畅，化用前人诗句，洒脱自如，韵味深长。

司马迁让贾谊与屈原合传，已使贾谊享受了殊荣。而毛泽东对他的评价，更让贾谊享尽了哀荣，这确实耐人寻味。

2013年9月，中国邮政发行《中国古代文学家（第三组）》邮票，其中第一枚为《贾谊》（参见题图）。

《贾谊》（极限片）

司马相如

司马相如是西汉著名辞赋家，也是西汉盛世汉武帝时期杰出的文学家、政治家，被认为是中国古代文学史的杰出代表之一，有"赋圣""辞宗"之誉。

司马相如

司马相如（约前179—前118），字长卿，因仰慕战国时的名相蔺相如而改名。巴郡安汉县（今四川南充蓬安县）人，一说蜀郡（今四川成都）人。少年时代喜欢读书练剑，汉景帝时为武骑常侍。

梁孝王刘武来朝时，司马相如得以结交邹阳、枚乘、庄忌等辞赋家。后来他因病退职，前往梁地与这些志趣相投的文士共事，并为梁王写了那篇著名的《子虚赋》。其主题以虚静的道家思想为指向，但并未得到不好辞赋的景帝的特别赏识。景帝去世后，汉武帝刘彻即位，他看到《子虚赋》非常喜欢，以为是古人之作，叹息不能与作者同时代，当得知司马相如在朝为官后十分惊喜，并马上召他进京。司马相如认为《子虚赋》写的只是诸侯王打猎的事，算不了什么，他愿再作一篇天子打猎的赋。这就是比《子虚赋》更有文采，内容上也可相衔接的《上林赋》。此赋通过问答形式，放手铺写，以维护国家

统一、反对帝王奢侈为主旨，歌颂了统一大帝国无可比拟的形象，又对统治者有所讽谏，开创了汉代大赋的一个基本主题。此赋一出，司马相如即被刘彻封为郎官。

汉建元六年（前135年），司马相如受命出使巴蜀、西南夷，发布《谕巴蜀檄》公告，采取恩威并施的手段，收到了良好的效果；以一篇《难蜀父老》成功地说服了众人，使少数民族与汉廷合作，为开发西南边疆做出了贡献，并将西南夷民族团结统一于大汉疆域，被誉为"安边功臣"，名垂青史。

可惜好景不长，不久司马相如就被人告发接受贿赂，遭免官。岁余，被重新启用，仍为郎官。汉元狩五年（前118年），相如因病免官，家住茂陵。

由于受到道家思想的深刻影响，司马相如的辞赋呈现出了斑斓多姿的艺术风貌，从而获得了经久不息的艺术魅力。两汉赋作家中，以司马相如成就最高，其大赋甚至成为汉大赋创作的范式，故研究司马相如辞赋创作的特点，对研究汉赋乃至整个汉代文学，都有着深远的意义。

汉代最重要的文学形式是赋，而司马相如是公认的汉赋代表作家和赋论大师，也是一位文学大师和美学大家。司马相如的文学成就主要表现在辞赋上。《汉书·艺文志》著录"司马相如赋二十九篇"，现存《子虚赋》《天子游猎赋》《大人赋》《长门赋》《美人赋》《哀秦二世赋》6篇，另有《梨赋》《鱼葅赋》《梓山赋》3篇仅存篇名。司马相如是汉赋的奠基人，扬雄欣赏他的赋作，赞叹说："长卿赋不似从人间来，其神化所至邪！"其作品辞藻富丽，结构宏大，后人称之为"赋圣"和"辞宗"。

两汉作家绝大多数对他十分佩服，其中最有代表性的是历史学家司马迁。在整个《史记》中，专为文学家立的传只有两篇：一篇是《屈原贾生列传》，另一篇就是《司马相如列传》，由此即可看出相如在太史公心目中的重要地位。鲁迅在《汉文学史纲要》中，还把司马相如和司马迁放在一个专节里加以评述，指出："武帝时文人，赋莫若司马相如，文莫若司马迁。"从整体上看，在语言的运用和形式的发展等方面，司马相如对汉代散文做出了重要的贡献。

两千多年来，司马相如在文学史上一直享有的声望产生了深远的影响。

司马相如还是汉代很有成就的散文名家，其散文流传至今的有《谕巴蜀檄》《难蜀父老》《谏猎疏》《封禅文》等。

司马相如与卓文君不拘封建礼教的束缚，追求自由、幸福的爱情婚姻的果敢行为，远在公元前就演绎了自由恋爱的爱情经典，被誉为"世界十大经典爱情之首"，闻名中外。古琴曲《凤求凰》即演绎了他们二人的爱情故事，全曲言浅意深，音节流亮，感情热烈奔放而又深挚缠绵，融楚辞骚体的旋旋和汉代民歌的清新明快于一炉，一直流传至今。唐代诗人张祜在《司马相如琴歌》中赞曰："凤兮反兮非无凰，山重水阔不可量。梧桐结阴在朝阳，濯羽弱水鸣高翔。"

2013年9月15日，中国邮政发行《中国古代文学家（第三组）》邮票，1套4枚，其中第二枚为《司马相如》（参见题图）。

司马相如（极限片）

班 固

　　班固是东汉著名史学家、文学家，也是东汉前期最著名的辞赋家。其所撰《汉书》开创了纪传体断代史的新体例，所撰《两都赋》则被誉为"散体大赋的杰作"，开创了京都赋的先河。

中国古代文学家
班固（？年32年—？年92年）

中国邮政
CHINA

1.20元

2013-23 (4-4)J

班固

　　班固（32—92），字孟坚，扶风安陵（今陕西咸阳东北）人，出身于儒学世家，其父班彪、伯父班嗣皆为当时著名学者。在家庭熏陶下，班固9岁即能属文，诵诗赋，16岁入太学。他用功苦学，博览群书，力求贯通各种经书典籍。不论儒家还是其他百家学说，都能深入钻研，同时注重见识，并不拘守一师之说，不停留在字音字义、枝枝节节的注解上，而是注重经典史籍的大义。

　　汉建武三十年（54年），班彪去世，班固虽年仅23岁，但已具备很高的文化修养和著述能力。因家庭生计困难，他从京城洛阳迁回老家居住，并开始在班彪《史记后传》的基础上撰写《汉书》。其间有人向朝廷上书告发班固"私修国史"，致使班固被关进京兆监狱，书稿也被官府查抄。其弟班超策马穿华阴、过潼关，赶到京城洛阳上疏为班固申冤，引

起汉明帝的重视，特旨召见班超核实情况，随后又调阅了书稿。他对班固的才华感到十分惊异，称赞他所写的书稿确是一部奇作，下令立即释放，并召进京都洛阳皇家校书部，拜为兰台令史，后又升为校书郎，掌管和校订皇家图书。班超也被召进京中担任兰台令史。

　　班固从私撰《汉书》到受诏修史，是一个重大转折，对于《汉书》的完成是一个有力的推动。从此，班固不仅有了比较稳定的生活，有皇家图书可资利用，而且有了明帝的支持，使他著史的合法性得到确认，撰史进度大大加快。前后历时20余年，《汉书》这部皇皇巨著终于在建初中基本修成，实现了父子两代人的心愿。全书记述从汉高祖开始，到孝平王莽被杀，12代帝王230年间的事迹，包括《春秋》考纪、表、志、传共100篇。《汉书》颁出后，受到朝廷重视，学者们更是争相诵读。

　　汉和帝永元元年（89年），大将军窦宪率军北伐匈奴，58岁的班固随军出征，任中护军，行中郎将，参议军机大事，大败北单于后撰写了著名的《封燕然山铭》。

　　永元四年（92年），窦宪密谋叛乱，事发被革职，回到封地后被迫自杀。班固因与窦宪关系密切而受到株连，也被免职。洛阳令种兢对班固积有宿怨，借机罗织罪名，大加陷害，使班固被捕入狱，同年死于狱中，时年61岁。汉和帝得知班固冤死实情后，下诏谴责种兢公报私仇的恶劣做法，并将害死班固的狱吏处死抵罪。

　　班固一生著述颇丰。作为史学家，其所撰《汉书》与《史记》《后汉书》《三国志》并称"前四史"，被认为是继《史记》之后中国古代又一部重要史书；作为辞赋家，班固是"汉赋四大家"之一，著有《两都赋》《幽通赋》《答宾戏》等，其中《两都赋》开创了京都赋的范例，被列为《文选》开篇之作；同时，作为经学家，他编撰的《白虎通义》集当时经学之大成，使谶纬神学理论化、法典化。

　　东汉建都洛阳，"西土耆老，咸怀怨思"（《两都赋序》），仍希望复都长安，而班固持异议，认为洛阳更加适宜，不想迁都议论扰乱人心，于是作《两

都赋》，盛赞东都洛阳规模建制之美，并从礼法的角度，歌颂光武帝迁都洛阳、中兴汉室的功绩，宣扬洛阳建都的适宜性。

《两都赋》以主客问答方式，假托西都宾向东都主人夸说西都长安的关山之险、宫苑之大、物产之盛。东都之人则责备他但知"矜夸馆室，保界河山"，而不知大汉开国奠基的根本，更不知光武迁都洛邑、中兴汉室的功绩，于是宣扬光武帝修文德、来远人的教化之盛，最后归于节俭，"以折西宾淫侈之论"。《两都赋》体制宏大，写法上铺张扬厉，完全模仿司马相如、扬雄之作，是西汉大赋的继续，但未过分堆砌辞藻，风格比较疏宕。在宫室游猎之外，又开拓了写京都的题材，后来张衡写《二京赋》、左思写《三都赋》，都受到他的影响。

《幽通赋》为述志之作，表示他守身弘道的志向。写法仿《楚辞》，先述自己家世，后写遇神人预卜吉凶，再写他誓从圣贤的决心。所谓幽通，即因卜筮谋鬼神以通古今之幽微的意思。

在《答宾戏》中，他仿东方朔《答客难》、扬雄《解嘲》，以问答的形式抒发了自己的苦闷和感慨，又从正面反驳自己不该有的想法和抑郁，表现了自己"笃志于儒学，以著述为业"的志趣。鼓励自己坚定志向，按照既定目标奋斗不息。全文构思巧妙，格调高雅，说理深刻诚恳。汉章帝读到后，更加赞赏他的才华，也醒悟到其长久居下位不太合理，便提拔他为玄武司马。

此外，他为窦宪出征匈奴纪功而作的《封燕然山铭》，典重华美，历来传诵，并成为常用的典故。

班固在《汉书》和《两都赋序》中表达了自己对辞赋的看法。他认为汉赋源于古诗，是"雅颂之亚"，"炳焉与三代同风"。他不仅肯定汉赋"抒下情而通讽喻"的一面，而且肯定它"宣上德而尽忠孝"的一面，实际上肯定了汉赋歌功颂德的内容。在《离骚序》中，班固认为屈原"露才扬己"，虽有"妙才"，却"非明智之器"，表现了他囿于儒家正统思想的局限性。

班固以史学家的笔法写五、七言诗，都以叙事为主，写得质实朴素。其五言诗《咏史》，虽"质木无文"，却是现存最早完整的文人五言诗，也是诗歌史上第一首真正意义上的咏史诗，开启了"咏史"这一诗题。为进一步说明自己对秦亡的认识，班固还撰写了史论——《秦纪论》，揭示秦朝历史走向灭亡的必然性。

后世史家傅玄评价说："观孟坚《汉书》，实命世之奇作。"刘知几也赞赏班固："究西都之首末，穷刘氏之废兴，包举一代，撰成一书。言皆精炼，事甚该密。"被称为清代中兴名臣的曾国藩更是感叹说："古人称立德、立功、立言为三不朽。立德最难，自周汉以后，罕见德传者。立功如萧、曹、房、杜、郭、李、韩、岳，立言如马、班、韩、欧、李、杜、苏、黄，古今曾有几人？"而班固正是这几人之一，殊属不易。

班固（首日封）

扬　雄

　　扬雄是西汉时期的著名学者，也是继司马相如之后西汉最著名的辞赋家，后世有"文章两汉愧扬雄"之说。

扬雄

　　扬雄（前53—18），字子云，西汉蜀郡成都（今四川成都郫县）人。家族世代以耕种养蚕为职业，且五代单传。少时好学，虽口吃不能快速讲话，但为人平易宽和，爱静默沉思，博览群书，长于辞赋。胸怀博大，不追逐富贵，不担忧贫贱，也不故意修炼品性以求取声名。

　　年四十余，始游京师，大司马车骑将军王音召扬雄为门下史。后经蜀人杨庄推荐，汉成帝命他随侍左右，任给事黄门郎，与王莽、刘歆等为同僚。汉元延二年（前11年）正月，扬雄与成帝前往甘泉宫，并作《甘泉赋》。此赋把天子郊祀的盛况铺张得恍若遨游仙境，颂扬大汉王朝地久天长。同时，赋中又很有讽谏之意。作者以天帝居住的"紫宫"比拟甘泉宫的规模气概，意在讽示帝王的过分奢丽；又从现实中的甘泉宫追溯到历史上夏桀的"琼室"和商纣的"倾宫"，讽示成帝当以亡国之君为戒，讽喻之意更为明显。全赋铺陈夸张，想象丰富，气魄

宏伟，文辞流丽。此后他又作《羽猎赋》《长杨赋》，继续对成帝的铺张奢侈提出批评。

　　后来扬雄认为辞赋为"雕虫篆刻"，"壮夫不为"，转而研究哲学。他仿《论语》作《法言》，仿《易经》作《太玄》；提出以"玄"作为宇宙万物根源之学说，并在构筑宇宙生成图式、探索事物发展规律时，以玄为中心思想，成为汉朝道家思想的继承和发展者，对后世意义可谓重大。

　　有人讥讽他，他便写了《解嘲》一文，表达自己不愿趋炎附势而自甘淡泊的心境，对庸夫充斥而奇才异行之士不能见容的状况深表愤慨。文章纵横驰说，词锋锐利，在思想和艺术上均有其特点。为了宽慰自己，他还写了一篇别具一格的《逐贫赋》，诉说自己因何惆怅失志，"呼贫与语"，质问贫穷何以如影随形，发泄了对贫困生活的牢骚和对社会现实的不满。全赋多用四字句，构思新颖，笔调诙谐，蕴含着一股深沉不平之气。

　　公元前7年汉哀帝登基后，扬雄曾劝哀帝不要对匈奴开战。他说："臣闻六经之治，贵于未乱；兵家之胜，贵于未战；二者皆微，然而大事之本，不可不察。"然后列举了秦始皇以来对匈奴动兵的得失成败，希望哀帝不要把汉宣帝以来与匈奴达成的和平给断送掉。哀帝因此省悟，并重赐扬雄。

　　王莽称帝后，扬雄校书于天禄阁。后受他人牵累，差点被捕、自杀，后被召为大夫。《三字经》把他列为"五子"之一，称："五子者，有荀扬，文中子，及老庄。"其中"荀扬"的扬即指扬雄。

　　扬雄早年极其崇拜司马相如，曾模仿司马相如的《子虚赋》《上林赋》，作《甘泉赋》《羽猎赋》《长杨赋》，故后世有"扬马"之称。扬雄知识渊博，技巧娴熟，他的赋是学者之赋。其对辞赋的贡献，主要是拓展了这种宫廷艺术的题材和表现手法，使其超出宫廷，咏物叙事，立志抒情，更加散文化，但也有某些"做作"之感。

　　扬雄自述情怀的几篇作品，如《解嘲》《逐贫赋》《酒箴》等也写得比较有特点。《酒箴》作为一篇咏物赋，内容是说水瓶质朴有用，反而易招损害；酒壶昏昏沉沉，倒"常为国器"，主旨也是抒发内心的

不平。早年他还曾仿效屈原楚辞，写有《反离骚》《广骚》《畔牢愁》等作品。《反离骚》为凭吊屈原而作，对诗人遭遇充满同情，但又用老庄思想指责屈原"弃由、聃之所珍兮，撼彭咸之所遗"，反映了作者明哲保身的思想，而未能正确地评价屈原。《广骚》《畔牢愁》今仅存篇目。

扬雄晚年对赋有了新的认识，认为自己早年的赋和司马相如一样，都是似讽而实劝，欲讽而反劝，并提出"诗人之赋丽以则，辞人之赋丽以淫"的看法，把楚辞和汉赋的优劣得失区别开来（《法言·吾子》）。这种认识对后世关于赋的文学批评具有一定的影响，对后来刘勰、韩愈的文论也颇有影响。

扬雄在散文方面也有一定的成就。如《谏不受单于朝书》便是一篇优秀的政论文，笔力劲练，语言朴实，气势流畅，说理透辟。他的《法言》刻意模仿《论语》，在文学技巧上继承了先秦诸子的一些优点，语约义丰，对唐代古文家产生过积极影响。他还主张文学应当宗经、征圣，以儒家著作为典范。

在社会伦理方面，批判老庄"绝仁弃义"的观点，认为"人之性也，善恶混，修其善则为善人，修其恶则为恶人"（《法言·修事》）。其对探讨宇宙人生真谛的哲学研究贡献十分突出："兀是作《太玄》，融儒道为一体。"又作《法家》融儒、道、法三家学说于一体，对《易经》《论语》等经典著作也

做出他自己的理解和诠释。

扬雄批判神学、经学，为的是能够恢复孔子的正统儒学。在扬雄看来，孔子是最大的圣人，孔子的经典是最主要的经典。但是，扬雄认为自孔子死后，孔子圣道的发展与传播却由于"塞路者"的干扰而受到了阻碍。因此，扬雄要像孟子那样扫除塞路者，为孔子儒学能在汉代健康发展开辟道路。

扬雄于新朝天凤五年（18年）去世，时年71岁。《隋书·经籍志》有《扬雄集》5卷，已散佚。明代张溥辑有《扬侍郎集》，收入《汉魏六朝百三家集》。今人张震泽校注有《扬雄集校注》。

扬雄早年曾有《反离骚》《广骚》《蜀都赋》《成都城四隅铭》等作品，中年时期被召入宫，有代表作《甘泉赋》《河东赋》《校猎赋》《长杨赋》等，"把司马相如开创的劝百讽一"的大赋传统推向极致，此后再无人能继续下去了。文坛因此有所谓"歇马独来寻故事，文章两汉愧扬雄"的说法。

刘禹锡在著名的《陋室铭》中称："南阳诸葛庐，西蜀子云亭，孔子云：何陋之有！"其中所说的西蜀子云亭位于四川省绵阳市西山风景区内，"子云"即指扬雄。《陋室铭》让子云亭名满天下，而李白的"相忆相如台，夜梦子云亭"也说明子云亭在大诗人李白心目中的重要地位。

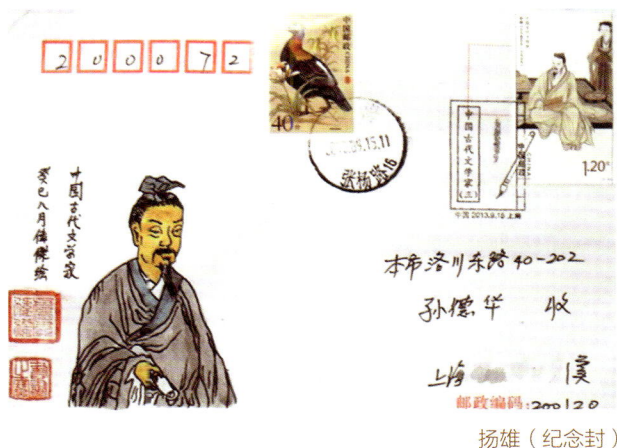

扬雄（纪念封）

曹　植

曹植是汉魏之际的著名文学家，也是建安文学的代表人物。后人因其文学上的造诣而将他与曹操、曹丕合称"三曹"。

曹植

曹植（192—232），字子建，沛国谯县（今安徽省亳州市）人，出生于东武阳（今山东莘县），是曹操与武宣卞皇后所生第三子，生前曾为陈王。曹植是三国时期曹魏著名文学家，代表作有《洛神赋》《白马篇》《七哀诗》等。

曹植自小非常聪慧，才十岁出头，就能诵读《诗经》《论语》及先秦两汉辞赋，诸子百家也有广泛涉猎。他思路快捷，谈锋健锐，进见曹操时每被提问常常应声而对，脱口成章。青少年时代就随父亲四处征战，《白马篇》就是在此期间随父征战的写照。

汉建安十五年（210年），曹操在邺城所建的铜雀台落成，召集了一批文士"登台为赋"，曹植也在其中。他提笔略加思索，不仅一挥而就，而且第一个交卷，其文曰《登台赋》。从此，曹操对曹植寄予厚望，以为他是最能成就大事的人。

建安十六年（211年）秋，刚行冠礼的曹植再次随父西征，经过一年多的征讨，终于凯旋，曹植不久即被封为临淄侯。建安十九年（214年），曹操东征孙权，令曹植留守邺城。曹植却因文人气、才子气太浓，常常任性而行，不注意修饰约束自己，饮起酒来毫无节制。

尤其是在建安二十二年（217年），他在曹操外出期间，借着酒兴私自坐着王室的车马，擅开王宫大门（司马门），在只有帝王举行典礼才能行走的禁道上纵情驰骋，一直游乐到金门，早把曹操的法令忘到九霄云外。曹操大怒，处死了掌管王室车马的公车令。从此加重对诸侯的法规禁令，曹植也因此而日渐失去曹操的信任和宠爱。十月，曹操召令曹丕为世子，曹植则陷入难以自拔的苦闷和浓浓的悲愁中。

建安二十五年（220年）正月，曹操病逝洛阳，曹丕继王位。曹植时年29岁，作《上庆文帝受禅表》《魏德论》。同年，曹丕称帝。曹植、苏则听说曹丕废汉自立，都穿上丧服为汉朝悲哀哭泣。曹丕十分愤怒，从此对他严加防范。

魏黄初二年（221年），30岁的曹植被徙封安乡侯（今河北晋州侯城），邑八百户；不久改封鄄城侯（今山东鄄城县），是年作《野田黄雀行》，这次改封成为曹植一生重要的转折点。

翌年曹植被封为鄄城王，邑二千五百户。也就是在这次被封王之后回鄄城的途中，他写下了著名的《洛神赋》。在《洛神赋》中，他描摹了一位美丽多情的女神形象，把她作为美好理想的象征，寄托了自己对美好理想的倾心仰慕和热爱；又虚构了向洛神求爱的故事，象征了自己对美好理想梦寐不辍的热烈追求；最后通过恋爱失败的描写，以此表现自己对理想的追求归于破灭。

黄初四年（223年），32岁的曹植徙封雍丘王。黄初六年（225年），曹丕南征归来路过雍丘，与曹植见面，增其户五百。黄初七年（226年），曹丕病逝，曹叡继位，即魏明帝。壮心不已的曹植急切盼望自己的才能得以施展，曾多次慷慨激昂地上书曹叡，要求给予政治上的任用。但过于冷静理智的曹叡口头上给予嘉许，实际上处处防范和限制他。

魏太和三年（229年），38岁的曹植徙封东阿，其间潜心著作，研究儒典。太和六年（232年），曹植改封陈王，11月在忧郁中病逝，时年41岁。去世后谥号"思"，因此又称陈思王。遵照遗愿，将其葬于东阿鱼山。

曹植的创作以建安二十五年（220年）为界，分前后两期。前期诗歌主要是歌唱他的理想和抱负，洋溢着乐观、浪漫的情调，对前途充满信心；后期的诗歌则主要表达由理想和现实的矛盾所激起的悲愤。他的诗歌，既体现了《诗经》"哀而不伤"的庄雅，又蕴含着《楚辞》窈窕深邃的奇谲；既继承了汉乐府反映现实的笔力，又保留了《古诗十九首》温丽悲远的情调。同时又有自己鲜明独特的风格，完成了乐府民歌向文人诗的转变。

其后期创作以《杂诗》为代表，更多地表现了壮志不得施展的愤激不平之情。如《杂诗》其五：

仆夫早严驾，吾行将远游。

远游欲何之？吴国为我仇。

将骋万里途，东路安足由？

江介多悲风，淮泗驰急流。

愿欲一轻济，惜哉无方舟！

闲居非吾志，甘心赴国忧。

作为建安文学的代表人物之一与集大成者，曹植在两晋南北朝时期被推尊到文章典范的地位。其诗以笔力雄健和词采华美见长，留有集30卷，已佚；今存《曹子建集》10卷，为宋人所编，收录了曹植的诗文辞赋。其中收录较完整的诗歌有80余首，一半以上为乐府诗体。

曹植的散文同样也具有"情兼雅怨，体被文质"的特色，加上品种的丰富多样，使他在这方面也取得了卓越的成就。南朝宋文学家谢灵运有"天下才有一石，曹子建独占八斗"的评价。《诗品》的作者钟嵘亦赞曹植"骨气奇高，词彩华茂，情兼雅怨，

体被文质，粲溢今古，卓尔不群"。王士禛尝论汉魏以来两千年间诗家堪称"仙才"者，仅曹植、李白、苏轼三人耳。

曹植"七步成诗"的掌故曾广为流传："煮豆燃豆萁，豆在釜中泣。本是同根生，相煎何太急？"此诗最早见于南朝刘义庆的《世说新语》，记载魏文帝曹丕妒忌曹植的才学，命曹植在七步之内作出一首诗，否则将被处死；而且对诗有严格要求：诗的主题必须为兄弟之情，且全诗不可包含兄弟二字。曹植在不到七步之内便吟出。但此诗是否为曹植所作，至今仍有争议。

中国邮政于2013年9月15日发行《中国古代文学家（三）》邮票，1套4枚，其中第二枚为《曹植》。邮票画面原拟选用《七步诗》来表现他的遭遇和才思，后因有不同意见，故改为"江介多悲风，淮泗驰急流。愿欲一轻济，惜哉无方舟"。人物倾斜的动势，表现他正在沉吟诗赋，身带宝剑显示其地位，并有"子建""任性而行""陈王"之印。

《洛神赋》

陶渊明

陶渊明是东晋末年至南朝初期的杰出诗人、辞赋家，也是中国第一位田园诗人，被称为"古今隐逸诗人之宗"。

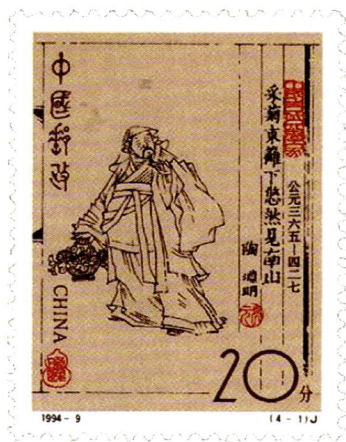

陶渊明

陶渊明（352/365—427），字元亮，又名潜，世称靖节先生，浔阳柴桑（今江西省九江市）人。出身书香世家，八岁时父亲去世，家境逐渐没落。十二岁庶母辞世，家境更加贫困，但他"自幼修习儒家经典，爱闲静，念善事，抱孤念，爱丘山，有猛志，不同流俗"。

他早年曾受过儒家教育，有过"猛志逸四海，骞翮思远翥"（《杂诗》）的志向；在那个老庄盛行的年代，他也受到了道家思想的熏陶，很早就喜欢自然，又爱琴书："开卷有得，便欣然忘食。见树木交荫，时鸟变声，亦复欢然有喜。"他的身上，同时具有道家和儒家两种修养。

二十岁时，陶渊明开始了他的游宦生涯，以谋生路，曾任江州祭酒、建威参军、镇军参军等职。他的心情是矛盾的，既想为官一展宏图，可在出仕后却仍然眷念田园。在仕与耕之间摇摆动荡了十余年，他终于厌倦并看透了官宦生活。

东晋义熙元年（405年）八月，陶渊明最后一次出仕，担任彭泽令。十一月，其妹卒于武昌，陶渊明仅任职八十多天便解印辞官，并作《归去来兮辞》，正式开始了他的归隐生活，直至生命结束。不同于之前的躬耕生活，此时的他政治态度已十分明确，思想上也进入了成熟时期。

如果说他以往的田园生活扮演的似乎是中小地主的角色，此时却更接近于一般农民的生活。其间他创作了许多反映田园生活的诗文，如《归园田居》五首、《杂诗》十二首。

"少无适俗韵，性本爱丘山。"陶渊明在人境中结庐，在隐居中过着自己的优雅生活。他是一个不为五斗米折腰卸职而去的县令，一个在田园享受"衣沾不足惜，但使愿无违"的快意诗人，一个寻得人间仙境桃花源的梦幻家。田园生活的迷人醉意，让他隐藏起内心的巨大孤独，忘却了世俗得失，悠然地快意人生。

义熙四年（408年）六月中，陶渊明家中遭了火灾，宅院尽毁，他只好被迫迁居。此后，朝廷曾召征他为著作佐郎，他称病没有应征。王弘为江州刺史、颜延之为始安太守时，均与他结交，互相诗酒往来，不亦乐乎。南朝宋元嘉四年（427年），陶渊明卒于浔阳。传世作品共有诗125首，文12篇，被后人编为《陶渊明集》。

陶渊明是中国文学史上第一个大量写饮酒诗的诗人。他以"醉人"的语态或指责是非颠倒的上流社会，或反映仕途的险恶，或表现退出官场后怡然陶醉的心情，或表现在困顿中的牢骚不平。如《杂诗》十二首表现了归隐后有志难伸的政治苦闷和内心的忧愤情绪，抒发了自己不与世俗同流合污的高洁人格。《读山海经》十三首则借吟咏《山海经》中的奇异事物表达了同样的内容，如第十首借歌颂精卫、刑天的"猛志固常在"来抒发和表明自己济世志向永不熄灭。

"采菊东篱下，悠然见南山。"陶渊明的田园诗不仅数量最多，而且成就最高，充分表现了诗人守志不阿的高尚节操、对淳朴的田园生活的热爱和对劳动人民的友好感情；同时也表现了作者对理想世界的追求和向往。作为一个文人士大夫，这样的内容和思想感情出现在文学史上可以说是前所未有的，尤其在门阀制度和观念森严的社会里就显得特别可贵。

在陶渊明的田园诗中，随处可见的是他对污浊现实的厌烦和对恬静的田园生活的热爱。因为有实际劳动经验，所以他的诗中洋溢着劳动者的喜悦，表现出只有劳动者才能感受到的思想感情，如《归园田居》（三）就是有力的证明，这也正是其田园诗的进步之处。当然，他的田园诗中也有一些是反映自己晚年生活困顿状况的，可使读者间接了解当时乡村农民的悲惨生活。

陶渊明是田园诗的开创者。他的田园诗以纯朴自然的语言、高远拔俗的意境，为中国诗坛开辟了新天地，并直接影响到唐代的田园诗派。尤其是其田园隐逸诗，对唐宋诗人有很大的影响。杜甫诗云："宽心应是酒，遣兴莫过诗。此意陶潜解，吾生后汝期。"宋代诗人苏东坡对陶潜也有很高的评价："渊明诗初看似散缓，熟看有奇句。"

除了诗歌，陶渊明的散文和辞赋在文学史上也有重要的地位和影响。特别是《五柳先生传》《归去来兮辞》《桃花源记》，不仅最见其性情和思想，也最著名。

《五柳先生传》采用正史纪传体的形式，并不注重描述生平事迹而重在表现生活情趣，带有自叙情怀的特点，这种写法系陶渊明首创。《归去来兮辞》是一篇脱离仕途回归田园的宣言，文中不乏华彩的段落，其跌宕的节奏、舒畅的声吻，将诗人欣喜若狂的情状呈现在读者面前。欧阳修曾评价说："晋无文章，惟陶渊明《归去来兮辞》一篇而已。"《桃花源记》是陶渊明为社会、为归隐的士子提供的一种理想的生活模式。在桃花源生活的是一群普通的人，

一群躲避战乱的人，而不是神仙，只是比世人多保留了天性的真纯。如果说陶渊明在归隐之初想到的还是个人的进退清浊，那么在写《桃花源记》时就已不限于个人，而是想到整个社会的出路和广大民众的幸福。

陶渊明能够迈出这一步，无疑与其多年的躬耕和贫困生活有关。虽然桃花源只是一个美好的空想，但能提出这个空想却是十分可贵的。那出岫的云影、归飞的倦鸟、翳翳的旧林、潺潺的河水，伴随着一位荷锄的老农、一位持酒狂饮的放浪者、一位沉醉田园的诗人……

1994年，中国邮政发行《中国古代文学家（二）》邮票，其中第一枚即为《陶渊明》（参见题图）。邮票画面力图表现人物悠然自得的神态，右手携菊篮，左手轻抚须梢，身前倾，淡然回首，突出其欣然怡情于山野田园中的心境。同时，选择其《饮酒》中的名句"采菊东篱下，悠然见南山"，并有人名、官职印章，作为补充内容。

陶渊明（极限片）

李　白

李白是唐代伟大的浪漫主义诗人，被后人誉为"诗仙"，与唐代另一位大诗人杜甫并称"李杜"，他们是中国诗歌史上当之无愧的"双子星座"。

李白

李白（701—762），字太白，别号青莲居士，绵州昌隆（今四川江油市）人。与李唐诸王同宗，系兴圣皇帝（凉武昭王李暠）九世孙。五岁时发蒙读书，从小聪明博学，兴趣广泛。15岁时已有诗赋多首，并得到一些社会名流的推崇与奖掖，亦开始接受道家思想的影响，好剑术，喜任侠。

唐开元六年（718年），隐居戴天大匡山（今四川省江油县内）读书。往来于旁郡，先后出游江油、剑阁、梓州等地，增长了不少阅历与见识。24岁时离开故乡踏上远游的征途，先后游成都、峨眉山，然后舟行东下至渝州（今重庆市）。

开元十三年（725年），李白出蜀，"仗剑去国，辞亲远游"。从渝州到扬州、汝州（今河南省临汝县）、安陆（今湖北省安陆县）、陈州（今河南省淮阳县），足迹遍及半个中国，并结识了李邕、孟浩然等人。

李白为人爽朗大方，爱饮酒作诗，喜交友。开元十五年（727年），居于安陆寿山，与故宰相许圉师之孙女结婚，遂安家于安陆。出游江夏（今湖北省武汉市）、长安、邢州（在长安之西）、坊州（在长安之北）、开封、洛阳及山西等地。

开元二十三年（735年），唐玄宗出京狩猎，正好李白也在西游，乘机献上《大猎赋》，希望能博得玄宗的赏识。他的《大猎赋》希图以"大道匡君，示物周博"，夸耀本朝远胜汉朝，并在结尾处宣讲道教的玄理，以契合玄宗当时崇尚道教的心情。后又通过卫尉张卿向玉真公主献了诗，最后两句"几时入少室，王母应相逢"，祝玉真公主入道成仙。李白这次在长安还结识了贺知章，并呈上自己的诗本。贺知章颇为欣赏李白的《蜀道难》《乌栖曲》。李白瑰丽的诗歌和潇洒出尘的风采令贺知章惊异万分，竟称他为谪仙人。

唐天宝元年（742年），由于玉真公主和贺知章的交口称赞，玄宗看了李白的诗赋，对其十分仰慕，便召李白进宫。玄宗降辇步迎，"以七宝床赐食于前，亲手调羹"。玄宗问及当世事务时，李白凭半生饱学及长期对社会的观察，胸有成竹，对答如流。玄宗大为赞赏，随即令李白供奉翰林，陪侍皇帝左右。玄宗每有宴请或郊游，必命李白侍从，利用他敏捷的诗才，赋诗纪实，以将其文字流传后世。李白受到玄宗如此宠信，同僚不胜艳羡，但也有人因此而生嫉恨之心。

天宝二年（743年）初春，玄宗于宫中行乐，李白奉诏作《宫中行乐词》，赐宫锦袍。暮春，兴庆池牡丹盛开，玄宗与杨玉环同赏，李白又奉诏作《清平调》。此后他对御用文人生活日渐厌倦，开始纵酒自娱，并与贺知章等人结"酒中人仙之游"，玄宗呼之不朝。尝奉诏醉中起草诏书，引足令高力士脱靴，宫中人恨之，谗谤于玄宗，玄宗遂逐渐对李白疏远了。

天宝三载（744年）夏，李白发出"行路难，归去来"的感叹，离开长安，到了东都洛阳。在这里，他遇到了困顿中的杜甫。此时，李白已名扬全国，而杜甫风华正茂，却困守洛城。

中国文学史上最伟大的两位诗人见面了。李白比杜甫年长十一岁，但他并没有以自己的才名在杜甫面前倨傲；而"性豪也嗜酒""结交皆老苍"的杜甫，也没有在李白面前一味低头称颂。两人以平等的身份，建立了深厚的友情。

同年秋天，两人如约到梁宋（今开封、商丘一带）会面，一起访道求仙，抒怀遣兴，借古评今，并巧遇诗人高适。三人各有大志，理想相同，不仅畅游甚欢，而且评文论诗，纵谈天下大势，都为国家的隐患而担忧。这时李杜都值壮年，两人在创作上的切磋对他们今后产生了积极影响。

天宝四载（745年）秋，李白与杜甫在东鲁第三次会见。短短一年多的时间，他们两次相约，三次会见，知交之情不断加深。他们一道寻访隐士高人，也偕同去齐州拜访过当时驰名天下的书法家李邕。

天宝十四载（755年），安史之乱爆发，李白与妻子宗氏一道南奔避难。春在当涂，旋闻洛阳失陷，中原横溃，乃自当涂返宣城，避难剡中（今浙江省嵊州市），后至溧阳、越中、金陵。秋闻玄宗奔蜀，遂沿长江西上，入庐山屏风叠隐居。

唐至德二载（757年）正月，李白在永王军营，作组诗《永王东巡歌》，抒发了建功报国情怀。永王兵败后，李白也受牵连在浔阳入狱。后被宋若思、崔涣营救，成为宋若思的幕僚后，跟随他到了武昌。他原本希望能再度得到朝廷的任用，却终以参加永王东巡而被判罪长流夜郎（今贵州桐梓）。

唐乾元二年（759年），朝廷因关中遭遇大旱，宣布大赦。李白在经过长期辗转流离后，终于也获得了自由。他随即顺着长江而下，并写了那首著名的《早发白帝城》，可以说最能反映他当时的心情。此后两年，他应友人之邀，到江夏访老友韦良宰，与被谪贬的贾至泛舟赏月于洞庭之上，发思古之幽情，赋诗抒怀。

唐上元二年（761年），已六十出头的李白因病返回金陵。由于生活相当窘迫，只好投奔在当涂做县令的族叔李阳冰。上元三年（762年），李白病重，在病榻上把手稿交给了李阳冰，最后赋《临终歌》而与世长辞。有《李太白集》传世，诗现存900多首，代表作有《将进酒》《蜀道难》《梦游天姥吟留别》《静夜思》《望庐山瀑布》《侠客行》《春思》《子夜秋歌》等。

李白生活在盛唐时期，性格豪迈，深受黄老列庄思想影响。他的思想既有儒家的积极入世精神，更有道家的自由放达情致，并杂以游侠意念。他的诗既豪迈奔放，又清新飘逸，而且想象丰富，意境奇妙，语言轻快。不仅具有典型的浪漫主义精神，而且从形象塑造、素材摄取到体裁选择和各种艺术手法的运用，无不具有典型的浪漫主义艺术特征。

他在诗中常将想象、夸张、比喻、拟人等手法综合运用，从而造成神奇异彩、瑰丽动人的意境，给人以豪迈奔放、飘逸若仙的感觉，具有一种排山倒海、一泻千里的气势，产生了"笔落惊风雨，诗成泣鬼神"的艺术魅力。

他的七言歌行完全打破诗歌创作的一切固有格式，空无依傍，笔法多端，达到了随性而变幻莫测、摇曳多姿的神奇境界。其绝句自然明快，飘逸潇洒，能以简洁的语言表达出无尽的情思。在盛唐诗人中，王维、孟浩然长于五绝，王昌龄等七绝写得很好，兼长五绝与七绝而且同臻极境的，只有李白一人。

李白的诗歌对后代产生了极为深远的影响。中唐的韩愈、孟郊、李贺，宋代的苏轼、陆游、辛弃疾，明清的高启、杨慎、龚自珍等著名诗人，都受到李白诗歌的巨大影响。

1983年，邮电部发行《中国古代文学家》邮票，其中第一枚图案就是李白。邮票画面上，李白身着白衣，独自站在江边，眺望着逐渐消失的孤帆远影，超脱飘逸，似正在酝酿诗句。这选取的是《黄鹤楼送孟浩然之广陵》的创作意境："故人西辞黄鹤楼，烟花三月下扬州。孤帆远影碧空尽，唯见长江天

《早发白帝城》（极限片1）

际流。"

2009年9月13日，中国邮政发行《唐诗三百首》邮票，1套6枚，选取了唐诗中最典型的6种体例。每首诗既是表现盛唐气象的大家之作，也代表了各自不同的风格流派。邮票版张采用竖构图，以中国传统古画《雪景寒林图》作为边饰。

其中第一枚为李白的《早发白帝城》一诗："朝辞白帝彩云间，千里江陵一日还。两岸猿声啼不住，轻舟已过万重山。"邮票画面着力描绘其背倚高山，前临大江，红墙碧瓦掩映于古木苍峰之中的景致，点染出李白诗中"朝辞白帝彩云间"的那种诗情画意。

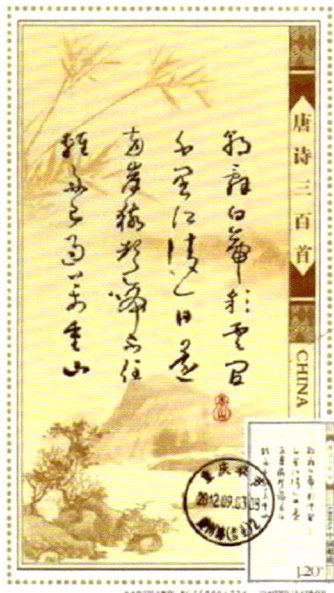

《早发白帝城》（极限片2）

杜 甫

　　杜甫是唐代伟大的现实主义诗人，也是唐诗思想艺术的集大成者，被后人称为"诗圣"，与李白合称"李杜"。

杜甫

　　杜甫（712—770），字子美，原籍湖北襄阳，后徙河南巩县。曾任检校工部员外郎，故世称"杜工部"。出身于官宦家庭，自小好学，七岁能作诗，但年幼时母亲崔氏就已故去，因此少年时也很顽皮。

　　因家境较为优越，杜甫少年时期有机会受到各种文化艺术的熏陶，如五六岁时就看过舞蹈家公孙大娘的剑器浑脱舞，在洛阳尚善坊听过李龟年的歌声，在玄元皇帝庙里欣赏过画圣吴道子画的五圣尊容、千官行列，这对他日后的诗歌创作有很大的影响。当时社会名流崔尚、魏启心看到他习作的词赋，夸奖他有班固、扬雄之风。像李邕、王翰这样的长辈也屈尊来拜访他。

　　唐开元十九年（731年），十九岁的杜甫出游郇瑕（今山东临沂）。二十岁时漫游吴越，历时数年。开元二十三年（735年），回故乡参加乡贡。翌年在洛阳参加进士考试，结果落第。

　　杜甫的父亲时任兖州司马一职，杜甫于是赴兖州省亲，并到齐赵平原漫游，写下了《登兖州城楼》《画鹰》《房兵曹胡马》《望岳》等诗。《望岳》更是其中的杰作，结尾两句"会当凌绝顶，一览众山小"成为流传千古的名句，流露了诗人少年时代不平凡的抱负。

　　唐天宝三载（744年）四月，杜甫在洛阳与被唐玄宗赐金放还的李白相遇，两人相约同游梁宋（今河南开封、商丘一带）。翌年他又在齐鲁与李白相见，不仅饮酒赋诗，探讨炼丹求仙之道，而且共同访问了兖州城北的隐士范野人。两人还互赠诗词，杜甫在赠李白的诗中说："余亦东蒙客，怜君如弟兄。醉眠秋共被，携手日同行。"李白赠杜甫的诗写道："秋波落泗水，海色明徂徕。飞蓬各自远，且尽手中杯！"可谓情深意长。

　　天宝六载（747年），玄宗诏天下"通一艺者"到长安应试，杜甫也参加了考试。由于权相李林甫编导了一场"野无遗贤"的闹剧，参加考试的士子全部落选。科举之路既然行不通，杜甫为实现自己的政治理想不得不转走权贵之门，但也都毫无结果。他客居长安十年，奔走献赋，郁郁不得志，仕途失意，过着贫困的生活。

　　天宝九载（750年）冬天，杜甫得知第二年正月玄宗将举行祭祀太清宫、太庙和天地的三大盛典，于是预献《三大礼赋》，得到玄宗的赏识，命待制集贤院。因主试仍为李林甫，未能得到官职。

　　直到天宝十四载（755年），杜甫才被授予河西尉这一小官，后改任右卫率府兵曹参军（负责看守兵甲器杖，管理门禁锁钥）。此时杜甫已年四十四，为生计不得不接受这所学无用之职。不久他回奉先（今陕西省蒲城县）省家，刚进家门就听到哭泣声，原来小儿子饿死了。他悲痛欲绝，就客居长安十年的感受和沿途见闻，写成著名的《自京赴奉先县咏怀五百字》。

　　天宝十四载（755年）十一月，安史之乱爆发。第二年六月，潼关失守，玄宗仓惶西逃。七月太子李亨即位于灵武（今宁夏回族自治区灵武市），是为唐肃宗。这时杜甫已将家搬到鄜州（今陕西富县）

羌村避难，他听说肃宗即位，便只身北上，投奔灵武，途中不幸为叛军俘虏，押至长安。一同被俘的王维被严加看管，而杜甫因为官小没有被囚禁。

尽管个人遭遇不幸，但他无时无刻不忧国忧民。他密切注视着时局的发展，并写了《为华州郭使君进灭残冠形势图状》和《乾元元年华州试进士策问五首》两篇文章，为剿灭安史叛军和减轻人民负担献策。当讨伐叛军的劲旅——镇西北庭节度使李嗣业的兵马路过华州（今陕西渭南市华州区）时，他写了《观安西兵过赴关中待命二首》的诗，表达了强烈的爱国热情。

唐至德二年（757年）四月，郭子仪大军来到长安北方，杜甫冒险从城西金光门逃出长安，穿过对峙的两军到凤翔（今陕西宝鸡）投奔肃宗，被授为左拾遗，故世称"杜拾遗"。不料杜甫很快因营救房琯触怒肃宗，被贬到华州，负责祭祀、礼乐、学校、选举、医筮、考课等事。

唐乾元元年（758年）底，杜甫暂离华州，到洛阳、偃师探亲。从洛阳返回华州途中，杜甫见到战乱给百姓带来的无穷灾难和人民忍辱负重参军参战，不禁感慨万千，奋笔创作了不朽的史诗——"三吏"（《新安吏》《石壕吏》《潼关吏》）和"三别"（《新婚别》《垂老别》《无家别》）。

乾元二年（759年）夏，华州及关中大旱，杜甫写下《夏日叹》和《夏夜叹》，忧时伤乱，咏叹国难民苦。这年立秋后，杜甫因对污浊的时政痛心疾首，而放弃了华州司功参军的职务，几经辗转，最后到了成都。在严武等人的帮助下，在城西浣花溪畔建成了一座草堂，世称"杜甫草堂"。后被严武荐为节都，全家寄居在四川奉节县。

唐广德二年（764年）春，严武再次镇蜀，在外漂泊近两年的杜甫重新回到草堂。严武表荐杜甫为检校工部员外郎，但不久杜甫就辞了职。翌年四月严武去世，于是杜甫离开成都到达夔州（奉节）。

由于夔州都督柏茂林的照顾，杜甫得以在此暂住。这一时期，他的诗词创作达到了高潮，不到两年就作诗430多首，占现存作品的30%。其中有《春夜喜雨》《茅屋为秋风所破歌》《蜀相》《闻官军收河南河北》《登高》《登岳阳楼》等大量名作。"安得广厦千万间，大庇天下寒士俱欢颜"和"无边落木萧萧下，不尽长江滚滚来"等成为千古绝唱。

唐大历三年（768年），杜甫思乡心切，乘舟出峡，经江陵、公安到岳阳。由于生活困难，不得不住在船上，非但不能北归，反而被迫更往南行。途中又遭遇臧玠在潭州（今湖南长沙）作乱，只好逃往衡州。大历五年（770年）冬，杜甫在由潭州往岳阳的一条小船上去世，由于家贫无力安葬，只得寄棺于岳阳。待43年后，才由其孙杜嗣业移葬于河南首阳山下。

杜甫生活在唐朝由盛转衰的历史时期，一生饱经忧患，历尽坎坷，晚年生活极为贫困。因此他的诗多涉及社会动荡、政治黑暗、人民疾苦，反映当时社会矛盾和下层人民生活，记录了唐代由盛转衰的历史巨变，表达了崇高的儒家仁爱精神和强烈的忧患意识，因而被后世誉为"诗史"。

杜甫忧国忧民，人格高尚，诗艺精湛。其诗抒写个人情怀，往往紧密结合时弊，思想深厚，境界广阔，有强烈的社会现实意义，深刻地反映了时代特色。在艺术上博采前人，融合众长，形成特有的沉郁顿挫的风格。他的诗作也因此成为现实主义诗歌的代表作，被誉为"世上疮痍，诗中圣哲；民间疾苦，笔底波澜"。

杜甫的诗词风格多样，以古体、律诗见长，尤其是律诗在杜诗中占有极重要的地位。杜甫律诗的成就，首先在于扩大了律诗的表现范围。他不仅以律诗写应酬、咏怀、羁旅、宴游及山水，而且用律诗写时事。尽管字数和格律都受限制，难度更大，但他却能运用自如，把律诗写得纵横恣肆，极尽变化之能事，合律而又看不出声律的束缚，对仗工整而又看不出对仗的痕迹。如被称为"杜集七言律第一"的《登高》："风急天高猿啸哀，渚清沙白鸟飞回。无边落木萧萧下，不尽长江滚滚来。万里悲秋常作客，百年多病独登台。艰难苦恨繁霜鬓，潦倒新停浊酒杯。"全诗在声律句式上极为精密、考究，不仅八句皆对，首联句中也对。严整的对仗被形象的流动感掩盖起来，严密变得疏畅。

杜甫律诗的最高成就，就是把这种体式写得浑融流转，无迹可寻，若不经意，使人忘其为律诗。如《春夜喜雨》："好雨知时节，当春乃发生。随风潜入夜，润物细无声。野径云俱黑，江船火独明，晓看红湿处，花重锦官城。"上四句用流水对，扣春雨神韵一气写下，无声无息不期然而来，末联写一种骤然回首的惊喜，格律严谨而浑然一气。

杜甫流传下来的诗篇是唐诗里最多、最广泛的，对后世影响深远。作为新乐府诗体的开路人，他的乐府诗促成了中唐时期新乐府运动的发展，直接影响了元稹、白居易等人的新乐府创作。他的五七古长篇，亦诗亦史，展开铺叙，而又着力于全篇的回旋往复，标志着中国诗歌艺术的高度成就。社会矛盾重重的宋代，是学习杜诗最兴盛的时代，出现了以杜甫为宗的江西诗派，王禹、王安石、苏轼、黄庭坚、陆游等人均对杜甫推崇倍至。明末清初的顾炎武等人也有明显的学杜倾向，也像杜甫一样习律诗反映当时的抗清斗争，慷慨激昂。

杜甫的思想核心是儒家的仁政思想，他有"致君尧舜上，再使风俗淳"的宏伟抱负。杜甫虽然在世时名声并不显赫，但后来声名远播，对中国文学和日本文学都产生了深远的影响。杜甫共有约1500首诗歌被保留了下来，大多集于王洙辑录的《杜工部集》18卷，其中以《春望》《北征》《丽人行》及"三吏""三别"等最为脍炙人口。

1962年，邮电部发行《杜甫诞生一二五〇周年》纪念邮票，1套2枚。邮票艺术地再现了杜甫饱经沧桑、忧国忧民的形象和成都杜甫草堂内的碑亭质貌。

（2-1）杜浦草堂碑亭，画面在布局上独具匠心，中间一块是草堂碑亭，其中上半部松林苍苍，以茅草遮盖的碑亭坐落其中，碑亭中隐约可见石碑。邮票两侧留有朱德1957年参观杜甫草堂时撰写的一副对联："草堂留后世，诗圣著千秋。"

1983年，邮电部发行《中国古代文学家》邮票，1套4枚，其中第二枚图案为杜甫（参见题图）。邮票画面中杜甫衣着简朴，坐于太湖石上，正提笔沉吟。画面突出了对杜甫脸形、颜面皱纹和眼神的刻画。几条皱纹，埋藏着杜甫不幸的遭遇；沉郁的眼神，则流露着伤时感世的心情。

2015年，中国邮政发行《诗词歌赋》特种邮票，1套4枚。其中第一枚为《杜甫吟诗》，诗人位于画面前方，背景为《春夜喜雨》的诗意情景境，诗境与画境浑然一体。

《春夜喜雨》是唐诗名篇之一，是杜甫上元二年（761年）在成都草堂居住时所作。此诗运用拟人手法，以极大的喜悦之情细致地描绘了春雨的特点和成都夜雨的景象，热情地讴歌了来得及时、滋润万物的春雨。诗中对春雨的描写，体物精微，细腻生动，绘声绘形。全诗意境淡雅，意蕴清幽，诗境与画境浑然一体，是一首传神入化、别具风韵的咏雨诗。

（2-1）杜甫草堂碑亭（2-2）杜甫像

杜甫吟诗（极限片）

白居易

白居易是唐代伟大的现实主义诗人，被誉为"唐代三大诗人"之一。有"诗魔"和"诗王"之称，与唐代另一位著名诗人元稹共同倡导新乐府运动，世称"元白"。

居易醉歌

白居易（772—846），字乐天，号香山居士，祖籍太原，生于河南新郑。出生于一个"世敦儒业"的中小官僚家庭，父亲白季庚曾任宋州司户参军、徐州彭城县县令、徐州别驾等职。为躲避徐州战乱，他把家人送往宿州符离安居，白居易得以在此度过了童年时光。

白居易自幼聪颖过人，读书十分刻苦，唐贞元十六年（800年）中进士，任秘书省校书郎。806年，参加试才识兼茂明于体用科及第，授盩厔（今西安周至县）县尉。807年，任进士考官、集贤校理，授翰林学士。808年，任左拾遗，并迎娶杨虞卿从妹为妻。为报答皇上知遇之恩，尽言官之职责，他频繁上书言事，并写了大量反映社会现实的诗歌，希望以此补察时政，甚至当面指出皇帝的错误。虽然多获接纳，但也令唐宪宗感到不快。

810年，改任京兆府户部参军。811年，母亲陈氏去世，离职丁忧，归下邽。814年，回长安，授太子左赞善大夫。815年，宰相武元衡遇刺身亡，白居易上表主张严缉凶手，被认为是越职言事，其后又被诽谤，被贬为江州（今江西九江）司马，成为他一生的转折点。在此之前他以"兼济"为志，希望能对国家做出有益的贡献；自此之后他的行事渐渐转向"独善其身"，虽仍心忧天下，行动上却无以表现了。

818年，白居易被任命为忠州刺史，赴任途中与元稹相遇于黄牛峡。820年夏，被召回长安，任尚书司门员外郎，后转任主客郎中、知制诰。翌年加朝散大夫，转上柱国，又转中书舍人。

822年7月，被任命为杭州刺史，到任后主持修筑西湖堤防、疏浚六井，取得不少政绩。并作《钱塘湖石记》，将治理湖水的政策、方式与注意事项，刻石置于湖边，供后人知晓，对后来杭州治理湖水有很大的影响。其间元稹亦从宰相转任浙东观察使，两人惺惺相惜，互相诗酬赠答，往来密切。

825年，被任命为苏州刺史。为了便利苏州水陆交通，他开凿了一条长七里、西起虎丘东至阊门的山塘河，并在河北修建道路，深受百姓爱戴。翌年因病去职，与刘禹锡相伴游览于扬州、楚州一带。

827年，白居易至长安任秘书监，成为三品官员。828年，转任刑部侍郎，封晋阳县男。829年春，因病改授太子宾客分司，回洛阳履道里。830年12月，任河南尹。831年七月，元稹去世，他亲为元稹撰写墓志铭，并将元家给的润笔六七十万钱全数布施于洛阳香山寺。833年后，年过花甲的白居易因病免河南尹，再任太子宾客分司；后被任命为同州刺史，辞不赴任，改任太子少傅分司东都，封冯翊县侯。842年以刑部尚书致仕，领取半俸。844年，73岁的白居易出钱开挖龙门一带阻碍舟行的石滩，事成后作诗《开龙门八节石滩诗二首并序》留念，诗中仍反映出他"达则兼济天下"的人生观。

白居易晚年大多在洛阳的履道里第度过，时常与刘禹锡唱和，也常游历于龙门一带，作《池上篇》《醉吟先生传》自况。笃信佛教，号香山居士，为僧如满之弟子。他努力以闲适的生活践行自己"穷则独善其身"的人生哲学。

唐武宗会昌六年（846年）八月，白居易因疾在洛阳去世，赠尚书右仆射，谥号"文"，葬于洛阳香山。有《白氏长庆集》71卷传世，代表作有《长恨歌》《卖炭翁》《琵琶行》等。

白居易去世后，唐宣宗李忱写诗悼念，情词恳切："缀玉联珠六十年，谁教冥路作诗仙？浮云不系名居易，造化无为字乐天。童子解吟《长恨》曲，胡儿能唱《琵琶》篇。文章已满行人耳，一度思卿一怆然。"

白居易是中唐时期影响极大的诗人。其诗歌题材广泛，形式多样，语言平易通俗，并以其对通俗性、写实性的突出强调和全力表现，在中国诗歌史上占有重要的地位。他提出"文章合为时而著，歌诗合为事而作"的诗歌主张，在讽喻、闲适、感伤、杂律四类诗中尤其重视体现其"兼济、独善之道"的讽喻、闲适诗。元和年间他曾任左拾遗，写了大量讽喻诗，如《秦中吟》10首和《新乐府》50首，均使权贵们咬牙切齿、扼腕变色。其讽喻诗志在"兼济"，与社会政治紧相关联，多写得意激气烈；闲适诗则意在"独善"，"知足保和，吟玩性情"，从而表现出淡泊平和、闲逸悠然的情调。

《琵琶行》与《长恨歌》是白居易写得最成功的作品，其艺术表现上的突出特点是抒情因素的强化。他常把事件简化，而在最便于抒情的人物心理描写和环境气氛渲染上，则泼墨如雨，务求尽情，即使《琵琶行》这种在乐声摹写和人物遭遇叙述上着墨较多的作品，也是用情把声和事紧紧联结在一起，声随情起，情随事迁，使诗的进程始终伴随着动人的情感力量。同时以精选的意象来营造恰当的氛围，烘托出诗歌的意境。

白居易的思想，综合儒、佛、道三家，以儒家思想为主导，孟子说的"达则兼济天下，穷则独善其身"是他终生遵循的信条。他认为"情"是诗歌的根本条件，"感人心者莫先乎情"，而情感的产生又是有感于事而系于时政。因此，诗歌创作不能离开现实，必须取材于现实生活中的各种事件，反映一个时代的社会政治状况。他的这种诗歌理论对于

促使诗人正视现实，关心民生疾苦是有进步意义的。对大历以来逐渐偏重形式的诗风，亦有针砭作用。

2015年11月，中国邮政发行《诗词歌赋》特种邮票，1套4枚，其中第三枚为《居易醉歌》，选用的是白居易的《长恨歌》。画面中白居易面带哀叹之情，若有若无，一边赋歌一边思绪万千，哀叹唐明皇和杨玉环的爱情悲剧。背景为唐明皇和杨玉环同游御花园的情形。唐元和元年（806年），大诗人白居易在西安市周至县城南仙游寺创作史诗《长恨歌》，仙游寺遂以此而闻名于世。

2009年9月13日，中国邮政发行《唐诗三百首》邮票，1套6枚，其中第三枚为白居易的《琵琶行》。

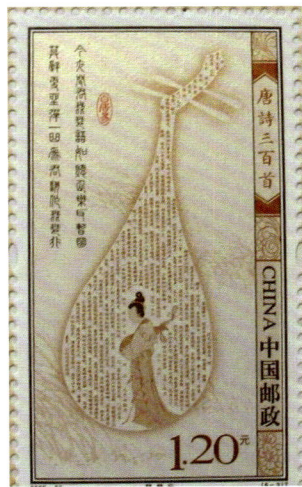

《琵琶行》

邮票画面远处是一丛丛芦苇，画面中心是一个斜放的琵琶造型，虚实结合的琵琶轮廓中有《琵琶行》全诗的微缩文字以及渐隐渐现的琵琶女斜抱着琵琶，孤独中带着悲伤，标示了诗中的意境和白居易当时的心情。

邮票画面所用字体为篆书，系采用《说文解字》中的篆书集字。琵琶女的形象取自明代郭诩的画作《琵琶行》，该画现藏北京故宫博物院。该画削尽烦冗，没有任何晕染，仅以简约明了的圆熟线条勾画出诗人与落难中的歌女，形象高度提炼，笔墨大胆精减，却将画中人物"听"与"说"的神态表现得有声有色，极具感染力，展示出画家在人物画创作上形简神足的深厚功底。

《琵琶行》作于唐宪宗元和十一年（816年）秋，时白居易45岁，任江州司马。浔阳为长江流经江西省九江北的一段。在送客船上，偶然听得琵琶声，于是邀请琵琶女演奏。在和琵琶女的对话中，白居易了解了琵琶女的身世，觉得他两人的命运相同，写出了"同是天涯沦落人，相逢何必曾相识"的惊人诗句，并为之泪湿青衫。

《琵琶行》（极限片）

韩　愈

韩愈是唐代杰出的文学家、思想家、政治家，也是唐代古文运动的倡导者，被尊为"唐宋八大家"之首，与柳宗元并称"韩柳"，有"文章巨公"和"百代文宗"之名。

韩愈

韩愈（768—824），字退之，河南河阳（今河南省孟州市）人。自称"郡望昌黎"，世称"韩昌黎"。其父韩仲卿曾任秘书郎，但在韩愈三岁时便去世。韩愈由兄长韩会抚养长大，十岁时韩会被贬为韶州刺史，到任未久便病逝于韶州。韩愈只得随寡嫂郑氏避居江南宣城，在困苦与颠沛中度日。因此他从小便刻苦读书，无须别人嘉许勉励。

唐贞元二年（786年），韩愈离开宣城，只身前往长安，生活无所依靠，后因偶然机会，得以拜见北平王马燧，得到他的帮助。韩愈后曾作《猫相乳》以感其德。贞元三年至五年（787—789年），韩愈三次参加科举考试，均告失败，他只好返回宣城。

贞元八年（792年），韩愈第四次参加进士考试，终于登进士第。后三次参加博学宏词科考试，均遭失败。其间他曾三次给宰相上书，也均未得到回复。他只好离开长安，经潼关回到河阳县，后前往东都洛阳。

贞元十二年（796年）七月，韩愈因受宣武节度使董晋推荐，得试任秘书省校书郎，并出任宣武节度使观察推官。他利用一切机会，极力宣传自己对散文革新的主张。贞元十五年（799年），董晋逝世，韩愈应徐泗节度使张建封之聘，出任节度推官，试协律郎。翌年冬第四次参加吏部考试，并通过铨选，被任命为国子监四门博士。

贞元十九年（803年），韩愈晋升为监察御史。当时关中地区大旱，韩愈在查访后发现，灾民流离失所，四处乞讨，关中饿殍遍地。目睹严重的灾情，韩愈痛心不已。而时任京兆尹李实却封锁消息，谎报关中粮食丰收，百姓安居乐业。韩愈在愤怒之下上《论天旱人饥状》疏，却反遭李实等人谗害，被贬为连州阳山县令。

贞元二十一年（805年），韩愈获赦免，获授江陵法曹参军。翌年奉召回长安，曾任国子博士、都官员外郎、尚书职方员外郎，也曾外放任河南县令。韩愈认为自己才学高深，却屡次遭贬斥，便创作《进学解》来自喻。宰相看后，很同情韩愈，认为他有史学方面的才识，于是调韩愈为比部郎中、史馆修撰，奉命修撰《顺宗实录》，后晋升为中书舍人。

唐元和十二年（817年），宰相裴度任淮西宣慰处置使，兼彰义军节度使，聘请韩愈任行军司马，赐紫服佩金鱼袋。韩愈曾建议裴度派精兵千人从小路进入蔡州，必能擒拿吴元济。裴度未及采行，李愬已自文城提兵雪夜入蔡州，果然擒得吴元济，三军谋略之士无不为韩愈惋惜。淮西平定后，韩愈随裴度回朝，因功授职刑部侍郎，后任详定副使，参与朝廷仪制、吉凶五礼等的修订。

元和十四年（819年）正月，唐宪宗派使者前往凤翔迎佛骨，长安一时间掀起信佛狂潮。韩愈不顾个人安危，毅然上《论佛骨表》极力劝谏，认为供奉佛骨实在荒唐，要求将佛骨烧毁，不能让天下人被佛骨误导。宪宗览奏后大怒，要用极刑处死韩愈，裴度、崔群等人极力劝谏，一些皇亲国戚也为其说情，宪宗便将他贬为潮州刺史。

韩愈到潮州后，上奏为自己辩白。不久适逢大赦，宪宗便移韩愈为袁州（今江西宜春）刺史。韩愈抵袁州后禁止买人为奴的风俗，受到百姓称赞。元和十五年（820年）九月，韩愈入朝任国子祭酒，后转任兵部侍郎、镇州宣慰使、吏部侍郎、京兆尹兼御史大夫、兵部侍郎等职。

唐长庆四年（824年）八月，韩愈因病告假。同年十二月初二日在长安家中逝世，获赠礼部尚书，谥号文，故称"韩文公"。次年三月，葬于河阳。宋元丰元年（1078年），宋神宗追封韩愈为昌黎伯，并准其从祀孔庙。

韩愈是古文运动的倡导者，主张继承先秦两汉散文传统，反对专讲声律对仗而忽视内容的骈体文。其文章气势雄伟，说理透彻，逻辑性强，时人有"韩文"之誉。杜牧把韩文与杜诗并列，称"杜诗韩笔"；苏轼则称他"文起八代之衰"。他提出的"文道合一""气盛言宜""务去陈言""文从字顺"等散文写作理论，对后人很有指导意义。

韩柳倡导的古文运动，开辟了唐以来古文的发展道路。韩诗力求新奇，重气势，有独创之功。韩愈以文为诗，把新的古文语言、章法、技巧引入诗坛，增强了诗的表达功能，扩大了诗的领域，纠正了大历以来的平庸诗风。韩愈的文学成就主要在文，但其诗亦有特色，为一代大家，对后代有较大的影响。韩愈多长篇古诗，其中不乏揭露现实矛盾，表现个人失意的佳作，如《归彭城》《龊龊》《县斋有怀》等，大都写得平实顺畅。但也有一些诗作写得清新，富于神韵，如《晚雨》、《盆池五首》、《早春呈水部张十八员外二首》（其一）等。

韩愈是一位重要的思想家。在大力提倡儒学方面，他也有独到的建树，以继承儒学道统自居，开宋明理学家之先声。在宋儒眼中，孔、孟之下，便是韩愈。他在儒学式微，释、道盛行之际，力辟佛、老，致力于复兴儒学，取得了重大的成功。他所倡导的古文运动，其实就是复兴儒学的重要手段。

1983年，邮电部发行《中国古代文学家》邮票，其中第三枚图案为韩愈。邮票画面上的韩愈选取其自咏诗的意境，"一封朝奏九重天，夕贬潮州路八千。欲为圣明除弊事，肯将衰朽惜残年"，描绘了其心底无私，落落大方，与古松同在的不朽形象，反映了其庄重严肃的生活道路和正直大度的人格。

韩愈（首日封）

柳宗元

柳宗元是唐代著名文学家、思想家，也是"唐宋八大家"之一。他与韩愈共同倡导古文运动，后世把他们二人并称为"韩柳"。

柳宗元

柳宗元（773—819），字子厚，河东（今山西永济）人，世称"柳河东"。祖上世代为官，其父柳镇曾任侍御史等职，母亲卢氏也是官宦家庭出身。773年，柳宗元生于京城长安，母亲的启蒙教育使他对知识产生了强烈的兴趣。九岁时遭遇建中之乱，后来他和母亲为避战乱来到父亲的任所夏口，亲历了藩镇割据的战火，对朝廷的腐败无能、社会的危机与动荡有所见闻和感受。

唐贞元元年（785年），柳镇到江西做官，柳宗元随父亲宦游，参与社交，直接接触社会，不仅增长了见识，而且养成了积极用世的态度和刚直不阿的品德。能诗善文的父亲和信佛的母亲为他后来"统合儒佛"思想的形成奠定了基础。

793年，柳宗元进士及第，名声大振。796年被安排到秘书省任校书郎。798年，柳宗元参加博学宏词科考试并中榜，授集贤殿书院正字。801年，被任命为蓝田尉（正六品）。两年后被调回长安，任监察御史里行，从此他与官场上层人物交游更加广泛，对政治的黑暗腐败也有了更深入的了解，逐渐萌发了要求改革的愿望，成为王叔文革新派的重要人物。

贞元二十一年（805年），唐德宗驾崩，皇太子李诵继位为唐顺宗，改元永贞。王叔文等革新派人物受到重用，柳宗元也被提拔为礼部员外郎，掌管礼仪、享祭和贡举。王叔文等掌管朝政后，积极推行革新，采取了一系列的改革措施，史称"永贞革新"。其革新措施主要有：抑制藩镇势力，加强中央的权力；废除宫市，罢黜雕坊、鹘坊、鹞坊、狗坊、鹰坊的宦官；贬斥贪官污吏；整顿税收，废除地方官吏和地方盐铁使的额外进奉，并试图收回在宦官和藩镇手中的兵权。

然而，随着顺宗病情的加重，以俱文珍为首的宦官集团联合外藩等反对革新派向朝廷施加压力，要其退位，并拥立广陵郡王李淳为太子，改名李纯。顺宗被迫禅让帝位给太子李纯，即宪宗，史称"永贞内禅"。宪宗一即位就打击以王叔文和王伾为首的政治集团，王叔文被贬为渝州司户，不久被赐死；王伾被贬为开州司马，到任不久后病死。永贞革新宣告失败，前后共180多天。

永贞革新失败后，柳宗元被贬为邵州（今湖南邵阳市）刺史，赴任途中又被加贬为永州司马。在永州的10年中，柳宗元在哲学、政治、历史、文学等方面进行钻研，并游历永州山水，结交当地士子和闲人，并写下《永州八记》（《柳河东全集》540多篇诗文中，有317篇创作于永州）。

唐元和十年（815年），柳宗元转任柳州刺史。直到元和十四年（819年）宪宗实行大赦，方在裴度的说服下，敕召柳宗元回京。然而，长期的流放谪贬生活已摧残了他的身心健康。同年十一月初八日，柳宗元未及回京即在柳州因病去世。宋绍兴二十八年（1158年），宋高宗加封柳宗元为文惠昭灵侯。

唐代中叶，柳宗元和韩愈在文坛上发起和领导了一场古文运动，对后世产生了深远的影响。他们提出了一系列思想理论和文学主张。在文章内容上，针对骈文不重内容、空洞无物的弊病，提出"文道合一""以文明道"，要求文章反映现实，不平则鸣，富于革除时弊的批判精神；在文章形式上，提出要革新文体，突破骈文束缚，句式长短不拘，并要求革新语言，务去陈言，辞必己出，并要求先立行、再立言。这是一种进步的文学主张。柳宗元与韩愈在创作实践中身体力行，创作了许多内容丰富、技巧纯熟、语言精练生动的优秀散文。

柳宗元倡导古文运动，其诗文均为反映现实的力作。寓言讽刺小品作为一种独立的文学形式出现，是柳宗元的创新。其中的代表作如《三戒》等，文章短小简洁，意味深远，语言犀利，风格严峻。他的诗词骚赋也独具特色，如"九赋"和"十骚"，成为唐代赋体文学作品中的佳作，无论侧重于陈情，还是侧重于咏物，都感情真挚，内容充实。柳诗现存140多首，均为贬谪后所作，语言朴素自然，风格淡雅而意味深长。如《登柳州城楼寄漳汀封连四州》为唐代七律名篇，《江雪》《渔翁》《溪居》在唐人绝句中也是不可多得之作。

柳宗元的山水游记尤为突出，文笔秀丽清新，描写景物细致生动，极富诗情画意。其代表作如《永州八记》最为脍炙人口，已成为我国古代山水游记名作。这些作品中既有借美好景物寄寓自己的遭遇和怨愤，也有作者幽静心境的描写，表现他在极度苦闷中转而追求精神的寄托。直接刻画山水景色的作品，或峭拔峻洁，或清邃奇丽，以精巧的语言再现自然美。它丰富了古典散文反映生活的新领域，从而确立了山水游记作为独立的文学体裁在文学史上的地位，对后世有很大影响。

柳宗元一生好佛，但他的思想基本上还是儒家的，对待人生的态度也是积极执着的。他一生有两项重大活动：一是参与永贞革新，一是领导古文运动。这二者都与他复兴儒学、经世致用的思想有关。他既身体力行了"励材能，兴功力，致大康于民，垂不灭之声"的政治理想，又明确提出"文者以明道""辅时及物"的主张和以儒家经典为"取道之源"的原则。他博采众家，儒释兼通、道学纯备，并力图把佛教思想纳入儒家思想体系。

柳宗元一生留下600多篇诗文作品，其文的成就大于诗，现存有《柳河东集》。后人把他与王维、孟浩然、韦应物并称为"王孟韦柳"。

1983年，邮电部发行《中国古代文学家》邮票，1套4枚，其中第四枚图案为柳宗元（参见题图）。邮票画面上反映的是柳宗元因参与王叔文等人的革新运动，被贬南方，在溪边撰写诗文的形象，表现了他内心的悲愤和不甘于向命运低头的信念。

柳侯祠（极限片）

欧阳修

　　欧阳修是北宋政治家、文学家，也是"唐宋八大家"之一。他领导了北宋诗文革新运动，是宋代文学史上最早开创一代文风的文坛领袖。

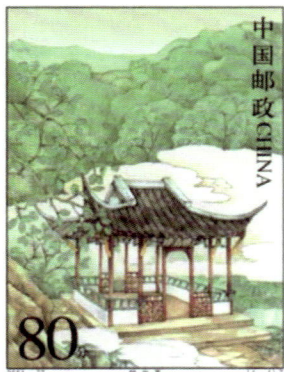

醉翁亭

　　欧阳修（1007—1072），字永叔，号醉翁、六一居士，吉州永丰（今江西省吉安市永丰县）人。年仅三岁时任绵州军事推官的父亲即去世，他与母亲郑氏相依为命，后到湖北随州投奔叔叔，在叔叔和出身大家闺秀的母亲关怀下读书写字、健康成长。

　　欧阳修自幼喜爱读书，常从城南李家借书抄读，他天资聪颖，又刻苦勤奋，往往书不待抄完，已能成诵；少年习作诗赋文章，文笔老练，有如成人。十岁时，从李家得唐《昌黎先生文集》六卷，手不释卷，这为日后北宋诗文革新运动播下了种子。

　　然而，他的科举之路却十分坎坷。宋天圣元年（1023年）和天圣四年（1026年）两次参加科举都意外落榜。直到天圣七年（1029年）才在国子监的广文馆试、国学解试中分获第一名，成为监元和解元；第二年在礼部省试中再获第一，成为省元。天圣八年（1030年），宋仁宗赵祯亲自主持殿试，欧阳修位列第十四名，二甲进士及第，被授任将仕郎，试秘书省校书郎，充任西京（洛阳）留守推官，并

被恩师胥偃选为乘龙快婿。在金榜题名的同时，他也迎来了洞房花烛。

　　天圣九年（1031年）三月，欧阳修抵达洛阳，与梅尧臣、尹洙结为至交，互相切磋诗文。同年，在东武县迎娶新娘胥氏。时任西京留守是吴越忠懿王钱俶之子钱惟演。在钱惟演的支持下，欧阳修等人力图打破当时陈腐的文风，推行"古文"。后来古文创作在宋代繁盛一时，留下了无数千古名篇，钱惟演可谓功在千秋。

　　"曾是洛阳花下客，野芳虽晚不须嗟。"在洛阳的奢华生活，不仅奠定了欧阳修一生的文学基础，更成为欧阳修生命中最美好的回忆。宋景祐元年（1034年），28岁的欧阳修召试学士院，授任宣德郎，回京做了馆阁校勘，参与编修《崇文总目》。他在京中继续把"座上客常满，樽中酒不空"当成座右铭，同时开始担负起社会责任。

　　景祐三年（1036年），与欧阳修交往颇深的范仲淹着手呼吁改革，他把社会问题归咎为腐败，而欧阳修看得更深刻，认为冗官冗员才是根本问题。最终，范仲淹的改革冒犯了既得利益者，受到打击，被贬饶州。欧阳修也受到牵连，被贬为夷陵（今湖北宜昌）县令。

　　宋康定元年（1040年），欧阳修被召回京，复任馆阁校勘，编修《崇文总目》，后知谏院。宋庆历三年（1043年），任右正言、知制诰。在范仲淹、韩琦、富弼等人推行庆历新政时，欧阳修也参与革新，成为革新派干将，提出改革吏治、军事、贡举法等主张。但在守旧派的阻挠下，新政又遭失败。

　　庆历五年（1045年），范、韩、富等相继被贬，欧阳修上书分辩，被贬为滁州太守，后又改知扬州、颍州（今安徽阜阳）、应天府。在滁州，他为政宽简，让老百姓都过得轻松，把滁州治理得井井有条。而他饮酒游山的爱好不减当年，在游玩中写下了不朽名篇《醉翁亭记》，可见其古文艺术水平和技巧已十分成熟，达到了炉火纯青的地步。

　　任颍州太守时，他照样寄情诗酒。宋皇祐元年（1049年）回朝，先后任翰林学士、史馆修撰等职。他不仅与宋祁共同主持修撰了《新唐书》，而且独自

修撰了《五代史记》（即《新五代史》）。作为一位史官，他把通达的文笔用于修史，格外得心应手。

宋嘉祐二年（1057年），已届知天命之年的欧阳修出任礼部贡举的主考官，以翰林学士身份主持进士考试。他提倡平实文风，以卓越的识人之明，录取了苏轼、苏辙、曾巩等人，不仅为北宋朝廷及整个文学史做出了一份突出的贡献，而且对北宋文风的转变也产生了很大的影响。

嘉祐三年（1058年），欧阳修以翰林学士身份兼龙图阁学士知开封府。嘉祐五年（1060年）拜枢密副使，次年任参知政事，后又相继任刑部尚书、兵部尚书等职。宋神宗熙宁二年（1069年），王安石实行新法。欧阳修对青苗法有所批评，被改知蔡州。熙宁四年（1071年），以太子少师的身份致仕。

晚年的欧阳修，自称有藏书一万卷、琴一张、棋一盘、酒一壶，陶醉其间，怡然自乐。熙宁五年（1072年），欧阳修在家中逝世，葬于开封府新郑县。获赠太子太师，赐谥号"文忠"。宋元丰三年（1080年）特赠太尉，后加赠太师，追封康国公，再追封衮国公，改封秦国公、楚国公，世称欧阳文忠公。有《欧阳文忠集》传世。

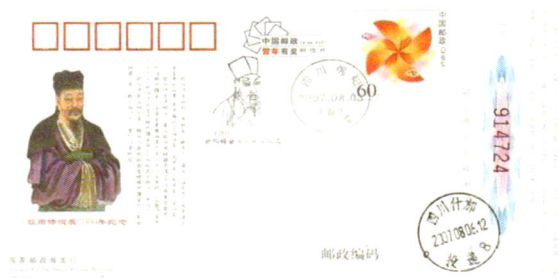

诗风词风进行了革新。在史学方面，也有较高成就。后人将他与韩愈、柳宗元和苏轼合称为"千古文章四大家"。

2004年，中国邮政发行《中国名亭》邮票，1套4枚，其中第四枚为《醉翁亭》（参见题图）。醉翁亭位于安徽滁州市西南琅琊山半腰，初建时欧阳修临亭饮酒，饮少辄醉，故名。今亭为清光绪七年（1881年）所建。亭旁斜卧一青褐色巨石，上刻圆底篆书"醉翁亭"三个大字，巨石半卧半立，像是一个喝醉酒的大汉斜靠在山坡上。附近一带的建筑，布局紧凑别致，亭台小巧独特，具有江南园林特色。总面积虽不到1000平方米，却有九处互不雷同的景致，人称"醉翁九景"。

醉翁亭（极限片）

《欧阳修诞辰1000年纪念》（贺年有奖明信片）

欧阳修继承并发展了韩愈的古文理论。他的散文创作的高度成就与其正确的古文理论相辅相成，从而开创了一代文风。在变革文风的同时，他也对

《古代文学家欧阳修诞生1000周年》（纪念邮资明信片）

苏　轼

苏轼是北宋著名文学家、书法家、画家，也是北宋中期的文坛领袖，与辛弃疾同为宋词豪放派代表，并称"苏辛"，是"唐宋八大家"之一。

苏轼

苏轼（1037—1101），字子瞻，号东坡居士，世称苏东坡，眉州眉山（今四川省眉山市）人。祖籍河北栾城，出身官宦世家。宋庆历八年（1048年），其父苏洵因父丧居家，闭户读书，把自己的学识品行教授给苏轼及幼子苏辙。

宋嘉祐元年（1056年），苏轼首次出川赴京，参加朝廷的科举考试。当时的主考官是文坛领袖欧阳修，小试官是诗坛宿将梅尧臣。二人正锐意于诗文革新，苏轼清新洒脱的文风令人耳目一新。嘉祐二年（1057年），苏轼进士及第，一时声名大噪。他每有新作，立刻就会传遍京师。嘉祐六年（1061年），苏轼应中制科考试，即"三年京察"，入第三等，为"百年第一"，授大理评事、签书凤翔府判官。四年后还朝，任判登闻鼓院。

宋治平三年（1066年），苏洵病逝，苏轼、苏辙兄弟扶柩还乡。守孝三年之后，苏轼还朝，此时震动朝野的王安石变法开始。苏轼的许多师友，包括当初赏识他的欧阳修在内，因反对新法与新任宰相王安石政见不合，被迫离京，朝野旧雨凋零。宋熙宁四年（1071年），苏轼上书谈论新法的弊病。王安石颇感愤怒，并让御史谢景向神宗告了御状，苏轼被迫出京任杭州通判。

熙宁七年（1074年）至元丰二年（1079年），苏轼先后任密州（山东诸城）、徐州、湖州知州。每到一地，革新除弊，因法便民，颇有政绩。

元丰二年（1079年），时任湖州知州的苏轼因给神宗写了一封《湖州谢表》，被新党指为"愚弄朝廷，妄自尊大"而被御史台的吏卒逮捕，解往京师，受牵连者达数十人。酿成北宋著名的"乌台诗案"，成为苏轼一生的转折点。

苏轼下狱一百零三日，险遭杀身之祸。幸亏宋太祖赵匡胤当年定下的"不杀士大夫"的国策，他才算躲过一劫。随后贬为黄州（今湖北黄冈）团练副使，受当地官员监视。苏轼到任后，心情郁闷，曾多次到黄州城外的赤壁山游览，写下了《赤壁赋》《后赤壁赋》《念奴娇·赤壁怀古》等名作，以此来寄托他谪居时的思想感情。元丰七年（1084年），苏轼离开黄州，奉诏赴汝州就任。由于长途跋涉，旅途劳顿，其幼儿不幸夭折。苏轼上书朝廷，请求先到常州居住。南返常州途中，神宗驾崩。

元丰八年（1085年），年幼的宋哲宗即位，高太后临朝听政，司马光被重新启用为宰相，以王安石为首的新党被打压。苏轼复为朝奉郎知登州（山东蓬莱）。四个月后，以礼部郎中被召还朝，后升中书舍人、翰林学士、知制诰，知礼部贡举。当苏轼看到"尽废新法"后，便再次向朝廷提出谏议，引起保守势力的极力反对，于是又遭诬告陷害。既不能容于新党，又不能见谅于旧党，他只好再度请求外调。

宋元祐四年（1089年），苏轼任龙图阁学士，知杭州。由于西湖长期没有疏浚，淤塞过半，严重影响了农业生产。苏轼莅杭第二年便率众疏浚西湖，先后动用民工二十余万，开除葑田，恢复旧观，并在湖水最深处建立三塔（今三潭印月）作为标志。他把挖出的淤泥集中起来，筑成一条纵贯西湖的长堤，堤有六桥相接，以方便行人，后人称之为"苏公堤"（即苏堤）。

后来他被贬颖州（今安徽阜阳）、惠州（今广东惠阳）时，也先后对颖州西湖和惠州西湖进行了疏浚，并分别筑了长堤，受到当地百姓的支持和夸赞。其间，他还担任过扬州、定州及海南岛儋州知州等职。他把儋州当成自己的第二故乡，在那里办学堂，介学风，以致许多人不远千里追至儋州，从苏轼学，并把他看作儋州文化的开拓者、播种人，对他怀有深深的崇敬。

宋徽宗即位后，苏轼相继被调为廉州安置、舒州团练副使、永州安置。宋元符三年（1100年）四月，朝廷颁行大赦，苏轼复任朝奉郎。北归途中，苏轼于建中靖国元年（1101年）在常州逝世。次年，其子苏过遵嘱将父亲灵柩运至汝州郏城县（今河南郏县）安葬。宋高宗即位后，追赠苏轼为太师，谥号"文忠"。

苏轼为"唐宋八大家"之一，在诗、词、散文、书、画等方面都取得了很高的成就，堪称宋代文学最高成就的代表。其文纵横恣肆；其诗题材广阔，清新豪健，善用夸张比喻，独具风格，与黄庭坚并称"苏黄"；其词开豪放一派，与辛弃疾同为"豪放派"代表，并称"苏辛"；其散文著述宏富，豪放自如，与欧阳修并称"欧苏"；其亦善书，为苏、黄、米、蔡"宋四家"之一；而且擅长文人画，尤擅墨竹、怪石、枯木等。有《东坡七集》《东坡易传》《东坡乐府》《潇湘竹石图卷》《古木怪石图卷》等传世。

苏轼不仅在文学方面有很高的造诣，而且生性放达，为人率真，深得道家风范。其人生态度成为后代文人景仰的范式：进退自如，宠辱不惊。此外还好交友、好美食，创造了许多饮食精品，如"东坡肉"，亦好品茗和游玩山林。

苏轼在当时文坛上享有巨大的声誉。他继承了欧阳修的精神，十分重视发现和培养文学人才。有许多青年才俊众星拱月般围绕在他周围，如被称为"苏门四学士"的黄庭坚、张耒、晁补之、秦观四人，再加上陈师道和李廌，合称"苏门六君子"。其中黄庭坚、陈师道长于诗，秦观长于词，李廌以古文名世，张耒、晁补之则诗文并擅。他们的艺术风貌也各具个性，如黄诗生新，陈诗朴拙，风格都不类苏诗，后来黄、陈还另外开宗立派。

2012年8月，中国邮政发行《宋词》特种邮票，1套6枚，其中第二枚为苏轼的《念奴娇·赤壁怀古》。

苏轼：《念奴娇·赤壁怀古》

2015年11月，中国邮政发行《诗词歌赋》邮票，1套4枚，其中第二枚为《东坡填词》（参见题图）：前景为大诗人苏轼举杯填词的动态，他眼睛微闭，似乎是在思念故人；背景为其代表作《水调歌头·明月几时有》的意境。画面中诗人手执酒杯，与背景中望月遥寄思念的人物形成互动，更衬托出思念和不舍之情。

李清照

李清照是宋代著名女诗人，也是婉约词派的重要代表，有"千古第一才女"之称，与辛弃疾并称"济南二安"。

李清照：《一剪梅》

李清照（1084—1155），齐州济南（今山东济南）人，号易安居士。出生于书香门第，早期生活优裕。其父李格非是苏轼的学生，进士出身，官至提点刑狱、礼部员外郎，不仅藏书甚富，而且工于词章。母亲是状元王拱宸的孙女，很有文学修养。

李清照自幼生活在这样的家庭环境中，耳濡目染，家学熏陶，加之聪慧颖悟，才华过人，所以"自少年便有诗名，才力华赡，逼近前辈"，曾受到当时文坛名家、苏轼大弟子晁补之的大力称赞。

少年时代的她随父亲生活于汴京，优雅的生活环境，特别是京都的繁华景象激发了她的创作热情。除了作诗，她也开始在词坛上崭露头角，写出了广为传诵的《如梦令·昨夜雨疏风骤》，一时轰动京师，文士莫不击节称赏。

在诵读著名的《读中兴颂碑》诗后，她当即写出和诗两首——《浯溪中兴颂诗和张文潜》，令人拍案叫绝。此诗笔势纵横，借古讽今，纵议兴废，总结唐代安史之乱前后兴败盛衰的历史教训，告诫当政者"夏商有鉴当深戒，简策汗青今具在"。一个初

涉世事的少女，对国家社稷竟能表达出如此深刻的关注和忧虑，不能不让世人刮目相看。

宋建中靖国元年（1101年），时年13岁的李清照与21岁的太学生赵明诚在汴京成婚。其时李父为礼部员外郎，赵父为吏部侍郎，两人均系贵家子弟，平素生活却十分节俭。稍有闲钱，便用于购置金石书画，共同致力于艺术品的搜集整理。有时甚至靠到当铺典质衣物，以到相国寺市场买回他们所喜爱的碑文字帖，夫妇"相对展玩咀嚼"，乐享其中。

后来赵明诚进入仕途，经济宽裕了些，夫妻俩立下"穷遐方绝域，尽天下古文奇字之志"的宏愿，通过亲友故旧，想方设法把朝廷馆阁收藏的罕见珍本秘籍借来"尽力传写，浸觉有味，不能自已"。遇有名人书画、三代奇器，更不惜"脱衣市易"。共同的兴趣爱好使两人新婚之后的生活安静和谐，高雅有趣，充满着幸福与欢乐。

可惜好景不长，朝廷内部激烈的新旧党争很快就把李家卷了进去。李清照出嫁后的第二年，父亲就被列入元祐党籍，被罢提点京东路刑狱之职，只得携眷回到原籍。不久，朝廷党争愈演愈烈，李清照也被株连，不仅不准居京，而且不准与宗室子弟通婚。她不得不只身离京回到原籍，投奔先行被遣归的家人。

其时，她的公公赵挺之却一路升迁，官至尚书左丞，对亲家和媳妇也爱莫能助。此后政坛风云变幻，赵挺之先后两任尚书右仆射兼中书侍郎，又两次辞任或被罢免；李清照刚得以返归汴京与丈夫团聚，又不得不随夫家迁至青州，过起屏居乡里的生活。宋大观二年（1108年）秋，25岁的李清照命其室曰"归来堂"，自号"易安居士"。取陶渊明《归去来兮辞》中"倚南窗以寄傲，审容膝之易安"之意，步罢官归隐的晁补之修"归去来园"之后尘。

屏居乡里十年，夫妇俩虽然失去昔日京师的优裕生活，却得到了平静安宁的乡村野趣。两人相互支持，研文治学创作；节衣缩食，搜求金石古籍。仰取俯拾，衣食有余。每获一书，即共同勘校，整集签题。"得书、画、彝、鼎，亦摩玩舒卷，指摘疵病，夜尽一烛为率。"共同度过了一段他们平生少有

的和美岁月。宋宣和三年（1121年），赵明诚知莱州，四年后又改守淄州，李清照皆随同相伴，并帮助他辑集整理《金石录》。

宋钦宗靖康二年（1127年），金人大举南侵，俘获宋徽宗、钦宗父子北去，史称"靖康之变"。是年三月，赵明诚因母亲逝于江宁（今南京市），南下奔丧。八月，出任江宁知府兼江东经制副使。由于北方局势愈来愈紧张，李清照便着手整理遴选收藏准备南下，后"载书十五车，至东海，连舻渡淮，又渡江，至建康"。就在她走后不久，青州发生兵变，她家中剩余的字画书册几乎全部被焚。

宋建炎三年（1129年）二月，赵明诚被免去江宁知府。三月与李清照"具舟上芜湖，入姑孰，将卜居赣水上"（《金石录后序》）。舟过乌江楚霸王自刎处，李清照有感而作《夏日绝句》以吊项羽。以项羽宁肯一死、引颈乌江以谢江东父老的壮烈史迹，对南宋统治者进行讽喻。五月，抵达池阳（今安徽贵池）时，赵明诚被任命为湖州知府。不幸的是，在赴召途中赵明诚感疾，竟于八月十八日卒于建康。李清照悲痛欲绝，为文祭之："白日正中，叹庞翁之机捷；坚城自堕，怜杞妇之悲深。"葬毕赵明诚，她大病一场。

当时国势日急，她只好一路逃难，颠沛流离中，所余文物又散失大半。建炎四年（1130年）春，追随帝踪流徙浙东一带。宋绍兴二年（1132年），到达杭州。图书文物散失殆尽造成的巨大痛苦，颠沛流离的逃亡生活给予的无情折磨，使她陷入伤痛百般、走投无路的绝境。在孤独无依之中，她再嫁张汝舟。谁曾想却所嫁非人，并带来一场离异系狱的灾难。

度尽劫波之后，李清照的意志并未消沉，诗词创作的热情反而更趋高涨。她从个人的痛苦中解脱出来，把眼光投到对国家大事的关注上。在朝廷派遣重臣出使金朝时，她满怀激情地作诗送行。诗中有"欲将血泪寄山河，去洒东山一抔土"之句，表达了反击侵略、收复失地的强烈愿望，充满了关念故国的情怀。

绍兴四年（1134年），李清照完成了《金石录后序》的写作。十月避乱金华时，写成《打马图经》并序，又作《打马赋》。借谈论博弈之事，引用历史上抗恶杀敌的威武雄壮之举，热情赞扬了桓温、谢安等忠臣良将的智勇，暗讽南宋统治者不识良才、不思抗金的庸碌无能，寄寓对收复失地的愿望，抒发了自己"烈士暮年"的感慨。

在金华期间，她还曾作《武陵春》词，感叹辗转漂泊、无家可归的悲惨身世，表达国破家亡和孀妇生活的愁苦。又作《题八咏楼》诗，悲宋室之不振，慨江山之难守，其中"江山留与后人愁"之句，堪称千古绝唱。

绍兴十三年（1143年）前后，她将赵明诚遗作《金石录》校勘整理，表进于朝。十余年后，绍兴二十五年（1155年），李清照怀着对死去亲人的绵绵思念和对故土难归的无限失望，在极度孤苦、凄凉中悄然辞世。

李清照工诗善文，更擅长词。其所作词，前期多写自然风光和离别相思，真实反映了她的闺中生活和思想感情；后期多伤时念旧，悲叹身世，情调感伤，表达了自己在孤独生活中的浓重哀愁。形式上善用白描手法，自辟蹊径，语言清丽。论词强调协律，崇尚典雅，部分篇章感时咏史，情辞慷慨，与其词风不同。李清照词的风格以婉约为主，被誉为"婉约词宗"，后人有"男中李后主，女中李易安"之说。

2012年8月，中国邮政发行《宋词》特种邮票，

李清照：《一剪梅》（极限片）

1套6枚，其中第四枚为李清照的《一剪梅》（参见题图）。

《一剪梅·红藕香残玉簟秋》是李清照的代表作。这首词作于诗人与丈夫离别之后，寄寓着诗人不忍离别的一腔深情，反映出初婚少妇沉溺于情海之中的纯洁心灵。全词以女性特有的沉挚情感，丝毫不落俗套的表现方式，展示出一种婉约之美，格调清新，意境幽美，称得上是一首工致精巧的别情佳作。上阕描写了诗人因惦念游子行踪，盼望锦书到达，遂从遥望云空引出雁足传书的遐想；下阕则仿佛是她一生四处飘零的写照：

　　红藕香残玉簟秋，轻解罗裳，独上兰舟。云中谁寄锦书来？雁字回时，月满西楼。

　　花自飘零水自流，一种相思，两处闲愁。此情无计可消除，才下眉头，却上心头。

李清照（明信片）

陆 游

陆游是南宋著名文学家、史学家，也是一位杰出的爱国诗人，与南宋著名诗人辛弃疾并称"陆辛"。

陆游：《卜算子·咏梅》

陆游（1125—1210），越州山阴（今浙江绍兴）人，字务观，号放翁，出身于江南名门望族和藏书世家。其高祖陆轸是大中祥符年间进士，官至吏部郎中；祖父陆佃师从王安石，精通经学，官至尚书右丞；父亲陆宰通诗文、有节操，北宋末年出仕，曾任京西路转运副使。

陆游自幼聪慧过人，先后师从毛德昭、韩有功、陆彦远等人，十二岁即能为诗作文。由于生逢北宋灭亡之际，民族的矛盾、国家的不幸、家庭的流离给他带来了不可磨灭的印记，少年时即深受家庭爱国思想的熏陶。因长辈有功，以恩荫被授予登仕郎之职。

宋高宗时，参加礼部考试，因受秦桧排斥而仕途不畅。绍兴二十八年（1158年），秦桧病逝，陆游初入仕途，出任福州宁德县主簿。后调入京师，任敕令所删定官。多次应诏上策，建议皇帝严于律己，建言合理使用非宗室外戚和禁军头领，受到朝廷重视，被提升为大理寺司直兼宗正簿，负责司法工作。

宋孝宗即位后，任命陆游为枢密院编修官，赐进士出身。他上疏建议整饬吏治军纪、固守江淮、

徐图中原。孝宗未予重视，并把他降为镇江府通判。因坚持抗金，屡遭主和派排斥，先后被贬为建康府通判、隆兴府通判等职，最后遭罢免。

宋乾道五年十二月（1170年1月），朝廷征召已赋闲四年的陆游，任为夔州通判，主管学事兼管内劝农事。陆游遂携家眷由山阴逆流而上，沿途采撷风土民情，作《入蜀记》。

乾道七年（1171年），应四川宣抚使王炎之邀，投身军旅，任职于南郑幕府。王炎委托陆游草拟驱逐金人、收复中原的战略计划，陆游作《平戎策》，提出"收复中原必须先取长安，取长安必须先取陇右；积蓄粮食、训练士兵，有力量就进攻，没力量就固守"。

次年，陆游提出的北伐计划《平戎策》遭到朝廷否决，王炎也被调回京，幕府只好解散，出师北伐的计划毁于一旦，他感到无比忧伤。大散关一带的军旅生活，是他一生中唯一一次亲临抗金前线、力图实现爱国之志的军事实践，虽然只有短短八个月，却给他留下了终生难忘的记忆。

乾道八年（1172年），陆游被任为成都府路安抚司参议官，官职清闲，他骑驴入川，颇不得志。次年，改任蜀州通判；五月，经四川宣抚使虞允文举荐，改调嘉州通判。宋淳熙元年（1174年）二月，虞允文病逝，陆游又调回蜀州通判。再任蜀州期间，他深入考察地方风土民情，并先后造访翠围院、白塔院、大明寺等当地名胜，愈发爱上了这块天府之地，并萌发出"终焉于斯"的念头。

淳熙二年（1175年），范成大由桂林调至成都，任四川制置使，举荐陆游为锦城参议。范成大统帅蜀州，陆游为参议官，二人以文会友，成莫逆之交。南宋主和势力诋毁陆游"不拘礼法""燕饮颓放"，范成大迫于压力，将陆游免职。陆游就在杜甫草堂附近浣花溪畔开辟菜园，躬耕于蜀州。

淳熙五年（1178年），陆游诗名日盛，受到孝宗召见，先后被任命为福州、江西提举常平茶盐公事。翌年秋，被任为江西常平提举，主管粮仓、水利事宜。次年江西水灾，陆游号令各郡开仓放粮，并亲自"榜舟发粟"。同时上奏朝廷告急，请求开常平仓

赈灾。十一月奉诏返京，却被弹劾"不自检饬，所为多越于规矩"，他愤然辞官，重回山阴。

淳熙十三年（1186年），在闲居山阴五年之后，被重新起用为严州知州。陆游入京向孝宗辞行，时陆游诗名大胜，孝宗于延和殿勉励他说："严陵山青水美，公事之余，卿可前往游览赋咏。"陆游在严州任上，"重赐蠲放，广行赈恤"，深得百姓爱戴。闲暇之余，整理旧作，命名为《剑南诗稿》。

淳熙十五年（1188年）七月，陆游任满，被提升为军器少监，掌管兵器制造与修缮，再次进入京师。宋光宗继位后，陆游上疏，提出治理国家、完成北伐的系统主张，建议"减轻赋税，惩贪抑豪"，"缮修兵备，搜拔人才"，力图恢复中原。翌年被提升为礼部郎中兼实录院检讨官，再次进言光宗'广开言路，慎独多思'，并劝告光宗带头节俭，以尚风化。后遭到主和派群起攻之，不久被朝廷以"嘲咏风月"为名罢官。陆游悲愤不已，归居故里。

宋嘉泰二年（1202年），在被罢官13年之后，宋宁宗诏陆游入京，主持编修孝宗、光宗两朝实录和《三朝史》，官至宝章阁待制。书成后，陆游长期蛰居山阴。时任浙东安抚使兼绍兴知府辛弃疾拜访陆游，二人促膝长谈，共论国事，成为知己。

宋嘉定二年（1210年），因得知北伐失败，忧愤不已。病情日重，遂卧床不起，于十二月二十九日（1210年1月26日）与世长辞，享年八十五岁。临终之际，留绝笔《示儿》作为遗嘱：

> 死去元知万事空，但悲不见九州同。
> 王师北定中原日，家祭无忘告乃翁。

陆游一生笔耕不辍，诗词文俱有很高成就。尤以诗的成就为最，其诗歌创作大致可分为三个时期：46岁入蜀以前，偏于文字形式；入蜀到64岁罢官东归，是其诗歌创作的成熟期，也是诗风大变的时期，由早年专以"藻绘"为工变为追求宏肆奔放的风格，充满战斗气息及爱国激情；晚年蛰居故乡山阴后，诗风趋向质朴而沉实，表现出一种清旷淡远的田园风味，并不时流露出苍凉的人生感慨。

他的词与散文成就亦高，刘克庄《后村诗话续集》谓其词"激昂慷慨者，稼轩不能过"。

陆游一生著有《剑南诗稿》85卷，收诗9000余首。又有《渭南文集》50卷（包括《入蜀记》6卷，词2卷）、《老学庵笔记》10卷及《南唐书》等。其书法遒劲奔放，存世墨迹有《苦寒帖》等。

陆游年轻时就以慷慨报国为己任，把消灭入侵的敌人、收复沦陷的国土当作人生第一要旨，但是他的抗敌理想屡屡受挫。于是，他的大量诗歌既表现了昂扬的斗志，也倾诉了深沉的悲愤之情。如《书愤》一诗，诗人一心报国却壮志难酬，昂扬豪壮中带着苍凉悲怆，既是诗人个人的遭遇也是民族命运的缩影，是这类作品的典型代表。

他年轻时和前妻有着一段刻骨铭心的感情经历。其怀念前妻的诗歌情真意切，令人动容。《钗头凤·红酥手》一词荡气回肠，凄婉动人。晚年创作的《沈园二首》，被后人称作"绝等伤心之诗"，是古代爱情诗中不可多得的精品。

2012年8月，中国邮政发行《宋词》特种邮票，1套6枚，其中第五枚为陆游的《卜算子·咏梅》（参见题图）。

陆游：《卜算子·咏梅》（极限片）

辛弃疾

辛弃疾是南宋著名诗人，也是一位杰出的爱国将领，有"豪放派词人"和"词中之龙"之誉。与苏轼、陆游分别合称"苏辛""陆辛"，与李清照并称"济南二安"。

辛弃疾：《破阵子》

辛弃疾（1140—1207），山东济南历城县（今济南市历城区）人，原字坦夫，后改字幼安，号稼轩。他出生时，北方就已沦陷于金人之手。其祖父辛赞虽在金国任职，却一直希望有机会光复故土。

辛弃疾少年时代就不断亲眼看见汉人在金人统治下所受的屈辱与痛苦，使他立下了恢复中原、报国雪耻的志向，具有一种燕赵奇士的侠义之气。

宋绍兴三十一年（1161年），金主完颜亮大举南侵，后方的汉族人民由于不堪金人的严苛压榨，奋起反抗。21岁的辛弃疾也聚集了两千人，参加由耿京领导的一支声势浩大的起义军，并担任掌书记。

绍兴三十二年（1162年），完颜亮在前线为部下所杀、金军北撤时，辛弃疾奉命南下与南宋朝廷联络。北归途中又率领50多人奇袭几万人的敌营，把叛徒捉拿回建康，交给南宋朝廷处决。其惊人的勇敢和果断不仅使他名重一时，也使得朝廷十分赏识，并任命他为江阴签判，从此开始了他在南宋的仕宦生涯。

在南宋任职前期，他曾写了不少有关抗金北伐的建议，像著名的《美芹十论》《九议》等，条陈战守之策。尽管这些建议深受时人称赞，并广为传诵，但与当政的主和派政见不合，朝廷反应冷淡，只对他在建议书中表现出的实际才干感兴趣，先后把他派到江西、湖北、湖南等地担任转运使、安抚使一类重要的地方官职，负责治理荒政、整顿治安。

宋淳熙七年（1180年），辛弃疾再次任知隆兴（今江西南昌）府兼江西安抚使时，就准备在上饶建园林式的庄园，安置家人定居。翌年春，他开工兴建带湖新居和庄园，并把带湖庄园取名为"稼轩"，以此自号"稼轩居士"。他意识到自己"刚拙自信，年来不为众人所容"，所以早已做好了归隐的准备。果然不久他就遭到弹劾、罢官，而带湖新居也正好落成，于是他回到上饶，退隐山居，开始了中年以后的闲居生活。此后二十年间，他除了有两年一度出任福建提点刑狱和福建安抚使外，大部分时间都在乡闲居。

淳熙十五年（1188年）冬，其故友陈亮从故乡浙江永康专程前来拜访他，两人于铅山长歌互答，被称为第二次"鹅湖之会"（即"辛陈之晤"）。鹅湖之会后，辛弃疾又陆续出山两次做官。

宋绍熙五年（1194年）夏，辛弃疾再次被罢官回上饶，住在瓢泉，动工建新居，经营瓢泉庄园，决意"便此地、结吾庐，待学渊明，更手种、门前五柳"。宋庆元四年（1198年），被授予主管武夷冲祐观之职。

宋嘉泰三年（1203年），朝廷拟议北伐并起用主战派人士，辛弃疾先后被任为知绍兴府兼浙东安抚使、绍兴知府、镇江知府等职。次年，他晋见宋宁宗，认为金国"必乱必亡"，被加为宝谟阁待制、提举佑神观，并获赐金带。

辛弃疾知镇江府时，曾登临北固亭，感叹对自己报国无门的失望，凭高望远，抚今追昔，于是写下了《永遇乐·京口北固亭怀古》这篇传唱千古之作。不久后，在一些谏官的攻击下，辛弃疾被降为朝散大夫、提举冲祐观，后又被差知绍兴府、两浙东路安抚使，但他推辞不就。之后，再次被进拜为宝文阁待制、龙图阁待制，知江陵府。朝廷令他赶赴行在奏事，试任兵部侍郎，但辛弃疾再次辞免。

宋开禧三年（1207年）秋，朝廷再次起用辛弃疾为枢密都承旨，令他速到临安（今浙江杭州）守赴任。但诏令到铅山时，他已病重卧床不起，只得上奏请辞，同年九月初十日病逝。临终时仍不忘光复中原，大呼："杀贼！杀贼！"朝廷闻讯后，赐对衣、金带，视其以守龙图阁待制之职致仕，特赠四官。宋绍定六年（1233年），追赠光禄大夫。宋德祐元年（1275年），经谢枋得申请，宋恭帝追赠辛弃疾为少师，谥号"忠敏"。

辛弃疾一生以恢复中原为志，以功业自诩，却命运多舛、壮志难酬。但他始终没有动摇恢复中原的信念，而是把满腔激情和对国家兴亡、民族命运的关切、忧虑，全部寄寓于词作之中。其词艺术风格多样，以豪放为主，风格沉雄豪迈又不乏细腻柔媚之处；题材广阔又善化用典故入词，现存词600多首，有词集《稼轩长短句》等传世。

抗金复国是其作品之主旋律，抒写力图恢复国家统一的爱国热情，倾诉壮志难酬的悲愤，对当时执政者的屈辱求和颇多谴责；其中不乏英雄失路的悲叹与壮士闲置的愤懑，具有鲜明的时代特色。例如，"道男儿到死心如铁，看试手，补天裂"，反映出忧国忧民的壮志豪情和以身报国的高尚理想。此外，他也有不少吟咏祖国河山的作品，以生动细腻的笔触描绘江南农村四时的田园风光、世情民俗。在苏轼的基础上，大大开拓了词的思想意境，提高了词的文学地位。

辛词以其内容上的爱国思想和艺术上的创新精神，在中国文学史上产生了巨大影响。与辛弃疾以词唱和的陈亮、刘过以及稍后的刘克庄、刘辰翁等，都与其创作倾向相近，形成了南宋中叶以后声势浩大的爱国词派。后世每当国家、民族危急之时，不少作家都从辛词中汲取精神上的鼓舞力量。

2018年8月，中国邮政发行《宋词》特种邮票，1套6枚，其中第六枚为辛弃疾的《破阵子·为陈同甫赋壮词以寄》（参见题图）。

辛弃疾：《破阵子》（极限片）

关汉卿

关汉卿是我国元代著名戏曲作家，也是中国古代戏曲创作的代表人物，与马致远、郑光祖、白朴并称"元曲四大家"。

（3-1）《蝴蝶梦》（3-2）关汉卿像（3-3）《望江亭》

关汉卿（约1220—1300），号已斋（一斋）、己斋叟，祁州（今河北省安国市）人，金代末年生于元大都。曾写有《南吕一枝花》赠给女演员珠帘秀，说明他与演员关系密切。贾仲明《录鬼簿》悼词称他为"驱梨园领袖，总编修师首，捻杂剧班头"，可见他在元代剧坛上的地位。史书则称他"生而倜傥，博学能文，滑稽多智，蕴藉风流，为一时之冠"。实际上，关汉卿的性格倔强，他曾狂傲地表示："我是个蒸不烂、煮不熟、捶不扁、炒不爆、响珰珰一粒铜豌豆。"

关汉卿创作的杂剧有60多种（现存18部），如脍炙人口的《窦娥冤》《蝴蝶梦》《望江亭》《鱼斋郎》《玉镜台》等，故事情节曲折跌宕，感情爱憎分明，深受广大民众喜爱。他的杂剧在艺术构思、戏剧冲突、人物塑造、语言运用等许多方面，都为后世提供了许多宝贵的艺术经验。他的许多杂剧经过改编一直在舞台上演出，给人以强烈的美的享受。

关汉卿的杂剧内容深刻地再现了社会现实，不仅充满着浓郁的时代气息，具有着强烈的现实性，而且弥漫着昂扬的战斗精神，反映生活的场面也十分广阔；既有对官场黑暗的无情揭露，又热情讴歌了人民的反抗斗争。

慷慨悲歌，乐观奋争，构成关汉卿剧作的基调。在关汉卿的笔下，写得最为出色的是一些普通妇女形象，窦娥、妓女赵盼儿、杜蕊娘、少女王瑞兰、寡妇谭记儿、婢女燕燕等，各具性格特色。她们大多出身微贱，蒙受封建统治阶级的种种凌辱和迫害。关汉卿描写了她们的悲惨遭遇，刻画了她们正直、善良、聪明、机智的性格，同时又赞美了她们强烈的反抗意志，歌颂了她们敢于向黑暗势力展开搏斗、至死不屈的英勇行为，在那个特定的历史时代，奏出了鼓舞人民斗争的主旋律。

此外，关汉卿也写了不少历史剧，包括《单刀会》《单鞭夺槊》《西蜀梦》等。他的散曲，内容丰富多彩，格调清新刚劲，具有很高的艺术价值。今存小令40多首、套数10多首。

关汉卿是一位杰出的戏剧艺术家，他的悲剧《窦娥冤》"列之于世界大悲剧中亦无愧色"（王国维《宋元戏曲史》），是中国古典悲剧的典范；他的喜剧轻松、风趣、幽默，是后代喜剧的楷模。他的剧作被译为英文、法文、德文、日文等，在世界各地广泛传播。后世称关汉卿为"曲圣"，外国人称他为"东方莎士比亚"。1958年，世界和平理事会将其列为该年纪念的世界文化名人。中国文化界以"纪念关汉卿戏剧创作七百年"为主题，出版《关汉卿戏曲集》和当代学者研究关汉卿的文集，许多剧团上演他创作的剧目，有的作品还拍成电影。

1958年6月20日，邮电部发行《关汉卿戏剧创作七百年》纪念邮票，1套3枚（参见题图）。第一枚是剧作《蝴蝶梦》，原图取自明代木版图书《元曲选》的插图，作者黄应光、黄应瑞、黄德珍。第二枚图案是关汉卿像，这是当代国画家李斛的作品。第三枚是剧作《望江亭》，为明代顾曲斋版《元人杂剧选》木刻插图，作者吉甫（也有人认为是黄一楷、黄一彬、黄一凤三兄弟的署名）。邮票的边纸右边是郭沫若的题字"关汉卿戏剧创作七百年"。

6月28日，又发行孙传哲设计的小全张1枚。小全张图案由全套3枚邮票组成，并于下方别具匠心地

《关汉卿戏剧创作七百年》（小全张）

装饰着一枝繁茂的梨花，寓意"梨园"和"梨园弟子"，衬托出戏剧这一主题，使画面简洁而耐人寻味。

古往今来，关汉卿戏曲中的经典名句脍炙人口，如：

《四块玉》中的"南亩耕，东山卧，世态人情经历多。闲将往事思量过。贤的是他，愚的是我，争什么"。

《窦娥冤》中的"太多的伤、难诉衷肠。浮云世态纷纷变，秋草人情日日疏。花有重开的，人无再少年。满腹闲愁，数年禁受，天知否？天若是知我情由，怕不待和天瘦"。

《【双调】大德歌春》中的"子规啼，不如归，道是春归人未归。几日添憔悴，虚飘飘柳絮飞。一春鱼雁无消息，则见双燕斗衔泥"。

《【双调】大德歌夏》中的"俏冤家，在天涯，偏那里绿杨堪系马，困坐南窗下，数对清风想念他。蛾眉淡了教谁画？瘦岩岩羞戴石榴花"。

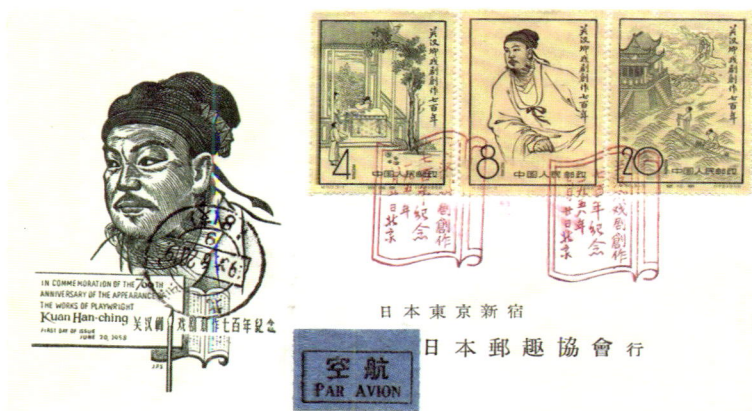

《关汉卿戏剧创作七百年》（首日封）

汤显祖

汤显祖是明代著名戏曲家、文学家、诗人，撰写传奇戏曲"临川四梦"（《紫钗记》《牡丹亭》《南柯记》《邯郸记》）。

汤显祖

汤显祖（1550—1616），字义仍，号清远道人，江西临川（今抚州市）人。出身书香门第，祖上四代均有文名：高祖、曾祖藏书、好文；祖父汤懋昭博览群书，精黄老学说，善诗文，被学者推为"词坛名将"；父亲汤尚贤为明嘉靖年间著名老庄学者、养生学家、藏书家，重视家族教育，为弘扬儒学，在临川城唐公庙创建汤氏家塾，并聘请理学名师课教宗族子弟。

汤显祖天资聪慧，从小受家庭熏陶，勤奋好学。5岁时进家塾读书，12岁能诗，13岁从徐良傅学古文词，21岁中了举人。他不仅于古文诗词颇精，而且能通天文地理、医药卜筮诸书。明万历五年（1577年）、万历八年（1580年）两次会试，汤显祖因洁身自好，不为权势所动而名落孙山。直至34岁才以极低的名次中进士，曾任太常寺博士、詹事府主簿和礼部祠祭司主事。

当时南京是人文荟萃之地，许多诗文家、戏曲家如徐霖、姚大声、何良俊、金在衡、臧懋循诸名家聚集在这里。汤显祖一面以诗文、词曲同他们切磋唱和，一面研究学问，作书中蠹鱼。虽至夜半，书声琅琅不绝于口。

早在嘉靖时期，文坛上就盛行着李梦阳、何景明为首的前七子倡导的"文必秦汉，诗必盛唐"的风气；万历时期，以王世贞、李攀龙为首的后七子步其后尘。风气所及，士大夫趋之若鹜，许多人奔走在他们下。可是，汤显祖是一个尊重文学而不屈服于权势的人，他重创新而反对复古，注意汲取古代一切优秀的文学遗产而不为复古派所规定的范围所局限。他的文学思想和旨趣与王世贞辈大相径庭。

当复古文学思潮泛滥时，汤显祖有主见，有特识，决不随波逐流。他早年跟随罗汝芳学道，读"非圣之书"，后来又与禅宗大师紫柏交朋友，尤其敬仰激进的思想家李贽，读其《焚书》，十分倾慕。万历十九年（1591年），他目睹当时官僚腐败愤而上《论辅臣科臣疏》，严词弹劾首辅申时行和科臣杨文举、胡汝宁，揭露他们窃盗威柄、贪赃枉法、刻掠饥民的罪行。明神宗大怒，一道圣旨就把汤显祖放逐到雷州半岛的徐闻县为典史。一年后遇赦，内迁浙江遂昌知县。

汤显祖在遂昌一任五年，"去钳剧（杀戮），罢桁杨（刑具），减科条，省期会"，建射堂，修书院，政绩斐然，却因压制豪强，触怒权贵而招致上司的非议和地方势力的反对，于万历二十六年（1598年）愤而弃官归里。家居期间，一方面希望有"起报知遇"之日，另一方面又指望"朝廷有威风之臣，郡邑无饿虎之吏，吟咏升平，每年添一卷诗足矣"。后逐渐打消仕进之念，潜心于戏剧及诗词创作。

汤显祖离遂昌任后，曾在临川和李贽相见。后来李贽在狱中自杀，汤显祖则作诗哀悼。他还推崇达观（紫柏）禅师，称赞李贽和达观是"一雄一杰"。他们的影响在很大程度上构成了汤显祖在创作中表现出来的揭露腐败政治和追求个性解放的思想基础。

汤显祖一生蔑视封建权贵，常得罪名人。晚年淡泊守贫，不肯与郡县官周旋。这种性格作风使他同讲究厉行气节、抨击当时腐败政治的东林党人顾宪成、邹元标等交往密切，也使他推重海瑞和徐渭这样耿介的人物。这种性格特点在他的作品中也有明显反映。《明史》称他"意气慷慨""蹭蹬穷老"，颇能概括其生平之要。

　　汤显祖晚年思想比较消极，这同他潜心佛学有关，也同他辞官后长期置身于政治斗争之外有关。他自称"偏州浪三，盛世遗民"，说"天下事耳之而已，顺之而已"，后又以"茧翁"自号。

　　在汤显祖多方面的成就中，以戏曲创作为最，其戏剧作品《紫钗记》《牡丹亭》《南柯记》《邯郸记》合称"临川四梦"，其中《牡丹亭》是他的代表作。这些剧作不仅为中国人民所喜爱，而且已传播到英、日、德、俄等很多国家，被视为世界戏剧艺术的珍品。他撰写的《宜黄县戏神清源师庙记》也是中国戏曲史上论述戏剧表演的一篇重要文献，对导演学起了拓荒开路的作用。汤显祖还是一位杰出的诗人。其诗作有《玉茗堂全集》四卷、《红泉逸草》一卷、《问棘邮草》二卷。

　　2015年4月4日，中国邮政发行《中国古代文学家（四）》纪念邮票，1套6枚，其中第一枚为《汤显祖》（参见题图）。作者以其对古代文人形象气质的研究感悟、严谨求实的态度、清新俊逸的笔墨，将这位明清文学家的形象展现得生动而传神。

汤显祖古典名剧《牡丹亭》（极限片）

　　2016年9月24日，中国邮政发行《戏耀中西——汤显祖与莎士比亚》纪念邮资明信片，1套2枚，贴有《中国古代文学家（四）·汤显祖》和《昆曲·牡丹亭》邮票。

《戏耀中西——汤显祖与莎士比亚》（纪念邮资明信片）

冯梦龙

冯梦龙是明代著名文学家、戏曲家，其所编小说集"三言"（《喻世明言》《警世通言》《醒世恒言》）是古代短篇白话小说的经典。

冯梦龙

冯梦龙（1574—1646），字犹龙，又字子犹，号墨憨斋主人、顾曲散人、吴下词奴、姑苏词奴等，苏州府长洲县（今江苏苏州市）人。出身士大夫家庭，兄梦桂善画；弟梦雄，太学生，曾从冯梦龙治《春秋》，有诗传世。兄弟三人并称"吴下三冯"。

冯梦龙从小好读书，青少年时代把主要精力放在诵读经史以应科举上，后来他回忆道："不佞童年受经，逢人问道，四方之秘复，尽得疏观；廿载之苦心，亦多研悟。"然而他的科举道路却十分坎坷，屡试不中，后来在家中著书。直到明崇祯三年（1630年），他才补为贡生，次年破例授丹徒训导，崇祯七年（1634年）升任福建寿宁知县，曾上疏陈述国家衰败之因，四年以后回到家乡。

在清兵南下时，他除了对反清进行积极宣传及刊行《中兴伟略》诸书之外，还以七十高龄亲自奔走反清大业。清顺治三年（1646年）春忧愤而死，一说被清兵所杀。

在思想上，冯梦龙受明代思想家李卓吾的影响，敢于冲破传统观念。他提出："世俗但知理为情之范，孰知情为理之维乎？"（《情史》卷一《总评》）强调

真挚的情感，反对虚伪的礼教。在《叙山歌》中，他提出要"借男女之真情，发名教之伪药"的文学主张，表现了冲破礼教束缚、追求个性解放的时代特质。

在文学上，他重视通俗文学所蕴含的真挚情感与巨大教化作用，认为通俗文学为"民间性情之响""天地间自然之文"，是真情的流露。在《古今小说序》中，他指出"日诵《孝经》《论语》，其感人未必如是之捷且深"，通俗小说可以使"怯者勇，淫者贞，薄者敦，顽钝者汗下"。这些见解对鄙视通俗文学的论调是一个有力的打击。

他曾因热恋一个名叫侯慧卿的歌妓，而频繁接触苏州茶坊酒楼的下层生活，这为他熟悉民间文学提供了第一手的资料。他的《桂枝儿》《山歌》民歌集就是在那时创作的。

他的忘年交王挺则说他："上下数千年，澜翻廿一史。"纵览他的一生，虽有经世治国之志，但他不愿受封建道德约束的狂放，对"敢倡乱道，惑世诬民"的李卓吾的推崇，与歌儿妓女的厮混，对俚词小说的喜爱等，都被理学家们认为是品行有污、疏放不羁而难以容忍。他却不以为然，即使长期沉沦下层，或舌耕授徒糊口，或为书贾编辑养家，依然我行我素。

他的作品比较强调感情和行为，最有名的作品为《喻世明言》（又名《古今小说》）、《警世通言》、《醒世恒言》，合称"三言"。他的"三言"与明代凌濛初的《初刻拍案惊奇》《二刻拍案惊奇》合称"三言二拍"，是中国白话短篇小说的经典代表。

冯梦龙以其对小说、戏曲、民歌、笑话等通俗文学的创作、搜集、整理、编辑，为我国文学做出了独异的贡献。明代文学是以小说、戏曲和民间歌曲的繁荣为特色的。小说、戏曲方面，颇有一些大作家，但在小说、戏曲、民间歌曲三方面都做出杰出贡献的，唯冯梦龙一人而已。

冯梦龙创作的主要精力在于写历史小说和言情小说，此外还有一些诗文。他自己的诗集今也不存，但由他编纂的三十种著作得以传世，为中国文化宝库留下了一批不朽的珍宝。其中除世人皆知的"三

言"外，还有《新列国志》《增补三遂平妖传》《古今烈女演义》《广笑府》《智囊》《古今谈概》《太平广记钞》《情史》《墨憨斋定本传奇》，以及许多解经、纪史、采风、修志的著作，而以选编"三言"的影响最大最广。他一生有涉及面如此广、数量如此多的著作，除了与他本人的志趣和才华有关外，也与他一生的经历密不可分。

冯梦龙编纂的这些书，从出版角度看，有一个共同特点，就是注重实用。那些记录当时历史事件的著作在当时具有很强的新闻性；那些解说经书的辅导教材受到习科举的士子们的欢迎；那些供市井百姓阅读的拟话本、长篇说部、小说类书，以及剧本民歌、笑话等，不仅有更大的读者群，而且为书商带来了丰厚的利润。这使得冯梦龙的编撰工作，具有近代市场经济下出版业的某些特色。

南明唐王隆武二年（即清顺治三年，1646年），冯梦龙因病去世。他出生时正是西方的文艺复兴时期，他去世时已是明清朝代更迭之际。凌濛初、黄道周、夏允彝等许多很有成就的文学家在此前后也相继去世。一场具有资本主义萌芽状态的中国式"文艺复兴"，也在清兵的铁蹄下夭折了。

2015年，中国邮政发行《中国古代文学家（四）》纪念邮票，其中第二枚为《冯梦龙》（参见题图）。

冯梦龙（极限片）

蒲松龄

蒲松龄是清代著名文学家，其所撰小说集《聊斋志异》是古代文言小说的翘楚。他也因此被称为"写鬼写妖高人一等"的作家。

蒲松龄

蒲松龄（1640—1715），字留仙，又字剑臣，号柳泉居士，世称聊斋先生，山东淄川（今淄博市淄川区）城外蒲家庄人。蒲氏是淄川世家，但到父亲蒲盘时家道已渐中落，曾娶妻孙氏、董氏、李氏，蒲松龄为董氏子。

蒲松龄年少时，恰逢张献忠、李自成起义，再后来清军入关，国家处于改朝易鼎之际，社会动荡不安。蒲松龄早年勤奋读书，热衷功名，19岁时应童子试，一路过关斩将，县、府、道试均夺得第一名，名震一时，并受到山东学政施闰章赞誉。清康熙元年（1662年），其长子蒲箬出生。

然而，成家之后的他在考取举人时却极不得志。虽然满腹实学，但多次参加乡试，均名落孙山，至46岁时方被补为廪膳生，72岁时赴青州补为贡生。平日除微薄田产外，以教书、幕僚维生。包括应同邑人宝应县知县孙蕙之请，为其做幕宾数年，以及在本县西铺村毕际友家做塾师，前后近42年，直至1709年方撤帐归家。1715年正月病逝。

正是在做私塾教师时，他开始写《聊斋志异》。少时清军入关，在扬州屠城和在山东镇压农民起义

产生的许多稀奇事，对他写作《聊斋志异》都产生了一定的影响。后来他的好朋友张笃庆发现他因写作《聊斋志异》而影响到考取举人，就写了一首诗给他，说"聊斋且莫竞谈空"，劝他别写小说了，还是专心去准备科考吧。但蒲松龄却听不进去，还是坚持写。不管哪个朋友听到什么奇闻轶事，他都要了解一下，接着便"妙笔生花"写到自己的作品里去。

还有一个流传得很广的说法，说蒲松龄为了写《聊斋志异》，在家乡的柳泉旁边摆茶摊，请过路人讲奇异的故事，他听完了回家加工，就成了《聊斋志异》。这个说法来自《三借庐笔谈》，鲁迅早就分析过不是那么一回事。因为蒲松龄家境贫穷，家里有时连锅都揭不开，哪有闲空优哉游哉摆茶摊，让人家讲故事，他来写小说？这确实不可能。但是他长期在乡村任教，接触三教九流各色人等，不管听到什么稀奇事，就收集来做写小说的素材，这是完全有可能的，也是很接地气的一个取材途径。

此外，他还善于到古人的书中找素材。《聊斋志异》里大概有一百篇小说都是改写自前人作品。虽然前人的作品有时写得非常简单，如六朝小说和唐传奇中有三个小故事——《纸月》《取月》《留月》，只有一百来个字，甚至几十个字。蒲松龄拿来写了《崂山道士》，成为大家很熟悉的聊斋故事。

蒲松龄写作上的成功，在相当程度上也应归功于其贤妻。尽管蒲松龄科举屡试不第，外出给人当塾师，收入微薄，家里又上有老，下有小，妻子却任劳任怨，天天在家纺线，照顾一家老小，有一点好吃的也给蒲松龄留着。这么好的一个妻子，把家里的柴米油盐安排得井井有条，使蒲松龄减少了许多后顾之忧，可以专心写作。

蒲松龄在《聊斋志异》中的想象力可谓丰富，许多花妖狐魅变成的美女都成了他笔下的女主人公。它也是蒲松龄的白日梦，表达了男性一厢情愿的幻想，也表达了一个穷秀才的幻想。蒲松龄虽然那样贫困，那样不得志，但是他特别善于想象，从而把那些神鬼妖怪写得活灵活现，富有人情味。可以说，《聊斋志异》就是一个作家的天才想象力和艺术创作

才能的集中表现。

　　《聊斋志异》的艺术成就很高。它成功塑造了众多的艺术典型，人物形象鲜明生动，故事情节曲折离奇，结构布局严谨巧妙，文笔简练，描写细腻，堪称中国古典短篇小说的高峰。著名文学家郭沫若曾给予蒲松龄高度评价："写鬼写妖高人一等，刺贪刺虐入骨三分。"

　　2015年，中国邮政发行《中国古代文学家（四）》纪念邮票，其中第三枚为《蒲松龄》（参见题图）。

蒲松龄（极限片）

洪　昇

洪昇是清代著名戏曲作家，也是一位著名的诗人。因撰写《长生殿》传奇、《四婵娟》杂剧，洪昇与《桃花扇》作者孔尚任并称"南洪北孔"。

洪昇

洪昇（1645—1704），字昉思，号稗畦，又号稗村、南屏樵者，浙江钱塘（今杭州）人。生于世宦之家，洪姓是钱塘的望族，世代书香。外祖父黄机曾任康熙朝刑部尚书、文华殿大学士兼吏部尚书。

洪昇出生时正是清顺治二年（1645年）七月，全家正处于逃难之中，直到他满月后才回到城里。洪昇少年时曾受业于陆繁弨、毛先舒、朱之京等人，接受了正统的儒家教育，也受到他们遗民思想的熏染。他学习勤奋，很早就显露才华，15岁时已闻名于作者之林。

到20岁时洪昇已创作了许多诗文词曲，受到人们交口称赞。清康熙三年（1664年）七月，他与青梅竹马的表妹黄蕙（黄兰次）结婚。康熙七年（1668年）北京国子监肄业，因未得官职，失望而归。此后二十年均科举不第，白衣终身。

为了衣食，洪昇不得不到处奔波。27岁前后，或许由于他人的挑拨离间，他突遭"天伦之变"的家难，为父母所不容，被迫离家别居，贫至断炊。康熙十二年（1673年）冬，他再度前往北京以求谋生。两年后其诗集《啸月楼集》编成，受到李天馥

和王士禛诸名流的赏识，诗名大起。

此后他卖文为活，而傲岸如故，"交游宴集，每白眼踞坐，指古摘今"，对现实颇为不满。徐嘉炎在《长歌行·送洪昉思南归》中说他"好古每称癖，逢人不讳狂"。康熙十八年（1679年）冬，其父因事被诬遣戍，他奔走呼号，向王公大人求情，并且昼夜兼行，赶回杭州，奉侍父母北行，后其父遇赦得免。而他为此已形容枯槁，心力交瘁。

遭遇家庭变故之后，洪昇开始注意民间疾苦，先后写了《京东杂感》《衢州杂感十首》等诗，对百姓历遭兵灾及水灾倍加同情。他还写了《长安》一诗，其中有"棋局长安事，傍观迥不迷。党人投远戍，故相换新颜"之句，对统治集团内部倾轧与朝政翻覆感到深恶痛绝，对社会现实也有了较深的认识。

康熙二十七年（1688年），洪昇把历经十年、三易其稿的旧作《舞霓裳》改写为《长生殿》传奇戏曲，不仅传唱极盛，而且引起社会轰动。次年八月间，招伶人演《长生殿》，一时名流多醵金往观。时值孝懿仁皇后佟佳氏于前一月病逝，犹未除服，给事中黄六鸿以国恤张乐为"大不敬"之罪名，上章弹劾。洪昇不仅被刑部下大狱，而且被国子监除名。与会者如侍读学士朱典、赞善赵执信、台湾知府翁世庸等人，都被革职。时人有"可怜一夜《长生殿》，断送功名到白头"之句。

此案的政治背景为当时朝廷内南北两党之争。南党以刑部尚书徐乾学为首，多为汉族官僚；北党以相国明珠为首，多为满族官僚，互相抨击。洪昇与南党中人较为接近，且素性兀傲，其《长生殿》中有触犯当朝忌讳之处。北党借此发难，欲兴大狱。康熙帝故示宽柔，除对与会者做出处理外，并未深究《长生殿》剧本。

洪昇突遭此难，在京中备受白眼揶揄，不得已于康熙三十年（1691年）返回故乡杭州。虽然生活穷困潦倒，他却疏狂如故，放浪西湖之上，写诗填词作曲。康熙三十四年（1695年），《长生殿》付刻，洪昇的老友毛奇龄为之作序，明确指出康熙帝已不再追究这部剧本。

康熙三十六年（1697年），江苏巡抚宋荦命人

安排演出《长生殿》，观者如蚁，极一时之盛。洪昇在宴席上"狂态复发，解衣箕踞，纵饮如故"（元伺《长生殿序》）。自此之后，吴山、松江等地相继演出。康熙四十三年（1704年），江宁织造曹寅在南京召集南北名流盛会，演出全本《长生殿》，历三昼夜始毕。洪昇应邀前去观赏，曹寅独让洪昇居上座。未曾想乐极生悲，观剧后自江宁返回杭州途中，行经乌镇，

洪昇酒后登舟，堕水而死。

洪昇一生著有诗集《稗畦集》《稗畦续集》《啸月楼集》，杂剧《四婵娟》，传奇《长生殿》《回文锦》《回龙记》等。戏曲仅存《长生殿》《四婵娟》两种。今人辑有《洪昇集》。

2015年，中国邮政发行《中国古代文学家（四）》纪念邮票，其中第四枚为《洪昇》（参见题图）。

洪昇（极限片）

孔尚任

孔尚任是清代著名戏曲作家，也是清初著名的诗人。因撰写传奇《桃花扇》《小忽雷》，与《长生殿》作者洪昇并称"南洪北孔"。

孔尚任

孔尚任（1648—1718），字聘之，又字季重，号东塘（东堂），别号岸堂，自称云亭山人，山东曲阜人。孔尚任是孔子六十四代孙，继承了儒家的思想传统与学术，自幼即留意礼、乐、兵、农等学问，还考证过乐律，为以后的戏曲创作打下了音乐知识基础。

20岁前后，孔尚任考取县府学生员。后来参加岁考，没有被录取。但孔尚任并没有放弃做官的念头，他典卖了家中田地，捐资纳了一个"例监"（国子监监生）。31岁到县北石门山，读书著述，谈古论今。这期间，他开始关注南明的兴亡，曾从亲友处采取轶闻，并从诸家记载中撷取史实，准备写一部反映南明兴亡的传奇。这就是《桃花扇》创作的酝酿时期。

清康熙二十一年（1682年），孔尚任应衍圣公孔毓圻之请出山，修《家谱》与《阙里志》，教习礼乐子弟，采访工师，监造礼乐祭器，为康熙帝第一次南巡祭孔活动做准备。1684年康熙帝南巡北归，亲自到曲阜祭孔，这是清统一全国以后第一次最引人瞩目的尊孔大礼。孔尚任被选为御前讲经人员，撰儒家典籍讲义，在康熙帝面前讲《大学》，又引康熙帝观赏孔林"圣迹"，颇得康熙帝的赏识，破格授为国子监博士。这一意外的恩荣遽然激发了他对清统治者的感恩戴德之情，他一面对"不世之遭逢"受宠若惊，一面准备"犬马图报，期诸没齿"，充分反映了他对新统治者的依附态度。

康熙二十四年（1685年）初，孔尚任赴京就任国子监博士，正式走上仕途。然而，他还来不及显现其儒学经纶的才能，即奉命随工部侍郎孙在丰往淮扬，协助疏浚下河海口。原本他期望作为朝官，身居"清华要津"，可以干一番事业。如今却与渔人为邻，与鸥鹭为伍，不禁颇为失望。滞留淮扬四年，孔尚任时有迁客羁宦、浮沉苦海之感。他亲见河政的险峻反复、官吏的挥霍腐败、人民的痛苦悲号，发而为"呻吟疾痛之声"，共成诗630余首，编为《湖海集》。这些作品摆脱了早期宫词和应酬、颂圣之作的不良倾向，较深切地反映了他对当时社会现实的一些认识。

淮扬一带是明清之际政治军事斗争的重要地区。在这里，孔尚任驻足于南明江北河防之地。在扬州登梅花岭，拜史可法衣冠冢；在南京过明故宫，拜明孝陵，游秦淮河，登燕子矶，还特地到栖霞山白云庵，访问了后来被写进《桃花扇》的张瑶星道士。四年间，他的足迹几乎踏遍南明故地，并与一大批有民族气节的明代遗民结为知交，包括与明末政治斗争有密切关系，或与清政权持不合作态度的冒襄、黄云、邓汉仪、许承钦、龚贤、石涛等人。

孔尚任不仅和他们过从密切，谈古论今，而且接受了他们的思想，从而加深了对南明兴亡历史的认识。他开始积极收集素材，为《桃花扇》的创作进行构思和准备。

康熙二十九年（1690年），孔尚任回京，开始了十年京官生涯。翌年他购得唐代宫廷著名乐器小忽雷，并在三年后与顾彩合作完成了他的第一部传奇《小忽雷》。作品以梁厚本购小忽雷、郑盈盈弹小忽雷，二人终于结成夫妇的遭遇为线索，表现了一代文人的沉郁不平，歌颂了郑盈盈不慕富贵、不畏强暴、坚贞不屈的反抗精神；作品着重描写了帝王的昏庸、藩镇的跋扈，权臣、宦官的专横与倾轧，反映了唐代元和至开成之间朝政的腐败情况。

这部剧本是孔尚任在创作《桃花扇》之前的探索性成果，为《桃花扇》的创作提供了艺术经验。康熙三十四年（1695年）秋，孔尚任升为户部主事，奉命在宝泉局监铸钱币。

康熙三十九年（1700年），孔尚任调任户部广东司员外郎，并写成了《桃花扇》。一时洛阳纸贵，不仅在北京频繁演出，"岁无虚日"，而且流传到偏远的地方，连万山之中的楚地容美（今湖北鹤峰县）也演出了《桃花扇本末》。次年三月，孔尚任被免职罢官，他在《容美土司田舜年遣使投诗赞予〈桃花扇〉传奇，依韵却寄》一诗中写道"命薄忍遭文字憎，缄口金人受诽谤"，表达了自己的愤恨之情。

十年京官生涯，他虽然结束了湖海生活，但始终遭到冷遇，更无法发挥他颇为自许的管晏济时之才。十年中，他写了《岸堂稿》《长留集》（与刘廷玑合著）等诗文作品，时时感叹自己穷愁潦倒、碌碌无成。"弹指十年官尚冷，踏穿门巷是芒鞋。"正是他十年宦情的概括。这些诗文固然没有摆脱个人仕途升沉变迁之感，但也有一定的思想深度，如否定君王"造命"，揭露官场倾轧，直指"盛世"为"浊世"等，都表现出对险恶的宦海风波、现实的黑暗混浊的清醒认识。"弹铗燕市中，独歌不逐伙。"这位"东鲁狂生"表现出了难以抑制的激愤。

罢官后，孔尚任在京赋闲了两年多。康熙四十一年（1702年）末，孔尚任带着悲愤的心情回到家乡曲阜，过着清苦寂寞的生活。其间曾往山西平阳、河南大梁、湖北武昌等地漫游，也做过短期幕僚。康熙五十七年（1718年），这位享有盛誉的一代戏曲家在抑郁之中与世长辞。

2015年，中国邮政发行《中国古代文学家（四）》纪念邮票，其中第五枚为《孔尚任》（参见题图）。

孔尚任（极限片）

曹雪芹

曹雪芹是清代著名文学家、小说家。撰写章回体小说《红楼梦》，本名《石头记》，达到古典小说的顶峰。

曹雪芹

曹雪芹（约1715—约1763），名霑，字梦阮，号雪芹，又号芹溪、芹圃，清代内务府正白旗包衣，籍贯沈阳（一说辽阳），生于南京。曹雪芹出身豪门，其曾祖母孙氏做过康熙帝的保姆，祖父曹寅做过康熙帝的伴读和御前侍卫，后任江宁织造，兼任两淮巡盐监察御史。康熙帝六下江南，曹寅接驾四次。在康熙、雍正两朝，曹家祖孙三代四个人（曹玺、曹寅、曹颙、曹頫）主政江宁织造达五十八年，家世显赫，有权有势，极富极贵，成为当时南京第一豪门，天下推为望族。

清康熙五十四年（1715年）正月，曹雪芹之父、时任江宁织造的曹颙在北京述职期间病逝。康熙帝恩旨，以曹颙堂弟曹頫过继给曹寅，接任江宁织造。其时曹颙之妻马氏已怀孕五个月，产下的遗腹子即曹雪芹。

曹雪芹早年托赖天恩祖德，在南京江宁织造府亲历了一段锦衣纨绔、富贵风流的生活。每日只和姊妹丫鬟们一处，或读书，或写字，或弹琴下棋，作画吟诗，以至斗草簪花、低吟悄唱、拆字猜谜，日子过得十分心满意得。

童年曹雪芹不仅淘气异常，而且不喜读四书五经，厌恶八股文，反感科举考试和仕途经济。虽有曹頫和家庭教师严加管教，但祖母李氏十分溺爱，每每护着他。幸而曹家家学渊源，藏书极多，使曹雪芹自幼博览群书，尤爱读诗赋、戏文、小说之类的文学书籍，诸如戏曲、美食、养生、医药、茶道、织造等百科知识和技艺也莫不旁搜杂取。 苏州织造李煦、杭州织造孙文成皆与曹家联姻，曹雪芹小时候走亲访友时多次游历苏州、扬州、杭州、常州等地，对江南山水风物十分钟爱，友人谓为"秦淮残梦""扬州旧梦"。

清雍正六年（1728年）初，时任江宁织造员外郎的叔父曹頫因织造亏空、转移财产等罪被革职抄家，曹家从此一蹶不振，日渐衰微。时年十四岁的曹雪芹随家人迁回北京，刚开始尚有崇文门外蒜市口的老宅十七间半，家仆三对，聊以度日。为了偿还骚扰驿站案所欠银两和填补家用，曹家不得已将地亩暂卖了数千金。后来，亏缺一日重似一日，难免典房卖地，更有贼寇入室盗窃，以至连日用的钱都没有，被迫拿房地文书出去抵押。终至沦落到门户凋零，人口流散。

雍正末期，曹雪芹开始挑起家庭重担，渐渐帮着曹頫料理家务，代为接待应酬，因此结识了一些政商名流和文坛前辈，并在他们的影响下树立了著书立说、立德立言的远大志向，一度勤奋读书，访师觅友，多方干谒朝中权贵。

清乾隆元年（1736年），谕旨宽免曹家亏空。不久，年过二十的曹雪芹到内务府做笔贴式差事，后进入西单石虎胡同的右翼宗学担任助教兼夫役。在与一些王孙公子的交往中，曹雪芹也得以领略北京王府文化。

乾隆九年（1744年），时年三十岁的曹雪芹开始写作《红楼梦》的初稿《风月宝鉴》。同时与年少的敦诚、敦敏兄弟俩交往密切，两兄弟十分敬仰曹雪芹的才华风度，欣赏他那放达不羁的性格和开阔的胸襟。三人常在漫长的冬夜围坐在一起，听曹雪芹诙谐风趣、意气风生地娓娓奇谈。后来敦诚在《寄怀曹雪芹（霑）》一诗中写道："当时虎门数晨夕，西窗剪烛风雨昏。"深切回味那段难忘的日子。

乾隆十二年（1747年），曹家移居北京西郊，靠卖字画和朋友接济为生。曹雪芹住草庵，赏野花，一边过着觅诗、挥毫、唱和、卖画、买醉、狂歌、忆旧、著书的隐居生活，一边领略北京市井文化。他长恨自己半生潦倒，一事无成，"在那贫穷潦倒的境遇里，很觉得牢骚抑郁，故不免纵酒狂歌，目寻派遣"。但曹雪芹的"补天"之志从未懈怠，虽然罪臣之后的身份及其他原因，使他的个人奋斗遭遇艰难险阻，但他并没有畏缩不前，而是更加专心地著书。在隐居西山的十多年间，他以坚韧不拔的毅力，将旧作《风月宝鉴》披阅十载，增删五次，终于不负所望，写出了极具思想性、艺术性的皇皇巨著《红楼梦》，成为中国四大古典名著之一。

乾隆二十四年（1759年），四十五岁的曹雪芹南游江宁。看望离散的族人，或办理家务私事，或任两江总督尹继善的幕僚，而经年未归。南游期间，他阅历山川，凭吊旧迹，听话往事。直至次年重阳节前后方回京，继续写作《红楼梦》。

乾隆二十七年（1762年），曹雪芹因幼子夭亡，陷于过度的忧伤和悲痛，卧床不起，大约于这一年除夕病逝于北京。

曹雪芹创作的《红楼梦》规模宏大、结构严谨、情节复杂、描写生动，塑造了众多具有典型性格的艺术形象，堪称中国古代长篇小说的高峰，在世界文学史上占有重要地位，不仅为中华民族留下了宝贵的文化遗产和精神财富，而且对后世作家的创作影响深远。

2015年，中国邮政发行《中国古代文学家（四）》纪念邮票，其中第六枚为《曹雪芹》（参见题图）。

曹雪芹《红楼梦》（首日挂号实寄封）

曹雪芹（极限片）

邮说国学
哺育中华三千年

邮說國學

文学名著

《楚辞》　　　　《三国演义》

《唐诗三百首》　《水浒传》

《宋词三百首》　《西游记》

《元曲选》　　　《红楼梦》

《西厢记》　　　《聊斋志异》

《牡丹亭》　　　《儒林外史》

《楚辞》

《楚辞》是我国第一部浪漫主义诗歌总集，也是继《诗经》之后对我国文学具有深远影响的一部诗歌总集。

屈原：忧歌离骚

楚辞又称"楚词"，是战国时代伟大诗人屈原创造的一种诗体。楚辞原为楚地（今两湖一带）的歌辞，战国时屈原吸收其营养，创作出《离骚》等鸿篇巨制，后人加以仿效，名篇继出，遂成为一种诗歌体裁和特色鲜明的文学作品。作品运用楚地的文学样式、方言声韵，叙写楚地的山川人物、历史风情，具有浓厚的地方特色。

汉代时，刘向整理古籍，把屈原的作品及宋玉等人"承袭屈赋"所作的诗歌作品编辑成集，名为《楚辞》，成为我国第一部浪漫主义诗歌总集。

《楚辞》收录战国时期楚国诗人屈原、宋玉等人的作品以及汉代贾谊、淮南小山、东方朔、严忌、王褒、刘向诸人的仿骚作品，共计16卷。其中，屈原的作品占绝大部分，共收他的诗作8卷20余篇，包括《离骚》、《九歌》（11篇）、《天问》、《九章》（9篇）、《远游》、《卜居》、《渔父》、《招魂》等；其他8卷包括宋玉的《九辩》、景差的《大招》，以及汉代贾谊的《惜誓》、淮南小山的《招隐士》、东方朔的《七

谏》、严忌的《哀时命》、王褒的《九怀》和刘向的《九叹》等。东汉王逸在刘向编辑的《楚辞》基础上增入自己作的《九思》，成17卷，并分章加注成《楚辞章句》。

楚辞的创作手法是浪漫主义的，感情奔放，想象奇特，铺排夸饰，如《离骚》充满奇幻不拘的想象，抒发真情层进反复；描写楚地的山川人物、历史风情，具有浓郁的楚国地方特色和神话色彩，如宋人黄伯思所说，"皆书楚语，作楚声，纪楚地，名楚物"（《东观余论》）；与《诗经》的篇幅和古朴的四言体诗相比，楚辞不仅篇幅增长许多，而且句式较活泼，由四言为主变为长短不拘，参差错落。句中有时使用楚国方言，在节奏和韵律上独具特色，"兮"字、"些"字作为虚词叹语成为楚辞的一个鲜明标志，更适合表现丰富复杂的思想感情。由于屈原的《离骚》是楚辞的代表作，所以楚辞又被称为"骚体"。

《楚辞》中屈、宋作品所涉及的历史传说、神话故事、风俗习尚以及所使用的艺术手段、浓郁的抒情风格，无不带有鲜明的楚文化色彩。可以说，楚辞的产生是与楚国地方民歌和楚地文化传统的熏陶分不开的。同时，楚辞又是南方楚国文化和北方中原文化相结合的产物。春秋战国以后，一向被称为荆蛮的楚国日益强大。它在问鼎中原、争霸诸侯的过程中与北方各国频繁接触，促进了南北文化的广泛交流，楚国也受到北方中原文化的深刻影响。正是这种南北文化的汇合，孕育出了屈原这样伟大的诗人和《楚辞》这样异彩纷呈的伟大诗篇。

楚辞既是楚文化土壤上开出的奇葩，又代表了楚文化的辉煌成就。楚文化尤其楚国艺术的一般特点，如较强的个体意识、激烈动荡的情感、奇幻而华丽的表现形式等，也都呈现于楚辞中。值得注意的是，楚辞虽脱胎于楚地歌谣，却已发生了重大变化。汉人称楚辞为赋，取义是"不歌而诵谓之赋"（《汉书·艺文志》）。屈原的作品，除《九歌》外，《离骚》《招魂》《天问》都是鸿篇巨制；《九章》较之《诗经》而言，也长得多。它们显然不适宜歌唱。楚辞正是摆脱了歌谣的形式，才能使用繁丽的文辞，容纳复杂的内涵，表现丰富的思想情感。

楚地盛行的巫教又渗透进楚辞，使之具有浓厚的神话色彩。在屈原的时代，楚人还沉浸在一片充满奇异想象和炽热情感的神话世界中。生活于这一文化氛围中的屈原，不仅创作出祭神的组诗——《九歌》，以及根据民间招魂词写作的《招魂》，而且在表述自身情感时，也大量运用神话材料，驰骋想象，上天入地，飘游六合九州，给人以神秘的感受。而《离骚》的篇章构架，由"卜名、陈辞、先戒、神游"，到"问卜、降神"，显然也借用了民间巫术的方式。

当然，"不有屈原，岂见《离骚》"（《文心雕龙·辨骚》）。楚辞虽然是楚文化的产物，但又离不开伟大诗人屈原的创造。

《离骚》是屈原的代表作，全诗长达373句，2490字，是我国古代最长的一篇浪漫主义抒怀诗，也是《楚辞》的代表作品。《离骚》是诗人在第二次流放中，满怀"信而见疑，忠而被谤"的委屈，凝聚忧愤、感慨于笔端写成的。这首长诗叙述了诗人的身世和志向，通过表现诗人一生不懈的斗争和决心以身殉志的悲剧，反映了楚国统治阶层中正直与邪恶两种势力的尖锐斗争，暴露了楚国的黑暗现实和政治危机，表达了他为国为民而战斗不屈，"九死而不悔"的精神。

《离骚》前半部分是对往事的回顾以及对自己身世、理想和遭遇的追忆，基本上是写实。怀才不遇的诗人痛恨那些贵族群小，斥责他们"竞进以贪婪""兴心而嫉妒"，狗苟蝇营，把国家推向危亡的境地。尽管遭受重重打击，他依然不改初衷："亦余心之所善兮，虽九死其犹未悔。"后半部分写他对未来道路的探索，充满了火一样的浓烈激情和忠贞深沉的爱国情感。诗人吟唱着"路漫漫其修远兮，吾将上下而求索"的歌辞，怀着实现理想、挽救国家的强烈愿望，进入精神的幻境，在壮美的天国中神游。

《离骚》通过诗人一生坚持不懈的努力和以生命殉理想的行动，表现了诗人追求"美政"的崇高理想和深沉的爱国情感，以及为追求理想而九死不悔的坚韧品格和疾恶如仇的批判精神。他向往"前圣"治国"君明臣贤，君臣和谐"的境界，并提出

了"举贤而授能兮，循绳墨而不颇"的具体实施方略；他面对贵族大臣的群起而攻之以及随之而来的革职、流放等种种迫害，不仅没有屈服，而且毫不留情地揭露黑暗、指斥奸佞；面对生活的种种艰难困苦，他神游天国，上天入地，寻求出路，寻求理想。这是多么可歌可泣的壮美人生！

《离骚》的艺术成就可以说是惊人的：

首先，它大量地采用浪漫主义的表现手法，塑造了一个纯洁俊美、独立不屈、光彩照人的主人公形象。"朝饮木兰之坠露兮，夕餐秋菊之落英"，主人公不仅有"内美"，而且有"外能"，为国家尽忠尽职，百折不回。尤其是神游部分，把浓烈的激情和奇幻的想象结合在一起，展现了主人公超凡脱俗的完美形象，是这篇抒情长诗浪漫主义手法的集中体现。

其次，它广泛地运用比喻和象征的手法，构造了一个由众多香草组成的意象世界。包括"芷、兰、桂、蕙、菊、荷、芙蓉"在内的18种香草，不仅装饰了主人公的衣冠，也装扮了这个善和美的圣洁世界，诗人为之激动和着迷。《离骚》把《诗经》片段的比兴发展成为长篇诗歌中连续使用的比兴，还把《诗经》那种喻象、喻体各自独立的单纯比喻合二为一，在《诗经》基础上拓展了寄情于物、托物抒情的表现手法，形成了我国文学中著名的"香草美人"的托喻手法的传统，影响深远。

再次，结构庞大严谨，线索清晰，特点突出。全诗围绕着诗人忠贞不渝的爱国情感和追求崇高理想九死不悔的精神来谋篇布局。前半部分回顾历史，实写；后半部分是对理想之实现的探索，虚写。虚实结合，动静跳跃，人间天上，瑰丽无比，不愧为鸿篇巨制。全诗既采用了民歌形式，也汲取了散文的笔法，成为一种句式长短不拘、韵句散语相间的新的文学表现形式。《离骚》语言丰富多彩、双声叠韵比比皆是，节奏和谐优美。诗中除了诗人的内心独白外，还往往设为主客问答，又有大段的铺排描写，对后来的辞赋有很大的影响。

最后，屈原在诗中常常征引历史以抒发情怀，从中寻找经验教训，诗中有些地方可以和史书互相

参证补充。从《离骚》中关于"羲和、望舒、飞廉、丰隆、宓妃"的记述，即可窥见上古神话传说的一斑；而"摄提贞于孟陬兮，惟庚寅吾以降"，则是考证古代天文历法的资料。

在我国古代诗歌中，《离骚》是爱国主义的思想内容和完美的艺术形式达到统一的杰作。它不仅丰富了我国古代文化遗产的宝库，而且使屈原成为卓然自立于世界文学之林的伟大诗人。

除《离骚》外，《九歌》《九章》《天问》《招魂》等也是屈原感人至深的作品。

《九歌》是屈原在民间祀神乐歌基础上改写而成的一组抒情诗。相传是夏启时的乐曲，屈原创作时沿用了《九歌》的名称。所以《九歌》并不只有九篇，而是有十一篇。其中《礼魂》是送神之曲，为各篇所通用，其余每篇各主祀一神，如《东皇太一》写天神（太阳神），《云中君》写云神，《山鬼》写山神，《河伯》写河神，《湘君》《湘夫人》写湘水神，《大司命》写主寿命之神，《少司命》写主子嗣之神，《国殇》写为国阵亡者之神。

《九歌》的基调是赞美神明，但其内容却颇多人性与恋情的描写。屈原在《九歌》中既写出了神的灵异，更写出了神的人性，神性和人性统一在一起。如《湘君》《湘夫人》，抒写神与神、神与人之间的恋爱故事，表现了湘水之神相互爱慕追求却终

于不遇的波折变化，使祭神歌曲带有浓浓的人间情味。满怀爱情希望时，相思不尽，缠绵悱恻；爱情出现波折时，又忧愁失望，怨恨猜疑。屈原把神人格化，缩小了神与人之间的情感距离。

《九歌》中的多数诗篇韵味隽永，语言精美，善于把周围景物、环境气氛、人物容貌动作的描绘和内心感情的抒写完美地结合起来，塑造出一种清新幽眇的境界。如《山鬼》："风飒飒兮木萧萧，思公子兮徒离忧。"把萧瑟苍茫的秋景与缠绵的离情别意交织在一起，令人为之动情，为之凄婉。

《九歌》中有一首风格较为特殊的哀悼为国死难者的挽歌——《国殇》，生动描写了为国战斗和捐躯的经过，颂扬了楚国将士威武不屈、视死如归的英雄气概，"身既死兮神以灵，魂魄毅兮为鬼雄"，读之令人悲伤，也令人奋发。

《九章》是屈原的一组述志诗，共有九篇，除《惜诵》《抽思》外，其余七篇为作者流放江南时所作。多数内容反映诗人流放的境遇、久放的痛苦和对国家危亡的忧虑，字里行间表现了诗人强烈的爱国感情。《橘颂》则以咏物的形式，通过描写橘的绿树素华、生气勃勃、果实团团、色泽鲜美，赞颂它生于南国，意志坚毅，形象优美，品格高贵，以此写照自己磊落的人格，表现出清新隽美的风格和轻松欢快的笔调。全诗幻想夸张的手法运用较少，具

《九歌》

体的写实和直接的抒情则较多，比《离骚》具有更强的现实性。尤其是《抽思》《涉江》《哀郢》《怀沙》等篇，都是伤世忧国的纪实之作，情感更为沉痛愤激。《悲回风》叙述诗人以忠见斥的痛苦，有"终长夜之曼曼兮，掩此哀而不去"之句，令人衷肠九回，是《九歌》中写得最悲的一篇。

《天问》是"屈原放逐，忧心愁悴"之时，彷徨山泽之间，仰天叹息之余写下的一首千古奇文。作者借对天体宇宙神话传说的发问，发泄了自己对"天道不公"的悲愤之情。作者在诗中提出了170多个问题，从开篇的天地生成问题，然后依次问及日月星辰、山川自然的神话故事和社会历史传说，最后问到春秋时的楚国人物，表现出屈原勇于探索真理的精神和大胆怀疑的精神。"比干何逆，而扔沉之？""梅伯忠谏，为何受醢？"更是对楚国是非颠倒、不辨忠奸的黑暗现实的直接揭露和抨击。

《天问》保存了许多神话传说和古史资料。例如，关于鲧、禹治水的传说所提出的一系列问题，就涉及鲧和鸱龟的关系，禹和鲧治水方法的不同，禹治水时曾得应龙之助，禹娶涂山氏女等细节；关于后羿的传说所提的问题又涉及后羿射日，射河伯而妻雒嫔，被寒浞杀害等细节。关于商之始祖契，以及自契至汤的历史，原有文献资料十分缺乏，《天问》则透露了许多关于这段历史的重要线索，其中涉及契、王季、王亥、王恒、上甲微等殷人先公先王的内容，尤为宝贵。

《楚辞》在中国诗史上占有重要的地位。它的出现，打破了《诗经》以后两三个世纪的沉寂而在诗坛上大放异彩。后人也因此将《诗经》与《楚辞》并称为风、骚。风指十五国风，代表《诗经》，充满着现实主义精神；骚指《离骚》，代表《楚辞》，充满着浪漫主义气息。风、骚成为中国古典诗歌现实主义和浪漫主义创作的两大流派。

《楚辞》对后世文学影响深远，不仅开启了后来的赋体，而且影响历代散文创作，是我国积极浪漫主义诗歌创作的源头。

2018年，中国邮政发行《屈原》特种邮票，1套2枚，以及小型张1枚。

（2-1）《忧歌离骚》中，屈原端坐于书案前，执笔凝思，愁眉不展，展现了其被楚王疏远后，忧愁幽思而作《离骚》的情景；背景体现了《离骚》词句中出现的兰草、龙凤等元素。

（2-2）《求索问天》中，屈原仰望苍穹，单手向天，迎风而立，惊涛拍岸，表现了屈原晚年流放时创作《天问》的情景；背景体现了《天问》开篇中出现的宇宙元素，反映了屈原试图通过对"天人之际，古今之变"的怀疑和质问，探索其政治理想的精神活动。

屈原：求索问天

小型张展现了屈原双手呈简，端步向前，心系社稷的士大夫形象；背景以翻滚的浪花隐喻屈原以投江结束自己悲剧的一生，表达了屈原精神的不朽和世人对屈原的怀念。

《屈原》（小型张）

《唐诗三百首》

"熟读唐诗三百首，不会作诗也会吟。"这是人们对唐代诗歌创作的基本认识，也是对唐代流传最广的唐诗选本——《唐诗三百首》的夸赞。

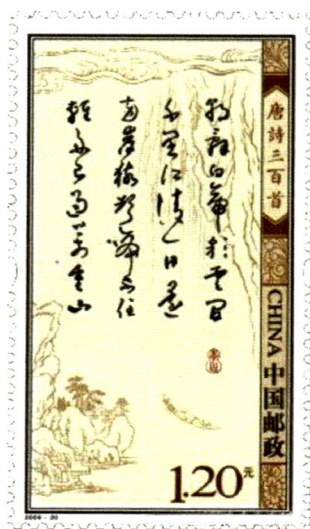

李白：《下江陵》

唐朝的289年间，是中国诗歌发展的黄金时代，云蒸霞蔚，名家辈出，唐诗数量多达5万余首。在唐诗选本中最为流行而且家喻户晓的，就是蘅塘退士编选的《唐诗三百首》。其选诗范围相当广泛，收录了77家诗，共311首。在数量上以杜甫诗最多，有38首，王维诗29首，李白诗27首，李商隐诗22首。它是中小学生接触中国古典诗歌最好的入门书籍。

早在清代之前，社会上就流传着不少唐诗选本。清代康熙年间编订的《全唐诗》，收录诗48900多首，常人难以全读；此后沈德潜以《全唐诗》为蓝本，编选《唐诗别裁》，收录诗1928首，普通人也难以全读。于是，清代乾隆年间，蘅塘退士以《唐诗别裁》为蓝本，编选《唐诗三百首》，成为流传最广、影响最大的唐诗普及读本。

蘅塘退士（1711—1778），原名孙洙，字临西，江苏无锡人，祖籍安徽休宁。他自幼家贫，性敏好学。清乾隆九年（1744年）考中顺天举人，授景山官学教习，出任上元县教谕。乾隆十六年（1751年）得中进士，历任卢龙、大城知县。后遭人谗陷罢官，平复后任山东邹平知县。乾隆二十五年（1760年）、二十七年（1762年）两次主持乡试，推掖名士。

孙洙为官清廉如水，爱民如子，又勤勉好学，书似欧阳询，诗宗杜工部，著有《蘅塘漫稿》。乾隆二十八年（1763年）春，他与继室夫人徐兰英相互商榷，开始编选《唐诗三百首》，以纠正《千家诗》选诗标准不严、体裁不备、体例不一的缺陷，使新的选本能够取而代之，成为合适的、流传不废的家塾课本。

他们的选诗标准是唐诗中的脍炙人口之作，既要好又要易诵；编排上以体裁为经，以时间为纬。《唐诗三百首》于清乾隆二十九年（1764年）编辑完成，迅即风行海内，成为老幼皆宜、雅俗共赏、屡印不止的最经典的唐诗选本。其入选的精美诗歌深深打动着读者，不仅是了解中国文化的模范读本，而且成为儿童最成功的启蒙教材。

众所周知，唐诗的形式多种多样。唐代的古体诗主要有五言和七言；近体诗有绝句和律诗，又各有五言和七言之区别。古体诗对音韵格律的要求比较宽：一首之中，句数可多可少，篇章可长可短，韵脚可以转换。近体诗对音韵格律的要求比较严：一首诗的句数有限定，即绝句四句、律诗八句，每句诗中用字的平仄声也有一定的规律，韵脚不能转换；律诗还要求中间四句对仗。古体诗的风格是前代流传下来的，所以又叫古风。近体诗有严整的格律，所以又称格律诗。从《唐诗三百首》的体裁看，共收录五言古诗33首，乐府46首，七言古诗28首，七言律诗50首，五言绝句29首，七言绝句51首，诸诗分别配有注释和评点。

从这些诗中可以看出，唐诗的题材十分广泛，有的从不同侧面反映了当时社会的变迁和阶级之间的矛盾状况，揭露了封建社会的黑暗；有的描绘祖国河山的秀丽壮美，抒发自己的爱国爱乡之情；有的歌颂正义战争，抒发爱国理想；还有的抒写个人抱负和遭遇，或表达儿女之情，或诉说朋友交情，或书写人生悲欢等。

这些唐诗在创作方法上，既有现实主义的流派，也有浪漫主义的流派，其中许多名篇，又是这两种创作方法相结合的典范，形成了我国古典诗歌的优秀传统。从这些诗人的创作特点看，则包括山水田园诗派、边塞诗派、浪漫诗派和现实诗派等。

山水田园诗派的代表人物有王维、孟浩然、卢纶、李益等。其特点是：题材多青山白云、幽人隐士；风格多恬静雅淡，富于阴柔之美；形式多五言、五绝、五律、五古。其代表作有王维的《山居秋暝》《送元二使安西》《九月九日忆山东兄弟》、孟浩然的《过故人庄》等。

边塞诗派的代表人物有高适、岑参、卢纶、李益等。其特点是：描写战争与战场，表现保家卫国的英勇精神，或描写雄浑壮美的边塞风光、奇异的风土人情，或描写战争的残酷、军中的黑暗、征戍的艰辛，表达民族和睦的向往与情怀。其代表作有高适的《别董大》、岑参的《白雪歌送武判官归京》等。

浪漫诗派的代表人物是李白。其特点是：以抒发个人情怀为中心，咏唱对自由人生与个人价值的渴望与追求。诗词自由、奔放、顺畅，想象丰富，气势宏大。语言主张自然，反对雕琢。其代表作有《月下独酌》《梦游天姥吟留别》《蜀道难》等。

现实诗派的代表人物是杜甫。其特点是：诗歌艺术风格沉郁顿挫，多表现忧时伤世、悲天悯人的情怀。其代表作有《三吏》《三别》《兵车行》等。

2009年9月13日，中国邮政发行《唐诗三百首》特种邮票，1套6枚。该套邮票采用一套票一版张的形式，以中国传统古画《雪景寒林图》为边饰，版张的中心位置以6首唐诗配图作为邮票内容，周边环以《唐诗三百首》的微缩文字。

其中第一枚是李白的《下江陵》（参见题图），第二枚是杜甫的《望岳》，第三枚是白居易的《琵琶行》，第四枚是李商隐的《无题》，第五枚是张九龄的《望月怀远》，第六枚是王之涣的《登鹳雀楼》。

《唐诗三百首》特种邮票也是中国第一套多媒体邮票，它将313首唐诗刻在邮票上，用手触摸可以明显感受到读文；用点读笔轻轻点触邮票，可以听到配乐朗读版本；用手指、软纸或布轻轻擦拭邮票，可闻到一股特有的檀香味。

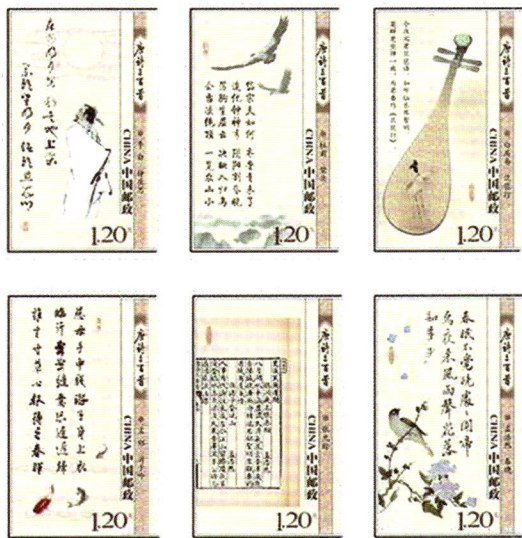

《唐诗三百首》

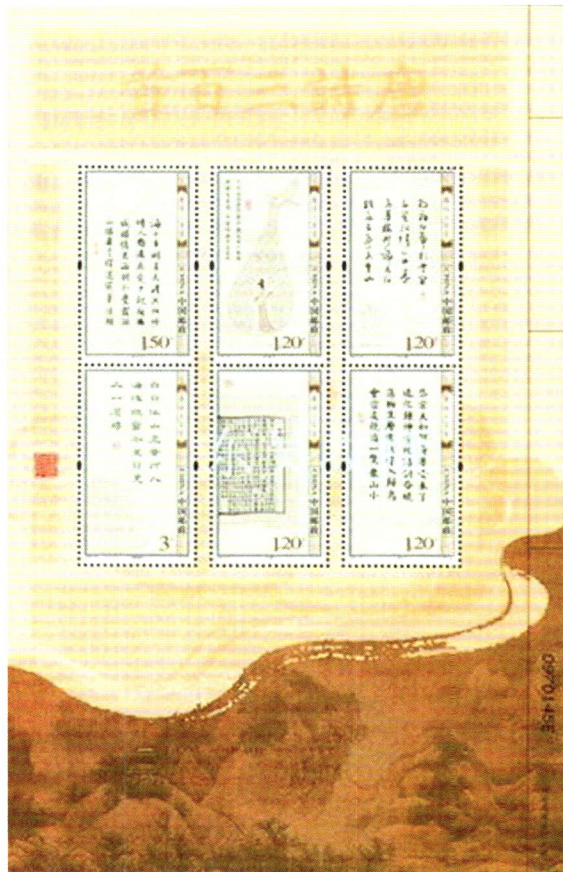

《唐诗三百首》（小型张）

《宋词三百首》

宋词是中国文学史上一颗光彩夺目的巨钻，《宋词三百首》则是最流行的宋词选本。近三百首宋词以姹紫嫣红、千姿百态的风情，与三百首唐诗争奇斗艳，并称文坛"双绝"，分别代表了一代文学之盛。

晏殊：《浣溪沙》

词是一种可以依乐谱填词并配乐演唱的诗歌，始于唐，定型于五代，盛于宋，是唐诗之后中国文学史上的又一座高峰。它兼有文学与音乐两方面的特点。每首词都有一个词调，词调的名称叫作"词牌"，如《满江红》《水调歌头》《念奴娇》等。每首词调都是"调有定句，句有定字，字有定声"，即依照乐曲对词的字数、句法、平仄、韵脚做出基本的规定。词调不同，文辞的格律、声情风格和乐曲的旋律、节拍也不同。与诗的五、七言律诗或绝句的匀称对偶，表现出整齐美不同，词以长短句为主，呈现出参差美。

宋词的发展，经历了以晏殊、欧阳修为领袖的北宋时期和以苏轼为代表的南宋时期，可谓名家辈出，风格多样。其风格流派有婉约与豪放之分，婉约派如柳永，他的《雨霖铃》"寻寻觅觅，冷冷清清，凄凄惨惨戚戚"，使人感到莫名的惆怅；而豪放派有陆游、岳飞等人，"想当年，金戈铁马，气吞万里如虎""莫等闲，白了少年头，空悲切"，又是何等令

人激昂！

《宋词三百首》是流传最广、影响最大的宋词选本，由晚清"四大词人"之一的朱孝臧于1924年编定，共收宋代词人88家，词300首。其旨在以通俗、简洁、精要的方式介绍这300首精选的宋词作品，注释力求简明，疏通词义；白话译解，以直译的方式准确传达原词意蕴，尽量体现原词的艺术风味；品析则力求以简练、精要的艺术分析，阐释词作的意象、情蕴和表现技法，为读者领会、品鉴宋词艺术提供一定的参考。

朱孝臧（1857—1931），原名祖谋，字古微，号沤尹，又号彊邨、上彊邨民，浙江归安人。清光绪九年（1883年）进士，官至礼部右侍郎，因病假归作上海寓公。工倚声，为晚清四大词家之一，著作丰富。书法合颜、柳于一炉；写人物、梅花多饶逸趣。著有《彊邨词》。朱孝臧早年工诗，四十岁始专力于词，遂成为词学大家。

朱孝臧曾先后三次编选、修订《宋词三百首》。初选自宋徽宗至李清照凡87家，数量共300首，于1924年出版；后删去张先、晏殊、欧阳修、苏轼、黄庭坚、吴文英等6家共28首，另增11首，只存词283首，于1934年出版（唐圭璋笺注本）；第三稿又增林逋、柳永各1首，最后的收录情况是：词家82人，词285首。其选录标准，以浑成为主旨，并求之体格、神致。正如词家所言："神致由性灵出，既体格之至美，积发而为清晖芳气而不可能掩者也。"

宋词是宋代最有特色的文学样式。《全宋词》共收录流传至今的词作1330多家，将近2万首，显然不利于读者阅读。《宋词三百首》的编选、出版，大大方便了读者。不过，朱孝臧的选词标准受清代浙西词派和常州词派的影响，初编收录吴文英词24首，周邦彦22首，姜夔16首，晏几道18首；而李清照仅7首，苏轼12首，辛弃疾10首。

词的类别按乐曲长短分，大致可分为小令（58字以内）、中调（59—90字）和长调（90字以上）。最长的词调《莺啼序》，240字。宋词的发展大致经历了三个阶段：第一阶段，晏殊、张先、晏几道、欧阳修等承袭"花间"余绪，为由唐入宋的过渡。

宋代初期的词一开始也是沿袭这种词风，追求华丽词藻和对细腻情感的描写。第二阶段，柳永、苏轼在形式与内容上所进行的新的开拓以及秦观、赵令畤、贺铸等人的艺术创造，促使宋词出现多种风格竞相发展的繁荣局面，词的内涵也在不断地充实和提高。到苏轼词首开豪放词风，宋词彻底跳出了歌舞艳情的巢窠，升华为一种代表了时代精神的文化形式。第三阶段，辛弃疾、周邦彦在艺术创作上的集大成，体现了宋词的深化与成熟。

从《宋词三百首》中可以看出宋词婉约派的特点，主要是内容侧重儿女风情。结构深细缜密，重视音律谐婉，语言圆润，清新绮丽，具有一种柔婉之美。由于长期以来词多趋于婉转柔美，人们便形成了以婉约为正宗的观念。以李后主、柳永、周邦彦等词家为"词之正宗"，正代表了这种看法。婉约词风长期支配词坛，直到南宋姜夔、吴文英、张炎等大批词家，无不从不同的方面承受其影响。婉约派的代表人物是柳永、李清照、秦观、晏殊、晏几道、周邦彦、姜夔等。

豪放派的特点，大体是创作视野较为广阔，气象恢宏雄放，喜用诗文的手法、句法和字法写词，语词宏博，用事较多，不拘守音律，北宋黄庭坚、晁补之、贺铸等人都有这类风格的作品。南渡以后，由于时代巨变，悲壮慷慨的高亢之调，应运发展，蔚然成风，辛弃疾更成为创作豪放词的一代巨擘和领袖。豪放词派不仅屹然别立一宗，震烁宋代词坛，而且广泛地沾溉词林后学，从宋、金直到清代，历来都有标举豪放旗帜，大力学习苏、辛的词人。豪放派的代表人物是辛弃疾、苏轼、岳飞、陈亮、陆游、欧阳修、张元干、张孝祥等。

此外，还有一种花间派，其代表人物是温庭筠等。

宋词是继唐诗之后的又一种文学体裁，具有独特的艺术魅力。它远从《诗经》《楚辞》《汉魏六朝诗歌》里汲取营养，又为后来的明清戏剧小说输送了养分。流传千年仍诵唱不绝，成为中华民族传统文化中的精华。直到今天，它仍在陶冶着人们的情操，给人们带来很高的艺术享受。

2012年8月31日，中国邮政发行《宋词》特种邮票，1套6枚。邮票选取晏殊《浣溪沙》、苏轼《念奴娇·赤壁怀古》、秦观《鹊桥仙》、李清照《一剪梅》、陆游《卜算子·咏梅》和辛弃疾《破阵子·为陈同甫赋壮语以寄》六篇佳作，兼顾了婉约派和豪放派的风格。所选的宋词版本是依照1924年（朱孝臧）所编纂的《宋词三百首》。

秦观:《鹊桥仙》

《宋词》邮票采用近方形的票形，票面左为词，右为画。设计上采用了画配诗、诗伴画，以国释诗、以画写意的形式，充满意境。印制精致细腻，犹如画在纸张上，其图案效果更为自然古朴。

《宋词》邮票的设计延续《唐诗三百首》"一版票、一本书"的创意理念，在精选6首词的同时，将《宋词三百首》的29024个汉字以缩微文字形式展现；同时，再次应用了点读技术，人们在欣赏这套邮票时，用点读笔点到哪里，哪里就咏诵出对应的宋词；点读边饰左侧的印章，则可听到《宋词三百首》的全部内容，增添了邮票的趣味性。另外，《宋词》邮票还特邀著名表演艺术家濮存昕朗诵多首宋词，从而使这套邮票既是一套多媒体邮票，也是弘扬中华民族精华文化的特色鲜明的文化创意产品。

《宋词选》是新中国成立以来流通最广、影响最大的一个宋词选本，仅从1962年到1988年再版4次，总印数高达百余万册。据统计到目前累计总印数在200万册以上。大学中文系师生及社会上古典文学爱好者几乎人手一册。按《胡云翼文集》（华东师大出版社2004年版）扉页所言："（胡云翼）所编《宋词选》等被评为'中国优秀畅销书'。"其初版是中华书局1962年版，1978年上海古籍出版社根据中华

书局1965年8月第一版第四次印本予以重印，后又有1997年版、1999年版和2007年版。另外，在华东师大出版社2004年版的《胡云翼文集》之《胡云翼选词》中有收录。

宋词在我国文学史上占有相当重要的地位。胡云翼先生选注的《宋词选》，所录两宋名家词，较为重视作品的思想性和艺术性的统一，具有一定的价值。除了注释浅显通俗、注意词句的串讲外，还对作家和作品做了简要的介绍和说明，这显然有助于读者更好地阅读和理解这些古典文学作品。

《宋词》（小型张）

《元曲选》

元曲是盛行于元代的一种艺术形式。在众多元曲选本中,《元曲选》是最流行,也最为读者接受的。其保存的深切感人的元曲作品,堪称中国古代戏曲文学的宝库。

元曲:《赵氏孤儿》

元曲是元代文学的主体,包括元杂剧和散曲。它们是两种不同的文学体裁:杂剧是一种戏剧形式,通过人物表演故事,有歌唱和说白(宾白);而散曲是一种诗歌形式,和唐诗、宋词相类似,但具有不同特点。

元曲在中国文学史上占有重要地位,其中元杂剧的成就和影响远远超过散曲,它融合多种表演艺术形式,将现实主义与浪漫主义相结合,主线明确,人物鲜明;散曲则产生于民歌俚谣,语言自由活泼,表现力丰富,雅俗共赏。

《元曲选》是一部精心编选的元杂剧总集,元杂剧的主要作家和作品几乎都被收罗在《元曲选》中。经过编者的整理校订,剧本科白俱全,十分便于读者阅读,被认为是可与梁朝萧统编辑的《文选》相媲美的文学作品,更与其后毛晋编辑出版的《六十

种曲》交相辉映,成为戏曲研究者必读的首选书目之一。

《元曲选》共有10集,每集5卷,每卷一剧,共选录100种剧本。在现存世的约150种元杂剧中,《元曲选》所选剧本就占了其中2/3。明神宗万历四十三年(1615年),《元曲选》先刊印了前集,共50种剧本;次年又刊印了后集,也是50种剧本。由于在《元曲选》之外,还有几十种元杂剧留存,于是隋树森便将后来陆续发现的62种刻本和抄本收集在一起,编辑成《元曲选外编》。至此,全部现存整本的元杂剧均被收入进《元曲选》(包括正编和外编)。在《元曲选》刊印后的300年间,它几乎成了人们了解元剧的唯一桥梁。

《元曲选》的编者是臧懋循(1550—1620),字晋叔,浙江长兴县人。他出身于官宦家庭,父亲臧晋芳曾两任知府。臧懋循幼时便聪颖异常,5岁就能与大人联对。19岁那年父亲离世,他于24岁参加乡试,得以中举,并在31岁时以第三甲第八十八名赐同进士出身,从此开始了仕宦生活。曾任荆州府学教授、夷陵(今湖北宜昌市)知县,任职期间,积极关心民间疾苦,除强扶善,颇有政绩。回到南京后任国子监博士,36岁时因男宠之事,遭国子监祭酒黄凤翔弹劾,不得不告别官场偕妻归隐老家长兴。

此后他以诗文自娱,并与许多文人,包括明代著名戏曲家汤显祖、梅鼎祚,散文家袁中道等交往密切,互有诗歌赠答;还与曹学全、陈邦瞻等十余人结成金陵社集,一时间在江南诗坛竟小有名气,并与吴梦旸、吴家登、茅维四人被称为"吴兴四子"。

年过半百之后,臧懋循先后刊印了约300万字的作品,主要是文学类作品,而且多为卷帙浩繁之作,包括《古逸词》24卷、《古诗选》56卷、《唐诗选》47卷、《元曲选》100卷、《校正古本金钗记》、《玉茗堂四梦》、《改定昙花记》、《六博碎金》、弹词《仙游录》《梦游录》《侠游录》等。在这些林林总总的书籍中,他真正用心并使其青史留名的便是《元曲选》。也多亏他的成功编选,许多元杂剧得以完整地保存下来,并和唐诗、宋词并立于古典文学之林。

元代是中国戏剧的第一个黄金时代——元杂剧

辉煌灿烂的年代。臧懋循本人精通戏曲，尤其称赏元杂剧。由于对戏曲有独到的鉴赏能力，因此他能慧眼独具，从几百种元杂剧中挑出精品，并加以整理，使之传于后世。当年元杂剧精湛的表演和优美的声腔，人们今天虽已无法领略，但借助于保存在《元曲选》（正编、外编）中的162种剧本，不仅在一定程度上弥补了人们的遗憾，而且使人们对元代杂剧的辉煌有了更加丰富的认识。

元杂剧是中华民族文化宝库中的一朵奇葩，它是在唐宋以来话本、词曲、讲唱文学的基础上创造的，是一种严谨完整和个性鲜明的戏曲艺术。在思想内容和艺术成就上都体现了独有的特色，不仅丰富了久在民间传唱的故事，而且广泛地反映了当时的社会现实，成为广大人民群众最喜爱的文艺形式之一。

在元代，除了元杂剧，散曲也是文学的主要形式之一。散曲是一种可以配乐演唱的歌曲，它和剧曲不同，剧曲是用于表演的剧本，写有各种角色的唱词、道白、动作等；而散曲只是用作清唱的歌词。元代是散曲的鼎盛时期，继唐诗、宋词之后，蔚为一时文学之盛。

元散曲主要有两种体裁：一是小令，即自由活泼的市井小曲，一般由一支曲牌构成，相当于词的一阕，调短字少；二是套曲，又称大令，是由同一宫调的若干首曲牌连缀而成，各曲同押一韵，结尾部分常有尾声，有的还带过曲，即由同一宫调的不同曲牌组成的曲子。

在形式上，散曲和词很相近。不过在语言上，词更典雅含蓄，而散曲更通俗活泼；在格律上，词要求较严格，而散曲更自由些，曲通常带"衬字"（指在曲律规定的字数外增加的字，不受音韵、平仄、句式等曲律限制，一般用于句首），词不带"衬字"。

每支散曲都有宫调和曲牌。宫调标示音阶高低，不同宫调风格殊异，或伤悲或雄壮，或缠绵或沉重；曲牌是各种曲调的专名，如《点绛唇》《山坡羊》等，它规定每支曲的字数、句法、押韵等。通常平仄通押，不避重韵，一韵到底。与诗词相比，散曲的押韵、对仗有较大的灵活性，名称也较俚俗，说明它比词更接近民歌。

元散曲以其作品揭露现实的深刻以及题材的广泛、语言的通俗、形式的活泼、风格的清新、描绘的生动、手法的多变，在中国古代文学艺苑中放射着璀璨夺目的异彩，并和唐诗、宋词鼎足并举，成为我国文学史上三座重要的里程碑。

宋元之交，词和曲均被称为乐府，可见早期元曲与词的分界尚不明显。元军南下之后，北调开始传入各大都会，并迅速发展起来。至元灭南宋，元曲已成蔚然之势，出现了一大批代表作家。关汉卿、马致远、王实甫、白朴等著名元曲作家均活跃于这一时期，无论杂剧还是散曲，都有成就突出的作品问世。

关汉卿作为"元曲四大家"之首，不仅写下许多有名的小令、套曲，更创作杂剧达67部之多，包括《窦娥冤》《救风尘》《望江亭》《鲁斋郎》《蝴蝶梦》等。其小令风格清丽，套曲则泼辣豪率，肆无忌惮；其剧作描摹世态鞭辟入里，塑造人物鲜明生动，批判社会弊端狠辣痛快。元末贾仲明称他"驱梨园领袖，总编修师首，捻杂剧班头"，足见他在元代剧坛的地位。他的历史剧《单刀会》慷慨豪放，爱情剧《拜月亭》情真意切，成为中国戏剧史上的不朽名作。

马致远因散曲的出色成就而被世人称为"曲状元"，更因创作出小令《天净沙·秋思》而被赞誉为"秋思之祖"。他所作散曲既不乏语言俗白的本色之作，也有曲调、文辞和谐优美，意境明澈高远的作品。无论哪一类，都精于锤炼，却不露雕琢痕迹，具有很高的艺术性。一生创作杂剧15部，其代表作《汉宫秋》通过改编王昭君出塞和亲的历史故事，赞颂了王昭君的气节，抒写了汉元帝的怯懦和悲哀，同时谴责了匈奴对汉朝的侵略，展现了时代精神，是中国戏剧史上最早的悲剧。

出身官僚世家的白朴，在金末大诗人元好问的抚养教育下成长起来。他既填词又写剧，著有杂剧15种，《梧桐雨》和《墙头马上》是其代表作。前者写唐明皇和杨贵妃的爱情，并揭示了国破家亡的灾难后果；后者则通过贵族女子李千金大胆追求爱情的动人故事，歌颂了美好纯洁的爱情，其中许多唱词都写得极富抒情意味，绮丽而有沉雄之气。

郑光祖是后期杂剧作家中的佼佼者，著有杂剧

15种，现存《周公摄政》《王粲登楼》《翰林风月》《倩女离魂》《三战吕布》等8种，其中最负盛名的是《倩女离魂》。它通过一个超现实的故事，揭露了封建婚姻制度对自由爱情的扼杀，赞扬了张倩女追求爱情冲破罗网的抗争精神。该剧与《西厢记》《拜月亭》《墙头马上》合称元杂剧中的"四大爱情悲剧"，而关汉卿、马致远、郑光祖、白朴四人则被称为"元曲四大家"。

王实甫虽未被列入"元曲四大家"之中，但其名气却不在四大家之下。这不仅在于其一生创作杂剧13部，而且在于《西厢记》的巨大成就所产生的轰动效应。自唐代元稹《莺莺传》以来，崔莺莺和张生的爱情婚姻故事就一直广为流传。王实甫创作的《西厢记》，打破元杂剧一本四折的通例，以五本二十一折的宏大结构来表现这场冲破束缚、争取爱情自由的故事，成功刻画了传统社会中不同社会地位、条件和背景的青年男女的恋爱心理和家庭关系，在剧本的主题、情节和人物的塑造上都获得了巨大

《元曲》（小型张）

的成功，将爱情文学推进到一个崭新的高度。《西厢记》的唱词华美明丽，充满诗情画意，又清新自然，潇洒流畅；所塑造的莺莺、张生、红娘及老夫人的艺术形象丰满生动，亲切感人，使许多青年男女为之陶醉；所公开宣扬的"愿天下有情的都成了眷属"，更是对后世产生了巨大的影响。

元杂剧的成就当然不止表现在这几位大作家身上，还有不少水平极高、造诣独特的作品，如描写梁山英雄的"水浒剧"，就在元代剧坛独树一帜；康进之的《李逵负荆》也是元代水浒剧中的翘楚。纪君祥的《赵氏孤儿》也是这类作品中的杰作，作者通过春秋时期程婴等忠臣义士为解救赵氏孤儿而奋不顾身、赵氏孤儿长大成人报仇伸冤的故事，突出表现了程婴等众多义士的自我牺牲精神，使这个剧本达到了很高的悲剧艺术境界。

这一时期，众多的作者创作了难以计数的散曲，流传至今的作品有4000多首（套），其中小令3800多首（含带过曲），套曲470余套。在这些作者中，对元散曲的形成做出开创性贡献的是白朴，他开启了散曲清丽派的风格，今存小令35首，套曲4篇。或写景咏物，或叹世归隐，或描写男女风情。马致远的套曲《夜行船·秋思》，倾诉了自己对人生的思考，通过生命的短暂和世事的无常来否定追名逐利，肯定恬淡自在的隐居生活，成为元散曲中最著名的作品之一。张养浩的《山坡羊·潼关怀古》回顾历史沧桑，哀叹民生维艰："兴，百姓苦。亡，百姓苦。"

张可久一生致力于散曲写作，今存小令853首，套曲9篇，是元代散曲创作数量最多的一位作家。他的《卖花声·怀古》同样通过怀旧来抒发自己的人生感慨："美人自刎乌江岸，战火曾烧赤壁山，将军空老玉门关。伤心秦汉，生民涂炭，读书人一声长叹。"而《人月圆·春晚次韶》则体现了一种典雅清秀的倾向："一声啼鸟，一番夜雨，一阵东风。桃花吹尽，佳人何在？门掩残红。"被称为"清而且丽，华而不艳"。

元散曲的审美特征表现为：格律自由；语言俚俗、灵动自由；抒情直切、酣畅淋漓，诙谐风趣，表现力丰富，以其不同于唐诗、宋词的美学风采而

成为中国文学宝库中别具一格的体裁。不仅是文人咏志抒怀得心应手的工具，而且成为广大百姓喜闻乐见的崭新艺术形式。

元曲从民间的通俗俚语进入诗坛，有鲜明的通俗化、口语化的特点和犷放爽朗、质朴自然的情致。作者多为北方人，其中关汉卿、马致远、王小军、白朴等人的成就最高，比如关汉卿的小令活泼深切、晶莹婉丽，套数豪辣灏烂、痛快淋漓。马致远创作题材宽广，意境高远，形象鲜明，语言优美，音韵和谐。

《元曲三百首》在选目上兼顾元曲创作的历史实际，既选择了大家耳熟能详的小令和带过曲，也附录了最富曲味的散套和剧套。导读和赏析除点明题旨和风格外，尤其偏重形式体制、结构技巧等方面的疏解，以帮助读者进入历史语境，加深对元曲的理解和共情。所选作品以隋树森编《全元散曲》为底本，并参校重要元、明刊本，完整、详尽、真实地展现了元曲的特色和风貌。

总之，元曲作为"一代之文学"，题材丰富多样，创作视野阔大宽广，反映生活鲜明生动，语言通俗易懂，是我国古代文化宝库中不可缺少的宝贵遗产。

如元散曲《天净沙·秋思》："枯藤老树昏鸦，小桥流水人家，古道西风瘦马。夕阳西下，断肠人在天涯。"全曲五句二十八字，无一"秋"字，但却描绘出一幅凄凉动人的秋郊夕照、羁旅荒郊图，抒发了一个飘零天涯的游子在秋天思念故乡、倦于漂泊的凄苦愁楚之情。此曲语言极为凝练却容量巨大，意蕴深远，结构精巧，顿挫有致。

2014年12月1日，中国邮政发行《元曲》特种邮票，1套6枚，内容分别选取元代马致远的《天净沙·秋思》、张养浩的《山坡羊·潼关怀古》、关汉卿的《窦娥冤》、白朴的《墙头马上》、纪君祥的《赵氏孤儿》和郑光祖的《倩女离魂》。画面设计使用古版画，还原元曲的本质。邮票采用上文下图竖式结合，文字更清晰，图画更艳丽。

该套邮票延续《唐诗三百首》《宋词》邮票的发行形式，以缩微文字工艺将《元曲三百首》全文印制在邮票周边，借助专用点读笔点触邮票，或扫描二维码，可以欣赏到元曲的音频。该套邮票由工笔画家萧玉田创作。采用传统的绘画手法，使用矿物颜料，展现出工笔重彩细密工整、敷色艳丽的特点。邮票表现内容生动形象，气氛浓烈，配合正、行、草、隶、篆及金文书法字体，采用胶雕套印工艺印制。

《元曲》

《西厢记》

元杂剧《西厢记》全名《崔莺莺待月西厢记》，为元代著名戏曲家王实甫所作，全剧共五本二十一折，描写了书生张君瑞和已故相国之女崔莺莺的恋爱故事。

听琴

《西厢记》情节引人入胜，形象鲜明生动，文采斐然，极具诗情画意。赴京应举的书生张生在普救寺偶遇相国小姐崔莺莺，见莺莺容貌姣美，倾心爱慕，而无计亲近。遂向寺主借宿寺中，向莺莺表白了爱慕之情，莺莺也对张生渐生情愫。谁承想叛将孙飞虎为强索莺莺为压寨夫人，率兵围寺；崔夫人传令：倘有退贼之人，愿将女儿许配为妻。张生为此修书向知交武将杜确求援，解了普救寺之围。

不料崔母却食言悔婚，设筵席让莺莺和张生以兄妹相称。张生相思成疾，莺莺也因母亲失信背约内心极度痛苦。于是让红娘前去探望张生，并以诗相约。几经波折，心爱张生的莺莺终于在红娘的帮助下，与张生私会，结成百年之好。崔母觉察后拷问红娘，反被红娘责怪言而无信，只好虚允二人婚事，又以门第为由，令张生立即上京应试。十里长亭送别之后，张生到京赴考，结果一举考中状元，

金榜题名。其间虽经郑恒编造谎言干扰等一番周折，张生终与莺莺结为百年之好。

《西厢记》大约写于元贞、大德年间（1295—1307年）。该剧具有很浓的反封建礼教的色彩，作者写青年人对爱情的渴望，写情与欲的不可遏制与正当合理，写青年人自身的愿望与家长意志的冲突，表达了"愿天下有情的都成了眷属"的爱情观。全剧体制宏伟，用了五本二十一折连演一个完整的故事，这在古代杂剧中也是罕见的。

1983年2月，为了反映中国古典文学的灿烂成就，邮电部发行《西厢记》特种邮票，1套4枚，分别是《惊艳》《听琴》《佳期》《长亭》；同时发行1枚小型张。由人民美术出版社著名画家王叔晖作画，刘硕仁设计。票面中的人物造型严谨，崔莺莺明艳照人；张君瑞风流倜傥；小红娘伶俐乖巧，都刻画得十分成功。最值得称赞的是，每幅票面中人物的衣裳装扮都不相同，细腻到崔莺莺每次出场佩戴的耳环都不一样。这无疑需要画家有强大的造型能力，保证人物形象的高度统一。

这套邮票一经面世，就引起了极大的轰动。不仅因为这套邮票是当时票幅最大的，更是因为这套邮票画的人物传神，细腻华美。邮票的原画作者王

（4-1）惊艳（4-2）听琴（4-3）佳期（4-4）长亭

叔晖是现代著名的工笔仕女画大师，她把一生都奉献给了工笔仕女画的创作。曾经数次画过《西厢记》，和《西厢记》结下如此深厚的缘分，当然也期盼天下有情人都成眷属。

王叔晖在创作时参考了她早年画的16幅彩绘条屏《西厢记》，删减了次要人物。4幅邮票的主要人物均为崔莺莺，这与她最擅长闺阁女子的描绘及高超的勾线功夫是分不开的。邮票中描绘的庭院厢房透视精准，也展示了王叔晖画工精纯的一面。此外，邮票的构图和设色也十分引人入胜。

小型张《拷红》，原画选自明代《西厢记》木刻本插图。画面上，崔夫人正在拷问跪着的红娘。

《拷红》（小型张）

《牡丹亭》

　　《牡丹亭》是明代剧作家汤显祖创作的传奇。该剧文辞典雅，语言秀丽，是中国戏曲史上杰出的作品之一，标志着明代传奇发展的最高峰。

（4-1）闺塾（4-2）惊梦（4-3）写真（4-4）婚走

　　《牡丹亭》刊行于明万历四十五年（1617年），全称《牡丹亭还魂记》，亦称《还魂梦》或《牡丹亭梦》。该剧描写了官家千金杜丽娘对梦中书生柳梦梅倾心相爱，竟伤情而死，化为魂魄寻找现实中的爱人，人鬼相恋，最后起死回生，终于与柳梦梅喜结姻缘的故事。该剧与《西厢记》《窦娥冤》《长生殿》合称"中国四大古典戏剧"。

　　《牡丹亭》的情节曲折，生动感人。女主人公杜丽娘天生丽质而又多愁善感，到了豆蔻年华，正是情窦初开的怀春时节，却为家中的封建礼教所禁锢，不能得到自由和爱情。她由《诗经·关雎》而伤春寻春，从花园踏春归来后，在昏昏睡梦中见一

　　书生持半枝垂柳前来向她求爱，两人在牡丹亭畔幽会，成就了云雨之欢。待她一觉醒来，方知是南柯一梦。杜丽娘从此愁闷消瘦，一病不起。她在弥留之际请求母亲把她葬在花园梅树下，嘱咐丫鬟春香将其自画像藏在太湖石下。已升任淮阳安抚使的父亲杜宝委托曾经的老师陈最良葬女，并修建了梅花庵观，请一老道姑看守。

　　与此同时，来自岭南的贫寒书生柳梦梅也梦见一位才貌端庄的佳人，在花园梅树下诉说与他的情缘，从此便经常思念她。三年后，柳梦梅赴京应试，借宿梅花庵观中，在太湖石下拾得杜丽娘画像，发现画中人就是他的梦中情人。病愈后，他在庵里与杜丽娘的游魂相遇，二人恩恩爱爱，如胶似漆。随后柳梦梅掘墓开棺，使杜丽娘起死回生，两人结为夫妻，前往京都。

　　柳梦梅在临安应试后，受杜丽娘之托，送家信传报还魂喜讯，结果被杜宝囚禁，并被人告发盗墓之罪，险些被处斩刑。就在此时，朝廷殿试发榜，柳梦梅高中状元，由阶下囚一变而为状元郎。杜宝得知消息，仍不相信女儿会复活，拒不承认两人婚事，并写了奏本让皇上公断。于是皇帝传杜丽娘来到公堂，验明正身，感慨二人的旷世奇缘，于是下旨让他们父女、夫妻相认，并着杜丽娘和柳梦梅归第成亲，两位有情人终成眷属。这段生而复死、死而复生的姻缘故事就这样以大团圆结局。

　　作者在剧中运用大胆的想象、艺术的夸张和曲折离奇的戏剧情节，将现实社会同阴曹地府统一起来，将人与鬼统一起来，从而塑造了高度理想化的人物形象，表达了自己的理想和愿望，完成了反封建礼教的主题。

　　女主人公杜丽娘系唐代诗人杜甫后裔，性情中有温文尔雅、多愁善感的一面，也有痴心重情、坚韧执着的一面。与岭南书生柳梦梅梦中幽会，梦醒后思念成疾，最后还魂复生，与柳生历经重重磨难终成眷属。她虽深居闺阁，接受封建礼教的熏陶，骨子里却蕴藏着对传统礼法的叛离意识和对残酷现实的反抗精神，内心燃烧着挣脱封建牢笼、追求个性解放、向往美好爱情的强烈愿望。她因情而亡，

又因情而生，既是一个被封建时代扼杀的悲剧人物，又造就了一段美好浪漫的人生。

男主人公柳梦梅系唐代诗人柳宗元后裔，英俊潇洒，气质非凡，博学多才，志向远大，却时运不济，父母早亡，举目无亲。尽管生活窘迫，仍心志高远，坚持发奋苦读，既有报国之志，而又怀才不遇，历经种种磨难，终于实现了自己的抱负。看似文弱书生，一身书卷之气，却又不乏正义豪迈之心，敢于仗义执言，打抱不平。他与杜丽娘因梦生情，忠贞不渝，痴心不改，甚至冒杀头之险掘坟救人，用自己的敢作敢为成就了一段绝世爱情。

《牡丹亭》具有鲜明的浪漫主义特色。作者热情奔放地赋予爱情以超越生死的力量，并借用杜丽娘经历的现实、梦幻与幽冥三个境界，用梦幻和幽冥来反衬出现实的残酷。杜丽娘的梦境是那么温柔缠绵、五彩缤纷，醒过来面对的却是冷酷僵硬的现实；幽冥中的判官虽然面目狰狞，却又把杜丽娘放出枉死城，体现了人情味。

作品呈现出光怪陆离的色彩，现实中的人物与花神、土地、地府判官、鬼卒构成了现实和精神两重世界，深刻描绘出封建社会对人性的摧残。最后作者让现实中不可能实现的爱情理想得到了实现，体现了强烈的理想主义色彩。《牡丹亭》的高度思想性和艺术性，使其成为中国戏剧文学发展史上的一个重要里程碑，其浪漫主义表现方法对后世影响深远。

1984年10月30日，邮电部发行《中国古典文学名著——牡丹亭》邮票，1套4枚，分别为《闺塾》《惊梦》《写真》《婚走》；小型张1枚，名为《游园》。

这套邮票由著名画家戴敦邦担纲设计。作者经反复构思、大胆想象，采用浪漫主义创作方法，将原著的主要情节栩栩如生地展现在五幅画稿中，凝练地表现了一个完整的传奇故事，是一次非常成功的艺术再创作。

《游园》（小型张）

《三国演义》

《三国演义》是中国四大古典名著之一，也是中国文学史上第一部长篇章回体小说，被称为中国历史演义小说的"开山之作"。

草船借箭

《三国演义》原名《三国志通俗演义》，它是作者罗贯中以西晋史学家陈寿的《三国志》为蓝本，吸收民间传说和话本、戏曲故事，于元末明初整理、改编、写定的。全书生动描述了东汉末年群雄割据，魏、蜀、吴三国鼎立，最后司马氏统一天下的复杂历史，结构宏伟，场面壮观，人物众多。不仅故事情节生动，而且人物形象也十分饱满，如曹操、刘备、孙权、诸葛亮、关羽、张飞等，一个个都描写刻画得栩栩如生、颇具特色，以致成为某一类型人物的代表。

这部书一问世就受到了民众的欢迎，市面上出现了多种刊本。清康熙年间，毛伦、毛宗岗父子对嘉靖本《三国演义》做了一些修改，主要是整理回目、修正文辞、改换诗文等，内容未做大的改动，形成了现今通行的一百二十回本的《三国演义》。小说语言半文半白，显示出由历史向文学嬗变的痕迹。

《三国演义》描绘了众多的历史人物，塑造了一批具有独特性格的人物形象，尤其是被称为"三奇"的诸葛亮（古今贤相第一奇人）、关羽（古今名将第一奇人）和曹操（古今奸雄第一奇人）。小说通过"三顾茅庐、舌战群儒、草船借箭、空城计、七擒孟获、秋风五丈原"等典型情节，塑造了诸葛亮谋略过人、"鞠躬尽瘁，死而后已"的光辉形象；通过"温酒斩华雄、单刀会、过五关斩六将"等典型情节，塑造了关羽威武神勇、坚贞不屈的义士品格；通过"煮酒论英雄、割发代首传示三军"等典型情节，塑造了曹操"宁教我负天下人"的奸雄性格。

小说的主旨是"贬曹扬刘"，刘备在书中被塑造成为"有德仁君"，不仅为人处事以爱民为本、以仁义为准，而且求贤若渴、知人善任，对结拜兄弟也十分讲义气，成为仁爱的化身，关羽和诸葛亮则分别被塑造成为侠义和忠信、智谋的化身，与奸诈、霸道，被作为奸雄、暴君化身的曹操形成了强烈的反差。小说正是通过这一褒一贬来树立起社会"崇忠义，贬奸诈"的道德评价标准。书中对义的强调和推崇，包括君之义是仁政爱民，臣之义是忠君报国，朋友之义是知恩图报，兄弟之义是生死与共等，为社会各阶层的人们所普遍认可，成为人们效法的榜样。小说中对各方政治、军事势力纵横捭阖的斗争场景的描写也十分精彩，并汇集了大量的权谋、智谋，堪称政治、军事智谋的"教科书"。

小说还从宏观上展现了"分久必合，合久必分"的天下大势，反映了王朝嬗变的历史规律。并通过乱世之中群雄逐鹿的不同命运归宿，体现了"乱世出英雄"的时代特征，得出了"天下唯有德者居之"的历史结论。小说重于叙述历史事件，但又不拘泥于历史现象本身，而是以鲜活的语言来叙述事件、刻画人物，具有极强的艺术感染力和文学表现力。

小说作者罗贯中是元末明初的一位杂剧和话本作者。其时社会矛盾十分尖锐，人民流离失所，农民起义此起彼伏，群雄割据，多年战乱后朱元璋剿灭群雄，推翻元朝，建立了明朝。罗贯中生活在社会底层，了解和熟悉人民的疾苦，期望社会稳定，百姓安居乐业，并希望早日结束动荡造成的悲惨局面。因此就东汉末年的历史创作了《三国演义》这部长篇历史小说。它既是一部形象化的三国兴亡史，也是一部民众眼中的政治、军事史。

从1988年邮电部开始发行《三国演义》系列邮票第一组起，到1998年十年间，共发行了5组邮票，共20枚邮票、3枚小型张，以"桃园三结义"始，至"三分归晋"而终，内容上基本包罗了三国时期的主要战役和重大事件。

邮电部于1988年11月25日发行了第一组《三国演义》特种邮票，1套4枚，分别是《桃园三结义》《三英战吕布》《凤仪亭》《煮酒论英雄》。

（4-1）桃园三结义（4-2）三英战吕布
（4-3）凤仪亭（4-4）煮酒论英雄

第一组邮票画面简洁，繁而不乱。在绘画手法上，以中国工笔画法为基础，又有所创新。重线条，重传神，同时糅进了夸张、写意的技法，使人物形象形神兼备，音容笑貌跃然纸上。画面均以赭黄为底色，并巧妙地运用白色、绿色突出人物形象，使画面秀丽、洒脱，既具古典韵致，又富浪漫情趣，是一套不可多得的艺术性邮票，具有较高的观赏价值。

第二组邮票于1990年12月10日发行，1套4枚，分别为《夜袭乌巢》《三顾茅庐》《单骑救主》《大闹长坂桥》。

第三组邮票于1992年8月25日发行，1套4枚，

（4-1）夜袭乌巢（4-2）三顾茅庐
（4-3）单骑救主（4-4）大闹长坂桥

分别为《舌战群儒》《智激孙权》《蒋干盗书》《草船借箭》。

其中《草船借箭》（参见题图），选自《三国演义》第四十六回——"用奇谋孔明借箭，献密计黄盖受刑"。周瑜由于妒恨诸葛亮的智谋，恐日久对江东不利，屡欲除之。一日，周瑜与诸葛亮商议破曹之事，周瑜借此要求诸葛亮数日之内造出十万支箭，并诱迫对方立下军令状。

诸葛亮胸有成竹，从容不迫。他命令手下扎草船二十只，趁大雾弥漫江面之际，将船一字摆开，

（4-1）舌战群儒（4-2）智激孙权
（4-3）蒋干盗书（4-4）草船借箭

驶向对岸，诱使曹军弓箭手乱箭射之，"借"得雕翎箭十几万支。周瑜闻之，自叹弗如。邮票画面上，浓雾缺口中，乱箭射来，草船里孔明神态自若而坐，作陪的鲁肃面显恐慌的神情。

第四组邮票于1994年11月24日发行，1套4枚，分别为《横槊赋诗》《刘备招亲》《威镇逍遥津》《火烧连营》。

（4-1）横槊赋诗（4-2）刘备招亲
（4-3）威镇逍遥津（4-4）火烧连营

第五组邮票于1998年8月26日发行，1套4枚，分别是《白帝托孤》《孔明班师》《秋风五丈原》《三分归晋》。

（4-1）白帝托孤（4-2）孔明班师
（4-3）秋风五丈原（4-4）三分归晋

《三国演义》五组邮票设计时都是采用中国工笔重彩画的形式在仿古绢上绘制而成，为了在方寸之间表现出原著的精髓，设计者颇费苦心。在五组邮票中，前两组由陈全胜设计，主要描绘了三国前期主要人物与事件，刘关张、吕布、貂蝉、赵云、曹操、诸葛亮都在此时粉墨登场。后三组全部由温州书画院专业画家戴宏海设计，核心事件是赤壁之战。第三组描绘的是赤壁之战前两军的斗智斗勇，包括脍炙人口的舌战群儒、智激孙权、蒋干盗书、草船借箭四个故事，为赤壁之战孙刘联军的战胜做好铺垫；第四组描绘了赤壁之战及战后形势，包括合肥之战、彝陵之战；到第五组后，三国英雄老去，刘备、曹操先后辞世，三国故事基调也由雄壮变为悲凉，邮票在选材上如白帝托孤、秋风五丈原无不贯彻这一基调，最终由三分归晋收尾。

除五组系列邮票外，还发行了三枚小型张，分别为《千里走单骑》《赤壁鏖兵》《空城计》。

《千里走单骑》（小型张）：见于第二十七回"美髯公千里走单骑，汉寿侯五关斩六将"。曹操破获衣带诏之事，发兵攻打占据徐州的刘备。刘备兵败逃奔袁绍，张飞亦败往芒砀山。关羽被围土山，以三事相约，暂时屈从曹操，并为曹操连斩袁绍手下颜良、文丑二将。曹操爱惜关羽将才，极力笼络，封他为汉寿亭侯。但关羽"身在曹营心在汉"，在打听到刘备的去处后，辞谢曹操，护送二嫂登途。一路上连讨东岭、洛阳、汜水、荥阳、滑州五关，斩曹操部下孔秀、孟坦、韩福、卞喜、王植、秦琪六将，最后在古城与张飞、刘备相聚。

千里走单骑（小型张）

《赤壁鏖兵》（小型张）：描写孙刘联军三万人于赤壁击败曹操八十万大军从而确立三国鼎足的局面。画面上左侧孔明身披八卦道衣，作道士打扮，仗剑借东风使火势向右边烧去；右侧是曹魏的人马慌乱的情景。

《赤壁鏖兵》（小型张）

《空城计》（小型张）：图案取材于《三国演义》中诸葛亮空城智退司马懿的故事。画面展现了这样的情景：一方，司马懿率精兵强将列队兵临城下，却勒马止步，惊慌失措；另一方，诸葛亮仅有书僮相伴，却端坐于城楼之上，悠然抚琴，城楼之下，城门洞开，只有两个百姓在打扫街道。远远望去，城上看不到一兵一卒一旗一幡。孔明端坐在城楼之上，慢条斯理地弹动琴弦，司马懿仔细听去，那琴声丝毫不乱。

《空城计》（小型张）

《三国演义》系列邮票可以说是一套非常成功的主题套票，通过这五组邮票把整个《三国演义》的故事栩栩如生地展现在大家面前，可以说具有极高的艺术性和收藏价值。

链接：

《隆中对》（小型张）：1988年，在成功设计《三国演义》第一组邮票之后，著名青年画家陈全胜先生先后到南阳和襄阳，考察三国邮票选题。襄阳、南阳关于诸葛亮躬耕地的争论由此开始。陈全胜考察后，认定诸葛亮躬耕地在襄阳而非南阳，他拟订了两枚邮票型张，其中有《隆中对》。1989年春，陈全胜携《隆中对》小型张画稿送审，由邮票总设计师邵柏林先生亲审此稿，几经修改讨论后此画稿被通过。此后，襄阳、南阳争讼白热化，这使邮票发行局左右为难，最后决定撤销《隆中对》发行计划，使《隆中对》小型张"胎死腹中"，最终未能面世。这枚设计精美的小型张也成为邮迷们心中永远的遗憾。

《隆中对》（小型张）

《水浒传》

《水浒传》是中国四大古典文学名著之一，也是中国历史上最早用白话文写成的章回体小说之一，不仅流传极广，脍炙人口，而且成为后世中国小说创作的典范。

林冲风雪山神庙

《水浒传》描述的是北宋宣和年间以宋江为首的108位好汉被"逼上梁山"替天行道的历史故事。小说情节曲折，故事性强，刻画了一大批打家劫舍、反抗朝廷的英雄人物，包括宋江、晁盖、李逵、武松、林冲、鲁智深等，并成为妇孺皆知的文学形象。

宋江在历史上实有其人，但《宋史》中的记载甚略，宋人话本中则有《青面兽》《花和尚》《武行者》等篇目的水浒故事在民间流传。至《大宋宣和遗事》记宋江等三十六人聚义梁山泊，已略具《水浒》雏形。《水浒传》就是在这一基础上由施耐庵等加工写定成书的（《忠义水浒传》题为施耐庵、罗贯中合著）。《水浒传》在流传中先后出现过100回本、120回本，后来文学批评家金圣叹对该书做了一次删改，把《水浒传》拦腰斩断，删去了71回以后的部分，成为79回本的《水浒传》。

与《三国演义》重点在"庙堂政治"不同，《水浒传》的重点在"江湖政治"，在民间社会生态，在如同水火的官民关系。小说不但没有把梁山好汉视为"犯上作乱"；相反，通过对朝政昏暗、官场腐败的描写，揭示出"乱由上作"的道理，从而把梁山好汉作为反奸除暴、保境安民的正义力量来赞美。

小说通过生动鲜活的人物形象塑造和栩栩如生的故事情节，如吴用智取生辰纲、鲁智深大闹野猪林、林冲风雪山神庙、景阳冈武松打虎等，刻画了一大批见义勇为、慷慨任侠的英雄好汉，展现了每个人不同的生活经历和人物性格特征，使人百看不厌，并在精神上产生了共鸣、振奋和升华。

小说成功刻画了当时社会市井与江湖层面的众生相，揭露了贪官当道、官逼民反的社会现状，堪称一幅丰富多彩的"江湖世情图"。按120回本计，前70回讲述各个好汉上梁山，后50回主要为宋江全伙受招安为朝廷效力，以及被奸臣所害。虽然小说的虚构成分多于《三国演义》，但作为中国古代第一部用通俗口语写成的长篇小说，它在文学史和汉语史上都具有很高的文化价值。

一部水浒集众家之长，儒有学究吴用，释有花和尚鲁智深、行者武松，道有入云龙公孙胜，等等；儒文化精髓在乎中庸和谐，释文化精髓在乎普度众生，道文化精髓在乎无为而治，而水浒之精髓在乎"忠义"二字。

为进一步开发、挖掘、传承水浒文化，邮电部自1987年12月20日开始发行中国古典文学名著《水浒传》系列邮票，至1997年12月22日止，历时10年，共发行5组20枚邮票、3枚小型张。山东籍画家周峰用我国传统工笔重彩技法，借鉴宋代绘画和造型艺术，以夸张的手法把一个个水浒故事搬上方寸。

第一组邮票发行于1987年，1套4枚，外加1枚小型张。其中第一枚邮票为《史进习武》，故事情节取自于《水浒传》第二回"王教头私走延安府，九纹龙大闹史家村"。

其中第三枚为《林冲风雪山神庙》（参见题图）。林冲是京中八十万禁军的武术教头，优越的地位和美满的家庭使他养成了一种安于现状、效忠皇权的性格。但奸臣高俅却并不放过他，为了替自己的干儿子抢夺林冲之妻，高俅几欲置林冲于死地。最后，

（4-1）史进习武（4-2）鲁智深倒拔垂杨柳
（4-3）林冲风雪山神庙（4-4）宋江义释晁盖

在草料场的风雪之夜，林冲终于忍无可忍，杀死仇敌，走上了造反的道路。

画面以大片的白雪为背景，左下为山神庙一角，交代特定的环境。画面正中，林冲的花枪正斜刺在倒地的差役身上，林冲则背身而立，夸张的动势和飞扬的大红披风表示林冲此时愤怒至极。整个画面隐含一种悲壮的气氛。

第二组邮票发行于1989年，1套4枚。其中第一枚邮票《武松打虎》，故事情节取自于《水浒传》第二十三回"横海郡柴进留宾，景阳冈武松打虎"。

（4-1）武松打虎（4-2）秦明夜走瓦砾场
（4-3）花荣梁山射雕（4-4）黑旋风斗浪里白条

武松是山东清河县人，排行第二，人称"武二郎"。他身躯魁梧，相貌堂堂，秉性刚烈，武艺高强。票面图案是赤手空拳的武松把一只活生生的恶虎

打死。

第三组邮票发行于1991年，1套4枚，外加1枚小型张。其中第一枚邮票《梁山泊戴宗传假信》，故事情节取自于《水浒传》第三十九回"浔阳楼宋江吟反诗，梁山泊戴宗传假信"。

（4-1）梁山泊戴宗传假信（4-2）一丈青单捉王矮虎
（4-3）顾大嫂登州大劫牢（4-4）孙立计破祝家庄

第四组邮票发行于1993年，1套4枚。其中第一枚邮票为《柴进失陷高唐州》，故事情节取自于《水浒传》第五十二回"李逵打死殷天赐，柴进失陷高唐州"。

（4-1）柴进失陷高唐州（4-2）时迁盗甲
（4-3）徐宁教使钩镰枪（4-4）劫法场石秀跳楼

第五组邮票发行于1997年，1套4枚，外加1枚小型张。其中第一枚邮票为《呼延灼月夜赚关胜》，故事情节取自于《水浒传》第六十四回"呼延灼月夜

赚关胜，宋公明雪天擒索超"。

《水浒传》以脍炙人口的一百单八将传奇故事，诠释了梁山好汉义薄云天的大义情怀，使深刻梁山好汉印记的"梁山大义"名播四海，流芳千古。

一百单八将啸聚梁山，杀贪官、诛恶吏、征无赖、行大义，忠义双全，替天行道，演绎了轰轰烈烈的水浒故事。这一百零八条英雄好汉性格各异，各有所长，结局不同，是我国文学史上的经典人物群像。

（4-1）呼延灼月夜赚关胜（4-2）卢俊义活捉史文恭
（4-3）燕青智扑擎天柱（4-4）轰天雷大破官军

《梁山英雄排座次》（小型张）

《西游记》

　　《西游记》是一部描写唐僧师徒四人历经千难万险，赴西天取经的神话小说，也是中国四大古典文学小说之一。全书想象丰富，手法浪漫，人物幽默，语言诙谐，是白话小说中独树一帜的优秀之作。

孙悟空三打白骨精

　　小说取材于唐代僧人玄奘去天竺（印度）取经的真实故事，由吴承恩在民间传说和《西游记评话》《西游记杂剧》等有关话本、杂剧的基础上，经过重新构思、改写而成。百回本的《西游记》包括三大部分：第一至第七回为第一部分，主要写孙悟空的出生、学道及大闹天宫的故事；第八至第十三回为第二部分，主要写唐僧的出生与经历以及赴西天取经的缘起；第十四回至结束为第三部分，是全书的主干，描写唐僧师徒取经路上遭遇的九九八十一难，一路降妖捉怪，终于取到真经、修成正果的坎坷经历。

　　全书贯穿始终的核心人物就是孙悟空。书中塑造了神通广大、勇敢无畏的孙悟空形象，无论是他天性热爱自由，无拘无束，个性张扬，还是藐视权威，疾恶如仇，富于正义感和反抗精神；也无论他忠心耿耿，一路战妖斗怪，奋力保护师傅西行，还是他机智灵活，善于变化，诙谐幽默，乐观通达，或者争强好胜，不守常规，甚至喜欢耍小聪明和捉弄人，都在不同程度和不同侧面展现了孙悟空的个性，也就是他的猴性、人性和神性的统一。孙悟空的形象是社会大众敢于同恶势力做斗争、不怕困难等优秀品质的艺术概括，也寄托了人们战胜邪恶势力的美好理想。

　　与此同时，《西游记》也塑造了唐僧仁慈可爱却又执着迂腐、猪八戒滑稽乐观却又愚顽自私、沙和尚憨厚勤劳却又相对胆小无能等众多受人喜爱的文学形象。尽管他们都不是完人，都有自己的缺陷，

（8-1）水帘洞（8-2）战哪吒（8-3）蟠桃园（8-4）八卦炉
（8-5）打白骨（8-6）芭蕉扇（8-7）盘丝洞（8-8）取经路

但也因此显得更加可信和可爱。而作为反面人物的白骨精的阴险狡诈和翻云覆雨的本领，同样给人们留下了深刻的印象。可以说，作者以丰富的想象力，为世人创造了一个梦幻般奇异却又有着明显现实指向的想象世界，使人们从中领略到人性与世相的深刻内涵以及人间世道的不平。

《西游记》成书后，因其故事生动曲折、语言风趣幽默、人物形象鲜明而受到广泛的好评和人们的普遍喜爱。不同的社会阶层和思想流派都能从各自的角度提炼出自己有用的东西：佛家弘法释禅，从赴西天取经中感受到佛法的神圣和信仰的可贵；道家修炼内丹，从玉皇大帝的天宫到多个如梦如幻的仙境中感受到成仙的快乐和仙境的可爱；儒家修心劝学，更把此书视为一部教人诚心向善、正意修身的教科书。这样一部包含有儒释道三家的多种思想元素的作品，在中国文学史上无疑闪烁着璀璨的光芒。

1979年12月1日，邮电部发行《西游记》邮票，1套8枚。邮票根据中国古典名著《西游记》改编并设计，吸取了京剧和动画的一些特点，运用中国民间年画的处理方法，工笔单勾，重彩浓染，人物略有夸张，使孙悟空的形象鲜明地活跃在方寸之间。

《大闹天宫》（小型张）

2015年5月，中国邮政发行《西游记》特种邮票第一组，1套4枚，分别为《美猴王出世》《如来镇妖猴》《唐三藏西去》《唐僧收悟空》；小型张1枚，为《大闹天宫》。邮票线条细腻流畅，人物形象鲜活传神。

2017年3月30日，中国邮政发行《西游记（二）》

特种邮票，1套4枚。图案内容分别为《智收白龙马》《猪八戒拜师》《流沙河收沙僧》《偷吃人参果》。画家在忠实于小说原著的基础上，运用工笔重彩的创作方法，描绘了小说第十五回至第二十四回中的四个著名场景，画面故事感强，人物塑造个性生动，色彩古朴细腻。

《西游记》是中国小说史上一部杰出的浪漫主

（4-1）美猴王出世（4-2）如来镇妖猴
（4-3）唐三藏西去（4-4）唐僧收悟空

（4-1）智收白龙马（4-2）猪八戒拜师
（4-3）流沙河收沙僧（4-4）偷吃人参果

义作品。全书故事情节变化万端，一波未平，一波又起，把读者带进了一个充满幻想的神话世界。但这些幻想的神话，却包含着丰富的现实内容。天国、龙宫、地府、魔窟实际上都是封建王朝的缩影，也是现实世界的折光，以孙悟空为代表的反抗精神及其在水帘洞的平等自在的生活，反映着农民阶级的斗争意志和生活理想。因此，《西游记》的故事在中国被改编成各种艺术形式广泛传播，并被译为多种文字，流行于全世界。

《西游记（二）》（小版张）

《红楼梦》

《红楼梦》是清代作家曹雪芹创作的章回体长篇小说，也是中国古典小说的巅峰之作，位居中国四大古典文学名著之首。这部中国文学史上的鸿篇巨制，以其丰富的思想内容、伟大的艺术成就和深远的文化影响成为中国古典文学史上的一朵奇葩。

黛玉葬花

《红楼梦》又名《石头记》，小说以贾、史、王、薛四大家族的兴衰为背景，以贾府的家庭琐事、闺阁闲情为脉络，以贾宝玉、林黛玉的爱情故事为主线，刻画了以贾宝玉和金陵十二钗为中心的正邪两赋有情人的人性美和悲剧美。小说通过贾府内外部的种种社会关系，包括各种经济、政治、家族、婚姻关系，描写了在这些关系中的形形色色人物，展现了广阔的社会生活场景，揭示出封建末世的危机，被认为是中国封建社会的百科全书。它以前所未有的广度和深度，真实反映了清代前期的社会面貌和人情世态，深刻揭示了封建贵族制度的腐朽和没落。

《红楼梦》故事人物众多，各有其貌，内容丰富，包罗万象，是一部具有世界影响力的人情小说作品，为中国传统文化的集大成者。全书内容广泛，涉及各个学科，如诗词歌赋、琴棋书画、亭台楼阁、舟车行轿、服饰妆容、婚丧祭祀、饮食药膳、茶酒文化以及佛教、道教、儒家思想等传统文化，几乎无所不包。全书语言优美生动，善于刻画人物，塑造了许多富有典型性格的艺术形象，具有卓越的艺术成就。

作者塑造的大观园是他理想中的"清净世界"，但这个理想世界却被周围的恶浊世界所包围和摧残，并呈现出秋风肃杀、百花凋零的景象。大观园的少女们一个个走向了毁灭：晴雯屈死、金钏投井、司棋撞墙、芳官出家……直至黛玉泪尽香消，最后宝玉也离家出走，它不仅是一个家族的悲剧，更是一个时代的悲剧。

在《红楼梦》中，作者以细腻的笔法，多层次、全景式地展现了生活本身所固有的生动性、丰富性和复杂性。一是"叙事"。小说以大观园为场景，描写了贾家兴衰荣辱的整个过程和发生的种种事件，以及围绕这些事件所涉及的种种复杂关系，不仅场面大，人物多，而且故事的情节复杂，悬念迭出，引人入胜。二是"言情"。小说不仅写出了宝玉对黛玉的真情与痴情，对众姐妹的关切怜惜之情，而且写出了贾母和宝黛祖孙两代人的亲情，以及贾家男人的私情和婚外情，称得上是一部东方的"情史"。三是"写幻"。贾府繁花似锦般的荣华富贵，因抄家而落得"白茫茫大地真干净"；大观园里的众多姐妹随着贾府的没落，也是命运飘零，结局凄凉。人生从大喜到大悲的遭际变迁，让身临其中的人们感到人生无常、浮华若梦，产生了一种幻灭感。而这正是《好了歌》所要表达的警世意味。四是"抒悲"。小说不仅抒写了浓浓的悲剧故事，而且通过人物及家族的悲剧性命运，升华到对人生价值的追寻与探索，反映出一种超越个体的"大悲悯"，即对生命情怀的理解、关注和感慨、同情。

"满纸荒唐言，一把辛酸泪。都云作者痴，谁解其中味？"这是作者在书中留给人们的最大悬念。不同阶层、不同境遇的人对此可以做出完全不同的解释。

《红楼梦》的作者曹雪芹，满洲正白旗人。曹家曾连续三代前后六十年担任江宁织造，是江南显赫一时的贵族世家。后其叔父因事被革职下狱，全

（12-1）黛玉葬花（12-2）宝钗扑蝶（12-3）元春省亲（12-4）迎春诵经
（12-5）探春结社（12-6）惜春构图（12-7）湘云拾麟（12-8）李纨课子
（12-9）凤姐设局（12-10）巧姐避祸（12-11）可卿春困（12-12）妙玉奉茶

家被抄没，家道从此衰落，曹雪芹也感受到了人间冷暖。而就在"秦淮残梦忆繁华"和"举家食粥酒常赊"的生活环境中，曹雪芹历尽艰辛，坚忍不拔，批阅十载，增删五次，终于写出了不朽的巨著《红楼梦》。

曹雪芹生前只写完《红楼梦》的前八十回。清乾隆五十六年（1791年），程伟元、高鹗二人对前八十回正文进行了大量修改，又把搜集到的后四十回和前八十回拼接在一起，使《红楼梦》成为一部一百二十回的完整的长篇小说。今通行本后四十回一般认为系高鹗所续。清代后期还有许多续《红楼梦》的作品，但多为续貂之作。

《红楼梦》中的金陵十二钗，是曹雪芹笔下着墨最多的人物，是全书中最优秀的十二位女儿，也是一出场就注定了薄命的女子。1981年11月和1982年4月，邮电部发行《金陵十二钗》特种邮票，1套12枚，小型张1枚。邮票分别为《黛玉葬花》（参见题图）和《宝钗扑蝶》《元春省亲》《迎春诵经》《探春结社》《惜春构图》《湘云拾麟》《李纨课子》《凤姐设局》《巧姐避祸》《可卿春困》《妙玉奉茶》，小型张《双玉读曲》。

这套邮票图案采用绣像方式，生动地勾勒出人物的瞬间神态，而且不衬任何背景，只用一条细细的灰线做边框，邮票布局得当，画面简洁，人物形象突出。画面上身世地位大相径庭、性格志趣迥然相异的十二金钗，栩栩如生，呼之欲出，达到了突出人物形象的艺术效果。票名为著名红学家周汝昌亲笔题字。

　　设计家把宝黛相依，悄读《西厢记》的故事情节，绘制成了《双玉读曲》小型张。画面以盛开的桃花为背景，配以几座楼台亭阁。在一片春意盎然的气氛中，林黛玉淡装素抹，贾宝玉披红着锦，形成了强烈的对比。这套邮票被评为"1981年最佳特种邮票"。

《双玉读曲》（小型张）

　　2014年，中国邮政发行"中国古典文学名著"《红楼梦（一）》特种邮票，1套4枚，小型张1枚，再次将这部经典名著搬上邮票。4枚邮票的内容分别是《贾母接外孙》《乱判葫芦案》《刘姥见凤姐》《金锁合通灵》，小型张是《梦游太虚幻境》。邮票由著名国画家戴敦邦设计。

　　戴敦邦擅长中国人物画，尤其擅长中国古典文名著和古典诗词的插图，如《红楼梦》《水浒传》《三国演义》《聊斋志异》《西厢记》等，是蜚声海内外的中国画大家，也是深受读书人喜爱的插图艺术名家、连环画家。

　　作者由国画入笔，笔墨雄劲豪放，形象生动传神，画风雅俗共赏。邮票内容表现了原小说前十回中林黛玉进贾府、葫芦僧乱判葫芦案、梦游太虚幻境、刘姥姥一进荣国府和金锁合通灵五个内容。邮票设计侧重于故事氛围的渲染，以人物及活动场景为主，通过对人物形象深入、细腻的描绘来表现人物性格情感，生动地再现了贾府昔日的荣华，并揭示了人物之间的相互关系，再现了《红楼梦》的艺术精髓和深刻内涵。

　　《梦游太虚幻境》是为适合小型张的尺寸单独

（4-1）贾母接外孙（4-2）乱判葫芦案
（4-3）刘姥见凤姐（4-4）金锁合通灵

设计的，作者大胆地将贾宝玉飘浮在空中，人物的姿势也有别于生活常态，显得极其不自然，就是为了突出"梦幻"的效果。可以说，曹雪芹借由宝玉之梦泄露的正是十二金钗和其他红楼女子命运的"仙机"。

《梦游太虚幻境》（小型张）

　　2016年，中国邮政发行"中国古典四大名著"《红楼梦（二）》特种邮票。该套邮票由中国著名工笔画家萧玉田设计。作者运用工笔重彩的创作方法，对红楼梦的五个著名场景（《凤姐弄权》《龄官画蔷》

（4-1）凤姐弄权（4-2）龄官画蔷
（4-3）晴雯撕扇（4-4）宝玉受笞

《晴雯撕扇》《宝玉受笞》《归省庆元宵》）进行描绘。作者忠于原著，画面故事感强，人物塑造具有个性，色彩古朴细腻。

2018年4月22日，中国邮政发行"中国古典文学名著"《红楼梦（三）》特种邮票，1套4枚，小型张1枚。邮票图案内容分别《妙玉奉茶》《惜春作画》《平儿理妆》《夜探潇湘》，小型张为《雅结海棠社》。邮票分别表现了小说第四十一、四十二、四十四、四十五回中的场景，小型张则表现了第三十七回中的场景。邮票设计采用工笔重彩的创作方法，画面

《归省庆元宵》（小型张）

构图饱满，色彩古朴细腻，人物塑造准确生动，栩栩如生，将细致入微的人物心理变化和华丽富贵的故事场景表现得淋漓尽致。

这组邮票设计者为著名工笔画家萧玉田。萧玉田工写皆能，人物、山水、花鸟兼擅，以工笔人物画著称，代表作品有连环画《孔雀东南飞》、中国画《窗花》《汉武》《开元宴乐图》等。设计过《承德避暑山庄》《昭君出塞》《承德普宁寺与维尔茨堡宫》《颐和园》《元曲》等邮票。

（4-1）妙玉奉茶（4-2）惜春作画
（4-3）平儿理妆（4-4）夜探潇湘

这组邮票在印制工艺上，根据红楼梦故事情节中人物特点，分别对服饰、配饰、器皿、表情、轮廓等细节进行层次渲染。通过运用珠光、专色、国画印刷还原技术，呈现出古代丝绸服饰高贵典雅的质感。其上的铭记也做了特殊防伪处理，用手触摸，有些微的凸起感。对荧光防伪油墨使用也恰到好处，在紫外灯下品味，一盏清茶，一幅画卷，精致的胭脂扣，暖暖的烛光……别有一番情趣。

《聊斋志异》

《聊斋志异》是清代著名小说家蒲松龄创作的一部文言文短篇小说集，也是一部在思想和艺术上具有深刻内容和独特风貌的文学作品。

（4-4）画皮

《聊斋志异》简称《聊斋》，俗名《鬼狐传》，是刊印于清代初期的一部中国文言短篇小说集。小说以谈狐说鬼来暴露当时现实生活中的黑暗和官吏的罪恶，批判腐败的科举制度，用同情的笔调描绘了许多狐鬼与人真诚相爱的动人故事。

作者蒲松龄（1640—1715），山东淄川（今淄博市淄川区）人，字留仙，一字剑臣，别号柳泉居士，世称聊斋先生。早年屡应省试皆落第，71岁始成贡生。除中年一度在宝应、高邮做幕宾外，长期在家乡当私塾先生。能诗文，善作俚曲，在大量搜罗民间奇异传闻与借鉴前人之作的基础上，通过自己丰富的想象，创造出不少优秀作品，其中最著名的就是《聊斋志异》。清康熙元年（1662），蒲松龄开始撰写狐鬼故事。康熙十八年（1679年）春，初次将手稿集结成书，名为《聊斋志异》，南高珩作序。此后屡有增补。《聊斋志异》的写作历时四十余年，倾注了蒲松龄大半生精力。

《聊斋志异》全书有将近五百篇短篇小说，内容丰富，主要分为以下几种类型：一是描写爱情故事，占据着全书最大的比重，故事的主要人物大多不惧封建礼教，勇敢追求自由爱情。这类名篇有《莲香》《小谢》《连城》《宦娘》《鸦头》等。二是抨击科举制度对读书人的摧残。作为科举制度的受害者，蒲松龄在这方面很有发言权，对科场的黑暗、考官的昏聩、士子的心理等都非常熟悉，所以写起来能切中要害，力透纸背。通过一些梦幻的境界，作者嘲笑了那些醉心功名利禄的士子，《叶生》《司文郎》《于去恶》《王子安》等都是这类名篇。三是揭露统治阶级的残暴和对人民的压迫，极具社会意义，如《席方平》《促织》《梦狼》《梅女》等。在暴露统治阶级贪暴不仁的同时，还写出了被压迫人民的反抗斗争，对他们表示深切的同情。

《聊斋志异》的体式、题材、作法和风格多种多样，思想和艺术境界是不平衡的。就文体来说，其中有简约记述奇闻逸事如同六朝志怪小说的短章，也有故事委婉、记述曲微如同唐传奇的篇章。它的文学成就，体现了出于六朝志怪和唐人传奇而又胜于它的创作特征。

其艺术特色有四：一是采用传奇的方法来志怪。蒲松龄借用传奇的特长，来写花妖狐魅，使小说内容精彩且充实，情节离奇而生动，展现出极其迷幻曲折的色彩。

二是情节委曲，叙次井然。《聊斋志异》中精心结撰的故事多是记叙详尽而委曲，有的篇章还特别以情节曲折有起伏跌宕之致取胜，从而增强了小说的艺术素质，丰富了小说的形态、类型。

三是描写丰美，形象生动。《聊斋志异》中许多优秀的作品，较之以前的文言小说，更加重了对人物环境、行动状况、心理表现等方面的描写。作者对各类人物形象都描写出其存在的环境，暗示其原本的属性，烘托其被赋予的性格。

四是语言精练，词汇丰富，句式富于变化。《聊斋志异》使小说超出了以故事为本的窠臼，变得更加肥腴、丰美，富有生活情趣和文学的魅力。作者反对"硬铺直陈"，加之写的是花妖鬼狐之事，便于驰骋想象，所以许多作品情节怪异谲诡，变幻莫测，极尽腾挪跌宕之能事。同时，它们也有自身的逻辑性，合乎人情物理。

《聊斋志异》将中国古代文言短篇小说发展到了一个新高度，刚一问世，就风行天下，翻刻本竞相出现，相继出现了注释本、评点本，成为小说中的畅销书。文言小说也因此出现了再度蔚兴的局面。张爱玲、莫言等许多文学大师都或多或少地受到《聊斋志异》的影响。现存最早刻本为乾隆三十一年（1766年）青柯亭本，分为16卷，400余篇。现被译成20多种文字，传之海外，蜚声国际，成为世界文学中的瑰宝。

2001年4月21日，中国邮政发行"中国古典文学名著"《聊斋志异》（第一组）特种邮票，1套6枚，分《婴宁》《阿宝》《偷桃》《画皮》；另有小型张1枚，为《崂山道士》。

（4-1）婴宁（4-2）阿宝（4-3）偷桃

《婴宁》描述了山东莒县王子服在元宵节逛景时遇到笑容可掬的姑娘婴宁，认为婴宁那无拘无束的笑和爱花成性的癖好，不可能在当时污浊社会中生存，因此有意将她安排在远离现实的南山之中。后来，环境变了，婴宁的性格也跟着变了，敢说敢笑的婴宁因此被黑暗的现实毁灭了。

《阿宝》描述了粤西孙子楚钟情于富商之女阿宝，不惜用斧头砍去指头，直到魂附鹦鹉，直达阿宝卧室。"他人饲之不食，女自饲之则食。女坐，则集其膝；卧，则依其床。"此时阿宝才体察到孙子楚的一片真诚，继而为其痴情所打动。这篇表现了青年男女无所畏惧，勇于反抗封建礼教的精神。

《偷桃》描述了作者童时赴郡试，春节在街上看到魔术师表演上天偷桃的节目，其魔术已达到出神入

化的地步。不仅记述了精彩的演出和惊心动魄的艺术效果，而且叙述了魔术师的艰难处境和内心的悲苦。

《画皮》（参见题图）描述了吃人的恶鬼为骗取别人的信任，用"画皮术"将自己装扮成落难少女，被卖作妾，惨遭羞辱，只得离家出逃。太原书生心存邪念，将她带回书房。后来恶鬼被道士识破，便露出凶恶本相："坏寝门而入，登生床，裂生腹，掏生心而去。"书生为此遭到杀身之祸。这一血腥事实，辛辣地讽刺了现实生活中那些善恶不分的人。

2002年4月21日，中国邮政发行"中国古典文

中国古典文学名著《聊斋志异》

《崂山道士》（小型张）

学名著"《聊斋志异》（第二组）特种邮票，1套4枚，分别为《席方平》《翩翩》《田七郎》《白秋练》，均取材于《聊斋志异》中的名篇。

《席方平》描述东安人席方平的父亲遭豪绅羊某在阴曹诬告，气愤而死。席为父报仇来到了阴曹，但那里比阳世更黑暗，被羊某买通的所有官僚机构使他有冤无处诉，还受尽了炮烙、锯解等酷刑。冥王问他："还上告吗？"席回答："大冤未伸，寸心不死，若言不讼，是欺王也，必讼！"冥王便用富贵引诱他，只要他不上告，许以"千金之产，期颐之寿"，被席断然拒绝。席终于告到二郎神手里，达到报仇雪恨之目的。

《翩翩》描写邠人罗子浮被诱，染上恶疾，又遭妓女逐出，入山幸遇仙女翩翩，为其治好脓疮，并结为夫妻。翩翩见罗畏冷，拾洞口白云为絮又剪蕉叶为帛，为夫君缝制衣衫，两人过着幸福美满的生活。这种描写虽是幻想世界，却表现了作者反封建的思想倾向。

（4-1）席方平（4-2）翩翩
（4-3）田七郎（4-4）白秋练

《田七郎》中的田七郎是辽阳猎人，受恶霸赵一虎陷害，被关在监狱里，幸由好友武承休援救。之后，田七郎得知赵一虎又去勾结知县，要谋害武承休，不觉又气又恨，决心杀了他，为地方上除害。田混进县衙，一斧将赵劈死，还杀了贪赃的知县，最后自刎。

《白秋练》中的白秋练是个美丽多情而又善于经商的少女，乃白鳍豚所化，她与母亲生活在楚地，"泛家浮宅"江湖上。河北商人之子慕蟾宫随父南下武昌，他聪慧喜读，常执卷吟诗，才气过人。善良温柔的白秋练徘徊于他窗外，"得听清吟"，日渐爱上这位人间后生，"以吟声作为相会之约"，几经周折，有情人终成眷属。

2003年5月16日，中国邮政发行"中国古典文学名著"《聊斋志异》（第三组）特种邮票，1套6枚，分别是《香玉》《赵城虎》《宦娘》《阿绣》《三桂庵》《神女》；以及小型张《西湖主》。

（6-1）香玉（6-2）赵城虎（6-3）宦娘
（6-4）阿绣（6-5）王桂庵（6-6）神女

《儒林外史》

《儒林外史》是清代著名作家吴敬梓创作的长篇小说，也是一部杰出的现实主义长篇讽刺小说。它开创了以小说直接评价现实生活的范例，代表着中国古代讽刺小说的高峰。

王冕画荷

《儒林外史》是一部以辛辣的笔触对社会现状和儒士命运进行批判揭露的讽刺小说。小说形象地刻画了在科举制度下，知识阶层精神道德和文化教育的现状。全书共五十六回，以写实主义手法描绘了明代士人对于"功名富贵"的不同态度和表现，一方面真实地揭示了人性被腐蚀的过程和原因，从而对当时吏治的腐败、科举的弊端和礼教的虚伪等进行了深刻的批判和嘲讽；另一方面热情地歌颂了少数"真儒"对于人性的守护，从而寄寓了作者的理想。

《儒林外史》以明代为背景，通过描述封建官吏的昏聩无能、地主豪绅的贪吝刻薄、附庸风雅的名士的虚伪卑劣，对知识阶层灵魂的扭曲乃至整个社会风气的败坏进行了辛辣的讽刺，揭露了封建专制下污浊的官僚制度、人伦关系和腐朽没落的封建礼教制度。小说对白话的运用已趋纯熟自如，人物性格的刻画也颇为深入细腻，尤其是采用高超的讽刺手法，使该书成为中国古典讽刺文学的佳作。

《儒林外史》虽然归类为长篇小说，但全书没有贯穿始终的主要人物和故事框架，而是由一个个相对独立的故事组成的连环套，可以说是短篇艺术内容与长篇艺术结构相结合的作品。整部小说有明确的中心主题和统一的情节线索：第一回以王冕的故事喻示全书的主旨；第二至第三十二回分写各地和各种类型的儒林人物；第三十三回以后随着杜少卿迁居南京，全书中心也转移到南京士林的活动，祭泰伯祠成为贯穿其中的主要事件；最后以"市井四大奇人"收结全书，与第一回遥相呼应。

《儒林外史》人物形象创作的一个重要特点，就是以生活中的真人真事为原型，加以艺术的锤炼，使之成为具有典型意义的人物形象。该书还具有悲喜交融的美学风格。作者通过对讽刺对象悲戚与诙谐的组合，显示出滑稽的现实背后隐藏着的悲剧性内蕴，从而给读者以双重的审美感受。

《儒林外史》的作者吴敬梓出身望族，曾祖父和祖父两代人共除了六名进士（其中榜眼、探花各一名），其父吴霖起也是清康熙年间的拔贡。吴敬梓于康熙六十一年（1722年）考取秀才，同年父亲病逝。由于不善于治理生计，吴敬梓过着浪子的挥霍生活。雍正七年（1729年）应试科举时，被考官斥责为"文章大好人大怪"，令其倍感羞辱，于是愤懑离开故乡，靠卖文和朋友接济为生。乾隆元年（1736年）参加博学鸿词科预试，后安徽巡抚赵国麟正式荐举他入京廷试，他却"以疾笃辞"，从此不再参加科举考试，至晚年常处于饥寒交迫之中。这样的个人经历，令他本人对考八股、开科举等利弊感受尤深。

《儒林外史》成书于乾隆十四年（1749年）或稍前，先以抄本传世，初刻于嘉庆八年（1803年）。作者在书中所用书名《儒林外史》，其中"儒林"一词源出《史记》"儒林列传"，系"儒者之林"的意思，泛指学术界等；"外史"则是与正史相区别。作者有意把书中故事假托发生在明代，实际上描绘的却是清代广泛的社会生活，反映了作者同时代的文人在科举制度毒害下的厄运。换言之，小说表面上写的是明代生活，实际上展示了一幅18世纪中国清代社会的风俗画。

《儒林外史》的问世，在中国小说史上产生了很大的影响，奠定了中国古典讽刺小说的基础。以《儒林外史》为发端的一大批谴责小说出现，如《孽海花》《二十年目睹之怪现状》《官场现形记》等，形成了一股批判封建社会的潮流，这股潮流一直影响到五四运动以后的新文学。《儒林外史》已被译成英、法、德、俄、日、西班牙等十余种文字，在世界上广泛传播，成为一部世界性的文学名著。

后人对《儒林外史》评价甚高，鲁迅认为该书思想内容"秉持公心，指摘时弊"；胡适也认为该书的艺术特色堪称"精工提炼"。还有人认为《儒林外史》足以跻身于世界文学之林，可与薄伽丘、塞万提斯、巴尔扎克和狄更斯等人的作品相提并论。

2011年是《儒林外史》作者吴敬梓诞生310周年。同年3月21日，中国邮政发行"中国古典文学名著"《儒林外史》特种邮票，1套6枚，分别是《王冕画荷》《范进中举》《两根灯草》《马二先生游西湖》《杜少卿夫妇游山》《沈琼枝利涉桥卖文》。这是继《西游记》《红楼梦》《三国演义》等之后，中国邮政发行的又一套中国古典文学名著专题邮票，由高云、沈宁担纲设计。

（6-1）王冕画荷。 故事出自书中第一回，画面描绘了幼年的王冕顶着一顶草帽，嘴里叼着茅草，趴在荷塘边专心画画，而荷塘里荷花开得正好。

（6-2）范进中举。 故事出自书中第三回，画面描绘了范进听到中举的捷报声，立刻发起疯来，丈人胡屠夫在街坊的撺掇下，打了他一巴掌，神智方才恢复。这个场面凸显了科举的荒谬、读书人的愚昧和辛酸，以及世俗的浅薄低下。

（6-3）两根灯草。 故事出自书中第五、六回，画面描绘了严监生在生死弥留之际，看到灯盏里点着两根灯草费油，还不肯瞑目，伸出了两个手指头，刻画了著名的吝啬鬼厚颜无耻的形象。

（6-4）马二先生游西湖。 故事出自书中第十四回，画面描绘了马二先生朝着一座供着皇帝御书的大楼，恭恭敬敬地拜在地上的情景。

（6-5）杜少卿夫妇游山。 故事出自书中第三十三回，画面描绘了杜少卿于光天化日之下携着妻子的手游清凉山时的情景。

（6-6）沈琼枝利涉桥卖文。 故事出自书中第四十一回，画面描绘了杜少卿和武正字同到王府塘拜访沈琼枝时的情景。

本套邮票采用工笔重彩画形式，画面色彩突出，

（6-1）王冕画荷（6-2）范进中举（6-3）两根灯草
（6-4）马二先生游西湖（6-5）杜少卿夫妇游山
（6-6）沈琼枝利涉桥卖文

人物形象有的飘逸洒脱，有的诙谐幽默，还有的仿佛置身桃源仙境般。前三枚邮票内容具有讽刺意味，后三枚则寄托了作者的理想。画面既保持色彩鲜明的通俗特性，又追求每一枚邮票调子的协调性，同时还注重票与票的对比性，以及六枚票之间的整体关系，全套邮票显得比较统一和协调。

《儒林外史》(小版张)

柒

成语典故

邯郸学步

"邯郸学步"的成语典故出自《庄子·秋水》，比喻生搬硬套，机械模仿别人，不但学不到别人的长处，反而会把自己的本领也丢掉。

邯郸学步

战国时候，燕国寿陵有一个年轻小伙子，由于自己走路姿势不好看，于是别人都说他："你走路怎么撇肢撇脚的，让人瞅着别扭。"他听说赵国都城邯郸的人走路姿势特别好看，不紧不慢，又潇洒又优雅，让人感觉特别有风度。因此，这位燕国小伙子便决定要去赵国向邯郸人学走路。他不顾家人的反对，带上盘缠，跋涉千里，专程来到邯郸。可是，当他来到大街上，看着来来往往的人群，不禁发了呆：不知该如何迈出步子？

这时，迎面走来一位年龄和他相仿的年轻人，那走路的样子实在令人羡慕。于是，等那人从他身边走过时，他便跟在后面模仿，那人迈左脚，他也迈左脚；那人迈右腿，他也跟着迈右腿。稍不留心，就乱了左右腿，搞得他十分紧张，哪还顾得上什么姿势。

眼看那人越走越远，燕国小伙子渐渐跟不上了，只好又回到原地。接着，他盯住一个年纪稍大的人，又跟在其身后亦步亦趋地学走路，引得街上的行人都驻足观看，不少人还捂着嘴笑。几天下来，他累得腰酸腿疼，却还是学不像。他心想，学不好的原因肯定是受自己原来走路的老姿势和步法影响。于是，他下决心改掉自己原来走路的老习惯，彻底跟着邯郸人的步法走。

可是，几个月过去，他不仅没学会邯郸人的走路姿势和步法，反而把自己原来是怎么走的也全忘了。眼看带来的盘缠已经花光，自己却一无所获，他感到十分沮丧，最后只好卷起铺盖回家。没想到，他竟然忘了该怎么走路，是先迈左脚，还是先迈右腿？无奈，他只好在地上爬着回去，那样子好不狼狈。

聪明而诙谐的庄子在《庄子·秋水》中说："且子独不闻夫寿陵余子之学行于邯郸与？未得国能；又失其故行矣；直匍匐而归耳！"看来生搬硬套的学习方法是不可取的，不但没能学到别人的长处，反而把自己原有的东西也给丢了，真是大可不必。《汉书·叙传上》曰："昔有学步于邯郸者，曾未得其髣髴，又复失其故步，遂匍匐而归耳。"唐代大诗人李白闻之有诗曰："寿陵失本步，笑煞邯郸人。"

2004年4月2日，中国邮政发行《成语典故（一）》特种邮票，1套4枚，分别为《邯郸学步》《叶公好龙》《滥竽充数》《鹬蚌相争》，其中第一枚就是《邯郸学步》（参见题图）。这套邮票是成语典故系列的龙头票，其目的是彰显中华传统文化。

邯郸学步（极限片）

叶公好龙

"叶公好龙"的成语典故出自汉刘向的《新序·杂事五》，讽刺了那些表面上喜欢某种事物，实际上并不真正喜欢甚至还惧怕它的人。

叶公好龙

"叶公好龙"的成语典故出自汉刘向《新序·杂事五》："叶公子高好龙，钩以写龙，凿以写龙，屋室雕文以写龙。于是天龙闻而下之，窥头于牖，施尾于堂。叶公见之，弃而还走，失其魂魄，五色无主。是叶公非好龙也，好夫似龙而非龙者也。"

春秋时期，楚国有个叫叶公的人，他非常喜欢龙，不管是家里的梁柱、门窗、碗盘、衣服还是装饰品，上面都画着或绣着栩栩如生的龙，连家里的墙壁上也画着一条好大的龙。大家走进叶公的家就像走进了龙宫，到处都可以看到龙的图案。

"我最喜欢的就是龙！"叶公得意地对大家说。终于有一天，叶公喜欢龙的事被天上的真龙知道了，真龙想："难得有人这么喜欢龙，我得去人间拜访拜访他呀！"

于是，真龙就从天上腾云驾雾飞到了叶公家里，龙头搭在窗台上探望，龙尾伸到了厅堂里。叶公一看到真龙来了，吓得两腿发软，浑身发抖，像丢了魂似的。真龙觉得奇怪，便对叶公说："我是你最喜欢的龙呀！"叶公颤抖着说："我喜欢的是龙的图案，不是真的龙呀！"接着大叫一声就赶紧逃走了。

真龙一脸懊恼地说："哼，这叶公真是假把式，他说喜欢龙是假，害怕龙是真！害得我白到人间一趟！"

"叶公好龙"的故事，用很生动的比喻辛辣地讽刺了那些叶公式的人物，即表面上或口头上喜欢、赞赏某种事物，实际上并不真正喜欢，或并不真正了解，一旦真正接触就原形毕露的人，或者说名不副实、表里不一的人，深刻地揭露了他们只唱高调、不务实际的思想作风。

实际上，叶公的原型并不姓叶，而是叫沈诸梁，芈姓，是楚国王族的后代，也是一位精干的治世能臣。其父在楚国对吴国的战争中身负重伤，宁死不屈。楚昭王为其忠义所感动，便将古叶邑（今河南叶县南）分封给他。后由其子沈诸梁继承他的封地，故后人称沈诸梁为"叶公"。

叶公到任之后，励精图治，做了不少利国利民的好事。如古叶邑百姓饱受水患之苦，为了治理好水患，叶公废寝忘食，夜以继日在外面勘察水势；由于当时没有纸张，叶公就在自己家的墙壁上画水利施工图。经过叶公与百姓们的不断努力，古叶邑水患最终得到治理，叶公的政绩有目共睹，并深得百姓爱戴。

但古往今来，有才能的人总是容易遭到嫉妒。叶公在古叶邑兴修水利时，在家里的墙壁上画满了施工图，并在施工图的出水口画上龙，以祈求风调雨顺，雨旱适宜。结果，被怀有嫉妒之心到他家里来的人看到，便大做文章，说"云从龙，风从虎"，叶公画龙却不画云，说明叶公不是真的喜欢龙。叶公为人仁厚，对这些闲言碎语没有做过多解释，谁承想却成了流传两千多年的笑话。

西汉皇室宗亲刘向在编著《新序》的时候，把"叶公好龙"这个故事放了进去，并把《新序》进献给汉成帝。由于此书笔法生动，幽默诙谐，流传较为广泛，因此许多人都知道了"叶公好龙"这个典故，再经过历代文人的加工，到今天就变成了不折不扣的讽刺故事。

据《新序》载，孔子的学生子张听说鲁哀公招纳贤才，便去见他。谁知等了七天，鲁哀公却没有以礼相待接见他。子张气得拂袖而去，并生气地说："鲁哀公像'叶公好龙'一样，原来并不是真的喜欢贤才！"

《后汉书·崔骃传》也记载，崔骃写了一篇名为《四巡颂》的赋，歌颂朝廷威德，汉章帝看了很高兴，便问侍中窦宪是否认识崔骃，窦宪回答说，曾听班固几次提起此人很有文采，但尚未见过面。章帝便说他："你敬重班固而忽视崔骃，可算是叶公好龙了。何不把他找来见见面呢？"

这两段记载都是把龙比作杰出的人才，把表面爱才而实际上有意无意忽视贤才的人比作叶公。

清末著名思想家梁启超在《敬告国人之误解宪政者》一文中也称那些"好其是而非者"为"叶公好龙"。

大革命时期，毛泽东在《湖南农民运动考察报告》一文中说："民众起来了又害怕得要死，这和叶公好龙有什么两样！"

叶公好龙（极限片）

鹬蚌相争

"鹬蚌相争"的成语典故出自汉刘向的《战国策》，用以比喻双方相持不下，而使第三者从中得利。

鹬蚌相争

"鹬蚌相争"的成语典故出自汉刘向《战国策·燕策》。战国时期，赵国准备要攻打燕国，谋士苏代为燕国游说赵惠王，他说："今天我来，路过易

水，看见一只河蚌正从水里出来晒太阳，一只鹬飞来啄它的肉，河蚌马上闭拢，夹住了鹬的嘴。鹬说：'今天不下雨，明天不下雨，就会干死尔。'河蚌也对鹬说：'今天你的嘴出不去，明天你的嘴出不去，就会饿死你。'双方都不肯先行放弃，结果一个渔夫把它们一起捕捉走了。现在赵国准备攻打燕国，燕赵如果长期相持不下，老百姓就会疲惫不堪，强大的秦国可能就会成为那不劳而获的渔翁。这是我非常担心的，所以我希望大王认真考虑出兵之事。"赵惠文王听了觉得颇有道理，便对他说："好吧！"于是，赵国停止出兵攻打燕国。

这则成语故事记载辩士苏代借用民间流传的寓言故事来说明赵国和燕国争战不休，不过是"鹬蚌相争"而已，必定会让秦国得"渔翁之利"，给赵燕两国都带来祸害，从而阻止了赵国攻打燕国。它告诉人们：做事要权衡得失，不要只想着对自己有利的一面；要懂得相互谦让，退一步海阔天空，一味地相互钳制，往往顾此失彼，容易让他人钻空子。做人也是如此，一定要学会忍让，否则两败俱伤，只能让第三方得利。

鹬蚌相争（极限片）

愚公移山

"愚公移山"的成语典故出自《列子·汤问》，比喻长期坚持不懈，不怕任何困难，坚定不移地进行顽强斗争的干劲和精神。

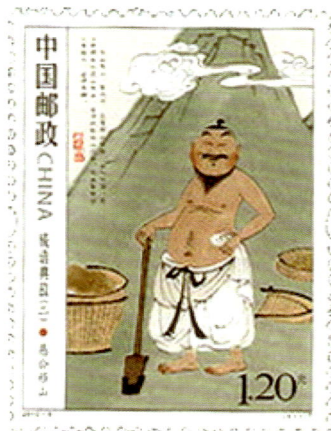

愚公移山

北山有位愚公，年近九旬，他家门前有两座大山挡住他的去路。一座叫太行山，一座叫王屋山，两座大山方圆七百里，高数千丈。愚公苦于大山的阻塞，出来进去都要绕道，于是他决心把山铲平掉。

为此，他召集全家人商议。他说："我想和你们一起尽一切力量来挖平险峻的大山，开出一条通往豫州南部的道路，最终可以到达汉水南岸，好吗？"大家纷纷表示赞同。他的妻子却提出疑问说："凭你的力气，连魁父山这样的小山都不容易，何况要削平太行、王屋这两座大山，怎么可能呢？再说，挖出来的泥土和石头要搬到哪里去呢？"

大家都认为，应当把土石扔渤海里去。于是，愚公便率领儿孙中能挑担子的三个人一起上山，凿石、挖土，用箕畚挑运到渤海边，把土石扔到海里去。邻居京城氏的寡妇有个孤儿，刚七八岁，也蹦蹦跳跳地跑来帮忙。他们这样长途跋涉，从冬天到夏天，也只能往返一次。

河湾处有位名叫智叟的人讥笑愚公说："你真是太愚蠢了！你年老体衰，就凭你剩余的岁月，恐怕连山上的一棵草都拔不动，竟想要去搬动这么多泥土、石头，怎么可能呢？"

愚公长叹一声说："你可真顽固，顽固得毫不开窍，甚至连孤儿寡母都比不上。要知道，就算是我死了，还有儿子在；儿子又生孙子，孙子又生儿子；子子孙孙，没有穷尽，而大山却不会增高加大，还怕挖不平它吗？"河曲智叟听了哑口无言，无话可答。

手握蟒蛇的山神听说了这件事，怕他没完没了地挖下去，赶紧向天帝做了报告。天帝被愚公的诚心和毅力所感动，便命令大力神夸娥氏的两个儿子下凡，背走了这两座大山，一座搬到朔州的东部，一座搬到雍州的西部。从此，从冀州南部直到汉水两岸，再也没有高山阻隔，人们进出可以畅通无阻了。

此文即选自《列子·汤问》第五章，讲述的是愚公不畏艰难挖山不止，最终感动天帝而将山挪走的故事，亦说明在当时生产力极不发达的条件下，人们只能幻想借助具有超人力量的神来实现征服自然的愿望。

这是一篇具有朴素的唯物主义和辩证法思想的寓言故事。它通过智叟与愚公的对话，展现出了智叟之愚与愚公之智，告诉人们做事要持之以恒，才有可能成功。它不仅表现了中国古代劳动人民的信心和顽强毅力，而且反映了古代劳动人民改造自然的雄伟气魄，说明了要克服困难就必须坚持不懈的道理；同时也阐明了在一定条件下事物之间的关系可以发生转化的道理，对人们有很大的启发。

全文篇幅短小，却写得曲折多姿，波澜起伏，加之行文紧凑，笔墨舒洒自如，令人读后兴味盎然。

作者解决问题的方法也不是简单化的处理。愚公说服其妻，不是以空话大话压服，而是靠众人拿出办法；最后驳倒智叟，也不是泛泛而谈，而是据理力争。因此，塑造了一个大无畏的强者和足智多谋的智者的愚公形象，千百年来深受人们的喜爱。

1945年抗战胜利前夕，毛泽东在中国共产党第

愚公移山

七次全国代表大会上作的闭幕词就是《愚公移山》。毛主席在文中把帝国主义和封建主义比作两座大山，把共产党比喻为挖山不止的愚公，表明了中国共产党坚决反帝反封建的决心。他说：

> 现在也有两座压在中国人民头上的大山，一座叫做帝国主义，一座叫做封建主义。中国共产党早就下了决心，要挖掉这两座山。我们一定要坚持下去，一定要不断地工作，我们也会感动上帝的。这个上帝不是别人，就是全中

国的人民大众。全国人民大众一齐起来和我们一道挖这两座山，有什么挖不平呢？

《愚公移山》后来与毛泽东写的《为人民服务》《纪念白求恩》并称"老三篇"，成为中国老百姓家喻户晓、出口成诵的文章。

列子原名列御寇，中国战国时期郑国圃田（今河南郑州市）人。战国前期思想家，是老子和庄子之外的又一位道家思想代表人物。其学本于黄帝、老子，主张清静无为，著有《列子》。全书共载民间故事、寓言、神话传说等134则，对后世哲学、文学、科技、宗教影响深远。

现代哲学史专家严北溟在《列子译注》中指出："'愚公移山'原意在于打破世人急功近利眼光，应像愚公那样忘怀以造事，无心而为功。"

2018年4月18日，中国邮政发行《成语典故（二）》特种邮票，1套4枚，分别为《愚公移山》《卧薪尝胆》《毛遂自荐》《闻鸡起舞》，其中第一枚就是《愚公移山》（参见题图）。

毛遂自荐

"毛遂自荐"的成语典故出自《史记·平原君虞卿列传》，比喻自告奋勇，敢于担当，自己推荐自己从事某项重要工作或担任某项重要职务。

毛遂自荐

战国时期，秦军在长平一战大胜赵军，赵国只好割地议和。秦军退兵后，赵国又反悔割地之事，拖延时间不将城池交付秦国。秦王大怒，派王陵领兵攻打赵国，包围了赵国都城邯郸，情况十分危急。

赵王一看势头不妙，决定派平原君赵胜前往楚国，请求楚王派兵援救。平原君打算在其门下食客中挑选出二十个精干人才一同前往，但只挑选出十九个，剩下的都不符合条件。这时，有一个名叫毛遂的人主动向平原君请缨，自我推荐要求加入前往楚国的行列。

平原君问他："你在我门下多久了？"毛遂回答："三年了。"平原君又说："一个真正有才能的人，就好像一把放在袋子里的锥子一样，立刻就会显露出锋利的锥尖。而你在我门下三年了，我却没听说过你有什么表现，左右的人们对你也没有什么称道，你还是留下吧！"

毛遂说："我这次自我推荐，就是请求您把我放进袋子里，如果早点有这样的机会，那我就不只是露出锥尖而已，而是早已显露才能，锋芒毕露了！"平原君听了觉得毛遂说得也有道理，就同意让他一同前往。

到了楚国，平原君和楚王进行会谈，从早上一直谈到中午，始终都没有谈出结果。毛遂见状，便挺身而出。他大步跨上台阶，远远地就大声叫起来："出兵的事，非利即害，非害即利，简单而又明白，为何议而不决？"楚王非常恼火，问平原君："此人是谁？"平原君答道："此人名叫毛遂，乃是我的门客！"楚王喝道："赶快退下！我和你主人说话，你来干吗？"

毛遂见楚王发怒，不但不退下，反而又走上几个台阶。他手按宝剑，对楚王说："如今十步之内，大王性命在我手中！"楚王见毛遂如此勇敢，便没有再呵斥他，而是专心听他讲话。毛遂持剑走到楚王面前，极力向楚王陈述赵、楚联合抗秦的利害关系。

他对楚王说："听说汤以七十里的地方统一天下，文王以百里的土地使诸侯称臣，难道是由于他们的士卒众多吗？实在是由于能够凭据他们的条件而奋发他们的威势。今天，楚国土地方圆五千里，持戟的士卒上百万，这是霸王的资业呀！以楚国的强大，天下不能抵挡。白起不过是一个小小的竖子罢了，他率领几万部众，发兵来和楚国交战，一战而拿下鄢、郢，二战而烧掉夷陵，三战而侮辱大王的祖先。这是百代的仇恨，而且是连赵国都感到羞辱的事，而大王却不知道羞耻。'合纵'这件事是为了楚国，并不是为了赵国呀。"

毛遂的一番话，说得楚王心悦诚服，终于答应出兵救援赵国。于是，当场歃血为盟，确定誓守联合抗秦的盟约。随后，楚、魏等国联合出兵援赵，秦军见状只好撤退。毛遂这次赴楚，不仅帮平原君完成了说服楚王的任务，而且为国家立下了汗马功劳，让大家对他刮目相看，平原君也因此待他为上宾。他感叹地说："毛遂一到楚国，楚王就不敢小看赵国。"

卧薪尝胆

"卧薪尝胆"的成语典故出自《史记·越王勾践世家》，形容一个人忍辱负重，刻苦自励，发愤图强，最终报仇雪耻，苦尽甘来。

卧薪尝胆

春秋时期，江南的吴、越两国，世代相仇，攻伐不休。公元前496年，吴王阖闾派兵攻打越国，被越王勾践打得大败，阖闾也受了重伤。临死前，他嘱咐儿子夫差要替他报仇。夫差即位后，牢记父亲的话，日夜加紧练兵，准备攻打越国。

过了两年，夫差发兵攻打越国。当时吴国的国都在吴（今江苏苏州），越国的国在会稽（今浙江绍兴）。两国在太湖到固城一带展开大战。结果夫差率军把勾践打得大败，勾践被包围，无路可走，准备自杀。这时谋臣文种劝住了他，说："吴国大臣伯嚭贪财好色，可以派人去贿赂他。"勾践听从了文种的建议，派他带着珍宝贿赂伯嚭，伯嚭答应和文种去见吴王。

文种见了吴王，献上珍宝说："越王情愿做您的臣下伺候您，请您能够宽恕他。"伯嚭也在一旁帮文种说话。这时，伍子胥站出来大声反对道："人常说'治病要除根'，勾践深谋远虑，文种、范蠡精明强干，这次放了他们，他们回去后一定会想办法报仇

的！"而陶醉在胜利中的夫差以为越国已经被打败，不足为患，便不听伍子胥的劝告，答应了越国的投降，并把军队撤回了吴国。

吴国撤兵后，勾践把国事托付给文种和其他大臣，自己带着妻子和大夫范蠡到吴国伺候吴王，住在吴王阖闾墓旁的石屋喂马，范蠡也跟随在他们身边做杂役。真是小心谨慎，逆来顺受，甚至驾车拉马，把吴王侍候得非常周到，终于赢得了吴王的欢心和信任。三年后，吴王把他们释放回国了。

勾践回国后，立志发愤图强，准备复仇。他怕自己贪图舒适的生活，消磨了报仇的志气。晚上就枕着兵器，睡在稻草堆上。他还在屋子里挂上一只苦胆，每天早上起来后就尝尝苦胆，并让门外的士兵时时提醒他："你忘了三年的耻辱了吗？"同时，他派文种管理国家政事，派范蠡管理军事，而自己一有空，就亲自到田里与农夫一起干活，妻子也纺线织布。勾践的这些举动感动了越国上下官民，经过十年的艰苦奋斗，越国终于兵精粮足，转弱为强。

而吴王夫差为了盲目争霸，耗费了大量人力物力，丝毫也不考虑民生疾苦，弄得怨声载道。他还听信伯嚭的坏话，杀了忠臣伍子胥。最终夫差虽然争霸成功，称霸于诸侯，但这时的吴国貌似强大，实际上已经在走下坡路了。

公元前482年，夫差亲自带领吴国大军北上，与晋国争夺诸侯盟主。越王勾践趁吴国精兵在外，对吴国发起突然袭击，一举打败吴军，并杀了太子友。夫差听到这个消息后，急忙带兵回国，并派人向勾践求和。勾践估计一下子灭不了吴国，就同意了。

公元前478年，勾践第二次亲自带兵攻打吴国。这时的吴国已经是强弩之末，根本抵挡不住越国军队的强势猛攻，屡战屡败。最后，夫差又派人向勾践求和，范蠡坚决主张要灭掉吴国。夫差见求和不成，方后悔当初没有听伍子胥的忠告，感到羞愧难当，于是就拔剑自杀了。

千百年来，勾践卧薪尝胆、励精图治，最终雪耻灭吴的故事一直在流传，受到人们的喜爱。

北宋著名文学家苏轼在《拟孙权答曹操书》一文中说："仆受遗以来，卧薪尝胆，悼日月之逾迈，而叹功名之不立，上负先臣未报之忠，下忝伯符知人之明。且权先世以德显于吴，权若效诸君有非常之志，纵不蒙显戮，岂不坠其家声耶？"

明代著名思想家李贽在《咏古》（之一）中也有"卧薪尝胆为吞吴，铁面枪牙是丈夫"的诗句。

卧薪尝胆（明信片）

闻鸡起舞

"闻鸡起舞"的成语典故出自《晋书·祖逖传》，形容奋发有为，也比喻有志报国之士及时振作，努力为国争光。

闻鸡起舞

"闻鸡起舞"的故事出自《晋书·祖逖传》。东晋时期，祖逖与刘琨同为司州（治所在今河南洛阳偃师）主簿，两个人住在一起，彼此意气相投，而且都胸怀大志，因此成为一对好朋友。二人经常在一起谈论时局，总是慷慨激昂，满怀义愤，同时互相勉励，振作精神，以早日实现自己的理想和抱负。

有一次，祖逖半夜里在睡梦中听到公鸡的鸣叫声，便一脚把刘琨踢醒，对他说："别人都认为半夜听见鸡叫不吉利，我偏不这样想，咱们干脆以后听见鸡叫就起床练剑如何？"刘琨欣然同意。

于是，每天鸡叫后他们就起床练剑。冬去春来，寒来暑往，从不间断。功夫不负有心人，经过长期的刻苦学习和训练，他们终于成为能文能武的全才，既能写得一手好文章，又能带兵打胜仗。

祖逖被封为镇西将军，实现了他报效国家的愿望；刘琨做了都督，兼管并、冀、幽三州的军事，

也充分发挥了他的文才武略。因此，闻鸡起舞的故事就成为激励青年人努力上进的著名典故。

祖逖（266—321），字士雅，东晋范阳遒县（今河北涞水）人。父亲祖武任过上谷（今河北怀来县）太守。父亲去世时，祖逖还小，他的生活由几个兄长照料。小时候他是一个不爱读书的淘气孩子，好动不爱静，十四五岁时仍没读进多少书，几个兄长为此都很忧虑。但祖逖的性格活泼开朗，为人豁达，讲义气，好打抱不平，还曾以他兄长的名义，把家里的谷米、布匹捐给受灾的贫苦农民，深得邻里和乡亲父老的好评。

祖逖是一个胸怀坦荡，具有远大抱负的人。进入青年时代后，他意识到自己知识的贫乏，深感不读书无以报效国家，于是就发奋读书。他广泛阅读各种书籍，认真学习历史，从中汲取了丰富的知识，学问大有长进。他曾几次进出京都洛阳，接触过他的人都说，祖逖是个能辅佐帝王治理国家的人才。24岁时，有人推荐他去当官，他没有答应，而是继续坚持不懈地努力读书。

313年，祖逖以奋威将军、豫州刺史的身份进行北伐。当他北渡长江，船至中流之时，眼望面前滚滚东去的江水，感慨万千。想到山河破碎和百姓涂炭的情景，想到困难的处境和壮志难伸的愤懑，豪气干云，热血涌动，于是敲着船楫朗声发誓："祖逖不能清中原而复济者，有如大江！"意思是若不能平定中原，收复失地，决不重回江东！祖逖所部纪律严明，得到各地人民的响应，数年间收复黄河以南大片土地，使得石勒不敢南侵，进封镇西将军。后因朝廷内乱，北伐失败。文天祥《正气歌》中有一句："或为渡江楫，慷慨吞胡羯。"指的就是祖逖。

刘琨（271—318），字越石，中山魏昌（今河北无极）人。他是汉中山靖王之后，不仅姿仪俊美，而且弱冠时就以文采征服京都洛阳，与兄长刘舆并称"洛中奕奕，庆孙、越石"。年轻时就厕身于以才子汇聚闻名的文学政治团体"金谷二十四友"之中，因年纪最小，排名最后。

《晋书·祖逖传》："逖、琨并有英气，每语世事或中宵起坐，相谓曰：'若四海鼎沸，豪杰并起，

吾与足下当相避于中原。'"说明两人年轻时就有雄才抱负。后来，两人都成为晋代有名的将军。

八王之乱时，刘琨效力诸王，累迁并州刺史，封广武侯。永嘉之乱后，据守晋阳九年，抵御前赵和后赵。晋愍帝即位，拜司空、大将军、都督并冀幽诸军事。其时，神州陆沉，北方沦陷，只有刘琨坚守在并州，是当时北方仅存的汉人地盘。并州为石勒所陷后，刘琨投奔鲜卑首领、时任幽州刺史段匹磾，约为兄弟，后因鲜卑内部争权而惨遭杀害。东晋太兴三年（320年），平反昭雪，追赠侍中、太尉，谥号为愍。

刘琨善于文学，精通音律，诗歌多描写边塞生活，与左思齐名。《隋书·经籍志》有《刘琨集》9卷，又有《别集》12卷。明朝张溥辑为《刘中山集》，收入《汉魏六朝百三家集》。

《闻鸡起舞》邮票一图表现的就是祖逖与刘琨相互激励，共同提高武艺的情景。票中雄鸡报晓，壮士黎明即起，拔剑而舞，激励后人像祖逖一样勤奋用功。这也从一个侧面反映了当时的舞剑之风。壮美的舞剑、勇武的气质，折射出了北朝文化的厚重和多姿多彩。

2006年6月15日，中国香港邮政发行《中国成语故事》特别邮票，1套4枚，分别为《相敬如宾》《开卷有益》《闻鸡起舞》《同舟共济》。

闻鸡起舞

相敬如宾

"相敬如宾"的成语典故出自《左传·僖公三十三年》，形容夫妻间相处融洽，彼此敬重，在平等基础上建立动态平衡和谐的良性关系。

相敬如宾

春秋时期，晋国大臣郤芮因罪被杀，儿子郤缺也因父亲的问题而被株连，被废为平民，靠务农为生。但郤缺并不因生活环境和个人际遇的巨大变化而怨天尤人，而是一面勤恳耕作以谋生，一面以古今圣贤为师刻苦修身，德行与日俱增，不仅妻子甚为仰慕，就连初次结识的人也无不赞叹。

有一次郤缺在田间除草，到了午饭时间，妻子将饭菜送到地头，十分恭敬地递给丈夫。郤缺连忙接住，并向妻子频频表示谢意。夫妻俩相互尊重，在一日三餐的饮食细节中都能体现出来。虽然是粗茶淡饭，两口子却吃得有滋有味。

此情此景，感动了路过此地的晋国大夫胥臣。经过一番攀谈，他认为郤缺是治国之才，便极力向晋王举荐他担任下军大夫。后来郤缺果然立了大功，并晋升为卿大夫。

相敬如宾实为"如宾相敬"，是古汉语中状语后置句式。其原义是"宾，所敬也"，强调的是敬重、感恩，专用于夫妻关系。

后来，到了汉宣帝的年代，出了一位张敞，其才华、著述、政绩，人们知之甚少，而他为妻子画眉之事却广为流传。传说他每日清晨都为妻子画眉，皇上知道后，认为他失礼，便要拿他是问。他对皇上说，夫妇房中这事更有甚于画眉耳！皇上无言以对，只好作罢。后来张敞夫妇便成了"相敬如宾"的楷模。

明代著名小说家冯梦龙在《东周列国志》第四十四回中说："夫妻之间，相敬如宾，况他人乎？"

明代作家李昌祺在《剪灯余话·鸾鸾传》中也指出，"相敬如宾"指的是夫耕于前，妻耘于后，同甘共苦，彼此像宾客一样互相敬重。

"相濡以沫"与"相敬如宾"十分接近，都表示夫妻关系和谐，彼此恩爱，但在语义、用法上略有区别：

在语义上，相濡以沫比喻夫妻同在困难的处境里，彼此用微薄的力量互相帮助，不离不弃，相互搀扶；相敬如宾强调夫妻在平等基础上互相敬重、爱护、彼此感恩，建立和谐的夫妻关系。

在用法上，相濡以沫既可用于夫妻关系，也可用于朋友关系；相敬如宾通常只用于夫妻关系，形容夫妻之间互相尊重。

"相濡以沫"出自《庄子·大宗师》："泉涸，鱼相与处于陆，相呴以湿，相濡以沫，不若相忘于江湖。"意为泉水干涸，同在困境中的鱼为了生存，紧紧地靠在一起，互相用口中的唾沫湿润对方。后用"相濡以沫"比喻同处困境，相互救助。

2006年6月15日，中国香港邮政发行《中国成语故事》特别邮票，其中第一枚为《相敬如宾》（参见题图）。图案中一男一女举杯共饮，表示夫妻二人以礼相待，神态毕恭毕敬。

开卷有益

"开卷有益"的成语典故出自宋王辟之《渑水燕谈录·文儒》，意指只要打开书本阅读，就会有所得益。

开卷有益

宋朝初年，宋太宗赵光义命文臣李昉等人编写一部规模宏大的分类百科全书——《太平总类》。这部书收集摘录了一千六百多种古籍的重要内容，分类归成五十五门，共一千卷，是一部很有价值的参考书。

由于这部书是宋太平兴国年间编成的，故定名为《太平总类》。对于这么一部巨著，宋太宗规定自己每天至少要看两三卷，争取一年内全部看完，并将这部巨著更名为《太平御览》，以示对这部著作的重视。

当宋太宗下定决心花费时间和精力阅读这部巨著时，朝中有些大臣便觉得，皇上每天要处理那么多国家大事，还要去读这么一部大书，实在太辛苦了。于是，便想方设法忠告皇上，劝他少看些，也不一定非得每天都看，以免过度劳神。

可是，宋太宗却不这样认为。他回答说："我很喜欢读书，从书中常常能得到乐趣，多看一些书，总会从书中得到一些启发，对安邦治国是很有益处的，况且我也并不觉得累，不觉得劳神。"于是，他仍然坚持每天阅读两三卷，有时因国事繁忙耽误了，也要抽空补上。他还常常对身边的人说："你只要打开书本，总会有好处的。"

由于每天阅读两三卷《太平御览》，日积月累，宋太宗的知识也不断增长，学问变得十分渊博，处理起国家大事也显得得心应手。朝中的大臣们见皇上如此勤奋读书，也纷纷效仿。一时间，朝廷内外读书的风气十分兴盛，连平常不怎么读书的宰相赵普也孜孜不倦地阅读起《论语》，以致有"半部《论语》治天下"之谓。

"开卷有益"本作"开卷有得"，语出陶潜《与子俨等疏》。东晋诗人陶潜少爱读书，每开卷读书有所领会，便欣然忘食。宋王辟之《渑水燕谈录·文儒》曰："宋太宗日阅《御览》三卷，因事有缺，暇日追补之。尝曰：'开卷有益，朕不以为劳也。'"后来，"开卷有益"便成了成语，形容只要打开书本读书，总会有益处，常用于勉励人们勤奋学习。

鲁迅在《小说旧闻钞·三保太监西洋记》中写道："今乃知出于《西洋记》……开卷有益，信夫。"在中国香港邮政发行的《中国成语故事》特别邮票中，第二枚为《开卷有益》（参见题图），邮票图案描绘了宋太宗挑灯夜读的情景。

同舟共济

"同舟共济"的成语典故出自《孙子·九地》。本意是坐一条船，共同渡河，比喻大家利害相同，应当团结互助，同心协力，战胜困难。

同舟共济

"同舟共济"本作"同舟而济"，语出《孙子·九地》："夫吴人与越人相恶也，当其同舟而济，遇风，其相救也如左右手。"

春秋时期，吴国和越国经常互相打仗，两国的人民也都将对方视为仇人。有一次，两国的人恰巧共同坐一艘船渡河。船刚开的时候，他们就在船上互相瞪着对方，一副要打架的样子。但是，当船开到河中央的时候，突然遇到了大风雨。眼见船就要翻了，为了保住性命，他们顾不得彼此的仇恨，纷纷互相救助，并且合力稳定船身，才得以逃过这场灾难，安全到达河的对岸。

孙子是春秋时期的著名军事家，名孙武，字长卿，号孙武子，被后人尊称为"兵圣""百世兵家之师"及东方兵学的鼻祖。他领兵打仗，几乎战无不胜，曾与伍子胥率吴军破楚，五战五捷；率兵六万打败楚国二十万大军，攻入楚国郢都，北威齐晋，南服越人，显名于诸侯。著有《孙子兵法》十三篇。为后世兵法家所推崇，被誉为"兵学圣典"，成为国际著名的兵学典范之书。

有一次，有人问他："怎样排兵布阵才能不被敌人击败呢？"孙武回答说："你如果打蛇的脑袋，它会用尾巴反击你；你如果打蛇的尾巴，它又会用头部来袭击你；你如果打蛇的腰部，它就会用头尾一齐来攻击你。所以，善于布阵的将才，会将军队摆成蛇一样的阵势，使头尾能互相救援，全军形成一个整体，前、中、后彼此照应，才不会被敌人击溃、打散……"

那人听了之后，又产生了疑问，不知道士兵会不会像蛇一样，首尾互相照应呢？

孙武说："这就不必担心了。战场是生死之地，战争必然会迫使军队的士兵齐心协力。比如两个仇人，平日恨不得彼此吃了对方。但如果他们同乘一条船渡海，途中遇到狂风恶浪，眼看就有葬身海底的危险时，他们就会忘记旧仇，同心协力去与风浪搏斗，以避免船翻人亡的危险。

在孙武看来，连仇人在危险之时尚能同舟共济，何况没有冤仇、兄弟情深的将士呢？所以他认为，军队的士兵必然会像蛇一样成为一个整体，首尾相顾，彼此救援。那人听了孙武的解释之后，觉得非常有道理，于是更加佩服孙武了。

后世以"同舟共济"比喻同心合力，战胜困难。《淮南子·兵略训》曰："同舟而济于江，卒遇风波，百族之子，捷捽招杼船，若左右手，不以相德，其忧同也。"大家同坐一条船过河，犹如一个人的左右手一样，遇到风浪，怎么可能不互相救助呢？

"上下同欲者胜，同舟共济者赢。"上下同欲就是一个团队从上到下，所有人具有共同的理想；同舟共济就是整个团队都能互相配合，互相帮助。整句话是互文，合在一起就是：上下团结一心，有着共同的追求，互相合作，互相关爱，这样的团队就一定能胜利。

"同舟共济"与"风雨同舟"语义相同。风雨同舟也是指大家在狂风暴雨中同乘一条船，一起与风雨搏斗，比喻同甘苦、共患难。正如廖仲恺在《辞财政部长职通电》中所说："诸公热诚毅力，十倍仲恺，当有善法，济此艰难。庶几风雨同舟，危亡共拯。"

中国古语讲"有难同当，有福同享"，最能体现这种精神的莫过于同舟共济。做人做事都要有同舟共济的精神，这样才能与朋友共进退，做到患难不离，荣华不弃，也才能收获真正的友谊。团队更需要同舟共济的精神。一个团队就像是一条大船，成员之间只有心往一处想，劲往一块儿使，遇到困难不退缩，得到荣誉不争抢，才能拧成一股绳，形成巨大的合力，成为不可战胜的强大力量。

当今世界是一个多元化的世界，开放包容、多元互鉴是主基调；相互联系、相互依存是大潮流；和平、发展、合作、共赢是主旋律。随着商品、资金、信息、人才的高度流动，无论近邻还是远交，无论大国还是小国，无论发达国家还是发展中国家，正日益形成利益交融、安危与共的利益共同体和命运共同体。

冷战思维、阵营对抗已不符合时代要求。世界经济复苏进程曲折，国际和地区热点此起彼伏，恐怖主义、网络安全、气候变化、重大传染性疾病等全球性挑战仍很严峻。面对前所未有的挑战，没有任何一个国家可以独善其身。世界各国需要以负责任的精神同舟共济，协调行动。

在中国香港邮政发行的《中国成语故事》特别邮票中，第四枚为《同舟共济》（参见题图）。邮票图案中波涛起伏，舟上二人执手相握，以示团结一致，共渡难关。

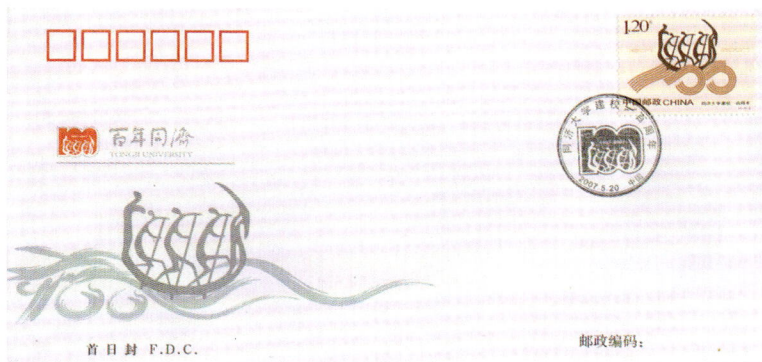

同舟共济（首日封）

狐假虎威

　　"狐假虎威"的成语典故出自汉刘向《战国策·楚策一》，用来比喻依仗别人的势力欺压人。

狐假虎威

　　战国时代，楚国是南方的大国，北方各国对楚国的大将昭奚恤都相当惧怕。楚宣王感到很奇怪，于是便问朝中大臣这究竟是怎么回事？昭奚恤是否真有那么大的威名？朝中有一位名叫江乙的大臣，平常素与昭奚恤不睦，便向楚宣王讲了一个故事：

　　大山里有一只老虎，有一天因为肚子饿了，便跑到外面寻觅食物。当他经过一片茂密的森林时，忽然看到前面有一只狐狸正在山林中走着。它心想这真是个好机会，猎物自己送上门来了。于是，便伸出前爪，准备扑将过去，将狐狸手到擒来。

　　这时，狐狸也发现了气势汹汹、准备扑将而来的老虎，它知道自己已来不及逃走，怎么办？狡猾的狐狸心生一计，突然对老虎大喝一声："你给我站住，不要过来找死！你不要以为自己是百兽之王，便敢将我吞食掉；你可知道，我已奉天帝之命，成为王中之王，你如果伤害了我，天帝必定饶不了你！"

　　老虎听了将信将疑，可是当它看到狐狸一副镇定自若而且相当傲慢的样子，原先那股盛气凌人的嚣张气势竟然消失了大半。狐狸见状，知道自己那一番说辞已唬住了老虎，于是更加神气十足地挺起胸膛，指着老虎的鼻子说："怎么，难道你不信吗？那好，你不妨跟着我，看看百兽见了我，是什么模样吧？"

　　狐狸一边说着，一边就大模大样地在前面走着，老虎则小心翼翼地跟在后面。果然，所有的野兽看见它们，都不禁大惊失色，纷纷逃避；还有的正在那儿争相觅食的野兽，更是吓得魂不附体，抱头鼠窜。

　　老虎目睹这种情形，以为狐狸真的取代自己，成为百兽之上的王之王了，不禁也有一些心惊胆战，它不知道野兽们所惧怕的其实是自己，而以为它们真是怕狐狸呢！狡猾的狐狸得逞了，可是它的威势完全是因为凭借老虎之势去吓唬群兽。可怜的老虎被狐狸蒙蔽和愚弄了，自己却还不自知呢！

　　同样，北方各国之所以畏惧昭奚恤，完全是因为大王的兵权掌握在他的手里，也就是说，他们畏惧的其实是大王的权势呀！

　　江乙的用意是借这个故事来贬低昭奚恤，说他借了楚宣王的百万强兵来抬高自己的声望；同时也是提醒楚宣王，不要糊里糊涂地被利用却还不自知。

　　这是一则家喻户晓的寓言故事，说的是狡猾的狐狸凭自己的智谋逃出了虎口，虽然凭借老虎的威风在森林中吓唬百兽，但是狡诈的手法绝不能使狐狸改变虚弱的本质。把戏一旦被戳穿，它不仅会受到群兽的围攻，还将被受骗的老虎吞吃。这说明仗势欺人者，虽然能够嚣张一时，但最终绝不会有好下场。不仅讽刺了那些仗着别人威势而招摇撞骗者，也嘲讽了那些被人利用而不自知的昏庸之人。

　　2001年4月1日，中国澳门邮政发行《成语故事》邮票，1套4枚，其中一枚为《狐假虎威》（参见题图）。

掩耳盗铃

"掩耳盗铃"的成语典故出自《吕氏春秋·自知》，借一位蒙住自己耳朵去偷钟的人讽刺了那种自欺欺人的现象。

《掩耳盗铃》（小型张）

春秋时期，晋国世家贵族智伯灭掉了范氏。有人趁机跑到范氏家里想去偷点东西，看见院子里吊着一口大钟，钟是用上等青铜铸成的，造型和图案都很精美。心里高兴极了，就想把这口精美的大钟背回自己家去。可是铜钟又大又重，怎么也挪不动。他想来想去，只有一个办法，那就是化整为零，先把钟敲成几块，然后再一块一块分别搬回家。

小偷找来一把大锤子，拼命朝钟砸去，咣的一声巨响，把他吓了一大跳。小偷做贼心虚，他心想这下糟了，这钟声不就等于是告诉人们有人正在这里偷钟吗？他心里一急，身子一下子扑到了铜钟上，张开双臂想要捂住钟声，可钟声怎么能捂得住呢！

他感觉有些害怕，于是不由自主地抽回双手，使劲捂住了自己的耳朵。他仿佛觉得，把自己耳朵捂住就听不到钟声，也就不会被人家发现，这确实是一个绝妙的办法。于是，他立刻找来两个布团把耳朵塞住，并且放心大胆地砸起钟来。他以为别人听不到钟声，结果钟声一下一下，由近而远地传了出去。人们听到钟声蜂拥而至，立即把他捉住了。

"掩耳盗铃"出自吕不韦组织编撰的《吕氏春秋·自知》。吕不韦（前292—前235）是战国末年著名政治家、思想家，也是一位成功的商人，官至秦国丞相。《吕氏春秋》是在他主持下，集合门客们编撰的一部黄老道家名著。该书除了主宗道家外，还吸纳了儒家的伦理道德、墨家的实干精神、名家的逻辑思辨、法家的治国技巧等。此外，它还包括了音乐、五行、占卜、饮食、畜牧、矿业等各种内容。

"掩耳盗铃"按理应当称"掩耳盗钟"。《晋书·宣帝纪》作"窃钟掩耳"，与原故事倒也吻合。后来在《资治通鉴·隋纪》中，变成了"掩耳盗铃"。据该书记载，唐高祖李渊在隋炀帝时曾任太原留守，乘隋炀帝南巡之机，发动兵变，攻取了长安。夺权之初，考虑到种种内外因素，他并没有马上称帝，而是先拥立代王杨侑作为幌子。他明知这是自欺欺人，但一时也没有别的好办法，因此他说："此可谓'掩耳盗铃'，然逼于时事，不得不尔。"直到第二年，李渊才正式即位，改隋为唐。

后来，宋僧道原在《传灯录》中有"塞耳偷铃，徒自欺诳""虽得便宜，争奈掩耳盗铃"等语；宋代理学家朱熹在《答江德功书》中也说："成书不出姓名，以避近民之讥，此与掩耳盗铃之见何异？"

钟声是客观存在的，不管是否捂住耳朵，它都是会响的。凡是客观存在的东西，都不依人的主观意志而改变。有的人害怕对自己不利，或不喜欢这种客观存在，采取不承认的态度，以为如此它就不存在了。这和"掩耳盗铃"一样，都是极端的主观唯心主义——唯我论的表现。如果对客观存在的现实不正视、不研究，采取闭目塞听的态度，最终便会自食苦果。

千锤百炼

"千锤百炼"的成语典故出自晋刘琨《重赠卢谌》诗:"何意百炼刚,化为绕指柔。"比喻经历多次艰苦斗争的锻炼和考验,也指对文章和作品进行多次精心的修改。

千锤百炼

晋朝时期,大将军刘琨一心想匡扶晋室,见到晋室内部争斗激烈,内心十分痛苦,他在《重赠卢谌》诗中抒发自己的感慨:"时哉不我与,去乎若云浮。未实陨劲风,繁英落素秋。狭路倾华盖,骇驷摧双辀。何意百炼刚,化为绕指柔。"

刘琨是晋代著名诗人,也是一位驰骋沙场的名将,可谓能文能武。他和祖逖"闻鸡起舞"的故事为后世传为美谈。《诗品》说他"善为凄厉之辞,自有清拔之气"。陆游也高度评价说:"刘琨死后无奇士,独听荒鸡泪满衣。"其代表作有《扶风歌》《答卢谌》等。

诗该采用以实带虚的笔法,其口气明是直陈胸臆,又暗中照应着"赠卢",在吐露心曲的同时对友人进行劝勉,责己劝人,句句双关。这就使诗歌具有寓意深长、婉而有味的特点。此诗多用典故,诗的开头即一连用了姜大公垂钓渭水、邓禹投奔刘秀等六个典故,用历代名臣含辛茹苦辅佐国君兴王图霸的史实来表白自己没身报国、兴复晋室的志向。又如"吾衰久矣夫"以下六句,也连用三个典故,委婉曲折地吐露自己对国事日非、前途凶吉莫测的无限感慨。这些典故都用得妥帖精当,能准确地表达

作者复杂的内心活动,收到了以一当十的艺术效果。尽管刘琨在这首诗中一再申述自己扶助晋室的抱负,但是他又痛苦地意识到壮志难酬,无可奈何地唱出最后的悲歌:"何意百炼刚,化为绕指柔。"慷慨激昂的韵调中透出无限凄凉的意绪,将英雄失路的百般感慨表达得感人至深。

刘琨于并州失利后,投奔鲜卑人段匹磾,与其歃血为盟共辅西晋王室。不料因儿子刘群得罪段匹磾,遂陷缧绁,囚禁中他写了这篇《重赠卢谌》。这是一首悲壮凄凉的英雄失路、志士受困的述志诗。诗中多借典故向友人倾诉了胸怀大志而无法实现的遗憾和忧愤,揭示了个体生命在绝境口的悲哀与求生欲望。主旨是激励卢谌设法施救,与自己共建大业。

两晋适逢乱世,是一个英雄辈出与鼠辈横生的时代,刘琨与祖逖并为统治阶层中的弱势群体,以偏师弱旅做出了不朽功业,因此《晋书》将他们并列一传。后人有诗赞曰:"少年志恣金谷园,鲜衣怒马湛卢匣。国危任远无旋踵,至今犹忆晋阳笳。"

"何意百炼刚,化为绕指柔"意为经过百炼的钢,竟然变成可以绕指的柔软之物,后用来比喻经过千锤百炼,使火爆强硬的性情变得柔顺。如形容一个刚强坚毅的男人,在对家人、亲人、朋友或是弱势人群时,所表现出来的那种细心、善良、关怀的无微不至;或表示对诗文反复修改润色,精益求精,使其变得文采粲然。

如唐代诗人皮日休在《刘枣强碑》中写道:"自李太白百岁,有是业者,雕金篆玉,牢奇笼怪。百锻为字,千炼为句,虽不迫躅太白,亦后来之佳作也。"

宋尤袤在《全唐诗话》卷三中也说:"百锻为字,千炼成句。"

清代诗人赵翼在《瓯北诗话》卷一中亦称:"诗家好作奇句警语,必千锤百炼而后能成。"颜光敏在所辑《颜氏家藏尺牍》中也写道:"昨见升六兄,极口吾兄新诗,以为无字不千锤百炼。"

2011年6月28日,中国香港邮政发行《中国成语故事》(第二辑)特别邮票,1套5枚,分别为《相濡以沫》《水滴石穿》《千锤百炼》《节月厚生》《庖丁解牛》。

水滴石穿

"水滴石穿"的成语典故出自《鹤林玉露》，比喻力量虽小，但只要坚持不懈，事情就一定能取得成功。

水滴石穿

"水滴石穿"出自宋代罗大经编撰的《鹤林玉露》。张乖崖在崇阳（今属湖北）当县令时，常有军卒侮辱将帅、小吏侵犯长官的事。张乖崖认为这是一种反常的事，下决心要整治这种现象。一天，他在衙门周围巡行，突然看见一个小吏从府库中慌慌张张地走出来。张乖崖喝住小吏，发现他头巾下藏着一文钱。张乖崖上前责问，才知道是从府库中偷来的。他把这个小吏带回大堂，下令责打了一顿。那小吏不服气："我只不过拿了一文钱，这算得了什么？你就要拘我、打我。你也就只能打我，又不能杀我！"张乖崖见他态度很不好，不禁大怒，偏偏判了他一个死罪，并称："一日一钱，千日千钱，绳锯木断，水滴石穿。"

为了惩罚这种行为，张乖崖还亲自持剑走下台阶，当堂斩了这个小吏。姑且不论判罚是否过重，但如果小错不改，就有可能酿成大错。如果一贯盗窃，积少成多，也是一项重罪。

"水滴石穿"原意是水一直向下滴，时间长了也能把石头滴穿，后引申为只要坚持不懈，持之以恒，集细微之力成就难能之功，亦比喻小错误日积月累就会演变为大错误。

"水滴石穿"亦为"滴水穿石"，常与"绳锯木断"连用。《汉书·枚乘传》："泰山之溜穿石，单极之绠断干，水非石之钻，索非木之锯，渐靡使之然也。"枚乘是西汉著名文学家，江苏淮阴人，曾经做过为吴王刘濞掌管诏策文书的郎中官。在刘濞发动七国叛乱前，枚乘曾上书谏阻他起兵，叛乱中，又劝谏他罢兵，吴王均不听从。

在谏阻吴王刘濞叛乱的奏疏中，枚乘说："福的产生有基础，祸的产生有根源，要接受产生福的基础，杜绝产生祸的根源。祸从何处来呢？泰山流下来的水可以滴穿石头，井上辘轳的绳索可以磨断木栏。水本身并非能钻透硬石的钻子，绳本身也并非能锯断木头的锯子，这是逐渐浸润摩擦的结果。"枚乘希望吴王积累德行，了解背弃义礼的危害，三思而后行，早早地在错误发生前将其消灭在萌芽状态。吴王没有采纳他的意见，枚乘就离开他，去了梁国。后来，吴王的叛乱被平定，而枚乘也由此出名。

古往今来，"水滴石穿"（或滴水穿石）这个成语都被用来教育、激励人们积极向上，代表的是一种坚强刚毅、永不屈服、永不放弃的精神。它告诉人们：只要有"水滴"的决心、耐心、信心和毅力，再硬的顽石也能穿透！也就是说，只要方向明确，锲而不舍，日积月累，就一定能实现目标，取得成功。

古今中外有成就事业的人，在前进的道路上，不就是靠着这种滴水穿石的精神，才"滴穿"一块块"顽石"，最终取得成功的吗？明代著名医学家李时珍，从小立志学医。他翻山越岭，走遍了大半个中国，访名医，尝药草，经过二十几年的不懈努力，终于写成了药学巨著《本草纲目》。现代著名书画家齐白石，在他数十年的艺术生涯中，始终没有停止过挥毫作画。正是因为白石老人坚持不懈地创作，他的技艺才达到炉火纯青的境界。

滴水穿石，并不是一滴水所能完成的，而是无数个小水滴的共同杰作。在这个过程中，小水滴与小水滴之间不断接力、不断传承，不畏坎坷困难，冲破重重羁绊，一路勇往直前。只要坚持，微力也能攻坚；只要真干、实干、苦干，万事皆能成功。

庖丁解牛

"庖丁解牛"的成语典故出自战国时期的著名思想家庄子的名著《庄子》。比喻经过反复实践,掌握了事物的客观规律,做事得心应手,运用自如;说明处世、生活都要顺应自然规律,做到"因其固然,依乎天理"。

庖丁解牛

战国时期,有个名叫丁的厨师给文惠君宰牛。他的手接触的地方,肩膀靠着的地方,脚踩着的地方,膝盖顶住的地方,都哗哗的响,刀子刺进牛体,发出霍霍的声音。没有哪一种声音不合乎音律:既合乎《桑林》舞曲的节拍,又合乎《经首》乐章的节奏。

文惠君说:"好哇!你的技术怎么这么高明呢?"

庖丁放下屠刀,回答道:"我最喜欢探索的是事物的规律,它比技术更进一步。刚开始宰牛的时候,我看到的都是整头的牛;三年之后,就看不到整头的牛了;现在呢,我用精神去看待牛,而不是用眼睛看它,不是凭感官知觉,而是凭精神活动。"他进一步解释说:"当你顺着牛体的天然结构,进入大的缝隙,顺着骨节间的空处进刀;依着牛体本来的组织进行解剖,脉络相连、筋骨聚结的地方,都不曾用刀去碰过,何况那粗大的骨头呢!好的厨师,每年换一把刀,因为他们用刀割肉;一般的厨师,每月换一把刀,因为他们用刀砍断骨头。而我的这把刀用了十九年,宰的牛有几千头了,可是刀口像刚从磨石上磨出来一样。因为牛体的骨节有空隙,刀口却薄得像没有厚度,把薄的刀口插入有空隙的骨节,就显得十分宽绰,刀的运转必然是大有余地。因此,这把刀用了十九年,刀口却像新的一样。尽管如此,每当遇到筋骨交错聚结的地方,我看它难以处理,就特别小心翼翼和警惕起来,目光集中到一点,动作也放慢了,使刀非常轻,结果霍的一声剖开了,就像泥土一样散落在地上。于是我提着刀站起来,环顾四周,悠然自得,心满意足,把刀擦拭干净,收了起来。"

文惠君听后大声说:"好哇!我听了庖丁这些话,从中获得了保养身体的道理。"

"庖丁解牛"是先秦道家学派代表人物庄子(庄周)创作的一则寓言故事。作者原意是用它来说明养生之道,借此揭示做人做事都要顺应自然规律的道理。

全文可分为四段:第一段写庖丁解牛的熟练动作和美妙音响;第二段紧接着写文惠君的夸赞,从侧面烘托庖丁技艺的精湛;第三段是庖丁对文惠君的解答,他主要讲述了自己达于"道"境的三个阶段;第四段写文惠君听后领悟了养生的道理。

庄子以厨师分解牛体比喻为人处世要顺其自然,方能做到游刃有余,并避开是非和矛盾的纠缠。避免硬砍硬割,横冲直撞,徒然损耗形神。通过这个故事,庄子告诫人们:人们的生命是有限的,而知识却是无限的。以有限的生命去追求无限的知识,势必体乏神伤,既然如此还在不停地追求知识,那可真是十分危险的了!做了世人所谓的善事却不去贪图名声,做了世人所谓的恶事却不至于面对刑戮的屈辱。遵从自然的中正之路并把它作为顺应事物的常法,这就可以护卫自身,就可以保全天性,就可以不给父母留下忧患,就可以终享天年。

此文在写作上采用多种手法,结构严密,语言生动简练,体现了庄子文章汪洋恣肆的特点。

车水马龙

"车水马龙"的成语典故出自《后汉书·明德马皇后纪》，意思是车如流水，马如游龙一般，形容来往车马很多，连续不断的热闹情景。

《车水马龙》（小型张）

东汉时期有一位著名的伏波将军，名叫马援，是东汉的开国功臣之一。马援的小女儿马氏，年纪很小时就帮忙操办家中的事情，把家务料理得井然有序，亲朋们都称赞她是个能干的人。十三岁那年，马氏被选进宫内。她先是侍候汉光武帝的皇后，很受宠爱。光武帝去世后，太子刘庄即位，就是汉明帝，马氏被封为贵人。由于她一直没有生育，便收养了贾氏的一个儿子，取名为刘炟。公元60年，由于皇太后对她非常宠爱，她被立为明帝的皇后。

马氏当了皇后，生活仍然非常俭朴。她常穿粗布衣服，裙子也不镶边。一些嫔妃朝见她时，还以为她穿的衣服都是特别好的料子制成的，走到近前，才知道是极普通的衣料，从此对她更加尊敬。马皇后知书达理，时常认真阅读《春秋》《楚辞》等著作。有一次，明帝故意把大臣的奏章给她看，并问她应如何处理，她看后当场提出中肯的意见。但她并不因此而干预朝政，平常也不主动去谈论朝廷的事。

明帝死后，刘炟即位，即汉章帝，马氏被尊为皇太后。不久，章帝根据一些大臣的建议，打算对皇太后的弟兄封爵。马太后遵照已去世的光武帝有关后妃家族不得封侯的规定，明确反对这样做，因此这件事就没有办。

第二年夏天，一些地方发生了大旱灾。一些大臣便上奏说，今年之所以大旱，是因为去年不封外戚的缘故，并再次要求分封马氏的舅父。马太后还是不同意，并亲自下诏说："所有议论事情的人都是想要献媚讨好我来求得好处而已。昔日汉成帝时曾给王太后的五个弟弟同一天封侯，那时黄雾弥漫，并没有听说有时雨的瑞应。另外田蚡、窦婴这些外戚，倚仗着尊宠和高贵，恣意横行，遭受倾败覆灭之祸，这已经是为世人广为传说的。所以明帝在世时就对外戚的事情小心提防，不让他们占据重要的地位。在给自己的儿子封国时，只让他们拥有楚、淮阳等封国的一半大小，常常说'我的儿子不应当和先帝的儿子一样'。有些官员为什么要拿现在的外戚与先帝的外戚比呢？我是天下之母，但身着粗帛，吃饭不求甘美，身边的侍从人员也穿着普通布帛的衣服，没有香囊之类的饰物，这是想以自己的行动来给下面的人做表率。本以为外戚们看到此种情况，应当忧心自诫，可他们只是笑着说太后一向喜好俭朴。以前在经过濯龙园时，看到来问候起居的外戚们，携带的仆从众多，可说是车如流水，马如游龙，奴仆穿着绿色臂衣，衣领衣袖色泽正白，回头看看给我赶车的御者，比他们差远了。我故意不对他们表示谴责愤怒，而只是断绝他们一年的费用而已，是希望以此让他们内心默默地感到惭愧，而他们却还是松懈懒惰，丝毫没有忧国忘家的想法。我怎么可以上负先帝的意旨，下损马氏祖先的德行，而重蹈西京败亡之祸呀！因此我坚决不允许给外戚封爵。"

《后汉书·明德马皇后纪》中的这段记载："前过濯龙门上，见外家问起居者，车如流水，马如游龙。"就是"车水马龙"这个成语的来历。

马太后亲自撰写的《显宗起居注》，也没有提及父亲马援、兄长马防的功劳。

马援（前14—49），字文渊，扶风茂陵（今陕西杨凌西北）人，西汉末至东汉初年著名军事家。新朝末年，天下大乱，马援归顺光武帝刘秀，为刘秀统一天下立下了赫赫战功。天下统一之后，马援虽已年迈，仍请缨东征西讨，西破羌人，南征交趾，官至伏波将军，因功封新息侯，被人尊称为"马伏波"。后于讨伐五溪蛮时身染重病，不幸去世。其老当益壮、马革裹尸的气概甚得后人的崇敬。因梁松诬陷，死后被刘秀收回新息侯印绶，直到汉章帝时才遣使追谥"忠成"。后人有诗赞曰：

千古英雄绝可怜，云台无用说蝉联。

苍藤古木撑晴日，短牖残榻锁暮烟。

万里音书严画虎，满天风雪阻飞鸢。

而今矍铄翁何在，独立秋坛一怅然。

汉建初四年（79年），马太后去世，终年四十余岁，谥号明德，与汉明帝合葬于显节陵。她是中国第一位女史学家，著有《显宗起居注》一书，开创了"起居注"这一史书体例之先声。

唐后主李煜在《望江南》中写道："多少恨，昨夜梦魂中。还似旧时游上苑，车如流水马如龙。花月正春风。多少泪，断脸复横颐。心事莫将和泪说，凤笙休向泪时吹。肠断更无疑。"

清代著名作家吴趼人在《二十年目睹之怪现状》第一回中也写道："花天酒地，闹个不休，车水马龙，日无暇晷。"

2007年6月1日，中国澳门邮政发行《成语故事二》特别邮票，1套4枚，其中小型张为《车水马龙》（参见题图）。

破釜沉舟

　　"破釜沉舟"的成语典故出自《史记·项羽本纪》，比喻不给自己留退路，下定决心，不顾一切地干到底，非打胜仗不可。

破釜沉舟

　　秦朝末年，各地农民纷纷举行起义，反抗秦朝的暴虐统治。农民起义军的领袖，最著名的是陈胜、吴广，还有项羽和刘邦。公元前208年，秦将章邯镇压陈胜、吴广起义之后，又攻破赵国国都邯郸，反秦的赵王歇及张耳被迫退守巨鹿（今河北平乡西南），秦将王离率20万人将巨鹿死死围困。章邯则率军20万屯于巨鹿南数里的棘原，并修筑两侧有土墙的通道直达王离军营，以供应其粮草。赵将陈余率军数万屯于巨鹿北，因兵少不敢前去解救。

　　于是，同属反秦阵营的楚怀王便派宋义为上将军，项羽为次将，带领20万人马去救赵国。宋义引兵至安阳（今山东曹县东南）后，接连46天按兵不动。项羽对此十分不满，他去跟宋义说："秦军包围了巨鹿，形势这样危急，咱们应该赶快渡河过去，跟赵军里外夹击，一定能够打败秦军。"宋义对项羽说："我们还是先等秦军和赵军决战以后再说。"他还说："上阵跟敌人交锋，我比不上你；要说坐在帐篷里出个计策，你就比不上我了。"项羽说："现在军营里快没有粮食了，但是上将军却按兵不动，这

样不顾国家，不体谅兵士，哪里像个大将的样子。"宋义不以为然，随即下了一道命令："不服从军令者斩！"

　　第二天朝会时，项羽再次提出"出兵救赵"之事，宋义大发雷霆，对项羽大声喊叫："我的军令已下，难道你要以头试令吗？"项羽大吼一声："我要借头发令！"随即拔出剑来把宋义杀了。他提着宋义的头，对将士说："宋义背叛大王（指楚怀王），我奉大王的命令，已经把他杀了。"于是，将士们拥立项羽为上将军。项羽杀宋义的事传出去之后，立即威震楚国，名闻诸侯。

　　随后，项羽首先派遣当阳君、蒲将军率领二万人渡过漳河，援救巨鹿，打了一些小胜仗。接着，他就亲自率全军悉数渡河北上，前去营救赵王，以解巨鹿之围。渡河之后，项羽让士兵们饱饱地吃了一顿饭，每人再带三天干粮，然后传下命令："皆沉船，破釜甑。"即要求士兵把渡河的船全部凿穿沉入河里，把做饭用的锅全部砸个粉碎，同时把附近可以住宿的房屋全部放火烧毁。将士们都愣住了，项羽对他们说："没有锅，我们就可以轻装前去；没有粮食，让我们到章邯军营中去取。打完胜仗我们到敌军阵营去做饭吧！"项羽用这种办法来向士兵们表示自己有进无退、一定要夺取胜利的决心，以激励士兵们的斗志。

　　就这样，没有退路的楚军官兵以一当十，冲入敌营，杀伐声惊天动地。经过九次激战，楚军最终大破秦军。秦军的几个主将，有的被杀，有的当了俘虏，有的向楚军投降。这一仗不仅解了巨鹿之围，而且把秦军打得再也振作不起来，没过两年，秦朝就灭亡了。楚军的骁勇善战大大提高了项羽的声威，以至打完胜仗后，项羽于辕门接见各路诸侯时，各路诸侯都不敢正眼看他。

　　后来，"皆沉船，破釜甑"演化为成语"破釜沉舟"，意思是把饭锅打破，把渡船凿沉，比喻不留退路、拼死一战的决心。

　　《孙子兵法》中所说的"焚舟破釜"也表示誓死决战的意义，与"破釜沉舟"有异曲同工之妙。

刻舟求剑

"刻舟求剑"的成语典故出自《吕氏春秋·察今篇》，比喻人的眼光未与客观世界的发展变化同步，不懂得根据实际情况处理问题；也比喻办事刻板，拘泥而不知变通。

《刻舟求剑》（小型张）

"刻舟求剑"出自《吕氏春秋·察今篇》。战国时期，有一个楚国人，平常做事就很死板。书上怎么说的，他就怎么做；甚至遇到棘手的事情，别人怎么处理的，他也依样画葫芦，从来没想过要变通一下。

有一次，他经过山林，看见一个樵夫正在砍柴。一不小心，樵夫的斧头从手上飞脱，掉到山谷里去了。樵夫不慌不忙地在斧头落下的地方，做了一个显眼的记号，然后从旁边的小路绕下山去，对照着

在山上画的标记，很快就在草丛里找到了斧头。这个楚国人看了不禁啧啧赞叹，对樵夫羡慕不已。

这个楚国人喜爱剑术，出门时总是喜欢随身佩带一把宝剑。一天，他搭乘一条渡船过江。站在船舷边，看着江两岸的秀丽景色，感到十分陶醉，一时目不暇接。船行至江中时，还陶醉于美景中的他一不小心，就把身上佩戴的那把宝剑滑落到江里去了。

他紧盯着宝剑掉下去的地方，不觉有些发呆。旁边的人劝他赶紧跳下江去打捞，他却笑着摇摇头。他眼前浮现起山林中樵夫刻记号的那一幕情景，心里有了主意。于是，他镇定自若地说："别慌张！我自有妙法。"只见他用一把小刀在宝剑掉下去的船舷边刻了一个记号，并自言自语道："记住，我的宝剑就是从这里掉下去的！"

等到渡船过了江，船家把船停下时，他才从容不迫地脱了衣服，按照自己在船舷边刻下的记号，从那里跳入水中去找宝剑。可是他在水中捞来捞去，却怎么也捞不到那把剑。

当他浮出水面，抚摸着船边的记号时，还在如梦游般的喃喃自语说："我的宝剑明明是从这里掉下去的，怎么找不到了呢？"

试想，渡船早已走得老远了，而掉在水里的剑是不会走的，像他这样找剑，又怎能找得到呢？这个可怜的楚国人，真是太糊涂了。

时代变了，环境变了，情况就不同了，思想和工作方法如果还停留在原地，保守如旧，要想办什么事情，其效果必然和"刻舟求剑"一样。

2009年，中国澳门邮政发行《成语故事三》特别邮票，1套4枚，其中小型张为《刻舟求剑》。

鸿雁传书

"鸿雁传书"的成语典故出自《史记》，苏武因"鸿雁传书"而获救返回汉朝，鸿雁也因此成了信差的美称。

鸿雁传书

"鸿雁传书"的故事出自《史记》。汉武帝时，苏武作为大汉的使臣出使匈奴，结果被匈奴拘留，并被单于流放北海去放羊，在北海苦寒地带度过了许多年。10年后，汉朝与匈奴和亲，并派使者要求匈奴释放苏武。但单于仍不愿意让苏武回汉朝，谎称苏武已死。后来，与苏武一起出使匈奴的常惠，暗地里把苏武被扣在北海的情况密告汉使，并让汉使对单于说：汉朝皇帝在上林苑打猎时射得一只大雁，雁足上系着苏武的帛书，叙说苏武在某个沼泽地带牧羊，证明苏武确实未死，只是受困于沼泽地带。这样，匈奴单于再也无法谎称苏武已死，只得把他放回汉朝。从此，"鸿雁传书"的故事便流传成为千古佳话。

后来，人们就用鸿雁比喻书信和传递书信的人。鸿雁是大型候鸟，每年秋季南迁，常常引起游子思乡怀亲之情和羁旅伤感。鸿雁传书又名飞鸽传书，指通信，也有以鸿雁和飞鸽来指代书信。

传说汉高祖刘邦被楚霸王项羽所围时，就是以信鸽传书，引来援兵脱险的。张骞、班超出使西域，也用鸽子来与皇家传送信息。

《周书》曰："白露之日鸿雁来，鸿雁不来，远人背畔。小寒之日雁北方，雁不北方，民不怀至。"

南朝乐府民歌《西洲曲》有"忆郎郎不至，仰首望飞鸿"。"望飞鸿"就是盼望书信的意思。

隋人薛道衡在《人日思归》中写道："人归落雁后，思发在花前。"早在花开之前，诗人就起了归家的念头；但等到雁已北归，人还没有归家。诗人在北朝做官时，出使南朝陈，写下这思归的诗句，含蓄而又婉转。

到唐代，鸿雁作为传送书信的使者在诗歌中的运用就非常普遍了。杜甫在《天末怀李白》一诗中写道："鸿雁几时到，江湖秋水多。"李商隐在《离思》一诗中也慨叹："朔雁传书绝，湘篁染泪多。"唐朝薛平贵远征在外，王宝钏苦守寒窑十数年，矢志不移。一日，王宝钏正在挑野菜，忽闻空中鸿雁连声呼唤，遂请求代为传书于平贵夫郎，然一时难寻笔墨，情急之下，撕下罗裙，咬破指尖，写下血泪书信，倾诉对爱情忠贞和盼望夫妻团圆的心情。

苏武牧羊是对国家的忠心，王宝钏苦守寒窑则是对感情的忠贞。这两个故事的流传，让鸿雁成为古代通信的使者，也让这两个故事本身成为千古佳话。

宋代女诗人李清照词云："雁字回时，月满西楼"，"雁过也，正伤心，却是旧时相识"。大雁没有带来盼望已久的书信，引起了女词人无法排遣的相思。欧阳修在《戏答元稹》一诗中写道："夜闻归雁生相思，病入新年感物华。"戴复古也在《月夜舟中》一诗中说："星辰冷落碧潭水，鸿雁悲鸣红蓼风。"

清乾隆年间，我国广东佛山地区每年5、6月举行放鸽会，有几千只鸽子参加，赛距约400里。当时在上海、北京等地，也有类似的赛鸽会。国外利用信鸽传递消息的最早文字记载，见于公元前530年，是用信鸽传送奥林匹克运动会的成绩。

2014年，中国邮政发行《鸿雁传书》特种邮票（参见题图），1套1枚，由我国著名画家范曾设计。采用雕刻版印刷，雕刻线条加强了人物与背景之间的对比，使得艺术冲突更为强烈，人物性格更为鲜明。

这枚邮票气韵生动，神采飞扬，用笔精湛娴熟，笔力遒劲，线条简练，形象生动。作者采用了九宫格的布局，在画面的横三分之一处表现了鸿雁传书的情景，在画面的竖三分之一处表现了苏武牧羊的画面，作者又以背景的山脉做了一个对角构图，同时在相反的对角线上以流云、山峰、大雁运动的态势做了解构的设计，使画面气势磅礴，令人震撼不已。

在整个画面的把控上，设计者力追天籁之境，用白描减笔写意的形式勾勒出苏武这个历史人物的形象气质。背景中山峦迭起，用大面积的留白，寥寥几笔，即描摹出山峦之险峻、云雾之朦胧，衬托了苏武流放时孤独的心情。所有的画面元素在范曾的笔下，都被刻画得入木三分。设计者用笔简练洒脱，重墨勾勒衣纹，厚重沉稳；淡墨画山峦，轻巧明快。墨皆随笔而上，淡处如薄雾，浓处如双眸炯秀。通篇气息清脱高雅，不染纤尘，意至裨备。

苏武牧羊（极限片）

八仙过海

"八仙过海"的成语典故出自《宋史·陈抟传》《历代神仙通鉴》等古籍。"八仙过海，各显神通"，比喻各自有一套办法，或各自施展本领，互相竞赛。

《八仙过海》（小型张）

八仙为道教传说中的八位神仙，即钟离权、吕洞宾、张果老、何仙姑、铁拐李、蓝采和、曹国舅、韩湘子的合称。在神话中，这八位神仙的道术极深，法力无边。据《宋史·陈抟传》《历代神仙通鉴》《东游记》《历代神仙史·宗仙列传》等古籍记载，他们大多是曾经生活在中国古代历史上的人物，也是人人皆知的神仙。经过了漫长的世事沧桑和社会演变以及附会传诵，八位仙人的来历和身世才逐步定型，并形成了一个完整的群体。

"八仙过海"的故事最早见于明代中叶吴元泰所著《上洞八仙传》。相传八位仙人从蓬莱阁下仙人桥，要渡过东海去仙岛，时波涛滚滚，巨浪滔滔。吕洞宾别出心裁地说："以往咱们渡海，不是腾云驾雾，就是骑鹿乘鹤，太乏味了。这一次咱们不走云路，只凭各家法宝，设法渡海，以展其能，如何？"众仙闻说，一致赞同，纷纷叫好。

于是，汉钟离用芭蕉扇，铁拐李用装仙丹的大葫芦，蓝采和提着花篮，何仙姑擎荷花，曹国舅执檀板，吕洞宾用其宝剑，韩湘子举着玉笛，张果老倒骑着一匹纸驴——逐浪而渡，热闹极了。

过海途中，遭遇龙王太子盗走宝物，引发八仙与龙王太子和虾兵蟹将的一场大战。在八仙的群策群力和携手抵御下，龙王太子终于败下阵来，老龙王也不得不亲自出宫向八位大仙赔礼道歉。一场风波总算平息下来，八仙兴高采烈地成功飘洋过海而去。

"八仙过海"在我国是一个广为流传、妇孺皆知的神话故事。中国民间因此有"八仙过海，各显神通"的谚语，比喻各自有一套办法，或各自施展本领，互相竞赛。

为了展现中华民族的历史悠久和优美的神话传说，中国邮政于2004年7月30日发行了《神话——八仙过海》特种邮票，全套小型张1枚。

小型张主图依据张孝友的原画，采用传统工笔画手法进行设计，逼真而形象地再现了人们所熟悉的"八仙过海，各显其能"的神话故事。画面人物飘逸，足见仙风道骨；沧海横流，方显英雄本色。左侧边饰为"八仙过海"文字介绍。邮票主图画面呈长方形，但图案左侧人物汉钟离的右腿服饰及宝扇画出长方形之外，左侧齿孔则沿着凸出部分打成"耳状"，使这枚小型张成为不规则的异形邮票。

戏曲艺术

京剧
越剧
昆曲
粤剧
黄梅戏
提线木偶
相声
鼓曲
评弹
快书

京　剧

京剧是中国五大戏曲剧种（京剧、越剧、黄梅戏、评剧、豫剧）之一。其艺术水平在中国戏曲中名列前茅，被视为中国国粹，不仅有中国"国剧"之称，而且有中国戏曲三鼎甲"榜首"之誉。

马连良舞台艺术：《借东风》（诸葛亮）

京剧又称平剧，其前身是清初流行于江南地区，以唱吹腔、高拨子、二黄为主的徽班。徽班流动性强，与其他剧种接触频繁，在声腔上互有交流渗透，因此在发展过程中也搬演了不少昆腔戏，还吸收了啰啰腔和其他一些杂曲。清乾隆五十五年（1790年），以高朗亭（名月官）为首的第一个徽班（三庆班）进入北京，参加乾隆帝八十寿辰庆祝演出，是为徽班鼻祖。此后，原在南方演出的四喜、春台、和春等徽班也陆续进入北京，史称"四大徽班"进京。

他们将安徽的徽调与来自湖北的汉调糅合，同时又吸收了昆曲、秦腔等一些地方民间戏曲的部分曲调和表演方法，通过不断的交流、融合，至19世纪中期最终形成了京剧。京剧形成后，在清朝宫廷以至整个京城快速发展，后来在全国各地流行，民国期间得到空前的繁荣。

京剧分布地以北京为中心，遍及中国，走遍世界各地，成为介绍、传播中国传统艺术文化的重要媒介。2010年11月16日，京剧被列入世界非物质文化遗产代表作名录。

京剧腔调以西皮、二黄为主，用胡琴和锣鼓等伴奏，场景布置注重写意。京剧较擅长于表现历史题材的政治和军事斗争，故事大多取自历史演义和小说话本。既有整本的大戏，也有大量的折子戏，此外还有一些连台本戏。

京剧有歌、有舞，有对白、有武打，有各种象征性的动作，是一门高度综合性的艺术。京剧舞台上的角色划分为"生、旦、净、丑"四种类型，也称"四大行当"。"生"是男性正面角色的统称（除花脸及丑角外），分老生、武生、小生、红生、娃娃生；"旦"是女性正面角色的统称，分青衣（正旦）、花旦、闺门旦、刀马旦、武旦、彩旦；"净"俗称花脸，大多是扮演性格、品质或相貌上有些特异的男性人物，分为以唱功为主的大花脸，以及正净（铜锤、黑头）、架子花、武二花、摔打花、油花（毛净），通常化妆用脸谱，音色洪亮，风格粗犷；"丑"指扮演喜剧角色，因在鼻梁上抹一小块白粉，俗称小花脸，分为文丑、武丑等。

京剧表演的四项基本功为"唱、念、做、打"。唱指歌唱，念指具有音乐性的念白，做指舞蹈化的形体动作，打指武打和翻跌的技艺。唱与念相辅相成，构成京剧表演艺术两大要素之一的歌；做与打相互结合，构成京剧表演艺术两大要素之一的舞。京剧的各个行当都有自己的一套表演程式，在唱念做打的技艺上各具特色。

京剧演员从小就要在这四个方面进行训练，虽然有的演员擅长唱功（唱功老生），有的行当以做功（花旦）为主，有的以武打（武净）为主。但是要求每一个演员必须有过硬的唱、念、做、打四种基本功，或称四种艺术表现手法，只有这样才能充分发挥京剧的艺术特色，更好地表现和刻画戏中的各种人物形象。

梅兰芳（1894—1961）是中国近现代杰出的京剧表演艺术家，也是举世闻名的中国戏曲艺术大师。同时，他也是享有国际盛誉的表演艺术大师，其表演被推为"世界三大表演体系"之一。

梅兰芳名澜，又名鹤鸣，字畹华，别署缀玉轩

京剧的生旦净丑

主人，艺名兰芳。祖籍江苏泰州，清光绪二十年（1894年）出生在北京的一个梨园世家，8岁学戏，9岁拜吴菱仙为师学青衣，10岁在北京广和楼戏馆第一次登台，在《长生殿·鹊桥密誓》里演织女。后一发不可收拾，先后在北京吉祥园上演创编时装新戏《宦海潮》《邓霞姑》、古装新戏《嫦娥奔月》《黛玉葬花》等。1923年，首创在京剧伴奏乐器中增加上二胡，使京剧音乐更加丰富。

梅兰芳工青衣，兼演刀马旦。擅长旦角，扮相端丽，唱腔圆润，台风雍容大方，被称为旦行一代宗师。后又求教于秦稚芬和胡二庚学花旦。他刻苦学习昆曲、练武功，广泛观摩旦角本工戏和其他各行角色的演出。经过长期的舞台实践，对京剧旦角的唱腔、念白、舞蹈、音乐、服装、化妆等各方面都有所创造发展，形成了自己的艺术风格，世称"梅派"。其代表戏京剧有《贵妃醉酒》《霸王别姬》等，昆曲有《游园惊梦》《断桥》等。

作为中国近现代杰出的京昆旦行演员和"四大

名旦"之首，梅兰芳在艺术上的卓越成就引起了国外人士的重视。曾于1949年前先后赴日本、美国、苏联演出，并荣获美国波莫纳学院和南加州大学的荣誉文学博士学位。

梅兰芳是一位伟大的爱国主义者，抗战期间蓄须明志，拒绝演出，靠写字卖画为生。新中国成立后历任中国京剧院院长、中国戏曲研究院院长、中国文联副主席、中国戏剧家协会副主席。1959年，加入中国共产党，并以65岁高龄，排演了最后一出新戏《穆桂英挂帅》。1961年8月8日因心脏病发作，在北京病逝，享年67岁。所著论文编为《梅兰芳文集》，演出剧目编为《梅兰芳演出剧本选集》。

梅兰芳的一生体现了不断革新、精益求精的敬业精神，他将诸多艺术领域的创作思想融入了京剧艺术舞台表演之中，使京剧旦行的唱腔、表演艺术臻于完美的境界，梅派因此成为旦行中影响深远的流派。

1962年8月8日，邮电部发行《梅兰芳舞台艺术》纪念邮票，1套8枚，由邮票设计家孙传哲设计。

《梅兰芳舞台艺术》纪念邮票

1962年9月15日，邮电部发行《梅兰芳舞台艺术》小型张。这枚小型张因只有2万枚的发行量成为市场中公认的珍邮之一。由于它的发行处在特殊的年代，特别是其后又发生了历时十年的"文化大革命"，使得它的存世量锐减，成为集邮珍品。

《贵妃醉酒》（梅兰芳饰杨贵妃）

马连良也是中国著名京剧大师。在五十多年的艺术实践中，他承前启后，独创一派，为我国京剧艺术的发展做出了很多的贡献。

马连良（1901—1966），生于北京，字温如，回族。其父马西园与著名京剧演员谭小培熟识，家庭的熏陶使马连良从小热爱京剧艺术。9岁入北京喜连成科班，23岁自行组班。马连良是京剧老生，也是扶风社的招牌人物。其拿手戏目有《借东风》《甘露寺》《青风亭》等，在20世纪20—60年代盛行不衰。

马连良不仅在唱、念、做、打各方面有深厚的功底，更难得的是舞台的整体效果非常突出。马连良在博采众长的基础上，创立了具有独特风格的"马派"表演艺术。马派的念白既有浓郁的生活气息，又有高超的艺术技巧，不仅字字可以听清，而且富于节奏感。同时，用念白带动身段，细致入微地表达人物的内心情感，这是十分难得、十分可贵的。

他主演的《群英会·借东风》是马派名剧之一。1955年，北京京剧团成立以后，他就专演诸葛亮。《借东风》这场戏原本没有那么多唱腔，马连良认为可以发挥，就增加了唱词，琢磨新腔，使这出传统戏焕发出新的光彩。他主演的京剧《赵氏孤儿》被称为中国戏剧史上的《哈姆雷特》、中国版的古希腊大悲剧，是其晚期的巅峰作品，也是马派艺术中里程碑式的剧目。

为纪念我国京剧艺术大师马连良入行梨园100周年，中国邮政于2009年11月28日发行《马连良舞台艺术》特种邮票，1套2枚，分别为《借东风》（参见题图）和《赵氏孤儿》。

京剧是中国的国粹，也是中国传统文化的标签，在国际上家喻户晓。中国邮政发行的邮票多次采用京剧作为主题，可见京剧的地位。例如，《梅兰芳舞台艺术》纪念邮票除第一枚为梅兰芳先生头像外，其余七枚均为梅兰芳经典京剧舞台形象。全套邮票生动地表现了梅兰芳"铁骨凌寒"的气质和"仙姿香韵"的技艺，从不同方面反映了梅兰芳的舞台艺术成就。还有1980年发行的《京剧脸谱》邮票，1套8枚，图案均为传统京剧脸谱。脸谱不仅是中国戏剧中的一门独特艺术，也是世界戏剧艺术宝库中一朵鲜艳夺目的奇葩。脸谱是中国传统戏剧中演员面部化妆的特殊程式，用各种色彩在面部勾画成诸多纹样图案，以体现不同人物的性格特征，深受海内外人士喜爱。

京剧脸谱

京剧《白蛇传》（水墨画）

1989年，邮电部发行的《当代艺术家作品选》特种邮票，1套3枚，其中第一枚为叶浅予的画作。

它选自叶浅予1960年创作的水墨画——京剧《白蛇传》的人物速写。画家以传统的水墨人物画技法，酣畅淋漓地描绘了戏剧中的白娘子、小青与许仙。人物紧凑贴切，姿势神态各异，造型生动自然，前后层次清楚，左右错落有致，色彩搭配和谐分明，留白较大而反衬有韵。

1992年9月24日，中国香港邮政发行《中国戏剧》邮票，1套4枚，分别为《小生》《武生》《花旦》《丑生》。

《中国戏剧》邮票

越 剧

越剧是中国第二大剧种，也是中国五大戏曲剧种之一，有"第二国剧"之称，在海外被称为"中国歌剧"。

《白蛇传》：借伞

越剧最初是流行于浙江嵊县一带的"落地唱书"，在发展中汲取了昆曲、话剧、绍剧等特色剧种之大成，并经历了由男子越剧到女子越剧为主的历史性演变。越剧长于抒情，以唱为主，声音优美动听，表演真切动人，唯美典雅，极具江南灵秀之气；以"才子佳人"题材为主，艺术流派纷呈，公认的就有十三大流派之多。

越剧发源于浙江嵊州，发祥于上海，繁荣于全国，流传于世界。主要流行于上海、浙江、江苏、福建、江西、安徽等广大南方地区，以及北京、天津等大部北方地区，鼎盛时期除西藏、广东、广西等少数省、自治区外，全国都有专业剧团存在。

从20世纪20年代至今，越剧走过了艰难而辉煌的百年发展历程。1925年9月17日，在小世界游乐场演出的笃班，首次在《申报》广告上打出"越剧"的旗号。1928年1月起，越剧女班蜂拥来沪。越剧名伶姚水娟更是发出"我就是要越唱越响，越唱越高，越唱越远"之豪言壮语。

1928—1932年，编演新剧目逾400个，剧目题材广泛，风格、样式多种多样。剧目内容的多样化引起演出形式相应的变化，出现向兄弟剧种学习的趋势。

当时有的学海派京剧，如商芳臣曾搬演周信芳的名剧《明末遗恨》；有的学申曲，如施银花、屠杏花移植上演西装旗袍戏《雷雨》；有的则学电影、话剧，如姚水娟演《蒋老五殉情记》《大家庭》，采用写实布景，人力车上台。在经营方式方面破除了封建性陈规，实行经理制，统一掌管前后台。

这时期，最有名的演员旦角为"三花一娟一桂"，即施银花、赵瑞花、王杏花、姚水娟、筱丹桂；小生为屠杏花、竺素娥、马樟花。青年演员如袁雪芬、尹桂芳、范瑞娟、傅全香、徐玉兰等，都已崭露头角。

至1941年下半年，越剧戏班增至36个，女子越剧的著名演员几乎都荟萃于上海。报纸评论称"上海的女子越剧风靡一时，到近来竟有凌驾一切之势"。男班因演员后继无人，最终被女班取代。

1942年10月，袁雪芬以话剧为榜样，在大来剧场开始改革，并把进行改革的越剧称为"新越剧"。此后，上海主要越剧团都投入新越剧的行列，越剧的面貌在短短几年中发生了巨大变化。如编演新剧目，建立剧本制，废除幕表制。即使演出传统剧目，也经过整理改编。新剧目内容比过去有较大变化，许多编导和主要演员重视剧目的社会效益，主张给观众以积极有益的影响，编演了大量反封建、揭露社会黑暗和宣扬爱国思想的剧目。

1943年11月，演《香妃》时，袁雪芬与琴师周宝财合作，不仅使越剧唱腔在板式结构上得到完善，在唱腔曲调上亦增强了抒情性和戏剧性，扩大了表现力和可塑性。1945年1月，袁雪芬、范瑞娟在九星大戏院演《梁祝哀史》，并与编导一起对剧目做了重新整理。在演出期间，范瑞娟与周宝财合作，创造了"弦下腔"。尺调腔和弦下腔一起奠定了越剧流派产生的基础。

1946年5月，雪声剧团将鲁迅小说《祝福》改编为《祥林嫂》，引起了中共地下党组织对越剧和整个地方戏曲的重视。之后，上海文艺界和新闻界的进步人士对"越剧十姐妹"（袁雪芬、尹桂芳、筱丹桂、范瑞娟、傅全香、徐玉兰、竺水招、张桂凤、徐天红、吴小楼）联合义演《山河恋》及为袁雪芬、筱丹桂申冤的斗争中，都给予了支持。

越剧十姐妹——纪念《山河恋》义演六一周年

梁山伯与祝英台：(5-1)草桥结拜 (5-2)三载同窗
(5-3)十八相送 (5-4)楼台伤别 (5-5)化蝶双飞

1949年5月，上海解放。1950年4月12日，上海第一个国家剧团——华东越剧实验剧团成立；1951年3月，华东戏曲研究院成立；1951年国庆节，范瑞娟作为全国政协的特邀代表，在全国政协开会时受到毛泽东主席亲切接见，给广大越剧演员以极大的鼓舞和鞭策。

1953年底，新中国的第一部彩色戏曲艺术片、越剧电影《梁山伯与祝英台》拍竣，不仅风靡一时，而且在香港创造了票房纪录。在日内瓦会议期间，此片被周恩来多次用来招待各国政要和记者，被赞誉为"东方的《罗密欧与朱丽叶》"，使越剧在国内外的影响进一步扩大，捧红了一个剧种。

1954年，浙江省越剧团正式建立。在此期间，上海的三十几个、浙江的七十几个专业越剧团，也先后不同程度地进行了改人、改戏、改制的工作。1955年3月24日，上海越剧院正式成立。剧院荟萃了越剧界一大批有较高艺术素养的编、导、演、音、美等专门人才，在"百花齐放，推陈出新"方针指引下，发挥了国家剧院的示范作用。此外，一批集体所有制的剧团如"芳华""云华""合作""少壮"等也很活跃，在出人、出戏方面取得了不少成果。

20世纪50—60年代前期是越剧发展的黄金时期，创造出了一批有重大影响的艺术精品，如《梁山伯与祝英台》《西厢记》《红楼梦》《祥林嫂》等，在国内外都获得了巨大声誉；《情探》《李娃传》《追鱼》《春香传》《碧玉簪》《孔雀东南飞》《何文秀》《彩楼记》等成为优秀保留剧目，其中《梁山伯与祝英台》《情探》《追鱼》《碧玉簪》《红楼梦》还被拍摄成电影，使越剧进一步风靡大江南北。随着文化事业的发展，越剧开始从上海走向全国。至60年代初，越剧已流布到20多个省市，影响日益扩大。越剧在影响遍及全国的同时，还走出国门，在国际上赢得盛誉。《西厢记》和《梁山伯与祝英台》被盛赞为"充满人民性的美妙的抒情诗篇"。

1978年中国改革开放后，越剧的影响进一步扩大。1962年由上海海燕电影制片厂和香港金声影业公司联合摄制完成的电影《红楼梦》，在1980年前后取得2亿元票房（当时票价仅0.2元左右），有12亿人次观看，可谓空前绝后。一曲《天上掉下个林妹妹》也在大江南北四处传唱。以尹桂芳、徐玉兰、王文娟、袁雪芬为代表的老一辈艺术家，在体制和艺术上进行了大胆的改革，在继承传统的基础上，根据自身的条件，博采众长，创造了自己独特的风格，逐渐形成了各具艺术特色的越剧流派。

20世纪80年代中期，浙江小百花越剧团在杭州成立。随之，浙江出现了令人瞩目的"小百花"现象。一大批优秀"小百花"如雨后春笋脱颖而出。如梅花大奖获得者茅威涛，梅花奖得主周云鹃、吴凤花等，代表了新一代的越剧艺人在百花园里竞相绽放，预示着越剧事业的进一步繁荣与发展。

越剧《白蛇传》描述了在峨眉山修炼千年的白蛇（白素贞）和青蛇（小青），以姐妹身份下凡，在杭州遇药材行伙计许仙。白素贞见许仙忠厚，便与他结为夫妇。金山寺法海禅师从中破坏，唆使许仙在端阳节给白素贞饮雄黄酒，白素贞饮后显出原形，许仙惊吓而死。白素贞醒后至昆仑山盗来仙草，将许仙救活。后法海又将许仙软禁于金山寺，白素贞与小青水漫金山，与法海争斗，因白素贞怀孕败回杭州。许仙逃出金山寺，在西湖断桥与白素贞相遇，夫妻和好。不久，白素贞产下一子，满月时，法海施法将白素贞摄入金钵，镇压于雷峰塔下。数年后，小青炼成神火，烧毁雷峰塔，救出白素贞。

该剧在新中国成立前作为时节戏，常在端阳节演出。民国七年（1918年）农历五月初五日，由马潮水、费翠棠、王永春等组合的男班，演于上海华兴戏园。1952年秋，华东戏曲研究院越剧创作室重新编剧，内容上去芜存菁，突出白素贞善良美好的心灵。剧本由成容执笔，吴琛、韩义导演，袁雪芬饰白素贞，范瑞娟饰许仙，傅全香饰小青，吴小楼饰法海。是年冬，该剧作为展览剧目参加第一届全国戏曲观摩演出大会。其间，毛泽东主席陪同蒙古人民共和国领导人泽登巴尔在怀仁堂观看了该剧的演出。1956年3月，上海越剧院一团对该剧进行修改并演出，由袁雪芬任导演并饰白素贞，范瑞娟饰许仙，吕瑞英饰小青。布景新创一格，设计成皮影剪纸式。合作越剧团亦于1952年排演该剧，由红枫编剧，戚雅仙、毕春芳主演。

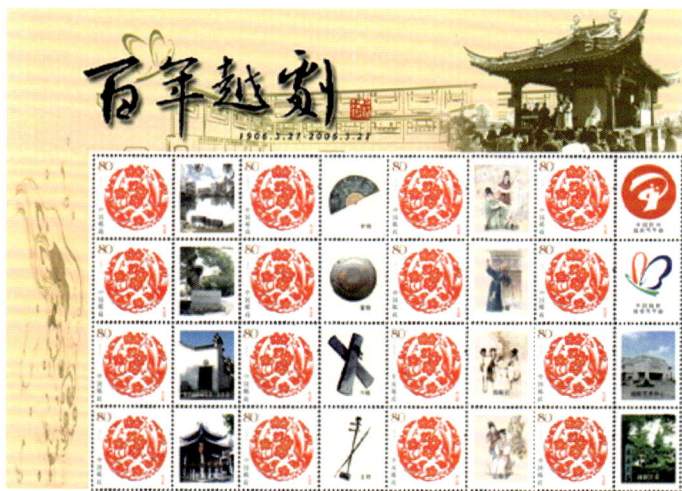

《百年越剧》（小版张）

昆 曲

昆曲是中国最古老的戏曲声腔和剧种之一，被誉为"百戏之祖"。

（3-1）浣纱记（3-2）牡丹亭（3-3）长生殿

昆曲又称昆剧或昆腔，糅合了唱念做打、舞蹈及武术等，以曲词典雅、行腔婉转、表演细腻著称。它以鼓、板控制演唱节奏，以曲笛、三弦等为主要伴奏乐器，其唱念语音为"中州韵"。在语言上，原分南曲和北曲：南昆以苏州白话为主，北昆以大都韵白和京白为主。

昆曲早在元朝末期（14世纪中叶）即产生于苏州昆山一带，与起源于浙江的海盐腔、余姚腔和起源于江西的弋阳腔，被称为"明代四大声腔"，同属南戏系统。

昆山腔最初只是民间的清曲、小唱，流布区域也只限于苏州一带。万历年间，以苏州为中心扩展到长江以南和钱塘江以北，万历末年流入北京，从而使昆山腔成为明代中叶至清代中叶戏曲中影响最大的声腔剧种，同时也是中国戏曲史上具有最完整的表演体系的剧种。国内有许多剧种都是在昆曲基础上发展起来的，因此昆曲被称为"中国戏曲之母"。

昆曲有独特的表演体系和风格，其最大的特点是抒情性强、动作细腻，歌唱与舞蹈的身段结合得巧妙而和谐。昆曲唱腔华丽婉转、念白儒雅、表演细腻、舞蹈飘逸，加上完美的舞台置景，在戏曲表演的各个方面都达到了最高境界。许多地方剧种，包括晋剧、湘剧、川剧、赣剧、桂剧、越剧、闽剧等，都受到过昆剧艺术的哺育和滋养。

昆曲中的许多剧本，如《牡丹亭》《长生殿》《桃花扇》等，无一不是中国古代戏曲文学的不朽之作。昆曲曲文秉承了唐诗、宋词、元曲的文学传统，曲牌则有许多与宋词、元曲相同。这为昆曲的发展打下了良好的文化基础，同时也造就了一大批昆曲作家和音乐家，其中汤显祖、洪昇、孔尚任、李渔等，都是中国戏曲和文学史上的杰出代表。

从昆曲的历史发展上看，18世纪之前的400年，是昆曲逐渐成熟并日趋鼎盛的时期。它以宋词音乐为基础，融合了江南民歌小调，唱词则主要来自当时文人的创作，同样也沿袭了唐诗、宋词的创作传统，用诗一样的语言去抒发情感。就如江南的园林一样，都是当时中国文人精心营造的艺术生活典范。

昆曲的兴起和士大夫的地位有密切的关系。士大夫的文化修养为昆曲注入了独特的文化品位，他们的闲适生活和对空灵境界的追求，赋予了昆曲节奏舒缓、意境曼妙的品格，加之士大夫内心深处含有对社会对人生的哀怨、悲凉感受，使得昆曲在音乐、唱腔上每每显示出惆怅、缠绵的情绪。18世纪后期，随着地方戏的兴起，打破了长期以来形成的演出格局，戏曲的发展也由贵族化向大众化过渡，昆曲因此开始走下坡路。

《牡丹亭还魂记》作为昆曲经典传统剧目，是每个昆班必演的，甚至也是评价和衡量戏班质量的重要参考。清朝末年，因为社会动荡，昆曲在全国各地式微，江南尤其是苏州的一些民间戏班成了仅有的薪火。比较有影响的苏州全福班、新乐府、仙霓社、荣庆社，以及湖南湘昆班社、浙江金华昆班、宁波昆班、温州昆班等，也只演出《牡丹亭还魂记》中的一些折子戏。到20世纪中叶，昆曲败落之势更加明显，许多昆曲艺人纷纷转行演出流行的京剧。

1949年新中国成立，国家大力扶持和振兴中国传统戏曲，昆曲才得以重获新生。1956年，浙江昆剧团改编演出的《十五贯》在全国产生了广泛的影响，周总理曾感慨地说："一出戏救活了一个剧种。"之后，北京、上海、湖南等地相继恢复了昆曲剧团。1957年12月，俞振飞、言慧珠与昆剧演员班的师生合作演出了新编《牡丹亭》；在俞振飞、程砚秋、梅兰芳等戏曲大师的通力合作下，《牡丹亭还魂记》还被拍成昆剧电影，使珍贵的影像资料得以流传下来。

2000年以后，全国各地的昆曲院团逐渐都恢复了《牡丹亭》折子戏的演出。2004年白先勇主持制作的青春版《牡丹亭》在全国巡演之后，更扩大了这部传统作品的知名度。江苏省昆剧院、上海昆剧院、苏州昆剧院、北方昆剧院等全国各地的昆曲专业演出团体开始经常性上演各具特色的《牡丹亭》。昆曲的影响力日渐扩大，被称为戏曲百花园中的一朵"兰花"。

2001年，昆曲在被联合国教科文组织列为"人类口述和非物质文化遗产代表作"。今天当我们听到和看到昆曲的时候，一方面是欣赏昆曲的表演本身，另一方面则可以感受其中所蕴含的传统文化和民族精神。

2010年6月12日，在中国文化遗产日到来之际，中国邮政推出全球首套多媒体（视频）特种邮票《昆曲》，1套3枚。邮票图案分别选取了昆曲发展阶段中最具有代表性的3个剧目《浣纱记》《牡丹亭》《长生殿》，均为广受赞誉的经典之作，即便是在中国古代文学发展史上，也具有相当重要的地位。

三部戏剧具有一个共性，即均是以描写爱情为主线而展开故事情节。《浣纱记》邮票图谱展现了伍子胥寄子齐国的内容，是该剧中的重要情节；《牡丹亭》《长生殿》邮票图谱内容则恰到好处地体现出两部戏剧的主题思想，生动传神地刻画出男女两情相悦时的亲密与缠绵。

《浣纱记》（极限片）

粤 剧

粤剧是汉族传统戏曲之一，也是广东省最大的地方戏曲剧种，深受海内外观众尤其是两广和港澳地区观众的喜爱，有"南国红豆"之美誉。

（3-1）香花山大贺寿

粤剧又称"广府戏"，是糅合唱念做打、乐师配乐、戏台服饰、抽象形体的表演艺术，也是融会明清以来流入广东的海盐腔、弋阳腔、昆山腔、梆子等诸腔并吸收珠江三角洲的民间音乐所形成的以梆子、二黄为主的我国南方一大剧种。

在粤剧及中国其他戏曲剧种中，戏剧角色被称为行当。粤剧的行当原为一末（老）、二净（花面）、三正生（中年男角）、四正旦（青衣）、五正丑（男女导角）、六员外（大花面反派）、七小（小生、小武）、八贴（二帮花旦）、九夫（老旦）、十杂（手下、龙套之类），合称十大行当。粤剧每一个行当都有各自独特的服饰打扮。后来被精简为六柱制，即文武生、小生、正印花旦、二帮花旦、丑生、武生。这是根据角色的年纪、性别、性格、外形等特征来分类的。"生"代表男性角色，"旦"代表女性角色；"净"是性格刚强暴躁的男性角色，"末"代表年老角色，"丑"就是滑稽角色。

粤剧演员的表演艺术也分为四种类型，即"唱、念、做、打"。"唱"是指唱功，不同的角色有各自

不同的演唱方式，包括平喉及子喉。平喉是平常说话的声调（小生通常采用平喉演出）；子喉比平喉调子高了八度，常以假音来扮演女性角色。"做"是指做功，又称身段，即身体表演，包括手势、台步、走位、关目、做手、身段、水袖、翎子功、须功、水发、抽象表演和传统功架。"念"是指念白，即念台词，用说话交代情节、人物的思想感情。"打"是指武打，如舞水袖、水发、玩扇子、舞刀弄枪、耍棍挥棒、舞动旗帜等。

粤剧是广东艺人吸纳外省入粤戏班的戏曲声腔，加以易语而歌并融进本地的歌谣、小曲而形成的剧种。粤剧最初源自南戏，自明嘉靖年间开始在广东、广西出现，流行于珠江三角洲等广府民系聚居地以及广西和港、澳地区，在国外操粤语的华裔聚居区也时有演出。

清末民初，广州和港、澳等地陆续修建戏院，新编粤剧的本地班逐渐由农村的土舞台转到城市戏院演出，此后出现流动于大中城市之间的省港大班。为了适应城市观众和剧场演出的需要，出现了以编撰剧本为业的开戏师爷，他们新编的剧目多为华丽奇巧的生旦戏。而演出于粤西地区的下四府班，仍擅长表演武生、小武担纲的正本戏，保持着粗犷质朴的艺术特色。光绪年间陆续离乡过埠的州府班，这时更多地在海外一些国家演出。

清末民初之交，粤剧群星闪耀，名伶辈出，如千里驹、肖丽湘、小生聪、周玲利、李雪芳等，皆驰名于海内外。千里驹有"花旦王"之称；李雪芳则被康有为誉为"南雪北梅"，与梅兰芳相提并论。

20世纪30年代是粤剧史上称为"薛马争雄"的时代。薛觉先接近京剧风格，表演技巧比较全面，生旦净丑无所不能，有"万能老倌"的绰号；但以演小生更为出色，其代表性剧目有《胡不归》等四大悲剧。马师曾以丑角取胜，他在以"孤寒种"（吝啬鬼）为主角的组剧中，尽情揭露地主老财、资本家的丑态，有莫里哀之风。

到20世纪40年代，粤剧舞台上从"薛马争雄"到"五大流派"群星辉映，涌现出的薛觉先、马师曾、白驹荣、廖侠怀、桂名扬"五大流派"主导着粤剧

改革的方向，并创作出众多的优秀曲目。舞台布景由一桌二椅到平面、立体影片以至机关布景，灯光从火水灯、大光灯发展为电灯、彩色旋转灯。

粤剧不仅深受广东人喜爱，而且深受云、桂人民和港澳同胞以及海外华人的喜爱，是中国最先走向世界的剧种。随着粤语华人的移民及其对粤剧的喜爱和传唱，粤剧被传播到美国、加拿大、英国、东南亚等广府华侨聚集地，如新加坡素有"粤剧第二故乡"之美称。

新中国成立后，粤剧有了更大的发展空间。周恩来总理曾给予粤剧以高度的评价和赞扬，称"昆曲是江南的兰花，粤剧是南国的红豆"，把粤剧与中国最古老的昆剧相提并论。从此，"南国红豆"成为粤剧的美称。2009年9月30日，粤剧被联合国教科文组织列入人类非物质文化遗产名录。

2017年10月15日，中国邮政发行《粤剧》特种邮票，1套3枚，分别为《香花山大贺寿》（参见题图）、《六国大封相》《玉皇登殿》。

（3-2）六国大封相（3-3）玉皇登殿

粤剧是广东最著名的地方戏曲，也是香港最具代表性的传统表演艺术，已成为香港本土文化的重要印记。2014年8月21日，中国香港邮政发行了由冯刚华设计的平版《粤剧服饰》特别邮票，1套6枚，分别为《大汉装》《海青》《小古装》《小军装》《蟒袍》《帔风》；另有小型张1枚，为《大靠》。

（6-1）大汉装：绣有凤和花卉等图案，多为皇后、公主及贵妃角色所穿。女大汉装的大袖上衣可配大云肩，下身为两层有褶长裙，束腰，配前后牌。

（6-1）大汉装（6-2）海青（6-3）小古装
（6-4）小军装（6-5）蟒袍（6-6）帔风

（6-2）海青：为公子、少爷等角色所穿，是粤剧中常见的便服，特点是绣有花卉图案，斜领，阔袖缀水袖，直身开裾。

（6-3）小古装：为剧中未婚闺秀之常服，绣有花卉图案，上衣阔袖配水袖，束腰，配长裙，并可因应人物身份阶级配云肩或前后牌。

（6-4）小军装：绣有花卉及祥云等图案，上衣圆领，束袖，外加背心，下身配灯笼裤。饰演军人的演员，一般会穿上这种戏服。

（6-5）蟒袍：绣有团龙、独龙、云彩等图案，为剧中帝王将相的礼服。男蟒袍长身圆领，阔袖配水袖，腰间围玉带。

（6-6）帔风：绣有花卉图案，为剧中官宦富贵人家所穿之常服。女帔风为及膝长袍，对襟，阔袖配水袖，左右开裾，下身配长裙。

小型张展示的戏服为大靠。大靠绣有鱼鳞花纹，可在背部配上靠旗，为剧中武将的装束。男大靠圆

《大靠》（小型张）

领，窄袖，前身靠牌中央的靠肚略阔。粤剧传统剧目《六国大封相》中饰演六国元帅的演员身穿大靠，威风凛凛，气势慑人。

为了配合澳门2018年第35届亚洲国际邮展，联合国也发行了有关粤剧的一枚小全张，展示了中国家喻户晓的三个历史人物，分别是包拯、关羽、花木兰。邮票图案以剪纸的形式呈现。

澳门2018年第35届亚洲国际集邮展览（小全张）

2018年10月9日，中国香港邮政特以《粤剧剧目》为题，发行一套由林炳培设计、林伟强绘图的平版印刷邮票，共6枚，展示了家喻户晓的粤剧剧目及其经典场景，分别为《帝女花》《双仙拜月亭》《关公月下释貂蝉》《凤阁恩仇未了情》《梁祝恨史》《昭君出塞》。

（6-1）帝女花：展示的是《帝女花》最后一幕《香夭》。周世显与长平公主二人表面上顺从清帝的意思，于御花园含樟树旁拜堂成婚，实则在花烛夜服毒殉国。

（6-2）双仙拜月亭：展示的是《双仙拜月亭》中《抢伞》一幕，又名《踏伞》。宋朝正值战乱，书生蒋世隆与尚书王镇女儿瑞兰在各自逃命期间相遇，于风雨中同用一伞，结伴而行。

（6-3）关公月下释貂蝉：展示的是《关公月下释貂蝉》中《貂蝉自刎》一幕。貂蝉夜访关羽，欲以美人计诱之不果，关羽晓以大义，貂蝉感到羞愧不已，自刎于关羽的青龙偃月刀下。

（6-4）凤阁恩仇未了情：展示的是《凤阁恩仇未了情》中的《惜别》。自幼入质金国的红鸾郡主，入质期满返回宋土，与之相恋并私订终身的耶律君雄将军负责护送，于离别之际唱起《胡地蛮歌》。

（6-5）梁祝恨史：展示的是中国民间传说《梁祝恨史》中的经典一幕《化蝶》。祝英台到梁山伯坟前投身殉爱后，两人在天庭相遇，化身为一双彩蝶，翩翩起舞，从此永不分离。

（6-6）昭君出塞：展示的是《昭君出塞》中主旨一幕《出塞》，描绘王昭君出塞到匈奴的场景。她纵使不愿远嫁胡邦亦不得已，遂以一曲琵琶尽诉怀念家国之情。

邮票以插画方式，展现各剧目的重要情节。在黑白绘图背景的衬托下，各剧人物姿彩纷呈，小生和花旦形象鲜明，精致的戏服和场景也分外夺目。粤剧不仅具有观赏价值，而且由于出自文人手笔，曲词可视为文字艺术的典范。这种珍贵的文化传统值得细味再三，传承下去。

（6-1）帝女花（6-2）双仙拜月亭（6-3）关公月下释貂蝉
（6-4）凤阁恩仇未了情（6-5）梁祝恨史（6-6）昭君出塞

黄梅戏

黄梅戏是安徽省的主要地方戏曲剧种，也是中国五大戏曲剧种之一，深受广大观众的喜爱，在海内外享有很高的声誉。

（3-1）天仙配（3-2）女驸马（3-3）打猪草

黄梅戏原名"黄梅调"或"采茶戏"，其唱腔淳朴流畅，以明快抒情见长，具有丰富的表现力；表演质朴细致，以真实活泼著称。黄梅戏前身是18世纪后期在皖、鄂、赣三省毗邻地区形成的一种民间小戏。其中一支逐渐东移到以安徽省怀宁县为中心的安庆地区，并与当地民间艺术相结合，用当地语言歌唱、说白，形成了自己的特点，被称为怀腔或怀调。

黄梅戏起源于湖北黄梅，发展壮大于安徽安庆。从起源到发展，经历了独角戏、三小戏、三打七唱、管弦乐伴奏四个历史阶段。前三个阶段均在湖北黄梅完成，为黄梅戏大剧种的最后形成提供了充分的先决条件。

1954年，黄梅戏《天仙配》参加了华东戏曲观摩演出大会，获得成功。该剧还曾二度被摄制成电影，轰动海内外。一批新创作、改编的优秀剧目如《女驸马》《砂子岗》《火烧紫云阁》等陆续上演。这一时期黄梅戏还影响到不少外省地区，如湖北、江西、江苏、福建、浙江、吉林、西藏等省、自治区也相继成立了黄梅戏剧团。香港、澳门还出现了用普通话和粤语演唱的黄梅戏。1958年，毛泽东、刘少奇、周恩来、朱德等党和国家领导人在武汉洪山礼堂观看黄梅县黄梅戏剧团演出的黄梅戏《过界岭》，毛主席看完戏后称赞说："黄梅人还是演自己的土戏好，乡土气味很深，很感人，我也成了黄梅佬。"

20世纪50年代，安徽省黄梅戏剧团将黄梅传统剧目《董永卖身》改编成《天仙配》搬上银幕后，一曲《天仙配》让黄梅戏流行于大江南北，享誉海内外，并与京剧、越剧、评剧、豫剧并称"中国五大戏曲剧种"。除安徽外，湖北、江西、福建、浙江、江苏、香港、台湾等地亦有黄梅戏的专业或业余演出团体，受到广泛的欢迎。

在表演艺术上，通过排演新戏和拍摄影片，黄梅戏吸收了话剧和电影的表演形式，在人物塑造等方面有了新的发展。新中国成立后的几十年，黄梅戏造就了一大批优秀演员，除了对黄梅戏演唱艺术有突出贡献的严凤英、王少舫等老一辈艺术家外，中青年演员如吴琼、马兰、杨俊、韩再芬等相继在舞台、银幕和电视屏幕上展现出他们精湛的演技，博得观众的关注和喜爱。

在剧目上，号称"大戏三十六本，小戏七十二折"。大戏主要表现对当时贫富悬殊的现实不满和对自由美好生活的向往，如《荞麦记》《告粮官》《天仙配》等；小戏大都表现的是农村劳动者的生活片段，如《点大麦》《纺棉纱》《卖斗箩》。与此同时，还先后整理改编了《天仙配》《女驸马》《罗帕记》《半把剪刀》《赵桂英》《慈母泪》《三搜国丈府》《九件衣》等一批大小传统剧目，创作了神话剧《牛郎织女》、历史剧《失刑斩》、现代戏《春暖花开》《小店春早》《蓓蕾初开》。除《天仙配》外，《女驸马》《牛郎织女》也相继搬上银幕，在国内外产生了较大影响。

在唱腔上，分为花腔、彩腔、主调三大腔系。花腔以演小戏为主，曲调健康朴实，优美欢快，具有浓厚的生活气息和民歌小调色彩，如《夫妻观灯》《蓝桥会》《打猪草》等；彩腔曲调欢畅，曾在花腔小戏中广泛使用；主调是黄梅戏传统正本大戏常用的唱腔，有平词、火攻、二行、三行之分，其中平词是正本戏中最主要的唱腔，常用于大段叙述和抒情，曲调严肃庄重，优美大方，听起来委婉悠扬，如《梁祝》《天仙配》等。

在音乐伴奏上，早期黄梅戏由三人演奏堂鼓、钹、小锣、大锣等打击乐器，同时参加帮腔，号称"三打七唱"。新中国成立后，黄梅戏正式确立了以高胡为主要伴奏乐器，加以其他民族乐器和锣鼓配合的伴奏体系，适合于表现多种题材的剧目。

1995年8月，黄梅县被文化部授予全国"黄梅戏之乡"称号。2006年5月20日，黄梅戏经国务院批准列入第一批国家级非物质文化遗产名录。

2014年7月6日，中国邮政发行《黄梅戏》特种邮票，1套3枚，分别选自最具代表性剧目《天仙配》《女驸马》《打猪草》。邮票设计以影像资料和戏曲剧照为素材，确保人物服饰、姿态忠于戏曲原作。特别是人物神态撷取黄梅戏名家神韵，以期带给读者认同感、亲切感。

黄梅戏《打猪草》（邮资片）

提线木偶

提线木偶是流行于闽南方言区的一种古老珍稀的传统戏剧剧种，也是传统木偶戏的一种，在国内外享有盛誉。

提线木偶：孙悟空

根植于闽南泉州的提线木偶戏又称"嘉礼戏"（加礼戏），古称"悬丝傀儡"，当地民间俗称"嘉礼"。提线木偶表演时，艺人用线牵引木偶表演动作。提线木偶形象一般都系有16条以上丝线，甚至多达30余条纤细悬丝，不仅线条繁多，而且操弄复杂，技巧表演难度相当高。

提线木偶戏源于秦汉。据文献记载，至迟于唐末五代已在泉州及周边地区流行。此后历经宋、元、明、清以至当代，传承不辍。至今保存着700余出传统剧目和由300余支曲牌唱腔构成的独有剧种音乐"傀儡调"（含"压脚鼓""钲锣"等古稀乐器及相应的演奏技法）。同时形成了一整套稳定而完整的演出规制和精湛规范的操线功夫（传统基本线规），以及独具特色的木偶头雕刻和木偶像造型艺术与制作工艺。

在全国各类木偶戏中，泉州提线木偶戏是唯一仍有自己剧种音乐的戏种。在泉州提线木偶戏传统剧目中，不仅保存着大量"古河洛话"与闽南方言的语法、词汇及古读音，而且保存着许多宋元南戏剧目、音乐、表演形态等方面的珍贵资料。此外还保存着大量古代闽南话地区的民间信仰及婚丧喜庆等习俗内容，具有多学科研究价值。千百年来，泉州提线木偶戏不仅与闽南方言区民众的生、老、病、死等人生礼俗相伴共生，而且从明代开始，即向中国台湾和东南亚一带华侨华人聚居地流播。

泉州提线木偶形象结构完整，制作精美，尤其是木偶头的雕刻、粉彩工艺，独具匠心，巧夺天工。各种木偶头轮廓清晰，线条洗练，继承了唐宋雕刻、绘画风格。当代木偶头制作在师承的传统技艺基础上，更侧重于夸张与变形，尤为强调性格化和表现力，已成为驰名中外的传统工艺珍品。

泉州提线木偶戏是整个闽南地区民俗中不可或缺的重要部分，而且以其独特技艺和精彩演出，成为一般民众，乃至士大夫文人雅俗共赏、喜闻乐见

《木偶和面具》（首日封）

的戏曲艺术。闽南地区每逢民间婚嫁、寿辰、婴儿周岁，新建房屋奠基、上梁或落成以及迎神赛会、祭拜天地等，都经常演出提线木偶戏以示大礼，至今仍很兴盛。也正因此，泉州的提线木偶戏能够较为完好地保存下来，被赞誉为"让木偶活了起来"。

　　泉州提线木偶戏的主要传承者——泉州市木偶剧团创建于1952年。建团以来，相继创作排演了大批剧目，足迹几乎遍及中国的大江南北、长城内外、海峡两岸，以及世界五大洲的近50个国家和地区。所创作演出的神话剧《水漫金山》、儿童剧《庆丰收》，赴罗马尼亚"第二届国际木偶联欢节"演出获集体二等奖（一等奖缺）和银质奖章；神话剧《火焰山》、童话剧《千桃岩》晋京参加"庆祝建国三十周年献礼演出"，分别荣获演出一等奖、创作演出三等奖；神话剧《劈山救母》、小戏《驯猴》《钟馗醉酒》《狮子舞》晋京参加"全国木偶皮影戏汇演"，分别获得优秀剧目奖、优秀表演奖等。此外，国际著名木偶大师黄奕缺还曾荣获文化部"特别荣誉奖"及福建省"百花文艺一等奖"。2004年，《钦差大臣》入选第七届中国艺术节，并荣获第十一届文华新剧目奖、文华集体表演奖、文华剧作奖、文华导演奖。2009年10月，神话剧《火焰山》则荣获文化部首届"国家优秀保留剧目大奖"。

孙悟空和猪八戒（极限片）

相　声

相声是一种以"说、学、逗、唱"为主要形式的民间曲艺，也是一种来源于生活，扎根于民间，深受群众欢迎的艺术表演形式，有社会生活的"风俗画"之称。

相声

相声始于明朝，约于清咸丰、同治年间形成，最早是由"俳优"这种杂戏派生出来的，在形成过程中广泛吸取了口技、说书等艺术之长。相声寓庄于谐，以说笑话或滑稽问答引起观众的会心反应，以讽刺笑料来表现真善美，也被称为讽刺艺术。

相声艺术源于京津冀，以北京话为主，普及于全国及海内外。其三大热门流行地为北京天桥、天津劝业场和南京夫子庙。表演形式有单口、对口、群口相声，单口相声由一个演员表演，讲述一段令人捧腹的笑话；对口相声由两个演员表演，叙述人（甲）称"逗哏"，辅助对话的（乙）称"捧哏"，一捧一逗，依甲乙二人说话表演内容的轻重与语言风格之不同，通常有"一头沉""子母哏""贯口活"三类；群口相声又叫"群活"，由三个以上演员表演。此外，还有情节性较强的相声剧。相声的主要表演道具有折扇、手绢、醒木等。

相声必须反映群众熟悉和关心的生活，提出并回答群众关切并有共鸣的问题。传统相声曲目以讽刺旧社会各种丑恶现象和通过诙谐的叙述反映各种生活现象为主；新中国成立后，除继续发扬讽刺传统外，也有歌颂新人新事的作品。传统曲目有《关公战秦琼》《戏剧与方言》《贾行家》《扒马褂》等，总数超过两百个；反映现实生活的作品则以《夜行记》《买猴》《帽子工厂》等影响较大。

相声具有集体性、口头性、变异性和传承性等艺术特点。相声中的情节是若断若续、若有若无的。因此，相声的内容具有不确定性。相声的包袱常常给观众提供假象，而将真相隐藏起来。这样一来，就促使观众主动进行思考，因而加强了双方之间的思想交流。

相比之下，评书及其他一些曲艺的演员不仅将事情的因果关系解释得清清楚楚，甚至还须预先明确故事的主题和结局，听众只需被动接受。在相声表演中，演员不再享有评书演员那种"说书先生"的地位，演员与演员、演员与观众都是以一种平等的对话者的身份出现。他们可以对事物发表各自不同的意见。这种来自多方面的不同意见，既构成了相声形式上的特点，又是相声中喜剧性矛盾的来源。

在这里，演员的一切言谈话语都要接受另一个演员和广大观众的严格检验，他的种种故弄玄虚、自相矛盾、荒诞夸张、逻辑混乱的话语都逃不过观众的耳朵，他往往因"出乖露丑"受到哄堂大笑，处于"下不来台"的尴尬境地。观众则通过笑声感觉到自己在心理上的优势，并在笑声中接受潜移默化的教育。相声的欣赏过程能够更好地实现寓教于乐的目的，因而深受广大群众的欢迎。

相声表演直接面向观众，"第四堵墙"在相声表演中是不存在的。许多演员还直接向观众提问，或解答观众提出的问题。这样，就大大加强了演员与观众的联系与交流。在相声欣赏过程中，观众虽然不能直接与演员进行对话，却可以通过笑声表达自己的观点和态度。在许多相声中，捧哏演员的话也往往代表了观众的观点，捧哏演员往往是作为观众的代言人与逗哏演员进行对话。

相声满足了广大观众的参与意识，由此产生了独特的艺术魅力。相声与观众结成了无话不谈的朋友，它从群众中吸取智慧和幽默，表达了群众对真善美的追求和乐观精神，并对生活中的假恶丑进行揭露和讽刺。相声以其充满生活内容和独特的艺术形式，成为优秀的民族艺术之花。

一段相声通常由四部分组成，包括"垫话儿"——即兴的开场白；"瓢把儿"——转入正文的过渡性引子；"正活儿"——正文；"底"——掀起高潮后的结尾。相声用艺术手法组成"包袱儿"，表演当中通过说话表演而"抖响"使人们发笑。其手法计有：三番（翻）四抖、先褒后贬、阴错阳差、一语双关、自相矛盾、表里不一、歪讲曲解、违反常规等数十种。每一段相声里一般含有四五个以上风趣幽默的"包袱儿"。

"说学逗唱"是相声的四种基本手段。"说"是叙说笑话和打灯谜、绕口令等；"学"是模仿各种鸟兽叫声、叫卖声、唱腔和各种人物风貌、语言等；"逗"是互相抓哏逗笑；"唱"是指相声的本功唱太平歌词。

在相声发展过程中，涌现出张寿臣、马三立、侯宝林、刘宝瑞、马季、姜昆、侯耀文、苏文茂、郭德纲等著名相声演员。如侯宝林（1917—1993），相声界具有开创性的一代宗师，他善于模仿各种方言、市声、戏剧表演。说起相声，不仅语言清晰，动作自然，神态洒脱，寓庄于谐，化雅为俗，具有独特的艺术魅力；而且注重相声的知识性、趣味性和评论性，对相声艺术的发展起到了承前启后、继往开来的作用。

在他漫长的60年艺术生涯中，潜心研究并发展相声艺术，以"把笑声和欢乐带给人民"作为自己的奋斗目标，除创作和表演了大量脍炙人口的相声名段外，还对相声和曲艺的源流、原理、规律和艺术技巧进行了理论研究。撰写和与人合作编写了《相声表演艺术》《曲艺概论》《相声溯源》《戏剧杂谈》《醉酒》等专著。他还注重培养年轻演员，如马季、姜昆等都是他的学生。在他的带领和推动下，相声艺术真正走进千家万户，达到了一个令人瞩目的艺术高峰。

2011年7月8日，中国邮政发行《中国曲艺》特种邮票，1套4枚，分别为《相声》《鼓曲》《评弹》《快书》。

相声（实寄封）

251

鼓　曲

鼓曲是以演唱曲词为主的一种民间曲艺形式，包括大鼓、弹词、联弹、琴书、牌子书等。鼓曲的音乐性较强，曲艺中约有2/3的曲种属于鼓曲。

鼓曲

（1）大鼓。包括京韵大鼓、西河大鼓、京东大鼓、西河大鼓、梅花大鼓、乐亭大鼓、东北大鼓、山东大鼓、上党大鼓、澧州大鼓和滑稽大鼓等数十种。各自都有著名的流派和著名的演员。

大鼓主要流行于中国北方诸省的广大城镇与乡村，由演员打鼓演唱。其表演形式既有一人自击鼓、板，也有一人至数人使用鼓、板的。演员自击的鼓，也称书鼓，其形状为扁圆形，两面蒙皮，置于鼓架上（鼓架依不同曲种而有高矮之别），以鼓箭（竹制）敲击。板有两种，一种由两块木板组成（多以檀木制成）；一种由两块半月形的铜片或钢片组成，俗称"鸳鸯板"。主要伴奏乐器为三弦（这是不可缺少的），另有四胡、琵琶、扬琴等，也有少数不用乐器伴奏，只打鼓演唱。表演时大多取站唱形式，唱词基本为七字句和十字句。

大鼓的文学脚本称鼓词，曲目有短篇、中篇、长篇之分。短篇只唱不说，中、长篇则有唱有说。

人们往往称唱短篇的为唱大鼓，唱中、长篇的为唱大鼓书。大鼓的唱腔音乐结构为板腔体，唱腔曲调多源于流行地的传统民间音乐及地方小调，并用当地方言语音演唱。音乐唱腔是区别不同大鼓曲种的主要标志。

（2）弹词，盛行于我国南方。一般由两人弹唱，一人弹三弦，一人弹琵琶，有说有唱，称"双挡"；也有个别是一人自弹自唱的。弹词包括苏州弹词和扬州弹词，两种弹词的演出形式完全相同，只是地域不同而已，都讲究"说噱弹唱"，开书前所唱的"书帽儿"则叫"开篇"。

苏州弹词在创腔上流派纷呈，如蒋月泉的蒋调、朱雪琴的琴调、徐丽仙的丽调、侯莉君的候调、杨振雄的杨调等，均各有特色。

（3）联弹。几种乐器合奏称"联弹"。过去梅花大鼓演出时，曾穿插"换手联弹""七音联弹"等演出形式。

（4）琴书。因主要伴奏乐器为扬琴，故名。包括山东琴书、徐州琴书、安徽琴书、翼城琴书、武乡琴书、四川扬琴、云南扬琴和北京琴书等曲种。各种琴书起源不一，多数由当地民歌、小调发展而成，有些则明显受滩簧、南词的影响或由大鼓演变而成。

琴书的表演形式不一，有一人立唱、两人或多人坐唱和走唱的，有的则分角拆唱。唱词根据其乐曲，有七字句、十字句和长短句之分。琴书有说有唱，一般以唱为主，以说为辅。伴奏乐器除扬琴外，也兼用三弦、二胡、筝、坠胡等。

（5）牌子书。各种曲牌连串演唱，用以叙事、抒情、说理，包括单弦、大调曲子、四川清音、湖南丝弦、广西文场等。一般为一人演唱，也有多至五六人演唱的，在曲式结构上通常由曲头、曲尾，加上中间插入许多曲牌联缀而成。

牌子曲的伴奏乐器不一，在北方流行的牌子曲以三弦为主，南方的牌子曲则以扬琴、琵琶、二胡等为主。各种牌子曲的曲牌数量不同，有些曲牌如"银纽丝""寄生草""剪剪花""叠断桥""满江红"等，往往为各地牌子曲所共有。

（6）河南坠子。由流行在河南和皖北的由艺道情、莺歌柳、三弦书等结合形成的传统曲艺形式。因主要源于河南，伴奏乐器为"坠子弦"（今称坠胡），且用河南语音演唱，故称之为河南坠子。演唱者一人，左手打檀木或枣木简板，边打边唱；也有两人对唱的，一人打简板，一人打单钹或书鼓；还有少数是自拉自唱的。

唱词基本为七字句。伴奏者拉坠琴，有的并踩打脚梆子。初期大多演唱短篇，也有部分演员演唱长篇，现代题材曲目则都是短篇。河南坠子在河南各地广泛流传以后，受地域语言、风土人情等人文环境的影响，便有了声腔流派的分化。清代末年，在老艺人中已有了"上路河南坠子"和"下路河南坠子"之说。

（7）单弦。又称单弦牌子曲。源于北京，清乾隆、嘉庆年间兴起，正式形成于清代末叶。演唱时用八角鼓击节，其曲牌众多，曲调丰富，反映现实生活，代表曲目有《胭脂》《挑帘裁衣》《金山寺》等。众多的名家形成了各具特色的演唱风格，最享盛名的是荣、常、谢、谭四大流派，它们推动了单弦艺术的发展。

源于唐代的说唱艺术，即说中有唱，唱中有说。盛唐兴佛，但佛教在传播过程中受到统治者抑佛的影响。一些佛教信徒便以说唱的方式来传播佛教，教导人们弃恶从善。说唱艺术到明朝时已具有相当

规模，《三国演义》《水浒传》等都是根据流传在民间的说唱故事、鼓曲艺术整理形成的。

说唱艺术经过了数百年的探索与发展，清代时达到鼎盛。民国初期，经过一批技艺卓绝的鼓书艺人的努力，再次达到新的高度。全国各地鼓曲艺术层出不穷，如台湾有答嘴鼓，新疆有冬不拉弹唱等。后来伴随着社会多元化的发展，鼓曲艺术这一传统民间艺术形式日渐式微。

但是，正能量的艺术，或迟或早都将以其特有的魅力得以发展和延续。鼓曲艺术有很多长篇故事，如《岳飞传》《杨家将》《隋唐英雄》，讲的都是脍炙人口的故事。京韵大鼓的词也非常高雅，非常有韵味。比如《剑阁闻铃》，讲的是唐明皇和杨贵妃的故事，用词非常讲究，上下对仗。了解这段故事的人能够感受到曲子诉说的那种苍凉与无奈。当一种古老的艺术尘封到一定地步的时候，再次呈现出来，很有可能大放异彩。伴随着人们文化水平的提高，京韵大鼓这种高雅的艺术形式也将回归。

鼓曲作为曲艺中数以百计的说唱故事曲种的总称，同样也将如此。当年，被称为"金嗓歌王"的鼓曲大师骆玉笙演唱的《四世同堂》主题曲，为京韵大鼓打了强心剂，"重整河山待后生"传遍大江南北，再创辉煌。

人们论及鼓曲的源头常常提到"莲花落"，就是流传民间的技艺。鼓曲伴奏少不了大鼓，而大鼓也

鼓曲（实寄封）

是鼓曲来自民间的例证。传统鼓曲曲目题材广泛，以历史战争故事和男女爱情故事居多。由于流行地区不同，伴奏乐器、唱腔等也有所不同。

天津是历史上的戏曲、曲艺"大码头"，鼓曲流派繁多、风格多样，带有浓厚的地方色彩和淳朴健康的乡土气息。依次上演的京韵大鼓、西河大鼓、梅花大鼓、天津时调、河南坠子等经典鼓曲，让观众过足戏瘾。

《中国曲艺》(小版张)

评　弹

评弹又称苏州评弹、说书或南词，是一门古老、优美的传统说唱艺术。由于情节曲折离奇，表演扣人心弦，形式雅俗共赏，数百年来流传于江、浙、沪城乡，为社会各阶层人士所喜爱。

评弹

评弹是苏州评话和弹词的总称。评话通常由一人登台开讲，内容多为金戈铁马的历史演义和叱咤风云的侠义豪杰；弹词一般是两人说唱，上手持三弦，下手抱琵琶，自弹自唱，内容多为儿女情长的传奇小说和民间故事。

评话和弹词均以说唱表演细腻见长。吴侬软语娓娓动听；演出中常穿插一些笑料，妙趣横生。弹词用吴音演唱，抑扬顿挫，轻缓柔和，弦琶琮铮，十分悦耳。经过历代艺人的创造发展，曲调流派纷呈，风格各异。新中国成立以来，评弹从内容到形式推陈出新，传统书目得到整理提高，反映现实生活的新编曲目陆续涌现，中篇和短篇等演出形式日臻完善。

评弹有说有唱，演出方式有一人的单档、两人的双档和三人的群档。演员均自弹自唱，伴奏乐器为小三弦和琵琶。唱腔音乐为板式变化体，主要曲调为能演唱不同风格内容的书调，同时也吸收许多曲牌及民歌小调，如"费伽调""乱鸡啼"等。

评弹起源于山明水秀的江南水乡——苏州，流行于富饶美丽的长江三角洲地区。据《吴县志》记载："明清两朝盛行弹词、评话，二者绝然不同，而总名皆曰说书，发源于吴中。"明末清初的著名评话艺人柳敬亭，就曾在苏州及其附近一带说书。清代剧作家李玉在《清忠谱》第二折《书闹》中，描述了明末清初苏州说书中演说《岳传》的情景，有表，有白，有类似赋赞的韵文，和现今的苏州评话相同。

清朝乾隆帝下江南时，曾把一位名叫王周士的苏州说书艺人召来弹唱《游龙传》，后来王周士创立了评弹历史上第一个行会组织——光裕公所（后称光裕社）。光裕社成立后，评弹艺术得到迅速发展。在清嘉庆、道光年间，出现了陈遇乾、俞秀山、毛菖佩、陆世珍"前四大名家"。他们的高超技艺提高了评弹艺术的总体水平，也扩大了评弹的影响。

书调是各种流派唱腔发展的基础，通过不同艺人的演唱，形成了丰富多彩的流派唱腔，如陈（遇乾）调、俞（秀山）调和马（如飞）调。经过百余年的发展，各派均后继有人，且不断创新。陈调的继承人有刘天韵、杨振雄；俞调的继承者夏荷生、朱慧珍；马调的继承人更是繁衍多支，对后世的影响也最大，如薛（筱卿）调、沈（俭安）调、周（玉泉）调以及出自薛调的琴调（朱雪琴）、出自周调的蒋（月泉）调，形成了苏州评弹流派唱腔千姿百态的兴旺景象。

1846年上海开埠之后，经济和文化都以很快的速度发展起来，人口也日益膨胀。外来人口以江浙人为多，苏州地区所占比例尤高，呈现出"街头巷尾尽吴语"的情景。评弹进入上海以后，落地生根，向艺术的深度、广度和高度发展，受到了上海人的厚爱。到清同治、光绪年间，评弹演出已经从苏州扩展到上海等地区。在苏沪地区出现了以马如飞、姚时章、赵湘洲、王石泉"后四大名家"为代表的一大批评弹艺术家，标志着评弹艺术走向成熟，并为后来的大发展奠定了基础。

从20世纪初开始，评弹活动的中心从苏州转移

到了上海，并以上海为中心，向长江三角洲地区辐射，几乎涵盖了整个江浙水乡，远达北京、天津、武汉等地。此后50年，是评弹发展的全盛时期，不仅名家辈出，流派纷呈，而且好节目层出不穷。

苏州评话的传统书目，约有50部。一类说历史故事，属讲史类，如《西汉》《东汉》《三国》《隋唐》《金枪》《岳传》《英烈》《三笑》等，为"长靠书"；一类是"短打书"，讲英雄好汉、义士侠客的故事，如《水浒》《七侠五义》《小五义》《绿牡丹》《金台传》等；一类是神怪故事和公案书，如《封神榜》《济公传》《彭公案》《施公案》等。

苏州评话都是讲长篇故事，分回逐日连说。每天说一回，每回约一个半小时，能连说几个月，长的可达一年半载。这种长篇连说的特点，形成了评话特殊的结构手法。单线顺叙，用未来先说、过去重谈的方法前后呼应，用"关子"来制造悬念，以吸引听众。

20世纪50年代初，上海市人民评弹工作团和苏州市人民评弹团等专业演出团体相继成立，集中了当时评弹界的不少精英，编演了一大批轰动一时的好作品，进一步开拓了评弹市场，提高了这门艺术的水准。如创作、改编了《江南红》《铁道游击队》《林海雪原》《烈火金钢》《敌后武工队》等，还出现了一些中、短篇作品。

苏州弹词的艺术传统非常深厚，技艺十分发达，讲究"说噱弹唱"。"说"指叙说，手段非常丰富，有叙述，有代言，也有说明与议论；"噱"指放噱，即逗人发笑；"弹"指使用三弦或琵琶进行伴奏，既可自弹自唱，又可相互伴奏和烘托；"唱"指演唱。

艺人在长期的说唱表演中，形成了诸如官白、私白、咕白、表白、衬白、托白等功能各异的说唱表演手法与技巧，既可表现人物的思想活动、内心独白和相互间的对话，又可以说书人的口吻进行叙述、解释和评议。艺人还借鉴昆曲和京剧等的科白手法，运用嗓音变化、形体动作及面部表情等来"现身"，表情达意并塑造人物。在审美追求上，苏州弹词讲求"理、味、趣、细、技"。"理者，贯通也。味者，耐思也。趣者，解颐也。细者，典雅也。技者，工夫也"。

苏州弹词的节目以长篇为主，传统的代表性节目有《三笑》《倭袍传》《描金凤》《白蛇传》《玉蜻蜓》《珍珠塔》等几十部。

从20世纪50年代末到90年代末，由于各种原因，评弹逐渐走向式微。但到20世纪末，长三角地区仍有几十个专业团体、几百位演员在进行演出。

2006年5月20日，苏州评弹经国务院批准列入第一批国家级非物质文化遗产名录。

评弹（极限片）

快 书

快书是一种韵诵类似说似唱的曲艺表演形式。依其流布地域、方言采用及说唱风格的不同，有任丘竹板书、上海锣鼓书、天津快板书等许多不同曲种，其中最为著名、影响最大的是山东快书。

快书

快书以说唱为主，通常由一个或几个演员用极简单的道具进行演唱，能收到立竿见影的艺术效果；语言节奏性强，基本句式为"二二三"的七字句；通常是站唱形式，表演讲究"手眼身步""包袱"'扣子"的运用；演员吟诵唱词，间以说白。曲目有单段、长书、书帽等形式。

快书不受场地限制，无论田间地头、车间工地，还是车站码头、街头巷尾，均可随时演出，能迅速地反映现实生活和为经济建设服务，不仅有着极其广泛的群众基础，许多经典段子在群众中广为流传，而且几百年来长盛不衰，深受广大观众的喜爱。

快书和快板书是在快板的基础上发展起来的。两者既有共同点，也有不同点。

从共同点看，两者都以节奏感极强的数唱或诵说方式进行表演，所说唱的曲词也都是句式比较规整的韵文。在表演形式上均十分简单，一般由演员站着以手持击节的小型打击乐器，自行伴奏说唱。有一人表演的"单口"形式、两人表演的"对口"形式和三人或三人以上表演的"群口"形式。快书和快板作为韵诵类的传统口头说唱艺术类型，均十分注重曲词语言本身的创作和艺术上的魅力。不仅有中国传统诗歌创作惯用的"赋、比、兴"手法，而且非常倚重诸如排比、对仗、双声、叠韵、谐音、双关、比喻等汉语言丰富多彩的修辞技巧。在审美风格上，均很崇尚喜剧色彩和娱乐效果，讲究风趣与幽默，也注意使人发笑的"噱头"或"包袱"的创造，追求寓教于乐的美学境界。

从不同点看，两者说唱表演时除因曲种形式不同，即采用不同的方言，使说唱的曲调或者诵说的节奏感不同外，曲词也有所不同。快书或快板书表演的故事性较强，一般是塑造典型人物形象的中、长篇节目，曲词的韵辙通常是每个回目一韵到底；而快板一般只表演说理或抒情性较强的短篇节目，且曲词的押韵方法比较自由，称"花辙"，即可在一段曲词中自由转韵。无论是快书还是快板书，曲词的基本句式，是七字句为主的上下句体结构，但实际运用时只要与说唱的节奏、曲调不矛盾，常常嵌字、增字或减字，句式自由灵活。

快书和快板用来伴奏即击节的乐器，也依具体曲种而有所不同，如山东快书高派、杨派使用的是两个月牙形、方寸大小的铜片，表演时单手击节，称"鸳鸯板"；山东快书于派左手两块竹板，右手两块竹板，打击节奏由锣鼓演化得来。数来宝或者快板用的是一大一小两副竹制击节乐器，其中大板为两块，小板为五块，大板较大，小板较小，用绳子串结起来，表演时演员左右手分持大板和小板说唱。段落之间常常击节打板，演奏出各种花样的打击效果，以娱观众。

山东快书是起源于山东省的地方传统曲艺形式，已有一百多年的历史，最初流行于山东等华北、东北各地，新中国成立后发展遍及全国。演唱者手执竹板或鸳鸯板，以快节奏击板叙唱，故又名竹板快书。

山东快书的表演艺术是现实主义的。从现实生活出发，通过说、唱，努力塑造各种人物的艺术形象，刻画典型环境中的典型性格，反映作品的主题。山东快书的艺术流派最初有高元钧、杨立德两大流派，后来又崛起了自成一派的刘司昌。

高元钧派山东快书，不仅流传广、影响大，而且门生多、成就高。其表演特色为传神、情真、口甜形美、亲切风趣。高元钧本人身材魁梧，嗓音洪亮，艺术上刻苦钻研，表演极为风趣生动，且善于从相声、京剧等姊妹艺术中吸取营养，丰富、发展了快书表演形式，形成流行全国的高派。正如杨立德所说："高元钧的表演风格刚健一些，从戏曲里吸收多些。动作较大，也显得多。使用包袱皮薄，作包袱多些，趋于滑稽，在上海获滑稽快书之名。"

杨立德派的快书，艺术地方味足，自有土生土长的气派、俏皮和细腻。他注意吐词的功力，强调轻松幽默，不强调使用过多动作。他的表演质朴、

豪放，刚柔相济，平中出奇，唱字句气势宏伟，口若悬河，从内容出发真实地述说故事中的情节，给人以身临其境、动人心魄的力量。

刘司昌派快书的精髓则在于现实主义的深化，表现为广泛地表现社会生活，塑造有血有肉的艺术形象。此外，刘派博采众长，广泛借鉴各种艺术形式，将歌曲、口技、电影、话剧、歌剧、杂技乃至芭蕾舞的优点都吸收到山东快书中来，极大地丰富了山东快书的艺术手段和表现能力，使之面貌一新。

在传统山东快书书目中，有关武松的故事和唱段占了很大的比重，属于基本保留书目。如《武松赶会》（又名《东岳庙》）、《狮子楼》（又名《阳谷县》）、《十字坡》（又名《武松打店》）和《怒杀西门庆》等，均为山东快书艺人历代盛演不衰的书目，给人们带来了美好的艺术享受。

山东快书（极限片）

中国邮政
CHINA
秦·泰山刻石
80分

玖

书法艺术

篆书
隶书
楷书
行书
草书
魏碑体
兰亭挥毫
怀素临池
米芾献艺
板桥书法

篆 书

篆书是大篆、小篆的统称，也是最早的一种书体。其笔法比其他书体相对简单，但体划严格，布白严谨，结字富有装饰性。

（2-1）西周·毛公鼎（2-2）秦·泰山刻石

篆书起源于西周末年，东周时在秦国一带流行，至秦始皇时期达鼎盛。小篆是在大篆基础上形成，由大篆发展而来的。

大篆是周朝时期的文字，包括甲骨文、钟鼎文（金文）、籀文、六国文字等。周朝在经过几百年的混乱后，不同的诸侯国发展出了不同的文字，均可称大篆。作为汉字的古代体之一，大篆保存了古代象形文字的明显特点。其用笔与甲骨文味道迥异，风格浑厚朴茂，结体绚烂多姿。

自汉代以来，一般都认为大篆字体是周宣王时的太史籀所造，或由其厘定的文字，即籀文。大篆的代表作品有《石鼓文》和《秦公簋》铭文等。传世的石刻文字，当以石鼓文最具代表性，它无疑是中国最古老而又最可信的石刻遗物。

小篆是大篆的简化字体，也是秦国的通用文字，亦称"秦篆"。小篆笔画圆润流畅，较大篆整齐。秦时刻石如《泰山》《峄山碑》《琅琊台刻石》等均为小篆，其特点是形体均匀齐整，字体较籀文容易书写；笔法瘦劲挺拔，直线较多；起笔有方笔、圆笔，也有尖笔，手笔"悬针"较多。在汉文字发展史上，

它是由大篆至隶、楷之间的过渡。

秦以前的汉字书体并无专门名称，秦始皇统一中国后提出"书同文"。于是，丞相李斯作《仓颉篇》，中车府令赵高作《爰历篇》，太史令胡毋敬作《博学篇》，皆就大篆省改、简化而成，以此规范天下文字。它是一种规范化的官方文书通用字体，端庄、凝重乃至有几分肃穆之感，适合用于隆重的场合，如记功刻石、秦量诏版、兵虎符之类。

小篆的鼻祖李斯是战国时代上蔡（今河南上蔡县）人，后来做了秦国的宰相，其所书《泰山刻石》等为小篆之存世代表作品。此外，还有峄山、琅琊台、芝罘、碣石、会稽的石刻，如现存于西安碑林的《峄山碑》等，成为秦代书法的结晶。

小篆又名玉筋篆，取其具有笔致遒健之意而名之。标准篆书体的体式排列整齐，行笔圆转，线条匀净而长，呈现出庄严的风格；与甲骨文、金文相比，字形修长，构成上密下疏的视觉错感；无论点画长短，笔画均呈粗细划一的状态。这种在力度、速度上都很匀称的运笔，加之字体结构的简约倾向，章法布局形成的纵横成行的序性，给人以纯净简约的美感。秦篆有圆笔方笔之别，圆笔以秦刻石为代表；方笔以秦量诏版为代表，为秦篆之俗体。小篆的另一个分支是汉篆，用笔上掺以方折的隶意，而入印的篆书更为方折，又称缪篆。

汉魏之际是秦篆的强弩之末，除用于碑铭篆额和器物款识之外，难得有独立的篆书。唐篆因李阳冰而复苏，但秦篆的浑厚宏伟之气已荡然无存。宋代金石之学和元朝的复古书风，使篆书得以起微潮，以篆书著称者不乏其人但缺乏超越之力。明代承元之风，步趋持平。清代篆书则进入推唐超秦的繁荣阶段，不仅线条变粗，而且突破笔画粗细、迟速、顿挫、轻重、方圆的变化。

从古文到大篆，从大篆到小篆的文字变革，在中国文字史上具有划时代的意义，占有重要地位。唐李阳冰、五代徐锴与清代的邓石如均是小篆大家。现代汉字就是从小篆演变而来的。虽然小篆已经有2200多年的历史，迄今仍在使用，尤其是在艺术设计和书画作品中。

临习篆书应以中锋为主，因为中锋立骨。中锋才能使笔画圆实劲健，运笔应流畅，此乃正宗古法、风格神采所系；否则，极易写得板滞。而要打破板滞，用笔的虚灵是关键。篆书的捉笔须掌虚而指实，运笔讲求中含内敛、流畅通达，笔力藏于笔画之中，使气息浩浩然、绵绵然而首尾贯通。

一般说来，实笔是指用笔较重而迟缓且墨浓，虚笔是指用笔较轻而急速且墨干。用笔要虚实互出、润燥相生，才能使篆书的笔画（线条）节奏鲜明，韵律生动，行气贯通。故而，书篆宜虚实相生、润燥结合，宜圆转涩进，涩而通畅，才能使线条浑厚、通畅而又古拙、虚灵，从而表现出圆通劲健的力度，形成毛、涩、松、畅的艺术效果。此外，在临摹过程中还要注意线条粗细穿插和变化，切不可一味求均求匀。

小篆体势修长，讲究对称，笔画停匀，用笔起收不露痕迹，体态端庄而妍美。自秦以后，历代的书法家大都把秦篆奉为圭臬，取修长的纵势为体貌。方家认为小篆必须"写得方，写得扁，方是好篆"，做到"疏处可以走马，密处不能容针"，可谓一语道破篆书的结字特征。著名篆书碑帖有大篆的《散氏盘》《毛公鼎》《虢季子白盘》《大盂鼎》《石鼓文》；小篆的《泰山刻石》《峄山碑》《三坟记》等。

2003年2月22日，中国邮政发行《中国古代书法——篆书》特种邮票，1套2枚，分别为《西周·毛公鼎》和《秦·泰山刻石》。这是中国第一套古代书法邮票，图案选用的《毛公鼎》《泰山刻石》是古代最有代表性的篆书精品。

毛公鼎是西周青铜器中赫赫有名的重器之一，铸造于西周晚期的宣王时期。通高53.8厘米，重34.7千克。清道光三十年（1850年），于陕西省岐山县周原出土，现藏台北故宫博物院。因作者毛公而得名，内壁铸有多达32行，498字的长篇铭文，是现存青铜器铭文中最长的一篇。其内容是周王为中兴周室，革除积弊，策命重臣毛公，要他忠心辅佐周王，以免遭丧国之祸，并赐给他大量物品，毛公为感谢周王，特铸鼎记其事。《毛公鼎》的铭文字本属于大篆，书法风格浑厚、凝重而不失典雅。其书法是成熟的西周金文风格，结构匀称准确，线条遒劲稳健，布局妥帖，充满了理性色彩，显示出金文已发展到极其成熟的阶段。

泰山刻石是泰山最早的刻石，立于秦始皇二十八年（前219年）。分为前后两部分：前半部分系前219年秦始皇东巡泰山时所刻，共144字；后半部分为秦二世胡亥即位第一年（前209年）刻制，共78字。刻石四面广狭不等，刻字22行，每行12字，共222字。两刻辞均为李斯所书。现仅存秦二世诏书10个残字，又称"泰山十字"。《泰山刻石》是小篆最经典的作品，形长方，笔画回转流畅，用力匀和，笔势飘逸生动，且通篇排列整齐，气势磅礴，显示出一种独特的韵律美。书法严谨浑厚，平稳端宁；字形公正匀称，修长宛转；线条圆健似铁，愈圆愈方；结构左右对称，横平竖直，外拙内巧，疏密适宜，具有重要的艺术价值和历史价值。

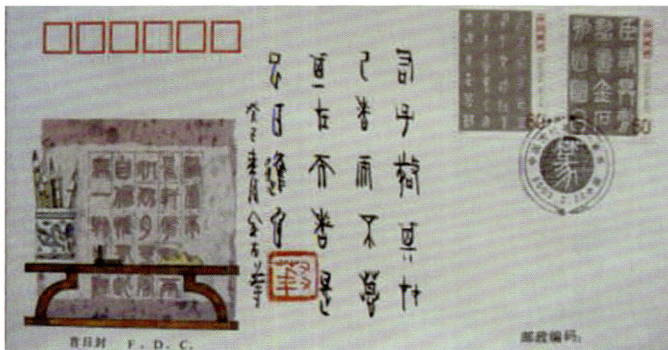

篆书（首日封）

261

隶　书

隶书又称"隶字""古书"，是在篆书基础上为适应书写便捷的需要产生的字体，也是汉字中较为常见也较为庄重的一种字体。

隶书：乙瑛碑

隶书由篆书发展而来，既对小篆加以简化，又把小篆匀圆的线条变成平直方正的笔画，以便于书写。隶书的字形多呈宽扁状，横画长而竖画短，结体工整、精巧，撇、捺、点等笔画向上挑起，轻重顿挫富有变化，讲究"蚕头雁尾""一波三折"，具有书法艺术美，风格也趋多样化，极具艺术欣赏的价值。

隶书起源于战国时期，形成于秦朝，成熟于汉代，到东汉时期达到顶峰。以东汉碑刻成就最高，书史上称汉碑，上承篆书传统，下开魏晋、南北朝，对后世书法有不可小觑的影响，书法界因此有"汉隶唐楷"之说。

隶书相传为秦末"隶人"程邈在狱中所整理，将篆书去繁就简，字形变圆为方，笔划改曲为直；同时，改"连笔"为"断笔"，从线条转向笔划，使之更便于书写。也就是说，隶书基本上是由篆书演化而来的，主要将篆书圆转的笔划改为方折，因为在木简上用漆写字很难写出圆转的笔划，所以隶书的书写速度更快。

古代的"隶人"是指胥吏而非囚犯，即掌管文书的小官吏，因此古代隶书又被叫作"佐书"。隶书分为秦隶（也叫"古隶"）和汉隶（也叫"今隶"）。隶书的出现，是中国古代文字的又一次大改革，是汉字演变史上的一个转折点；同时，使中国书法艺术进入了一个新的境界，奠定了楷书的基础。

"隶书者，篆之捷也。"这是西晋卫恒在《四体书势》中对隶书本体及其产生背景的经典叙述。事实上，"篆之捷"是指在春秋战国时期的篆书字体体系中发生结构和书写性变化，并经漫长的隶变过程而形成的一种新的相对独立的字体。也就是说，隶书是通过隶变从篆书字体中脱胎产生的。

隶变在中国书法史上是一个重大事件。发生隶变的内在动因是为了适应当时社会发展对文字应用的要求。隶变主要表现在两个方面：一是字形结构的变化，即对正体篆书字形结构的改造，达到简化的目的；二是书写方式的变化，即改变原有正体篆书的书写方式，走到"简捷流便"。不仅使书写速度得到提高，而且使书写运动态势更加符合人的生理运动轨迹，从而使隶书在秦汉之交最终彻底代替篆书而获得普遍应用。

就书法而言，隶变完成了"篆隶转换"，摆脱了篆书字形结构的凝固化束缚而走向隶书线条时空运动的抽象化表现；使线条由篆书委婉的弧笔变为险峻的直笔，曲折处由篆书的联绵圆转变为转折的方笔。隶变标志着汉字相形性的破坏和抽象符号的确立，使汉字由古文字体系向今文字体系转换；同时也标志着隶书的独立品格和美学特征的最终形成。

在西汉初期仍然沿用秦隶的风格，到新莽时期开始产生重大的变化，产生了点画的波尾写法。到东汉时期，隶书产生了众多风格，并留下大量石刻。《张迁碑》《曹全碑》是这一时期的代表作。

在两汉，隶书还出现了向草率和规范两极方向发展的整体趋势。一方面，隶书在过分强调书写便利的极端中逐步脱离了隶书的原本实用立场，进而在持续草化过程中因书写的运动态势不同最终形成了章草和今草；另一方面，则表现出对隶书原本书写形态的规范建构，八分书以规范为手段，有效克服了隶书的随意性书写倾向，最终形成了八分书规范、和谐、静谧、左撇右挑的风格特征。两汉刻石存在的从西汉的质朴率真向东汉工稳规范化发展的整体趋势，也印证了对隶书进行规范建构的历史进程。

从《乙瑛碑》《礼器碑》《华山碑》《曹全碑》《张迁碑》等刻石文本可以看到八分书已经开始具有雅化、规范化和文人化的艺术特征。飞动的线条和波磔使刻石隶书脱离了隶书原本的简单和质朴，成为汉代文人那种浪漫、潇洒的艺术审美精神的体现。《熹平石经》就以高度规范的形式秩序以及构造的共同原则和形体的共同特点，体现出八分书最大程度的稳定性品格。

《张迁碑》质朴奔放、浑厚博大，《曹全碑》典雅华美、俊秀温润，使人们看到了不同风格、不同结体和不同审美取向的东汉经典刻石文本书法。这是东汉正大的文化气象和文人认识自然征服自然的自信的书写流露。特别是《石门颂》潇洒自如的波挑，体现着文人回归大自然书写的开放情怀，加上民间工匠的契刻，又为《石门颂》置入了民间的质朴意味，铸就了《石门颂》既有原本隶书的质朴随意，又有人文情怀流露的独特艺术魅力，显示出《石门颂》不拘一格的奔放品格和阔大的自然气象，成为历代书家关注和借鉴的经典范本。

在东汉刻石典雅、华美、庄重、整饬的基础上置入隶书原本的奔放、流畅、阔大的审美气象，书法就会有一种大自然的淳朴和广阔气象，而这种美才是更接近生命本真的美。因为隶变过程中的很多随意性书写看似朴拙、简淡、平凡，实际上却蕴含着很高的美学价值，是人的生命过程中的真实流露。

汉隶在笔画上具有波、磔之美。所谓"波"指笔画左行如曲波，后楷书中变为撇；所谓"磔"指右行笔画的笔锋开张，形如"燕尾"的捺笔。写长横时，起笔逆锋切入如"蚕头"，中间行笔有波势俯仰，收尾有磔尾。这样，在用笔上，方、圆、藏、露诸法俱备，笔势飞动，姿态优美。在结构上，由

小篆的纵势长方，初变为正方，再变为横势扁方。

汉隶具有雄阔严整而又舒展灵动的气度。隶书对篆书的改革包括笔画和结构两个方面。隶化的方法有变圆为方，变曲为直，调正笔画断连，省减笔画结构等。其中以横向取势和保留毛笔书写自然状态最为重要。横向取势能左右发笔，上下运动受到制约，最终形成左掠右挑的八分笔法。而毛笔的柔软性使汉字笔画产生了粗细、方圆、藏露等各种变化。此外，字距宽、行距窄也是其章法上的一大特点。

汉隶在帛画、漆器、画像、铜镜中表现得精美绝伦，而在碑刻中更显其宽博的气势和独特的韵味。汉隶主要有两大存在形式：石刻与简牍。

魏晋以后的书法，草书、行书、楷书迅速形成和发展，隶书虽然没有被废弃，但变化不多而出现了一个较长的沉寂期。魏晋南北朝隶书大多杂以楷书笔法，唐朝隶书不乏徐浩等书家，宋元明三朝的隶书也难振汉隶雄风。直至清代，在碑学复兴浪潮中汉隶才得以复苏，再度受到重视，出现了郑燮、金农、邓石如、何绍基等著名书法家，别有建树，迎来了隶书的第二次高峰。

2000年，中国邮政发行《中国古代书法——隶

（4-1）乙瑛碑（4-2）张迁碑
（4-3）曹全碑（4-4）石门颂

书》特种邮票，1套4枚，分别为《乙瑛碑》《张迁碑》《曹全碑》《石门颂》。这是中国第二套古代书法邮票，4枚邮票上的碑刻均具有隶书风格的典型性，在书法史上具有很高的知名度。

其中，《乙瑛碑》为汉代正体隶书之最典型作品，字体端庄典雅、浑厚流美；《张迁碑》的书法造型古朴奇崛，气韵高古雄强，在书法史上独树一帜；《曹全碑》用笔轻巧，笔画灵动飘逸，为汉碑灵巧秀美的代表；《石门颂》的书法风格卓然，笔势简约，时而奔放，后人推为汉隶"野逸派"代表。

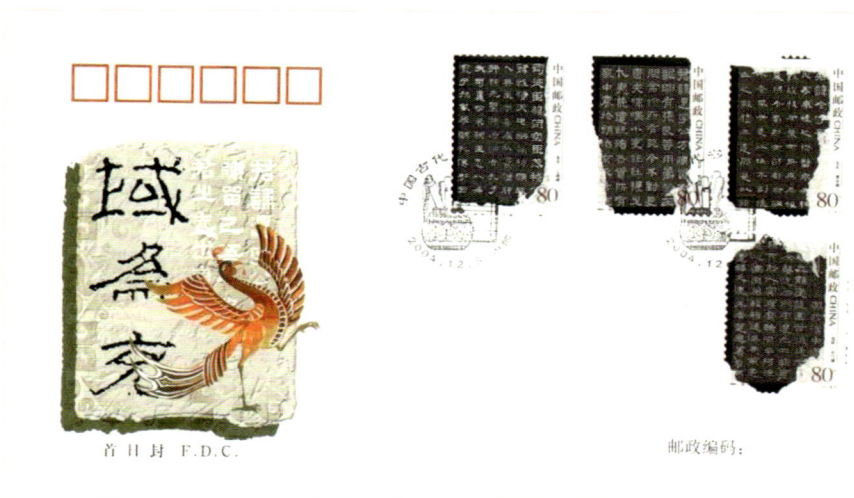

《中国古代书法——隶书》（首日封）

楷书

楷书也叫正楷、真书、正书，是现代通行的汉字手写正体字。其形体方正，笔画平直，有"字体楷模"之意，故称"楷书"。

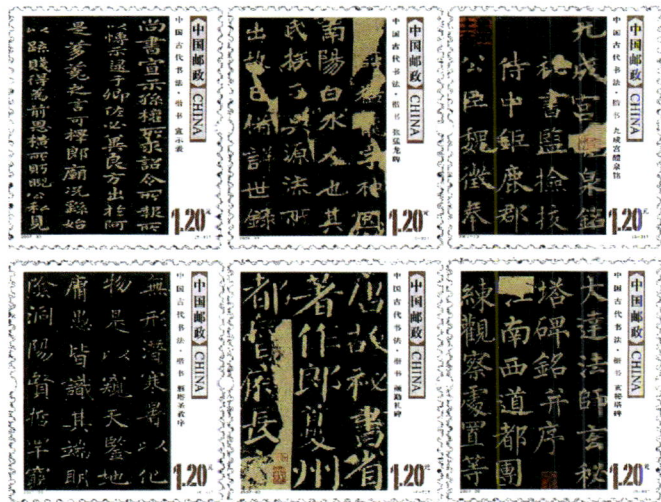

（6-1）宣示表（6-2）张猛龙碑（6-3）九成宫醴泉铭（6-4）雁塔圣教序（6-5）颜勤礼碑（6-6）玄秘塔碑

楷书萌芽于秦汉，创始于汉末，发展于魏、晋、南北朝，并通行至现代，是由隶书逐渐演变而来的，也是魏晋南北朝到隋唐五代时期最为流行的一种书体。在楷书产生之前，我国书法已产生了大篆、小篆和隶书三种书体。

汉末、三国时期，汉字的书写逐渐变波、磔而为撇、捺，并且有了侧（点）、掠（长撇）、啄（短撇）、提（直钩）等笔画，使字体在结构上更趋严整，如《武威医简》《居延汉简》等。楷书的产生紧扣汉隶的规矩法度，而更趋简化，并追求形体美的进一步发展。

隋唐、五代是楷书的繁荣期，尤其是唐代，涌现出一大批楷书名家，如初唐的欧阳询、虞世南、褚遂良、薛稷，中唐的颜真卿，晚唐的柳公权。被称为"楷书四大家"的"颜柳欧赵"，除赵孟頫外，

其他三个（欧阳询、颜真卿、柳公权）都是唐朝的。到了唐末，楷书发展到了顶峰，风格己过于规整，于是逐渐开始走下坡路。

宋、元、明、清是楷书的守成期。宋朝的苏轼以其诗人的风度开创了丰腴跌宕、天真烂漫的"苏体"，堪称"宋朝第一"，并有"唐书重法，宋书重意"之说。宋末元初的赵孟頫，也以其书法的恬润、婉畅，形成了"赵体"。但"赵体"严格说来已是行楷，而不再是中规中矩的楷书了。

章法是书法艺术形式美的重要组成部分。点画是线条美，间架结构是局部构图美，章法是整体构图美。楷书章法的整体感，首先是整齐，字的排列形式是字与字、行与行之间的等距，给人一种稳定、庄重的视觉效果，这种形式最适合严格意义上的楷书。结字的宽窄、长短不同的造型产生局部参差变化，使整齐一律而不呆板拘谨的楷书不会出现不和谐或单调之弊。

楷书章法并不复杂，主要形式有中堂、对联、条幅、横披、扇面等。楷书的章法布置，字距与行距大多基本相等，但也有行距大于字距的；一律自右至左竖写，横批中字数较少的也仍是由右至左书写。现代的中文横写是自左至右，但竖写是仍然以从右至左为佳。

在布置章法时，不应该忽略每个字的细节，诸如字的造型、长短、敧正的变化，轻重的节奏感等，都需要慎重考虑，严密设计，并经过较长时期磨炼，始能自由地进行章法处理，表现出一种看似没有设计的设计美，达到书法艺术的较高境界，既整齐一律，又多样统一。

初唐三大书法家，欧阳询、虞世南、褚遂良的楷书，都十分适宜做中楷的临摹范本。

欧阳询的正楷源出古隶，以二王体为基础，参以六朝北派书风，结体特异，独创一格。其势力深入社会，几为学书的标准本。究其楷书持点，用笔刚劲峻拔，笔画方润整齐，结体开朗爽健。他的楷书碑帖代表作有《九成宫醴泉铭》《化度寺碑》等。

虞世南的楷书婉雅秀逸，上承智永禅师的遗轨，为王派的嫡系。虽源出魏晋，但其外柔为刚、沉厚

安详之韵，却一扫魏晋书风之怯懦。他的楷书代表作，当以《孔子庙堂碑》为最。

褚遂良的楷书以疏瘦劲练见称，虽祖右军，而能得其媚趣。其字体结构看似非常奔放，却能巧妙调和静谧的风格，开创了前人所未到的境地。其楷书代表作，当以《雁塔圣教序》为最。

而在"楷书四大家"中，唐代的欧、颜、柳也各有传承，各具特色。如欧体形成于初唐，受魏碑的影响较大；颜体受唐朝以肥为美的审美观点的影响，显得较为丰腴；而柳体由于柳公权为人正直，自然是"人正则字正"。

欧阳询（557—641），字信本，潭州临湘（今湖南长沙）人。其楷书法度之严谨，笔力之险峻，世无所匹，被称为"唐人楷书第一"。其代表作有楷书《九成宫醴泉铭》《皇甫诞碑》《化度寺碑》《兰亭记》《行书千字文》等。后人以其书"于平正中见险绝"，称之为"欧体"。

颜真卿（709—785），字清臣，琅玡孝悌里（今临沂市费县）人，初学褚遂良，后师从张旭的笔法，又汲取初唐四家特点，兼收篆隶和北魏笔意，完成了雄健、宽博的颜体楷书的创建，树立了唐代楷书的典范。他创立的颜体楷书与柳公权的柳体被世人合称为"颜筋柳骨"。他晚年的得意作品《颜氏家庙碑》，书法筋力丰厚，深受书家赞赏。其传世墨迹有《争座位贴》《祭侄文稿》《刘中使帖》《自书告身帖》等。

柳公权（778—865），字诚悬，京兆华原（今陕西耀县）人，官至太子太师，世称"柳少师"。又因他曾被封为"河东郡公"，后人又称之"柳河东"。他是颜真卿的后继者，两人一起成为历代书法的楷模，后世将他们以"颜柳"并称。柳公权一生书碑特多，主要代表作有《金刚经刻石》《李晟碑》《玄秘塔碑》等。

2000年，中国邮政发行《中国古代书法——楷书》特种邮票，1套6枚，分别为《宣示表》《张猛龙碑》《九成宫醴泉铭》《雁塔圣教序》《颜勤礼碑》《玄秘塔碑》。这是中国发行的第三套古代书法邮票，展现了魏唐楷书大家的经典之作。

《中国古代书法——楷书》（小版张）

（6-1）宣示表。楷书之祖钟繇的代表作，笔法质朴浑厚，字体端正古雅，全是真书笔法。

（6-2）张猛龙碑。线条方圆兼济，用笔如断金开玉，显示了魏碑由粗到细的演进过程。

（6-3）九成宫醴泉铭。唐代大书家欧阳询书，用笔方整，字画的安排紧凑、匀称，间架开阔稳健。

（6-4）雁塔圣教序。唐代大书家褚遂良的代表作品，字体清丽刚劲，笔法娴熟老成，看似纤瘦，实则劲秀饱满。

（6-5）颜勤礼碑。颜真卿60岁时所书，用笔奇伟，结体磊落，集雄奇、淳润、精丽于一身，集中表现了颜体的风格特征和艺术成就，受到书家重视和学者的崇拜。

（6-6）玄秘塔碑。为柳公权63岁时的成熟之作，字体内敛外拓，干净利落，端庄秀丽，被誉为楷书史上鼎盛时期的佳作。

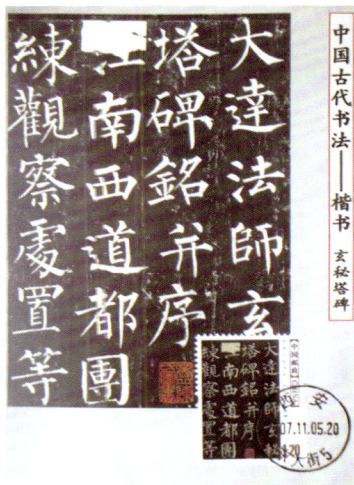

《楷书》（极限片）

行　书

行书是介于楷书和草书之间的一种字体，包括行楷和行草。它是为了弥补楷书书写速度太慢和草书难以辨认的缺陷而在楷书的基础上发展起来的。

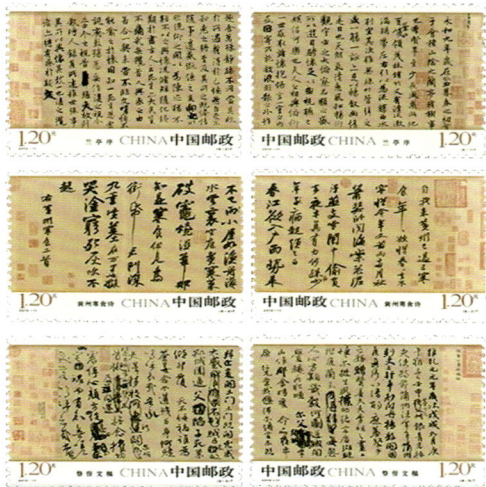

（6-1）（6-2）《兰亭序》（6-3）（6-4）《黄州寒食诗》
（6-5）（6-6）《祭侄文稿》

行书是介于楷、草间的一种书体。写得比较放纵流动，近于草书的称"行草"；写得比较端正平稳，近于楷书的称"行楷"。行书既不像楷书那样端正，也不像草书那样潦草，实质上是楷书的草化或草书的楷化。行书的实用性和艺术性皆高，而楷书是文字符号，实用性较高而艺术性稍显不足；相比较而言，草书的艺术性较高，而实用性相对不足。

行书出现的时间与八分楷法相近，其形式也和八分楷法及后来的正书非常接近。汉末，行书尚未普及。直至晋朝王羲之出现，才使其实用性和艺术性完美地结合起来，并使之在社会上盛行起来，从而创立了光照千古的南派行书艺术，成为书法史上影响最大的一宗。

行书正因其行云流水、书写快捷、飘逸易识的特有艺术表现力和宽广的实用性，从产生起便深受

青睐、广泛传播。行书在历经魏晋的黄金期、唐代的发展期后，在宋代达到了新的高峰，于各种书体中逐渐占据主流地位。纵观漫长的书史，篆书、隶书、楷书的发展都存在盛衰的变化，而行书则长盛不衰，始终是书法领域的显学。历代书法大家共同书写了行书发展辉煌灿烂的历史。

行书的"行"是行走的意思，因此行书结字必须具有动的态势。一要加大横、竖画的倾斜度，增强整个字的动势；二要把方形的字倾斜成斜边形，从险势中增强字的动势；三要采用倚正相依手法，使字体活泼稳定又不东倒西歪；四要采用虚实对比手法，使字体取得动态平衡的要求。此外，还要注意字的大小、布白、虚实、粗细、枯润变化及其用笔特点，这样写出来的行书自然就具有动势。

同时，由于行书运笔的节奏比较快，因此要特别注意笔调的沉着功夫，既要纵得出、擒得定，又要拓得开、留得住。切忌流滑而犯尖薄虚浮之病，特别是写长撇、悬针等出锋之笔，收笔时要尖锐饱满，富有力度和余势，不可势尽力竭，虎头鼠尾满纸皆是，作虚尖飘忽之状。

在布局谋篇上可采用"纵有行，横无列"的章法，在字形结构上谋取相对自由的创作空间。同时要学会调整轻重，做到左右挥洒、上下贯穿，收放结合、疏密得体，浓淡相融、首尾呼应，"险中求平"，力求和谐。

因为有诸家的称赏赞誉，世人遂将东晋王羲之《兰亭序》、唐代颜真卿《祭侄文稿》和苏轼的《寒食帖》合称为"天下三大行书"，并对比说，《兰亭序》是雅士超人的风格，《祭侄文稿》是圣哲贤达的风格，《寒食帖》是学士才子的风格。它们互相媲美，各领风骚，称得上是中国书法史上的三大行书里程碑。

王羲之（303—361），字逸少，号澹斋，原籍琅琊临沂（今属山东），后迁居山阴（今浙江绍兴），官至右军将军、会稽内史。其字端庄清秀，飘若浮云，精研体势，心摹手追，广采众长，冶于一炉，创造出"天质自然，丰神盖代"的行书，被后世誉为"书圣"。其代表作有：行楷《兰亭序》，草书《十七帖》，行书《姨母帖》《快雪时晴帖》《丧乱帖》，楷书《乐

中国古代书法—行书

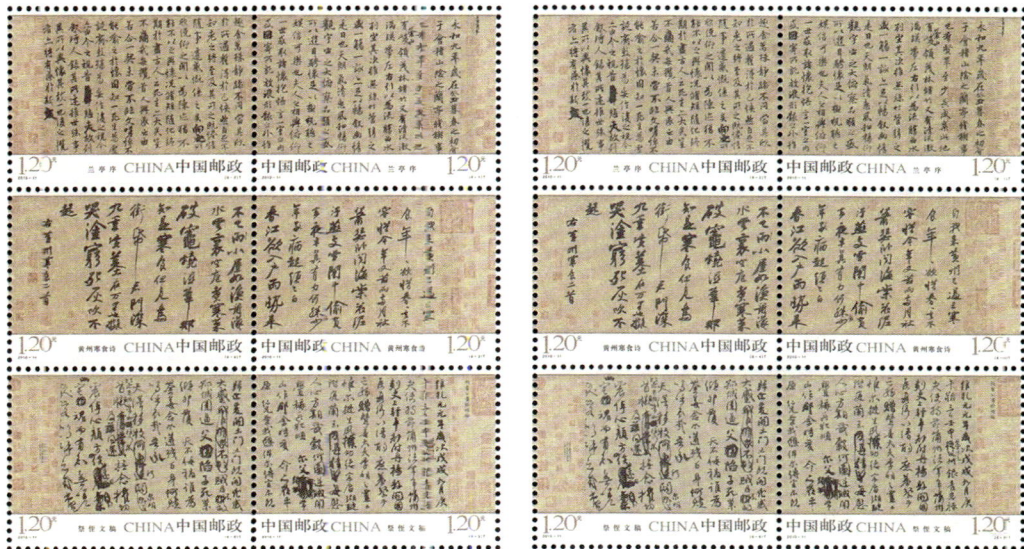

《中国古代书法——行书》(小版张)

毅论》《黄庭经》等。

　　苏轼（1037—1101），字子瞻，号东坡居士，世人称其为"苏东坡"，眉州（今四川眉山）人。其诗、词、赋及散文均有很深造诣，成就极高，且善书法和绘画，是中国文学艺术史上罕见的全才。其书法代表作有《中山松醪赋》《洞庭春色赋》《答谢民师论文帖》《江上帖》《李白仙诗帖》《令子帖》《怀素自序》等。

　　在中国行书发展史上，闪耀着一系列巨星的光芒，如宋代的黄庭坚、米芾、蔡襄，元代的赵孟頫、鲜于枢、康里巙巙，明代的祝允明、文徵明、董其昌、

李待问、王铎，清代的刘墉、何绍基，近现代的于右任、启功、李志敏、沙孟海、张辛等，都擅长行书或行草，有不少作品传世。行楷中著名的代表作还有唐代李邕的《麓山寺碑》，写得畅达而腴润。

　　2010年5月15日，中国邮政发行《中国古代书法——行书》特种邮票，1套6枚，选取了"天下三大行书"，即东晋王羲之的《兰亭序》、唐代颜真卿的《祭侄文稿》和北宋苏轼的《黄州寒食诗》，均为2枚连体邮票。这是继篆书、隶书、楷书之后发行的又一套书法题材邮票，采用宣纸作为印刷材料，在邮票印制史上尚属首次。

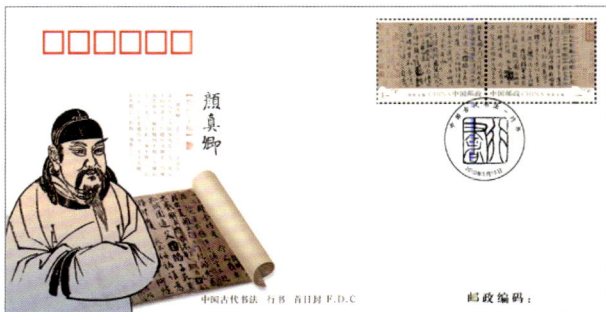

《中国古代书法——行书》(首日封)

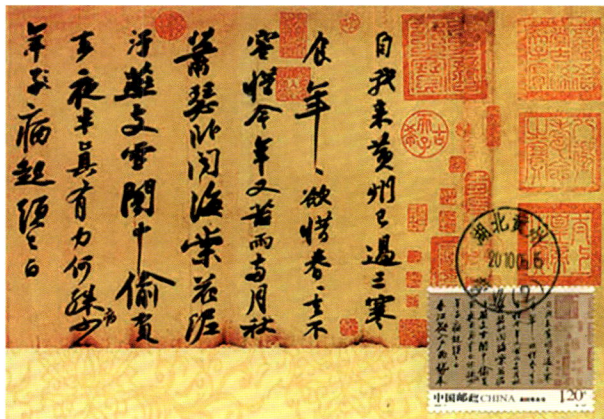

《行书——寒食帖》(极限片)

草　书

草书是为了书写简便在隶书基础上演变出来的。它在狂乱中显得优美，展现出狂放、瑰奇、纵逸的艺术风格。

（4-3）古诗四帖（4-4）自叙帖

草书起源于秦汉之交，成熟于东汉，东晋时达到高峰，到唐代又发展出新样式。《说文解字》曰："汉兴有草书。"其特点是"存字之梗概，损隶之规矩，纵任奔逸，赴速急就"。因草创之意，谓之草书。

草书分为章草和今草，今草又可分为大草（也称狂草）和小草。其特点是结构简约、笔画连绵，对汉字笔画进行了连带、省略、象征等处理。章草笔画省变有章法可循，代表作如三国吴皇象《急就章》的松江本；今草不拘章法，笔势流畅，代表作如晋代王羲之《初月》《得示》等帖。狂草出现于唐代，以张旭、怀素为代表，笔势狂放不羁，代表作如唐代张旭《千文断碑》《古诗四帖》等和怀素《自叙帖》，都是稀世的珍品。

从草书的发展过程看，草书先后经历了隶草、章草和今草三个阶段。隶草是跟隶书平行的书体，实际上夹杂了一些篆草的形体，字字区别，不相纠连；章草是隶草和和汉隶相融的雅化草体，波挑鲜明，笔画钩连呈"波"形，字字独立，字形扁方，

笔带横势，打破了隶书的方整、规矩、严谨，实际上是一种草率的写法。今草是章草脱去隶书笔画行迹、去尽波挑演变而成的，它使章草进一步"草化"，上下字之间笔势牵连相通，偏旁部首也做了简化和互借。

章草在汉魏之际最为盛行，后至元朝方复兴，蜕变于明朝。而今草自魏晋后盛行不衰，到了唐代，今草运笔更加放纵，笔势连绵环绕，字形奇变百出，以至点画狼藉、奔放不羁、气势万千，称"狂草"，亦名大草。章草笔法用"一"形，今草笔法用"S"形，这是两者的根本区别。今天，草书的审美价值已远远超越其实用价值。

草书之章法虽难以定形，但也有其必须遵循的原则：

一是气势贯通。要使静止的字活起来，就必须讲究"势"。势是发展、流动、变化的，所谓"势来不可止，势去不可遏"，这个"势"就是血脉、筋脉，是章法气势形成的根源。笔势应来去自然，因势利导，做到上下承接，左右瞻顾，意气相聚，神不外散。字与字之间的贯气，主要靠上下字之间的欹侧斜正的变化，有揖有让，递相映带，有时靠势的露锋承上引下，有时靠急速的回锋以含其气，在静止的纸上表现出动态美。清梁同书说："气须从熟中来，有气则自有势，大小、长短、欹正，随笔所至，自然贯注成一片段。"而得势才能得力，得力才能得气，得气才能得神，草书之作全在神驰情纵，得心应手之间写出精神和气质。

二是错综变化。草书章法之错综变化难以名状，错综者指字之大小错综、疏密错综、用笔轻重错综、欹正错综等。怀素《自叙帖》、张旭《古诗四帖》皆极尽错综变化之能事，其章法常以"雨夹雪"喻之，如落叶纷披，令人眼花缭乱，但片片落叶又极为规则，规则中有变化。这种变化产生的艺术效果是：满纸盘旋、飞舞，内气充盈，激情不可抑止。

三是虚实相生。"实"指纸上的点画，即有墨的黑处；"虚"指纸上点画以外的空白，即无墨的白处。虚实相生就是要调配好黑白之间的关系，太黑则墨气一团，气闷而有窒息感；太白则凋疏空旷，气懈

而有松散感。关键是要有透光之美，在于"白"的妙用，做到"虚者实之""实者虚之"；虚中有实，实中有虚；互补互生，使字与字、行与行之间能融为一体，缜密无间，从而在虚处体现出书法艺术的韵致和高雅之情。

刘熙载说："古人草书，空白少而神远，空白多而神密。"空白多反而显其密，妙在线条的粗细强弱的交替，笔势于合聚散的变化，字形大小高低的错杂，构成虚实相生的章法效果。字字相插，行行相争，相争相插处互挤互拥，相让相避处又遥相呼应，洋洋洒洒，体现出草书狂放、瑰奇、纵逸的艺术风格。

虚与实是相互对立的矛盾体，太虚则疏，太实则闷。矛盾双方都得依赖对方而存在而变化。但最终还应有所调和，使矛盾的双方违而不犯，和而不同，变而不乱，作品才会有浑然一体的和谐之美，作品也才能险而不怪，潇洒畅达，超然入胜。变化出于自然，新奇仍能守法，斯乃谓之高手。

清冯班在《钝吟书要》中谈及学草书法时说，小草学献之，大草学羲之，狂草学张旭不如学怀素。怀素的草字容易辨认，字迹清瘦见形，字字相连处亦落笔清晰易临。张旭字形变化繁多，常一笔数字，隔行之间气势不断，不易辨认，形成一种独特的风格。

张旭（675—750？），字伯高，一字季明，唐朝吴县（今江苏苏州）人，曾任常熟县尉、金吾长史。善草书，性好酒，世称张颠，与李白、贺知章等人共列"饮中八仙"之一。唐文宗曾下诏，把李白诗歌、裴旻剑舞、张旭草书并称"三绝"。其诗亦别具一格，以七绝见长，与贺知章、张若虚、包融号称"吴中四士"。其传世书迹有《肚痛帖》《古诗四帖》等，后人称张旭为"草圣"。

2011年4月15日，为了展示中华民族历史悠久的书法艺术瑰宝，中国邮政发行了《中国古代书法——草书》特种邮票，1套4枚，分别为《平复帖》《初月帖》《古诗四帖》《自叙帖》，这四件作品都是中国书法史上最知名的草书作品；同时发行的还有宣纸小版张，1套1枚。

《平复帖》为我国存世最早的章草名帖，是西

《中国古代书法——草书》（首日封）

晋文学家陆机的书信，距今已有1700余年，是现存年代最早且真实可信的西晋名家法帖。它用秃笔写于麻纸之上，笔意婉转，风格平淡质朴，其字体为草隶书。在中国书法史上占有重要地位，同时对研究文学和书法变迁都有参考价值，现藏北京故宫博物院。邮票画面选取释文为："彦先嬴瘵，恐难平复，往属初病，虑不止此，此已为庆。承使唯男，幸为复失前忧耳。吴子杨往初来主，吾不能尽。临西复来，威仪详跱。举动成观，自躯体之美也。思识量之迈前，势所恒有，宜称之。夏伯荣寇乱之际，闻问不悉。"

《初月帖》是王羲之留存至今最好的书帖之一，系王羲之和友人往来的书信。原迹失传，此为唐人摹本，其用笔、结字和章法都有章草的特点，现藏辽宁省博物馆。邮票画面选取释文为："初月十二日山阴羲之报，近欲遣此书，停行无人，不办。遣信昨至此。且得去月十六日书，虽远为慰。过嘱，卿佳不？吾诸患殊劣殊劣！方涉道，忧悴。力不具，羲之报。"

《古诗四帖》为张旭书写的古诗，五色笺，狂草书，共40行、188字。无款，明董其昌定为张旭书。通篇笔画丰满，绝无纤弱浮滑之笔。行文跌宕起伏，动静交错，满纸如云烟缭绕，实乃草书巅峰之篇章。长卷，现藏辽宁省博物馆。邮票画面选取释文为："飘飖入倒景，出没上烟霞。春泉下玉霤，青鸟向金华。汉帝看桃核，齐侯问棘花。"

《自叙帖》为怀素的自述，被誉为"中华第一草书"，也是中华十大传世名帖之一，共126行、698字。书于唐大历十二年（777年），真迹现藏台北故宫博物院。邮票画面选取释文为："怀素家长沙，幼

而事佛，经禅之暇，颇好笔翰。然恨未能远观。"

　　宣纸小版张采用中国国宝——传统手工宣纸印制，是继宣纸材质《中国古代书法——行书》特种邮票之后的第二套宣纸邮票。

　　这套邮票独特的发行题材和印刷材质相互辉映，散发出无与伦比的文化品位，蕴含着深刻厚重的历史沉淀。这套邮票还是《中国古代书法》系列邮票的收官之作。至此，以篆书、隶书、楷书、行书和草书为代表的中国古代书法艺术在"方寸"之间得以完美呈现。

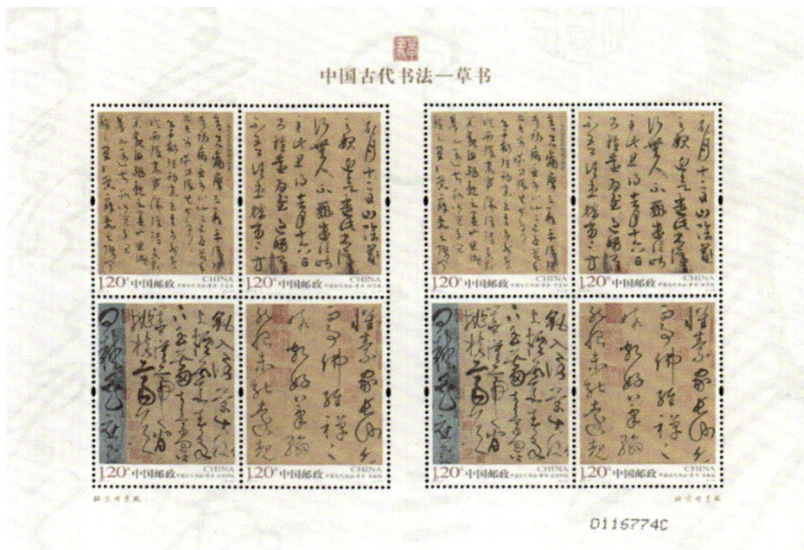

《中国古代书法——草书》（小版张）

魏碑体

魏碑体是指北魏时期形成的一种风格独特的楷书。因魏碑体书法的代表作来自洛阳龙门石窟的北魏造像碑刻题记，故称魏碑体。

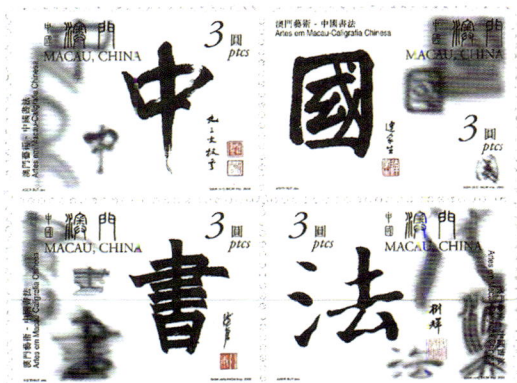

魏碑体：书

魏碑体是介于汉晋隶书和唐楷间的一种具有独特风格的新书体，也是从隶书到楷书的一种过渡书体。钟致帅在《雪轩书品》中称："魏碑书法，上可窥汉秦旧范，下能察隋唐习风。"

其时，北魏统一北方，迁都洛阳，结束了黄河流域的混乱局面。398年，道武帝拓跋珪定都平城（今山西大同），开启了公元4世纪90年代末至5世纪90年代前期的北魏平城时期。北魏孝文帝雄才大略，提倡汉化，发展教育，重用汉族士族知识分子，自觉推动了与汉族文化的融合，使洛阳再次成为书法艺术的中心。

在北魏皇帝重用的汉族高官中不乏堪称一流的书法家。如崔玄伯、崔浩父子，因为擅长书法经常在道武帝左右。范阳卢渊也是当时著名的书法家，代京宫殿多为他所题。崔、卢均为当时首屈一指的书法大家，他们所传书法不外乎篆书、隶书、草书、行押、铭石书，就其风格而言当为古朴、厚重、方严、笔力雄健，这就为北魏书法奠定了雄强之风。

北魏初年，佛教传入中原，受到北魏皇帝的推崇。太武帝时，在崔浩的劝说下，罢黜佛教，迎请嵩山道士寇谦之，道教大兴。太武帝死后，文成帝又修复佛法。这番佛道斗法，使北魏在平城短短96年中留下了珍贵的历史遗产，平城时期的著名碑刻既有云冈石窟的造像题记，又有道教的碑刻，呈现出多元混杂的特征。此外，北魏不像南朝一样禁止立碑，这也是北魏碑刻繁多的重要原因之一。

正是基于以上因素，平城书法才得以迅速发展演变。它上承隶书，下启洛阳楷书，既融合了北方少数民族的粗犷剽悍之风，又渗透了儒家文化的温文尔雅、刚正不阿，同时还受到佛教和道教文化的熏陶，呈现出古朴、自然、刚劲、雄壮的风貌。

其突出的特点：一是横画和捺画保持隶书的特点，常伸展到字形边界甚至超出边界；二是字形与隶书相比呈扁方形；三是撇捺向两侧伸展，收笔前的粗顿和抬峰，使整个字形厚重稳健而略显飞扬，规则中正而有动态，颇具审美价值。

魏碑体又称龙门体，因为魏碑书法的代表作是龙门石窟一千方左右的北魏造像题记。其中最有代表性的是二十方，被称为"龙门二十品"，包括《北海王元详造像记》《司马解伯达造像记》等二十方碑刻。龙门二十品的书法艺术，端正大方，质朴厚重，刚健有力，峻荡奇伟。其行次规整，排列整齐，大小匀称；结体和用笔则在隶、楷之间，表现出其成熟性，也显现出其过渡性的承隶启楷风格。

由于魏碑经常带有汉朝隶书的写法在其中，因此它的楷书性质还不成熟，也正因为这种不成熟性，造成了百花齐放、形态各异的场面，形成了魏碑体的一种独特的美。后来龙门二十品被人们视作魏碑书体的法帖范本，不仅受到国内珍视，而且享誉海外。

除龙门石窟的造像题记外，洛阳出土大量的北魏墓志，如《北魏元怀墓志》《北魏元怿墓志》《北魏高猛墓志》等，都是魏碑书法的结晶。洛阳出土的北齐时代的《北齐姜纂造像记》等，也是魏碑书法的代表作品。位于河南卫辉比干墓侧的《吊比干文碑》（494年），刻于孝文帝迁都洛阳途中，为平城魏碑画上了句号。唐初几位楷书大家如欧阳询、虞世南、褚遂良等，都是取法魏碑的。

魏碑体的形成与发展交织着政治和历史文化的变迁。清朝末年，在康有为的大力推崇下，魏碑体不仅名声大噪，而且享誉书法史。在《广艺舟双楫》中，康有为明确提出："今日欲尊帖学，则翻之已坏，不得不尊碑；欲尚唐碑，则磨之已坏，不得不尊南北朝碑。尊之者，非以其古也。笔画完好，精神流露，易于临摹，一也；可以考隶楷之变，二也；可以考后世之源流，三也；唐言结构，宋尚意态，六朝碑各体毕备，四也；笔法舒长刻入，雄奇角出，应接不暇，实为唐宋之所无有，五也。有是五者，不亦宜于尊乎！"

为弘扬中国书法艺术，中国澳门邮政于2000年发行了《中国书法》套票（参见题图）及小型张，题材出自中国国粹——书法。中国书法是一种很独特的视觉艺术，经历宋、元、明、清，中国书法成为一个民族符号，代表了中国文化的博大精深和民族文化的永恒魅力。

其中第一、第三枚邮票的左侧，与第二、第四枚邮票的右侧，皆虚印了与主图文字相应的不同体汉字，互相呼应，凸显艺术之美。每个主图书法汉字右下方均印有书者落款以及风格各异的或阳文或阴文的方形篆章，印章咸印红色。

《中国书法》（小型张）

兰亭挥毫

王羲之是东晋时期的书法大师，也是中国最著名、成就最高的书法家，有"书圣"之称。其代表作《兰亭序》被誉为"天下第一行书"。

兰亭

王羲之（303—361），字逸少，琅琊临沂（今山东临沂）人，后迁会稽山阴（今浙江绍兴），晚年隐居剡县金庭。历任秘书郎、宁远将军、江州刺史，后为会稽内史，领右将军。

王羲之出身于魏晋名门琅琊王氏，祖父王正为尚书郎；父亲王旷为淮南太守，曾倡议晋室渡江，于江左称制，建立东晋王朝；堂伯父王导更是名闻于世，曾担任东晋丞相；另一位堂伯父王敦则是东晋的军事统帅。琅琊王氏在东晋可谓权倾一时，炽盛隆贵。

王羲之置身其中，耳濡目染，自然饱受熏陶。他自幼爱习书法，由父王旷、叔父王廙启蒙。七岁就擅长书法，且笔力雄劲，笔锋力度竟能入木三分。十二岁窃读前代《笔论》。

王羲之早年又从卫夫人学书。卫夫人名卫铄，师承钟繇，妙传其法。她给王羲之传授钟繇之法、卫氏数世习书之法以及她自己酿育的书风与法门。王羲之自然受到她的熏染，一遵钟法，姿媚之习尚

亦由之而成，后来博览秦汉以来篆隶淳古之迹，与卫夫人所传钟法新体有异，因而对于师传有所不满。

王羲之善于转益多师，当他从卫夫人的书学藩篱中脱出时，已置身于新的历史层面上。自然不断开阔视野、广闻博取，以探源明理，推陈出新。他对张芝草书剖析、折衷，对钟繇隶书损益、运用，都能心摹手追，"研精体势"。他不曾在前人脚下盘泥，依样画着葫芦，而是要运用自己的心手，使古人为我服务，既不泥于古，又不背乎今。

他把平生从博览所得秦汉篆隶的各种不同笔法妙用，悉数融入于真行草体中去，遂形成了自己的独特风格，更为后代开辟了新的天地。其书法兼善隶、草、楷、行各体，广采众长，备精诸体，冶于一炉，摆脱了汉魏笔风而自成一家。正如后人所论："王羲之的书法既表现以老庄哲学为基础的简淡玄远，又表现以儒家的中庸之道为基础的冲和。"这也正是王羲之"兼撮众法，备成一家"，因而受人推崇、影响深远的缘故。

东晋穆帝永和九年（353年），农历三月初三日，王羲之和谢安、孙绰等41人在绍兴兰亭修禊（一种祛除疾病和不祥的活动）时，众人饮酒赋诗，汇诗成集，王羲之即兴挥毫为此诗集作序，这便是有名的《兰亭序》。此帖为草稿，28行，324字，记述了当时文人雅集的情景。作者因当时天时地利人和，效果发挥极致，其中有二十多个"之"字，写法竟各不相同。宋代米芾因此将《兰亭序》称之为"天下第一行书"。

永和十一年（355年）三月，王羲之称病弃官。"携子操之由无锡徙居金庭。建书楼，植桑果，教子弟，赋诗文，作书画，以放鹅弋钓为娱。"他和许询、支遁等人开始遍游剡地山水。定居金庭后，书法兴起，作品挂满厅堂、书房，人称"华院画堂"。其后裔也多擅书画，并将村名定为"华堂"，沿称至今。

东晋升平五年（361年），王羲之卒于会稽金庭，葬于金庭瀑布山（又称紫藤山）。后来其五世孙衡舍宅为金庭观，遗址犹存。南朝梁大同年间（535—546年），嗣孙建祠于墓前。

在中国书法史上，王羲之与其子王献之合称

"二王"。王羲之兼善隶、草、楷、行各体，自成一家。其书法风格平和自然，笔势委婉含蓄，遒美健秀。世人常用曹植《洛神赋》中"翩若惊鸿，婉若游龙……仿佛兮若轻云之蔽月，飘摇兮若流风之回雪"来赞美王羲之的书法之美。

王羲之书风最明显的特征是用笔细腻，结构多变。传说他小的时候苦练书法，日久，用于清洗毛笔的池塘水都变成墨色。后人评曰："龙跳天门，虎卧凤阙""天质自然，丰神盖代"。有关他的成语还有"入木三分""东床快婿"等。

王羲之书法影响了一代又一代的书坛。唐代的欧阳询、虞世南、褚遂良、颜真卿、柳公权，五代的杨凝式，宋代的苏轼、黄庭坚、米芾、蔡襄，元代的赵孟頫，明代的董其昌等，对王羲之无不心悦诚服，他也因此享有"书圣"的美誉。

王羲之的书法对其后代子孙也有很大的影响。其子献之从父学书，天资极高，敏于革新，转师张芝，而创上下相连的草书，媚妍甚至超过其父，穷微入圣，人称"小圣"。除了献之善草书外，王羲之的其他儿子，凝之工草隶，徽之善正草书，操之善正行书，焕之善行草书，均为家学渊源，最后都成为书法名家。

唐太宗极度推尊王羲之，不仅广为收罗其书法墨宝，而且亲自为《晋书·王羲之传》撰写赞辞，评钟繇则"论其尽善，或有所疑"，论献之则贬其"翰墨之病"，论其他书家如颜子云、王蒙、徐偃辈皆谓"誉过其实"。通过比较，唐太宗认为右军"尽善尽美"，"心慕手追，此人而已，其余区区之类，何足论哉！"从此，王羲之在书学史上至高无上的地位被确立并巩固了下来。

作为中国最著名、成就最高的书法家，王羲之可谓当之无愧。他广采众长，自成一家，对中国千年书法影响深远，堪称中国书法史上一座极具象征性的丰碑。王羲之留下的书法精品很多，如《黄庭经》系他的小楷作品，共一百行。原本为黄素绢本，在宋代曾摹刻上石，有拓本流传。此帖其法极严，其气亦逸，有秀美开朗之意态。

《兰亭序》被誉为"天下第一行书"，具有很强的艺术特色。其突出之处就是章法自然，气韵生动。通观全文，从容不迫，得心应手，使艺术风格同文字内容有机结合起来，充分表现了王羲之与朋友聚会时快然自足之情怀。情文并茂，心手合一，气韵生动，被历代学书者奉为学习行书的典范。

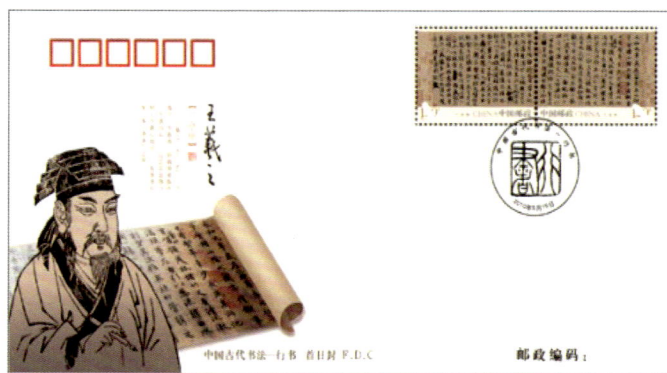

《中国古代书法——行书》（首日封）

怀素临池

怀素是唐代著名书法家，以狂草名世，史称"草圣"。与张旭齐名，合称"颠张狂素"，形成唐代书法双峰并峙的局面，也是中国草书史上的两座高峰。

书·怀素临池

怀素（737—799），俗姓钱，字藏真，永州零陵（今湖南零陵）人。自幼家贫，十岁时"忽发出家之意"，父母无法阻止。进入佛门为僧后，改字藏真，史称"零陵僧"或"释长沙"。出家经禅之暇，爱好书法。但买不起纸张，只好在寺院的墙壁、衣服、器皿或芭蕉叶上练习书法。

怀素勤学苦练的精神十分惊人。为了练字，他特地找来一块木板和圆盘，涂上白漆书写。后来怀素觉得漆板光滑，不易着墨，就又在寺院附近的一块荒地，种植了一万多株芭蕉树。芭蕉长大后，他摘下芭蕉叶，铺在桌上，临帖挥毫。由于他没日没夜地练字，老芭蕉叶剥光了，小叶又舍不得摘，于是他想了个办法，干脆带了笔墨站在芭蕉树前，对着鲜叶书写。就算太阳照得他如煎似熬，刺骨的北风冻得他手肤迸裂，他依然坚持不懈地练字。写完一处，再写另一处，从未间断，终于自成一家。

唐乾元二年（759年），怀素慕名前往李白处求诗。两个人性情相近，李白爱其才，特地为他写了

《草书歌行》。唐宝应元年（762年），怀素再次出行，求师访友。他由零陵出发，经衡阳，客潭州，在衡阳与同舟北上的王邕等共游山水。翌年又北上岳州（今湖南岳阳），作万里之行。

唐大历元年（766年），怀素写《秋兴八首》。此时他的书风尚未完全发育成熟，他的内心也处于彷徨阶段。无论是起笔、行笔、收笔，远还没有迈进晋人的门槛。翌年他南下广州向徐浩学笔法。时徐浩赴广州任刺史，怀素此行的目的并没有达到。

不久，恰逢贬来潭州任刺史的张谓奉诏回京任太子左庶子，怀素便随同张谓一起进京。入京后他拜会张旭的弟子邬彤，并引以为师。邬彤把张芝的临池之妙、张旭草书的神鬼莫测和王献之的书法，都向怀素一一讲解；离别之时，还将"作字之法乃一个悟字"教给怀素。此次在长安，怀素有幸见到王羲之、王献之的作品，还有幸鉴赏到《曹娥碑》。

大历六年（771年），怀素母病甚重，他遂于腊月初回乡探视，侍奉汤药。觐亲以后，再重返京师。翌年九月左右，怀素重返故乡，他绕道东都洛阳南下，拜会颜真卿。颜真卿把"十二笔意"（即"平谓横、直谓纵、均谓间、密谓际"）等传授给怀素，并告诉怀素，自己二十多岁时曾游长安，师事张旭二年，略得笔法，自以为未稳。颜真卿还为怀素作《怀素上人草书歌序》。

大历十一年（776年）八月初六日，怀素创作《自叙帖》。在帖中怀素概括了自己一生的主要事迹，为给予自己艺术有所教益的几位重要人物都留下了篇幅。唐贞元三年（787年），怀素与陆羽相识并相交，陆羽后来写了《僧怀素传》，成为研究怀素的第一手资料。

贞元十五年（799年），怀素又回到零陵，撰写了《小草千字文》。晚年的最后时光在成都宝园寺度过，因患风痹病而圆寂。

怀素的草书被称为"狂草"，不仅用笔圆劲有力，使转如环，而且奔放流畅，一气呵成。他的草书出自张芝、张旭，后与张旭齐名，世人有"颠张狂素"或"颠张醉素"之称，对后世影响极为深远。书评家称："怀素的草书奔逸中有清秀之神，狂放中有淳

穆之气。"

怀素的草书以篆书入笔，藏锋内转，瘦硬圆通，用笔迅疾，气势宏大。虽然狂放，但并没有为追求新奇而无视法度。相反，他的草书十分严谨，结字简练，体现出独特的草书艺术风格。他善以中锋笔纯任气势作大草，如"骤雨旋风，声势满堂"，达到"忽然绝叫三五声，满壁纵横千万字"的境界。虽然如此疾速，但怀素却能于通篇飞草之中，极少失误。与众多书家草法混乱缺漏相比，如《圣母贴》《食鱼贴》《苦笋贴》《藏真帖》，保留晋法甚多，《藏真帖》且多有颜真卿作风。而《小草千字文》《圣母帖》，与其狂肆作风大异其趣，完全换过一番面目，也可说是他过人之处。

怀素千字文有多种，而以"小字贞元本"（又称《千金帖》绢本）为最佳，共84行，1045字。此本为怀素晚年草书，又从骤雨旋风转到古雅平淡，字与字不相连属，笔道更加苍劲浑朴。当为绚烂之极而复归平淡之作，故历来为书林所重。

怀素也能作诗，与李白、杜甫、苏涣等诗人都有交往。好饮酒，每当饮酒兴起，不分墙壁、衣物、器皿，任意挥写，时人谓之"醉僧"。《金壶记》说他是"一日九醉"，大概醉翁之意不在酒，"狂僧不为酒，狂笔自通天"，他志在"狂草"而已。

怀素草书，笔法瘦劲，飞动自然，如骤雨旋风，随手万变。书法率意颠逸，千变万化，法度具备。同时代的诗人和后世书法大家对他的评价都很高。唐代诗人韩偓在《题怀素草书屏风》一诗中写道："何处一屏风，分明怀素趴。虽多尘色染，尤见墨痕浓。怪石奔秋涧，寒藤挂古松。若教临水照，字字恐成龙。"

唐代大诗人李白同样不吝笔墨，对怀素称赞有加，在《草书歌行》中写道："少年上人号怀素，草书天下称独步。墨池飞出北溟鱼，笔锋杀尽中山兔。吾师醉后倚绳床，须臾扫尽数千张。飘风骤雨惊飒飒，落花飞雪何茫茫。起来向壁不停手，一行数字大如斗。恍恍如闻神鬼惊，时时只见龙蛇走。左盘右蹙如惊电，状同楚汉相攻战。"

宋代大书法家米芾在《海岳书评》中称："怀素书如壮士拔剑，神彩动人，而回旋进退，莫不中节。"另一位大书法家黄庭坚则称："张旭妙于肥，藏真妙于瘦。此两人者，一代草书之冠冕也。"

2000年，中国邮政发行《琴棋书画》特种邮票，1套4枚，其中第三枚为《书·怀素临池》。

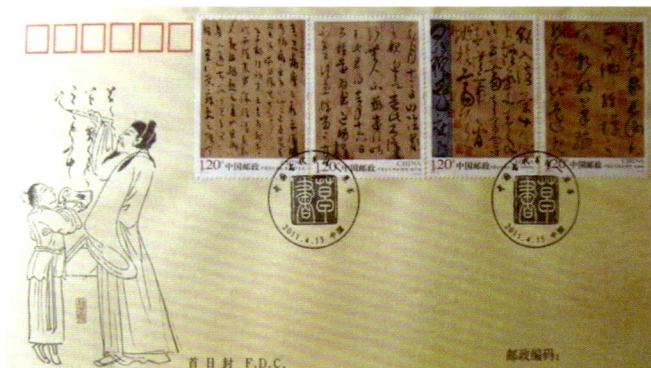

草书（首日封）

米芾献艺

米芾是北宋著名书法家、画家及书画理论家，不仅集"诗书画"于一身，而且擅篆、隶、楷、行、草等各种书体，与苏轼、黄庭坚、蔡襄合称宋代"书法四大家"。

米芾书法：艺

米芾（1051—1107），初名黻，后改芾，字元章，湖北襄阳人，时人号海岳外史。自幼开始学习书法，启蒙老师是襄阳书家罗让。十岁时即可写碑刻，临周越、苏轼字帖，人谓"有李邕笔法"。十七岁时，米芾跟随母亲阎氏离开家乡来到京都汴梁侍奉宋英宗的高皇后。

宋熙宁二年（1069年），宋神宗因不忘米芾母亲阎氏的乳褓旧情，恩赐米芾为秘书省校字郎，负责校对、订正讹误。翌年改临桂尉。熙宁八年至元丰五年（1075—1082年），先后任临桂县、含光县、长沙县尉。

元丰五年（1082年）三月，米芾和友人到黄州访苏轼。此后他潜心魏晋，以晋人书风为指归，寻访了不少晋人法帖，连其书斋也取名为"宝晋斋"。每天临池不辍，"一日不书，便觉思涩，想古人未尝半刻废书也"。每次作书都十分认真，正如他自己所说："余写《海岱诗》，三四次写，间有一两字好，信书亦一难事。"

元丰八年（1085年），米芾调任杭州从事。翌年任登州知州，三个月后以礼部郎中召回京城。宋元祐二年（1087年），迁居镇江丹徒。曾与苏轼等十六人于王晋卿西园晏集，李伯时绘《西园雅集图》，米芾作《西园雅集图记》。

元祐七年至崇宁五年（1092—1106年），先后任雍丘知县、涟水军使、蔡河拨发、无为军知州、礼部员外郎等职，也曾担任太常博士、书学博士，还一度改监中岳祠（嵩山）。

宋大观元年（1107年）三月，米芾任淮阳军知州。后卒于任上，葬于润州（今江苏镇江）丹徒西南长山脚下。

米芾一生转益多师，与苏轼往来密切。元祐四年（1089年），时年五十四岁的苏轼曾于六月往扬州访米芾，写有《米芾石钟山砚铭》一首。后来苏轼生病，米芾也曾多次前去探望并送"麦门冬饮子"于北沙东园，东坡有诗《睡起闻米元章冒热到东园送麦门冬饮子》。苏轼去世时，米芾专门作《苏东坡挽诗》五首。

米芾平生书法用功最深，成就以行书为最大。南宋以来的著名汇帖中，多数刻其法书，流播之广泛，影响之深远，在宋代"书法四大家"中，堪称首屈一指。康有为曾说："唐言结构，宋尚意趣。"意为宋代书坛家讲求意趣和个性，而米芾在这方面尤其突出。

米芾习书，自称"集古字"，虽有人以为笑柄，也有人赞美说"天姿辚轹未须夸，集古终能自立家"（王文治），这从一定程度上说明了米芾书法成功的来由。根据他的自述，在听从苏轼学习晋书以前，颜真卿、欧阳询、沈传师、段季展、褚遂良等五位唐代书法家对他的影响最深。

米芾的一些特殊笔法，如"门"字右角的圆转、竖钩的陡起和蟹爪钩等，都集自颜之行书；外形竦削的体势，当来自对欧字的模仿，并保持了相当长时间；沈传师的行书面目或与褚遂良相似；米芾大字学段季展，"独有四面"也许来源于此；褚遂良的用笔最富变化，结体也最为生动，颇合米芾的心意，并曾赞其字"如熟驭阵马，举动随人，而别有一种骄色"。

米芾对书法的分布、结构、用笔，也有自己独到的体会。如要求"稳不俗、险不怪、老不枯、润不肥"，即要求在变化中达到统一，把裹与藏、肥与瘦、疏与密、简与繁等对立因素融合起来，也就是"骨筋、皮肉、脂泽、风神俱全，犹如一佳士也"。在章法上，重视整体气韵，兼顾细节的完美，成竹在胸，书写过程中随遇而变，独出机巧。

米芾还长于临摹古人书法，达到乱真程度，主要作品有《多景楼诗》《虹县诗》《研山铭》《拜中岳命帖》等。今传王献之墨迹《中秋帖》，据说就是他的临本，形神精妙至极。

米芾除书法达到极高的水准外，其书论也颇多。在书法理论上，尤其是在草书理论上极力反对唐朝书法尚法循规的法度，过分注重魏晋平淡天真、崇尚"二王"的法度。著有《书史》《海岳名言》《宝章待访录》《评字帖》等，显示了他卓越的胆识和精到的鉴赏力，虽然对前人多有讥贬，但决不因袭古人语，为历代书家所重。

米芾能诗文，擅书画，精鉴别，集书画家、鉴定家、收藏家于一身。他的书画自成一家，创立了"米点山水"。其个性怪异，举止颠狂，遇石称兄，膜拜不已，因而人称"米颠"。因宋徽宗曾诏为书画学博士，因此又称"米襄阳""米南宫"。

作为北宋著名的画家，他处在一个文人画成熟的时代，其绘画题材十分广泛，人物、山水、松石、梅、兰、竹、菊无所不画，而在山水画上成就最大。但他不喜欢危峰高耸、层峦叠嶂的北方山水，更欣赏的是江南水乡瞬息万变的"烟云雾景""天真平淡""不装巧趣"的风貌，所追求的是自然的艺术风格。他所创造的"米氏云山"皆信笔作来，烟云掩映。

1987年9月5日，邮电部发行的《中国艺术节》纪念邮票中的繁体"艺"字（参见题图），即是米芾所书，堪称"行书楷模"。

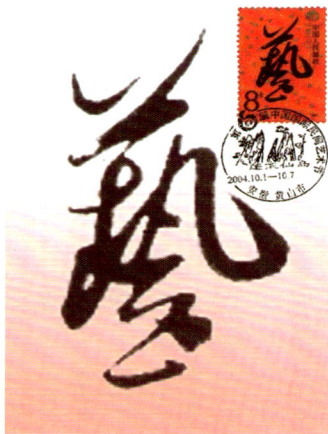

《米芾书法——艺》（极限片）

板桥书法

郑板桥是清代著名书画家、文学家，其诗、书、画世称"三绝"，为"扬州八怪"的重要代表人物。

书法扇面

郑板桥（1693—1765），原名郑燮，字克柔，号理庵，又号板桥，人称板桥先生，江苏兴化人。他出生时家道已经中落，生活拮据。三岁时生母去世，他随父亲至真州毛家桥读书。至八九岁已能在父亲的指导下作文联对。十四岁又失去继母，好在乳母费氏是一位善良、勤劳、朴实的劳动妇女，给了他悉心周到的照顾和无微不至的关怀，成了他生活和感情上的支柱。十六岁时从乡中先辈陆种园学填词。

清康熙五十二年（1713年），郑板桥考取秀才。三年后娶妻徐夫人，新婚燕尔即首赴北京，于漱云轩手书小楷欧阳修《秋声赋》。康熙五十八年（1719年），至真州之江村设塾教书。四年后父亲不幸去世，此时他已有二女一子，生活更加困苦，不得不弃馆至扬州卖画为生，托名"风雅"，实救贫困。

在扬州卖画十年间，郑板桥也不时外出，饱览大好河山，结识知交好友。清雍正三年（1725年）他出游江西，于庐山结识无方上人和满族士人保禄；出游北京，与禅宗尊宿及其门羽林诸子弟交游，放言高论，臧否人物，因而得狂名。在京期间，他还结识了康熙帝皇子、慎郡王允禧（即紫琼崖主人）等。

雍正五年（1727年），他先后客居通州，读书于扬州天宁寺，手写"四书"各一部。雍正七年（1729年），作《道情十首》初稿。三十九岁时，徐夫人病殁。郑板桥十载扬州，结识了许多画友，金农、黄慎等都与他过往甚密，对他的性格乃创作思想至产生了极大的影响。

雍正十年（1732年），郑板桥赴南京参加乡试，中举人，作《得南捷音》诗。为求深造，他又赴镇江焦山读书。清乾隆元年（1736年），在北京参加礼部会试，中贡士；五月于太和殿前丹墀参加殿试，中二甲第八十八名进士，为赐进士出身。特作《秋葵石笋图》并题诗曰"我亦终葵称进士，相随丹桂状元郎"，喜悦之情溢于言表。

翌年他滞留北京一年左右，以图仕进，未能成功。南归扬州时，得江西友人资助，娶妻饶氏。四年后郑板桥再次入京，候补官缺，受到慎郡王允禧的礼诚款待。乾隆七年（1742年）春天，终于被任命为范县县令兼署小县朝城，任职期间，重视农桑、体察民情、兴民休息，百姓安居乐业。

乾隆十一年（1746年），郑板桥自范县调署潍县。潍县原本为繁华大邑，因灾荒连年，救灾便成了他主持潍县政事的一项重要内容。他开仓赈货，令民具领券借给，又大兴工役，修城筑池，招远近饥民就食赴工，劝邑中大户开厂煮粥轮食之。尽封积粟之家，活万余人。秋以歉收，捐廉代输，尽毁借条，活民无算。潍县饥民出关觅食，郑板桥感叹系之，作《逃荒行》。

乾隆十三年（1748年），大学士高斌和都御史刘统勋为特使到山东放赈，郑板桥随前往。时值秋熟，潍县灾情渐趋缓解，饥民也由关外络绎返乡，郑板桥作《还家行》纪其事。为防水浸寇扰，捐资倡众大修潍县城墙。秋末，书《重修潍县城记》。同年，乾隆帝出巡山东，郑板桥为"书画史"，参与筹备，布置天子登泰山诸事，卧泰山绝顶四十余日，常以此自豪，镌一印章云"乾隆柬封书画史"。

乾隆十五年（1750年），重修文昌祠，倡建状元桥，作《重修文昌祠记》。翌年海水溢，郑板桥亲赴禹王台勘灾。他做官意在"得志则泽加于民"，因而

理政时能体恤平民，改革弊政，并从法令、措施上维护他们的利益。任职期间，他勤政廉政，"无留积，亦无冤民"，力倡文化，重视人才，深得百姓拥戴，留下许多佳话。

乾隆十七年（1752年），主持修潍县城隍庙，撰《重修城隍庙碑记》，力劝潍县绅民修文洁行。他在潍县任上著述颇多，其《潍县竹枝词》四十首尤为脍炙人口。他所作"难得糊涂"横幅，是其洞察官场的真实感悟。居官十年，虽然颇有建树，但其抱负难以实现，归田之意与日俱增。

乾隆十八年（1753年），郑板桥因为民请赈、忤逆大吏而去官。离开潍县时，百姓遮道挽留，家家画像以祀，并自发于潍城海岛寺为郑板桥建立了生祠。去官以后，郑板桥卖画为生，往来于扬州、兴化之间，与同道书画往来，诗酒唱和。乾隆十九年（1754年），郑板桥游杭州，复过钱塘，至会稽，探禹穴，游兰亭，往来山阴道上。

乾隆二十二年（1757年），他参加了两淮监运使虞见曾主持的虹桥修禊，并结识了袁枚，互以诗句赠答。这段时期，郑板桥所作书画作品极多，流传甚广。乾隆二十七年（1762年），他画了一幅《竹石图》，一块巨石顶天立地，数竿瘦竹几乎撑破画面。右上角空白处题诗一首：

> 七十老人画竹石，石更凌嶒竹更直。
>
> 乃知此老笔非凡，挺挺千寻之壁立。

画幅右下方空白处又押上"歌吹古扬州闲章"一方。郑板桥虽然一生颠沛，但绝不向各种恶势力

低头，如磐石般坚强，如清竹般劲挺，如兰花般高洁。

乾隆三十年（1765年），郑板桥卒，葬于兴化城东管阮庄。

郑板桥的书法，最被人称道的是"六分半书"，即以隶书为主体，掺入行、楷、篆、草等别的书体，成为自己独创的"板桥体"。其行书《曹操观沧海诗轴》（现藏扬州双博馆）可视为"六分半体"的代表作。字体隶意颇浓，兼有篆和楷；形体扁长相间，宅势以方正为主而略有摆宕，恰与曹诗雄伟阔大的风格相似。

他早年学书从欧阳询入手。字体工整秀劲，但略显拘谨，从他23岁写的小楷《秋声赋》和30岁写的小楷《范质诗》即可推知。这与当时书坛盛行匀整秀媚的馆阁体，并以此作为科举取士的标准字体有关，自他40岁中进士以后就很少再写了。

郑板桥书法作品的章法也很有特色，他能将大小、长短、方圆、肥瘦、疏密错落穿插，如"乱石铺街"，纵放中含着规矩。看似随笔挥洒，整体观之却产生跳跃灵动的节奏感。如作于乾隆二十七年（1762年）的行书《论书》横幅，乃其晚年佳作。整幅作品结字大大小小，笔画粗粗细细，态势欹欹斜斜，点画、提按、使转如乐行于耳，鸟飞于空，鱼游于水，在一种恣情任意的节律中显露着骨力和神采，清人何绍基说他的字"间以兰竹意致，尤为别趣"。从这件作品的章法、结体和笔画中，不难看出他"波磔奇古形翩翩"的兰竹神韵。

郑板桥的一生，经历了坎坷，饱尝了酸甜苦辣，看透了世态炎凉，他敢于把这一切都糅进自己的作品中。他的题画诗已摆脱传统的以诗就画或以画就诗的窠臼，每画必题以诗，有题必佳，达到诗画映照，"诗发难画之意"，不断拓展画面的广度。

郑板桥的题画诗是关注现实生活的，有着深刻的思想内容。他以如枪似剑的文字针砭时弊，正如他在《兰竹石图》中云："要有掀天揭地之文，震电惊雷之字，呵神骂鬼之谈，无古无今之画，固不在寻常蹊径中也。"他一生只画兰、竹、石，自称"四时不谢之兰，百节长青之竹，万古不败之石，千秋不变之人"。代表作品有《修竹新篁图》《清光留照图》

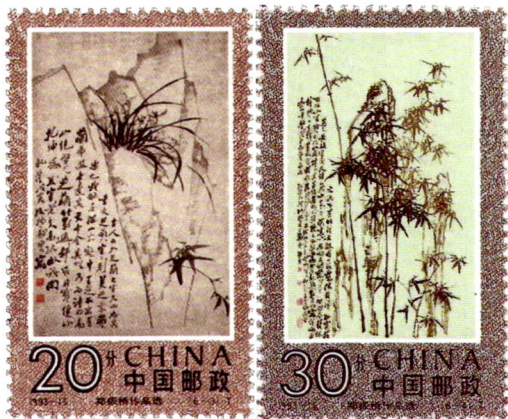

（2-1）兰竹石大中堂（2-2）竹石图轴

《兰竹芳馨图》《甘谷菊泉图》《丛兰荆棘图》等，著有《郑板桥集》。

1993年11月22日，中国邮政发行《郑板桥作品选》特种邮票，1套6枚，分别为《竹石扇面》《兰花册页》《兰竹石大中堂》《竹石图轴》《瓶菊册页》《书法扇面》。

《郑板桥作品选——书法扇面》（极限片）

郑板桥作品选（首日封）

邮说国学
哺育中华三千年

邮說國學

文物瑰宝

《千字甲骨文》

甲骨文

甲骨文是中国目前已知最古老的文字，也是世界四大古文字之一。它具备象形、指事、会意、形声、转注、假借等造字方法，是中国文字进入成熟阶段的重要标志。

殷墟·甲骨文

甲骨文因镌刻、书写于龟甲与兽骨上而得名，因此又称为"契文""甲骨卜辞""龟甲兽骨文"。甲骨文最早发现于中国河南省安阳市殷墟，是商朝（约前17世纪—前11世纪）的文化产物，距今有约3600年的历史。

甲骨文是汉字的早期形式，属于上古汉语，具有对称、稳定的格局，并具备书法的三个要素，即用笔、结字、章法。从字体的数量和结构方式来看，甲骨文已经发展成为有较严密系统的文字形式。汉字的"六书"原则，在甲骨文中都有所体现，但是原始图画文字的痕迹还是比较明显。

甲骨文为殷商流传之书迹。殷商时期的三大特色是信史、饮酒及敬鬼神，正因为如此，这些决定渔捞、征伐、农业诸多事情的龟甲，才得以在后世重见天日，成为研究中国文字的重要资料。商代已有精良笔墨，书体因经契刻，风格瘦劲锋利，具有刀锋的趣味。

商代晚期从盘庚迁殷至商纣王共273年，经历8世12王，这一时期的甲骨文主要是殷王朝占卜记事的记录。殷商时期占卜十分盛行，商王和贵族由于迷信鬼神，几乎每事必卜，占卜成为商代社会生活的重要组成部分。

自1899年甲骨文发现以来，国内外搜集收藏的甲骨约有15万片，包含4500多个单字。从已识别的约1500个甲骨文单字看，甲骨文已具备了现代汉字结构的基本形式，虽然汉字书体已经历了金文、篆书、隶书、楷书等书体的演变，但是以形、音、义为特征的文字和基本语法保留了下来，成为今天世界上1/5的人口仍在使用的方块字，对中国人的思维方式和审美观念产生了重要的影响，为中国书法艺术的产生与发展奠定了基础。甲骨文也因此成为世界四大古文字中唯一传承至今的文字。更为可贵的是，甲骨文已具备中国书法的用笔、结字、章法三要素。

从用笔来看，甲骨文因用刀镌刻在坚硬的龟甲或兽骨上，所以，刻时多用直线，曲线也是由短的直线接刻而成，其笔画粗细大多是均匀的。由于起刀和收刀直落直起，故多数线条呈现出中间稍粗两端略细的特征，显得瘦劲坚实，挺拔爽利，并且富有立体感。笔画多方折，对后世篆刻的用笔用刀产生了深刻的影响。

从结构字体来看，甲骨文外形多以长方形为主，间或少数方形，虽大小不一，但比较均衡对称，具备了对称美或者一字多形的变化美。同时还具有方圆结合、开合辑让的结构形式，有的字或多或少留有象形图画的痕迹，具有文字最初发展阶段的稚拙和生动。

从章法来看，卜辞全篇行款清晰，文字大小错落有致。每行上下、左右虽有疏密变化，但全篇呈现出行气贯串、大小相依、左右相应、前后呼应的活泼局面。字数多者，全篇安排紧凑，给人以茂密之感；字数少者又显得疏朗空灵。总之，都表现出古朴而又烂漫的情趣。

由甲骨文演变发展而来的汉字，在传播华夏文化，促成中国大一统国家的形成与巩固方面发挥了重要作用。这些甲骨文对研究商代社会历史有极重要的意义。

2017年11月24日，甲骨文顺利通过联合国教科文组织"世界记忆工程"国际咨询委员会的评审，成功入选世界记忆名录。以甲骨文为基础的"卜骨书法"至今仍在一些书法家和书法爱好者中流行，也证明了它的魅力。

1996年，中国邮政发行《中国古代档案珍藏》特种邮票，1套4枚，其中第一枚即为《甲骨档案·商代龟甲》。

甲骨档案·商代龟甲

2009年11月17日，在甲骨文发现110周年之际，中国邮政发行《千字甲骨文》个性化邮票。第一组《千字甲骨文》邮票，采用5版8枚特殊版式。每版8枚主图22枚附图，主图为"和谐"图案，附图为甲骨文拓片真迹，限量发行110枚甲骨文字，契合甲骨文发现110周年之意。

在表现形式上，采用甲骨文字与现代汉字相对应，彰显汉字文化源远流长；在制作上，借助数码点读技术，将中国文字博物馆、甲骨文及殷商文化资源等内容植入邮票内。即使看不懂甲骨文，也完全可以听得懂，只要打开点读笔，直接点触邮票上任一图案，就可听到清晰的辅助解读。《千字甲骨文》邮票计划连续发行数年，陆续将目前可识读的1000多个甲骨文字搬上邮票，方寸之间再现殷商文化神韵，最终实现"一套甲骨邮票，一部古文字字典"的目标。这也是甲骨文真迹拓片首次登上邮票。

2016年7月13日，中国邮政发行《殷墟》特种邮票，1套3枚，其中第一枚即为《殷墟·甲骨文》（参见题图）。图案为刻辞卜骨——《祭祀狩猎涂朱牛骨刻辞》，它是商代武丁时期的作品，风格豪放，字形大小错落，生动有致，各尽其态，富有变化而又自然潇洒，不愧为甲骨文书法中的杰作。殷墟出土的这块牛胛骨版记事刻辞，长32.2厘米、宽19.8厘米。骨版正面刻辞4条，背面2条，共160余字，字内填朱。正面第一条记载商王武丁宾祭仲丁；第二条记狩猎时子□堕车；第三条记子□死；第四条是子寅用羌人十，举行宜祭。背面记载天象情况，大意为：有云来自东，有虹自北饮于河。从文字书体特点看，此件祭祀狩猎刻辞属甲骨文断代第一期，即武丁时期。这片刻辞保存完整，对研究商代社会历史和天文气象价值甚高。

一片甲骨惊天下，唤醒了沉睡的殷墟古都。甲骨文是汉字的前身、世界三大最古老的文字体系之一，不仅证明古老的汉字是独立起源的，还体现了中国古代独立的文字造字法则，对三千年以来的中国文化产生了根本性的影响。殷墟甲骨文的发现，不仅把中国有文字记载的可信历史提前到了商朝，而且由于甲骨文内容丰富，涉及殷商政治、经济、文化、意识形态的各个方面，对全面复原殷商社会史具有重要意义，被称为中国古代乃至人类最早的"档案库"。

后母戊鼎

后母戊鼎是中国现存最大的青铜器，也是目前世界上发现的最大青铜器。它是商周时期青铜文化的代表作，反映了我国青铜铸造的超高工艺和艺术水平。

司母戊鼎

后母戊鼎又称"后母戊大方鼎"，是商王祖庚或祖甲为祭祀其母戊所制。后母戊鼎因鼎腹内壁上铸有"后母戊"三字而得名，鼎呈长方形，口长112厘米，口宽79.2厘米，壁厚6厘米，连耳高133厘米，重达832.84千克。高大厚重，形制雄伟，气势宏大，纹饰华丽。鼎身雷纹为地，四周浮雕刻出盘龙及饕餮纹样。该鼎于1939年3月在河南安阳殷墟出土，现藏于中国国家博物馆。

殷墟是中国商朝后期的都城遗址，位于河南省安阳市区西北小屯村一带，距今已有3300多年历史，因出土大量的甲骨文和青铜器而驰名中外。公元前14世纪盘庚迁都于此，至约亡国，共传8代12王，前后达273年。周灭殷后，曾封纣之子武庚于此，后因武庚叛乱被杀，殷民迁走，逐渐沦为废墟，故称殷墟。

殷墟占地面积约24平方千米，大致分为宫殿区、王陵区、一般墓葬区、手工业作坊区、平民居住区

和奴隶居住区。古老的洹河水从市中缓缓流过，城市布局严谨合理。从其城市的规模、面积、宫殿的宏伟，出土文物的质量之精、之美、之奇和数量之巨，可充分证明它当时不仅是全国，而且是东方政治、经济、文化中心。

殷墟出土遗物非常丰富，以陶器数量最多，还有较多的铜器、玉器、石器、骨器、角器、蚌器、象牙器等。青铜器礼器有鼎、鬲、爵、觚、尊、觯、盘、簋、壶、卣、瓿、觥、彝、豆等。其中最著名的有后母戊鼎、妇好偶方彝、妇好尊、司母辛四足觥等。

殷墟·青铜器

在1978年的殷墟考古发掘中，共出土青铜容器4000余件。殷墟出土了数量这么大而且这么精美的青铜器，在世界上是独一无二的。邮电部在1964年曾发行《殷代铜器》邮票，1套8枚，其第八枚图案为后母戊鼎。

2016年7月13日，中国邮政发行《殷墟》特种邮票，其中第二枚名为《殷墟·青铜器》，图案便是后母戊鼎。

此前后母戊鼎已两次被绘入我国邮票，但都印为"司母戊鼎"。1964年8月25日，邮电部发行一套《殷代青铜器》特种邮票，其中第八枚为《司母戊鼎》（参见题图）；2012年7月8日，中国邮政发行一套《国家博物馆》特种邮票，其中第二枚为《馆藏文物——鼎》，图案以"票中票"的形式再现了《殷代青铜器》特种邮票中的后母戊鼎。

"司母戊鼎"是后母戊鼎最初的名称。1959年时任中国科学院院长的郭沫若根据鼎内壁的青铜铭文，认定这尊大方鼎铭文为"司母戊"三个字，于是这尊历经沧桑的大方鼎有了自己的名字——"司

馆藏文物——鼎

母戊鼎"。经考证，它是商文王为了"祭祀母亲戊"而专门铸造的。

20世纪70年代，随着妇好墓"后母辛鼎"等的发掘，越来越多的专家认为"司母戊"应为"后母戊"。这是因为"后"在夏商时期有"君主"之义，例如"夏后"指的就是夏朝的君主。所谓"后母"乃是指君主的母亲，"戊"是君主母亲的名字，"后母戊"三字连起来是"君主的母亲戊"的意思。随着时间的推移，越来越多的学者赞同了"后母"这种说法。

《后母戊鼎》（极限片）

西周青铜器

西周青铜器是指西周时期铸造的青铜器，包括出土器物和传世藏品，是中国早期重要的历史文物，同时也是珍贵的艺术品。

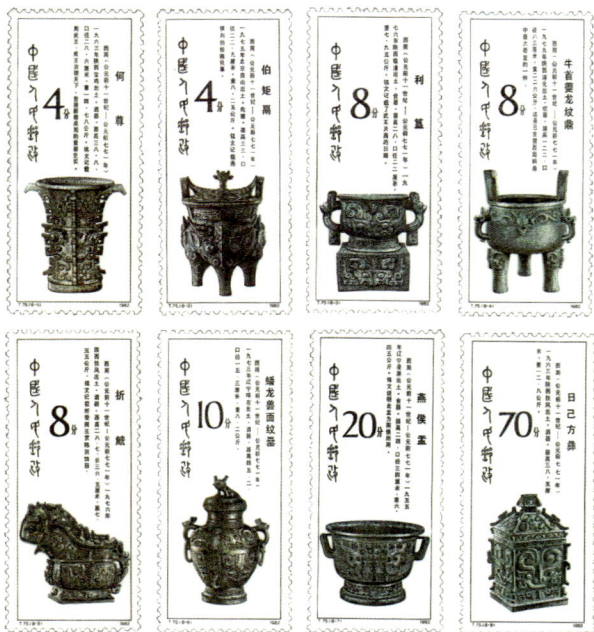

（8-1）何尊（8-2）伯矩鬲（8-3）利簋（8-4）牛首夔龙纹鼎
（8-5）折觥（8-6）蟠龙兽面纹罍（8-7）燕侯盂（8-8）日己方彝

西周是中国古代铜器发展的重要时期。在此期间，青铜冶铸技术不断发展，铜器数量有了较大的增长，但种类有一个较明显的淘汰和更新过程，主要包括青铜礼器、乐器、兵器、工具和其他日用杂器等。西周时期有许多铸工精湛、造型雄奇的重器传世，且多有长篇铭文，是研究西周社会历史、文化、艺术等的重要资料。

铭文是西周青铜器的重要特征。西周铸铭多具系年记事性质，成为编年分期研究西周铜器的重要依据。其内容又多可与古文献相互印证，字体则直接构成古文字研究的依据，故西周铭文对于考古学、文字学和历史学等都具有珍贵的价值。

西周时期青铜器的铭文与商代相比字数上有了明显的增加，由之前商代最多的四十几字，增加到几百字的长篇铭文。其中以毛公鼎的497～499字（由于释读不同而导致的）为最多。其内容上包括族徽、用器者、做器者、重要的事件、祖先的功绩、买卖交易情况、周王的告诫等。书体上也从早期较为松散自由，到中后期严谨的"玉箸体"。对了解中国早期历史有重要的意义，对研究早期书法艺术也有很大价值，同时对古代文学研究也有一定的帮助。

关于西周史迹的重要铭文，如武王时期的利簋确切记载了武王伐纣的日期；成王时期的何尊留下了武、成两代周王营建东都洛阳的原始记录；小臣单觯、周公鼎有关于周公平三叔叛乱的资料；令簋、过伯簋等记载了昭王南征伐荆楚的事迹。其他如再现宣王"中兴"的有毛公鼎、兮甲盘，反映西周社会文化和社会经济的，有天亡簋、德方鼎和剌鼎等，涉及西周分封的有宜侯夨簋，涉及当时礼仪的有静簋、遹簋、长由盉、令鼎等，涉及西周土地形态的有卫盉、五祀卫鼎、九年卫鼎、大簋、格伯簋、散氏盘等，曶鼎、倗匜、鬲攸从鼎等则保留了西周法律制度的重要资料。另有大量的铭文反映了西周王朝与东夷、淮夷、鬼方、荆楚、猃狁等战事，如小臣速簋、班簋、小盂鼎令簋、敔簋、翏生盨、师史簋、多友鼎、虢季子白盘等，另外还有概述西周前期史事的墙盘等。所有这些都可以征信古史或补充古书缺佚，具有极高的价值。

西周铭文的格式也独具特征，早期虽无规范统一的格式，但已明显比商代繁详，且有创制，如册命性质的铭文已经出现。穆王以后，册命记录增多，并渐成定式，一直流行到西周晚期，典型的册命记录包括时间、地点、册命者、受册命者、册命辞、称扬辞、作器祝愿辞等内容。其中册命辞记述受封受赐的缘由和内容，成为了解西周封赏礼仪、官制和舆服等级制度的重要资料。

1982年12月25日，邮电部发行《西周青铜器》特种邮票，1套8枚，分别为《何尊》《伯矩鬲》《利簋》《牛首夔龙纹》《折觥》《蟠龙兽面纹罍》《燕侯盂》《日己方彝》（参见题图）。

其中第一枚的何尊造于西周时期，高38.8厘米，口径28.8厘米，重14.6千克，1965年出土于陕西省宝鸡县贾村塬。口圆体方，通体有四道镂空的大扉棱装饰，颈部饰有蚕纹图案，口沿下饰有蕉叶纹。整个尊体以雷纹为底，高浮雕处则为卷角饕餮纹，圈足处也饰有饕餮纹，工艺精美、造型雄奇。铜尊内胆底部发现了一篇122字铭文，而其中"宅兹中国"（大意为"我要住在天下中央"，指住在洛阳）更是"中国"最早的文字记载。何尊铭文曰：

唯王初壅，宅于成周。复稟（逢）王礼福，自（躬亲）天。在四月丙戌，王诰宗小子于京室，曰："昔在尔考公氏，克逨文王，肆文王受兹命。唯武王既克大邑商，则廷告于天，曰：余其宅兹中国，自兹乂民。呜呼！尔有虽小子无识，视于公氏，有勋于天，彻命。敬享哉！"唯王恭德裕天，训我不敏。王咸诰。何赐贝卅朋，用作庚公宝尊彝。唯王五祀。

铭文大意是：成王五年四月，周王开始在成周营建都城，对武王进行丰福之祭。周王于丙戌日在京宫大室中对宗族小子何进行训诰，内容讲到何的先父公氏追随文王，文王受上天大命统治天下。武王灭商后则告祭于天，以此地作为天下的中心，统治民众。周王赏赐何贝三十朋，何因此作尊，以作纪念。这是周成王的一篇重要的训诫勉励的文告，为研究西周初年历史提供了珍贵资料。

第三枚的利簋，又名武王征商簋，是西周早期的青铜器。为周武王时期有司（官名）利所做的祭器，是已发现的年代最早的西周青铜器，1976年出土于陕西省临潼零口镇。高28厘米，口径22厘米，圆形，侈口，鼓腹，双兽耳垂珥，圈足下附有方座，造型庄重稳定。以云雷纹为地，腹及方座饰兽面纹，圈足饰夔纹，兽面巨睛凝视，森严可怖。腹内底部铸有铭文4行32字："珷征商，唯甲子朝，岁鼎，克昏夙有商，辛未，王在闌师，赐有事利金，用作檀公宝尊彝。"意思是：武王征伐商国，甲子日早上，岁祭，贞卜，能克，传闻各部军队早上占有了朝歌，辛未那天，武王的军队在闌驻扎，赏赐右史利铜，用作檀公宝尊彝。

西周青铜器（极限片）

东周青铜器

东周青铜器指春秋战国时代各国贵族在举行祭祀、宴飨或婚丧礼仪时所用的青铜礼器和乐器，也包括一些生活用具、车器、马饰、兵器及工具等。

秦公簋

东周即历史上的春秋战国时期，东周青铜器的形制由神秘趋向现实，纹饰由粗犷趋向精细，不少铭文趋向艺术化，中原文化和周边文化的交流与融合对后代青铜器的发展产生了深远的影响。

这一时期的青铜工艺有很大的发展，礼器种类有明显变化，商代和西周盛行的酒器大量减少，爵、觯、觚、角、斝、尊、卣等均被淘汰；蒸饪器与盛食器数量增多，鼎和均成组使用。东周铜器中，以各国诸侯和卿大夫的礼器数量最多。

东周是青铜器铸作最为兴盛的时期，列国的青铜制造技术达到纯熟的地步，整体的水准很高。器制表现渐趋精巧，在铸法上多以"失蜡法"为主，再搭配各种焊接和镶嵌装饰，表现出玲珑精巧、装饰华丽的青铜艺术。"错金"是金银镶嵌的一种工艺，铜错金银器，造型之独特、结构之精巧、图纹之精美，充分显示了高度发达的手工工艺。

东周青铜器铭文一般都很简短。如秦公簋、齐侯钟、中山王铁足鼎等铭文长达数百字者，极为罕见。从铭文字体观察，中原晋、卫、郑、虢诸国的字体端方劲美；秦国字体工整效古；吴、楚字体修长秀丽，有时书成鸟篆。总的说来，铸有铭文的青铜器日益减少，铭文的书史性质日趋衰落，逐渐变为艺术性的装饰。

2003年12月13日，中国邮政发行《东周青铜器》特种邮票，1套8枚。邮票图案分别为龟鱼纹方盘、秦公簋、中山王铁足鼎、曾侯乙匜、神兽尊、凤纹尊、莲鹤方壶、龙兽提梁盉。

秦公簋为春秋中期秦景公时器物，在秦汉时曾被当作容器使用。通高19.8厘米，口径18.5厘米，圈足饰波带纹，两耳上有兽首。器内共有铭文123字，记述秦国的简史和铸造此器的缘由。铭文记载秦国的祖先在华夏建都已经12代，威名大震，秦景公继承前辈的事业，要永保四方的土地。簋和鼎一样，曾作为标志贵族等级的器物。1919年，秦公簋出土于甘肃天水西南乡，现收藏于中国国家博物馆。

中山王铁足鼎

中山王铁足鼎是中国古代最重要的一种礼器。通高51.5厘米，口径42厘米，重60千克，铜身铁足，复钵形盖，顶有三环钮。鼎上刻有长达469字的铭文，记述了中山国讨伐燕国、开辟疆土的事件，是我国目前所发现的铭文最长的一件战国器物，弥足珍贵。于1976年在河北省平山县中山王墓出土，现收藏于河北省文物研究所。

2003年12月国家邮政局发行《东周青铜器》特种邮票一套8枚，分别为龟鱼纹方盘、秦公簋、中山王铁足鼎、曾侯乙匜、神兽尊、凤纹尊、莲鹤方壶、龙兽提梁盉。

龟鱼纹方盘通高22.5厘米，长73.2厘米，宽45.2厘米，重23.5千克。长方体，形体巨大，铸造精湛，

（8-1）龟鱼纹方盘（8-2）秦公簋（8-3）中山王铁足鼎（8-4）曾侯乙匜
（8-5）神兽尊（8-6）凤纹尊（8-7）莲鹤方壶（8-8）龙兽提梁盉

以其瑰丽雄奇的纹饰与造型见称，其工细瑰丽的盘体龟鱼纹与蓄势待发的四立体兽形足相得益彰，是战国青铜盘中罕见的佳作。现收藏于北京故宫博物院。

神兽尊高48.8厘米、口径16.5厘米，是祭祀祖先时盛酒容器，盖有铭文2行8字，器盖上亦有铭文8字。器颈至肩下有铭文5行40字，由左而右，字皆嵌金，器上错金铭文字形规整，至今熠熠生光，是传世最早的错金铭文铜器。现收藏于中国国家博物馆。

凤纹尊高23厘米，长107厘米，宽47厘米，禁体呈长方形，禁面四边及侧面均饰透雕云纹，有12个立雕伏兽。体下共有10个立雕状的兽足。透雕纹饰繁复多变，尤为华丽。禁足由10只蹲伏的虎形动物构成，用上翘的尾部支撑着禁体。在禁足之间的禁侧面，排列着12条龙头怪兽。铜禁四周攀附龙头怪兽，框边纹饰均为多层云纹，立体镂空装饰，层次丰富，花纹精细，采用失蜡法铸造。河南省淅川县出土，珍藏地是河南省文物研究所。

莲鹤方壶是一件巨大的青铜盛酒器，壶上有冠盖，器身长颈、垂腹、圈足。该壶造型宏伟气派，装饰典雅华美。壶冠呈双层盛开的莲瓣形，莲瓣中央立一鹤，展翅欲飞；壶颈两侧用附壁回首之龙形怪兽为耳；器物外表刻满了蜿蜒的蟠螭纹，四角各饰一条经翼寻缘的虺龙，器座为两张口吐舌的巨虬，支托着沉重的器物。其构思新颖，设计巧妙，融清新活泼和凝重神秘为一体，被誉为时代精神之象征。1923年出土于河南新郑，原为一对，现分别收藏于北京故宫博物院和河南省博物馆。

龙兽提梁盉是古代盛酒器，贵族用器，出土于浙江绍兴。此壶铸从龙兽，三兽蹄足，龙身提梁，显示了一种图腾崇拜的信仰。该器制作精良，造型华丽，是春秋青铜器中的佼佼者。

战国虎符

虎符是中国古代帝王授予臣属兵权和调遣军队的信物。通常用青铜或者黄金做成伏虎形状，分左右两半，右符留存中央，左符交给将帅。帝王派人调遣军队，必须带上右符，持符验合后方可调动军队。

《王命传虎节》（小型张）

作为古代皇帝调兵遣将用的兵符，虎符最早出现于春秋战国，盛行于秦汉时期。当时采用铜制的虎形作为中央发给地方官或驻军首领的调兵凭证，虎符背面刻有铭文，分为两半，右符存于朝廷，左符发给统兵将帅或地方长官，且专符专用，一地一符（一个兵符不能同时调动两地军队）。调兵遣将时需要将两符勘合，才能生效。

据说虎符最早是周朝军事家姜子牙发明的。古人认为虎为百兽之王，在丛林争斗中总是处于不败之地，因此在军事上也多以虎为尊。通常将兵符铸刻成虎的形状，故称虎符。但虎形兵符并非唯一的形状，在秦代就出现过鹰符和龙符等。

虎符在古代战争中发挥了重要作用，可由战国时信陵君"窃符救赵"的故事来印证。据《史记》记载，公元前257年，秦国发兵围困赵国国都邯郸，

赵平原君因夫人是魏信陵君的姐姐，于是向魏王及信陵君紧急求援。魏王便派老将晋鄙率十万军队前去救援赵国。晋鄙率军抵达前线后，发现秦军十分强大，便命令军队就地驻扎观望。信陵君无忌心急如焚，为了驰援邯郸，遂与魏王夫人如姬密谋，让如姬从魏王卧室中窃得虎符，并以此调动了晋鄙的军队，最后大破秦兵，解救了赵国。

当然，历史上也有过没有虎符而成功调动军队的情况。如西汉前期，藩国势力强盛，刘邦在消灭诸异姓王后虽然制定了藩国须有汉朝虎符才能发兵的制度，但各藩国并不完全买账，养兵练兵者皆为藩王，军队名义上是国家的军队，实际上归藩王调遣，虎符对藩王调兵权的限制作用甚小。吕太后死后齐王刘襄起兵叛乱，汉文帝时济北王刘兴居起兵叛乱，以及汉景帝时的吴楚七国之乱，尽管没有帝王的虎符，藩王们也都能轻松发兵。

郭沫若创作的著名话剧《虎符》就是选取这一题材，描写了三国时期魏蜀之争的战争场景。在《三国演义》第五十一回中，曹操因赤壁之战兵败北退，诸葛亮趁南郡空虚，命勇将赵云夺城成功，并俘获守将陈矫，取得曹操授予的虎符；然后以该虎符诈骗荆州守军统领，让其派兵出救南郡，趁势由张飞袭取了荆州；接着再用同样方法将襄阳守军调出，由关羽乘机袭取了襄阳。诸葛亮仅凭夺取的虎符，便将曹兵调开，兵不血刃地夺取了三处城池，由此也可见其谋略之高明，也可见当时虎符作用之大。该剧由北京人民艺术剧院演出后，广受观众的好评。

我国现存最早的虎符实物，是1973年在西安郊区北沉村出土的杜虎符。据考证是约公元前475—前221年的战国文物。杜虎符长9.5厘米，高4厘米，作猛虎疾奔状，象征军威和进军神速。虎符身上刻有嵌金铭文9行40字，记述了调兵对象和范围。铭文为："兵甲之符，右才（在）君，左在杜（杜是地名，指古代秦国杜县）。凡兴兵被甲，用兵五十人以上，必会君符，乃敢行之。燔燧之事，虽母（毋）会符，行殹（也）。"据此可知，当时用兵时，50人以上，必须出示合符。但如遇烽火，不用合符，也可以用兵。此符制作极为精巧，现收藏于陕西历史博物馆。

在中国国家博物馆还收藏有两枚虎符：一枚是阳陵虎符，这是秦始皇统一中国后颁发给阳陵驻守将领的虎符，出土于山东枣庄，上有错金铭文"甲兵之符，右在皇帝，左在阳陵"。另一枚是"西汉堂阳侯错银铜虎符"，长7.9厘米，2.5厘米，虎作伏状，平头，翘尾，左右颈肋间各镌篆书两行，文字相同，曰"与堂阳侯为虎符第一"。传世的虎符还有秦新郭虎符等。因为虎符是发兵之物，贵在谨慎严密，所以多做得短小而易于藏匿，不易被人发现。

1986年10月17—21日，中华全国集邮联合会第二次代表大会在北京举行。中国邮政为此发行小型张1枚，图案采用北京故宫博物院收藏的战国邮驿凭证——虎节（即虎符），装饰则为战国用的封泥印（参见题图）。画面简练古朴，寓意深刻，耐人寻味。

小型张上的战国虎节造型生动逼真，既是一件工艺品，又是一件实用品。上面有"王命传凭"的铭文，若和同时出土的其他符节（如楚铜龙节）比较，此节的另一半上应有"一□饮之"的铭文。这种符节和调兵用的虎符一样，中分为二，一半发给使者，一半发给驿站或所经关卡，两者合拢才有效。

《王命传虎节》（小型张）

里耶秦简

里耶秦简是指从湘西里耶古城发掘出的秦代木简（竹简）。它记录了当时社会政治、经济、文化的重要资料，是秦代极为宝贵的历史文献和档案资料，对研究秦王朝的统一和地方政权的运作以及秦文化的传播都有着十分重要的意义。

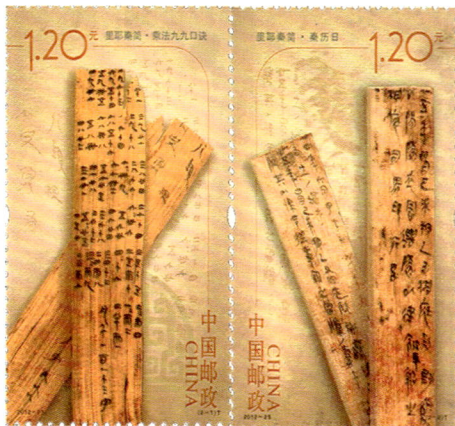

（2-1）乘法九九口诀（2-2）秦历日

里耶位于湖南省武陵山腹地，地处湘、鄂、渝、黔四省市交界处，隶属于湘西土家族苗族自治州龙山县管辖。里耶古城遗址规模约2万平方米，2002年6、7月间，从里耶古城的一口古井中发掘出了3.7万余枚秦简。这批埋藏了2200多年的秦代简牍，纪年从秦王政二十五年至秦二世元年（前222—前209年），记事详细到月、日，十几年连续不断，是极为重要的百科全书式的日志实录。

这批秦简是秦朝洞庭郡所辖的迁陵县政府的档案，内容涉及当时社会政治、经济、文化的各个层面。已解读的里耶秦简中，记载了完整的"乘法九九口诀"、寄往洞庭郡的邮政文书、军粮的月消耗量、律法的实施等，是研究秦王朝地方政权的宝贵资料。

在此之前，中国古代正史中关于秦朝的记录不

足千字。这批秦简的发掘极大地增添和充实了秦代的历史文献和档案资料，对研究秦王朝的统一和秦文化的传播有着十分重要的意义。同时，它也填补了《史记》《汉书》中有关秦代记录的历史空白，在一定意义上改写了两千年来战国秦汉学术史的面貌。

例如，里耶秦简中"乘法九九口诀"木牍长23厘米，宽4.5厘米，双面均有文字，是我国最早的乘法口诀实物，为算术史的研究提供了珍贵的实物资料；秦历日简文为阳陵县向洞庭郡发出的公函，为研究、恢复战国秦汉时期历法、日朔提供了难得的原始资料。

这批简牍绝大多数是木质，以杉松类木材为主，极少数是竹质。总字数超过20万，均为毛笔墨书，字体主要属古隶，少数标签类简牍以篆书书写。简牍长度多为23厘米，合秦制一尺。牍占相当数量，宽达4～5厘米；简宽1厘米或稍宽。

2012年9月13日，中国邮政发行《里耶秦简》特种邮票，1套2枚，分别选取了在里耶秦简中最具研究价值的"九九乘法口诀"和"秦历日"作为票图，所反映的内容代表了当时的科技文化水平。邮票设计典雅，质地古朴，印制精美，充分表现了秦代简牍的风采。

里耶秦简的材质多为木质，极不容易保存，在历经如此漫长的岁月之后居然能保存完好，实属不易。因此，在该套邮票的设计中，设计师刻意采用写实的手法，以达到凸显里耶秦简质地、肌理的目的，强化秦简的物质真实感，并通过光影呈现的明暗变化，加强画面的空间感。邮票图案古朴柔和的暖色调，也让人有历史气息扑面而来的感觉。

邮票背景图案中采用的是咸阳宫壁画和秦代瓦当这两个具有代表性的秦代文化符号，以此强调里耶简牍所处的年代。其中第一枚邮票背景图选用的是"秦夔龙纹半瓦王"，是迄今考古工作者发现的最大瓦当，俗称"瓦当王"，1977年出土于秦始皇陵北面的建筑遗址中；第二枚邮票背景图选用的是"秦驷马图壁画"，1979年揭取于咸阳渭城区窑店镇秦都城遗址内。秦砖汉瓦作为中国秦汉盛世鲜明的文化符号和重要代表，真实反映了中国古代宫廷生活的

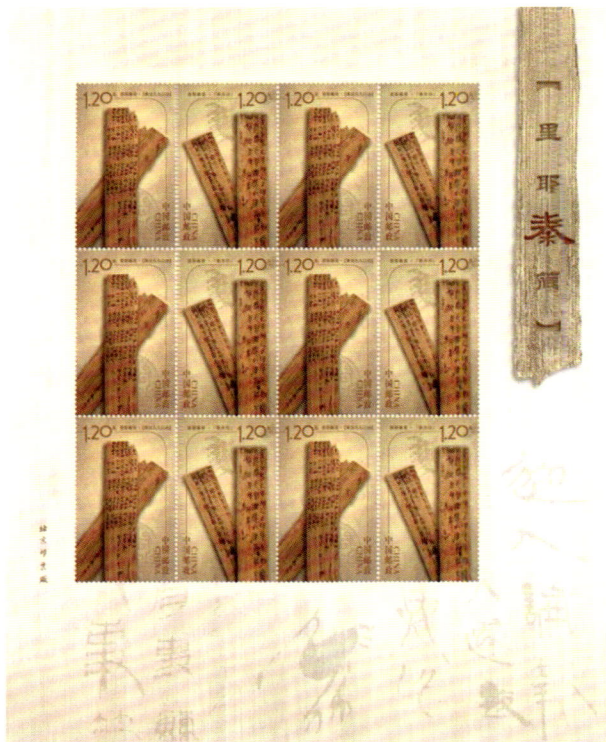

《里耶秦简》（小型张）

历史场景，再现了博大精深、源远流长的华夏文明。

　　首日封图案展现由出土的秦简实物图拼成的"秦简"二字，使用字体为秦代统一字体小篆，同时展现了里耶古城的全景。首日戳展现古代特有纹饰，以半圆形展现，并有"里耶秦简"及"2012.9.13中国"字样。

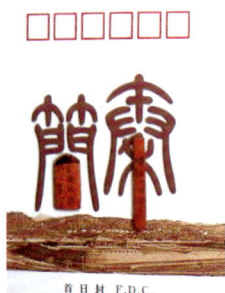

《里耶秦简》（首日封）

　　2013年4月25日，为纪念中华全国集邮联合会第七次代表大会，中国邮政发行《中华全国集邮联合会第七次代表大会》纪念邮票，全套小型张1枚。小型张主图为里耶秦简"迁陵以邮行洞庭"木简及其泥封印章；边饰为井陉秦皇古驿道和里耶秦简上

各种秦隶文字。

　　里耶秦简"迁陵以邮行洞庭"木简及其泥封印章，是中国最早的书信和印记实物，距今已有2200多年历史，是世界上现存最早的信函实物和邮差记录。"迁陵以邮行洞庭"7个古隶文字的秦简，相当于现在所使用的邮签；秦简上的"酉阳丞印"四字泥封印章是当时人们在寄发信函时用胶泥盖在信件封口上的一个印记，相当于今天信函使用的密封条。这是当时官方传递信函的一个程序，以便保证邮件安全送达目的地。

　　里耶秦简不仅极大地增添和充实了秦代的历史文献和档案资料，也为全面研究我国古代邮驿制度提供了重要的史料依据。

《中华全国集邮联合会第七次代表大会》纪念邮票（小型张）

　　边饰中的秦皇古驿道位于河北省石家庄西部井陉县境内，距县城2.5千米。古驿道长约百里，贯穿太行山的山岭沟谷中。秦始皇灭六国而统一，以咸阳为中心，修建四通八达的驿道，其中就有由咸阳经太原郡至东垣线井陉段。

　　这里关山环立，地势险要，是山西、陕西通京的交通要冲，为历代兵家必争之地。秦驰道宽50步（折今69米），保留了原始的秦时驰道，可以清晰地在路面上看到古时车轮碾压而成的一尺多深的车辙印记，这是"车同轨，书同文"的唯一历史见证。井陉段驰道口被称为"天下九塞"之一，为陕、晋与冀、京四地人民的交流往来发挥了重要作用，被誉为华北地区的"古丝绸之路""茶马古道"。

　　本套邮票把秦代邮驿史的重要元素汇集一起，反映出古代邮驿传递在华夏的古老历史。

曾侯乙编钟

曾侯乙编钟为战国早期文物，出土后的编钟是由65件青铜编钟组成的庞大乐器，其音域跨5个半八度，12个半音齐备。它高超的铸造技术和良好的音乐性能，改写了世界音乐史，被中外专家、学者称之为"稀世珍宝"。

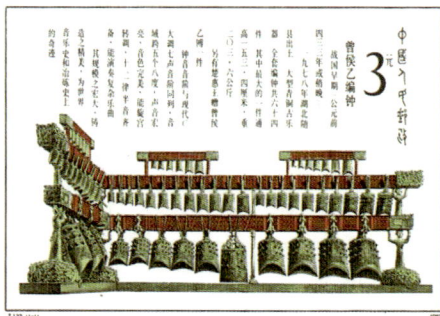

曾侯乙编钟

编钟是中国古代的大型打击乐器，兴起于西周，盛行于春秋战国直至秦汉。中国是制造和使用乐钟最早的国家。编钟用青铜铸成，由大小不同的扁圆钟按照音调高低的次序排列起来，悬挂在一个巨大的钟架上，用丁字形的木槌和长形的棒分别敲打铜钟，可发出不同的乐音。因为每个钟的音调不同，按照乐谱敲打，可以演奏出美妙的乐曲。豪门世家通常在木架上悬挂一组音调高低不同的铜钟，由乐工用木槌敲打奏乐。

春秋战国时期编钟风靡一时，和其他乐器如琴、笙、鼓、编磬等成为王室显贵的陪葬重器。1978年在湖北随县（今随州市）出土的曾侯乙编钟，出自湖北随州南郊擂鼓墩的曾侯乙墓。墓主是战国早期曾国的国君，同期出土的还有其他乐器近百件，都是珍贵的历史文物。

1977年9月的一天，随州城郊擂鼓墩驻军扩建营房过程中，偶然发现了曾侯乙墓。这是一个面积达220平方米，比长沙马王堆汉墓大6倍的"超级古墓"。当勘测小组赶到现场时，部队施工打的炮眼距古墓顶层仅差80厘米，只要再放一炮，这座藏有千古奇珍的古墓就会永远不复存在。

1978年5月22日，当墓室积水抽干后，雄伟壮观的曾侯乙编钟终于露出了它的真面目，所有在场的人都被这座精美绝伦的青铜铸器惊呆了：重达2567千克的65个大小编钟整整齐齐地挂在木质钟架上。在沉睡于地下2430年后，曾侯乙编钟得以重见天日。这是中国文物考古、音乐史和冶铸史上的空前发现。

这套编钟数量巨大，完整无缺。按大小和音高为序编成8组悬挂在3层钟架上。最上层3组19件为钮钟，形体较小，有方形钮，有篆体铭文，但文呈圆柱形，枚为柱状字较少，只标注音名。中下两层5组共45件为甬钟，有长柄，钟体遍饰浮雕式蟠虺纹，细密精致。另有一件镈钟，位于下层甬钟中间，形体硕大，钮呈双龙蛇形，龙体卷曲，回首后顾，蛇位于龙首之上，盘绕相对，动势跃然浮现。器表亦作蟠虺装饰，枚扁平。镈钟上有铭文，记述此镈钟乃楚惠王赠送的殉葬品。钟上有错金铭文，除"曾侯乙作持"外，都是关于音乐方面的。

在鼓中部和左面标出不同音高如宫、羽、宫曾等22个名称，另一面铸有律名、调式和高音名称以及曾国与楚、周、齐、晋的律名和音阶名称的对应关系。

钟架为铜木结构，呈曲尺形。横梁木质，绘饰以漆，横梁两端有雕饰龙纹的青铜套。中下层横梁各有三个佩剑铜人，以头、手托顶梁架，中部还有铜柱加固。铜人着长袍，腰束带，神情肃穆，是青铜人像中难得的佳作，以之作为钟座，使编钟更显华贵。

这套中国古代打击乐器中最大的（下层右数第一件）高153.4厘米，重203.6千克；最小的（上层右数第七件）高20.4厘米，重2.4千克。根据钟上的铭文和实际测音证明，这套编钟的每一件钟都能敲出两个相距小三度或大三度乐音。演奏时，由三个乐工双手各执一根丁字形木槌，分别敲击中层三个组的编钟来构成旋律。另外还有两名乐工，各执一根大木棒，分别敲击下层低音铜钟，构成和声，并起到烘托气氛的作用。经演奏证明，这套编钟音域宽广，包含五个八度，音色柔和优美。

　　曾侯乙编钟的出土，使世界考古学界为之震惊，因为在两千多年前就有如此精美的乐器、如此宏宏的乐队，在世界文化史上是极为罕见的。曾侯乙编钟的铸成，表明中国青铜铸造工艺的巨大成就．更表明了我国古代音律科学的发达程度。它是中国古

代人民高度智慧的结晶，也是中国"文明古国"的历史辉煌。

　　1987年12月10日，邮电部发行《曾侯乙编钟》特种邮票（小型张）。本套票是中国国宝系列邮票的第一套，票面是一套曾侯乙编钟。下部为编钟形象，上部为竖排的文字说明。画面与文字交相辉映，类似中国古代文人画卷中诗画一体的风格。整个票面古朴典雅，布局精巧。

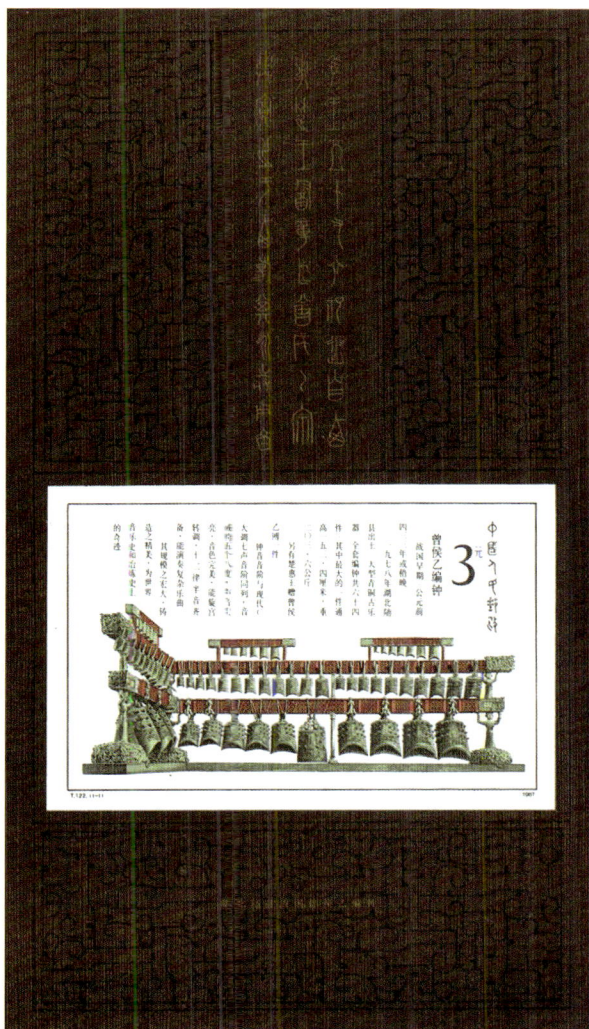

《曾侯乙编钟》（小型张）

汉代木牍

汉代木牍是指用笔墨书写在竹木材料上的汉代文书和文献，不仅具有很高的史料价值，也是很珍贵的书法墨迹。

简牍档案·汉代木牍

早在春秋末期至魏晋时代，"档案"一词就已出现。当时边关往来传递的文字多写在木牍上，这种木牍又叫牌子；牌子积累多了就用皮条串起来挂在墙上，称"档子"；档子贮存时间长了便叫"档案"。后来，书写在纸上的文字资料也就沿用"档案"之称，直至今天。

两汉时期由于纸张尚未普及，文书档案资料主要书写在竹木之上，称木牍或竹简。首次出土的汉简，是晋武帝太康二年（281年）在河南汲郡出土的"汲冢汉简"。20世纪30年代和70年代，中国西北科学考察团在汉代居城烽燧遗址（今内蒙古黑城附近）出土了大量汉代木牍。

汉简书写的文字内容主要是公文报告或书信记事，篆、隶、真、行、草各种字体几乎都有；加之受简面狭长、字迹小的限制，因而大多不拘形迹，随意挥洒、草率急就者居多。但章法布局仍能匠心独运，做到错落有致。同时，汉简在书写的指导思想上也没有受到那么多束缚，因此表现出丰富的创造力，最终成为由篆隶向行楷转化的过渡性书体，既接近隶书，又接近楷书、行书的一种书体的重要载体。从这些竹木简所看到的不同书体，是研究秦汉书法的第一手资料。

从20世纪初叶到70年代，我国先后在西北出土了一大批汉代木简：一是1907年在敦煌一带出土的汉代木简，这是真正发现的汉代墨迹，集为《流沙坠简》；二是1930年在内蒙古额济纳河流域出土的汉代木简（约1万枚），主要是汉代守卫在居延边防一带的中下层士史和士卒所写，集为《居延汉简》甲编；三是1959年在甘肃武威汉墓出土的竹木简（共469枚），主要出于社会下层的职业抄书人之手，集为《武威汉简》；四是1972年在甘肃武威旱滩坡汉墓出土的医药简（共92枚），主要是东汉医家的手迹，集为《武威汉代医简》；五是1972—1976年在甘肃北部额济纳河流域出土的大量汉代木简（约2万枚），这是我国历来发现汉简最多的一次，因大都发现在西北的甘肃、新疆一带，故称《西北汉简》。

这些简牍的内容十分广泛，涉及汉代社会的政治、经济、军事、文化等各个方面，为研究汉代西北屯戍的历史提供了第一手的材料，有很高的史料价值，也是很珍贵的书法墨迹。简牍不仅对研究我国古代文字的变化发展提供了重要的文字资料，而且在中国书法史上也是重要的组成部分。

这在《居延汉简》的书体中表现得尤为明显，虽然大部分用笔草率急就，简易速成，但却自由奔放，毫无造作之感。有的若篆若草，浑然一体，粗犷朴实，落落大方；有的古朴自然，形意俱足，风韵飘逸。书体中篆、隶、行、草皆孕育成形，各具特色，绮丽多姿。

在结体上，简书从秦隶的取纵势，一变而为取横势，在单行简书中还可以看出偏左取势；在章法布局上，显得生动活泼，规整中又出现不规整，每一简虽也有行数限制，但不受界格所囿，可以变化布局，甚至有纵行而无横行；在墨法上，讲究质朴而豪放的气势，其中不仅有章草，而且已有今草的用笔和字形，虽不成熟，但可以说是开创了今草的先河。

这些汉简对于东汉分书的影响更为直接。敦煌和居延出土的很多简书，西汉末年的《武威汉简》瘦劲宽博，笔画劲健，与东汉时期的《礼器碑》结体用笔皆相似。纯用毫端，形成了纤而能厚的流派，说明纤劲的书风早在西汉民间就已广泛使用和流传，到了东汉的《礼器碑》得到进一步提高，形成了东汉的重要流派之一。总之，我们从简书中可以看到笔画纵横飞动，结构自然浑成，有厚重质感的各类风格的书体，发展成为东汉工整精妙、厚重古朴、奇纵恣肆的各类碑刻书体，并为后来的楷、草书体的形成奠定基础的脉络和轨迹。

正是《居延汉简》的粗犷朴实、自然简洁，形成了汉代书法艺术绮丽多姿的景象，因此和殷墟、甲骨文、敦煌遗书一起被称为20世纪中国文明的"四大发现"。

1996年9月2日，为祝贺第13届国际档案大会在我国召开，并展示我国源远流长的档案工作，中国邮政发行《中国古代档案珍藏》特种邮票，1套4枚。其中第二枚为《简牍档案·汉代木牍》（参见题图）。画面主图为1993年在江苏省连云港市东海县温泉镇尹湾汉墓六号墓中出土的简牍，背景为六号墓中出土的一枚同样大小的木牍，做了局部放大。图案色彩与龟甲不同，呈现出一种木质的暖和感觉。

这些木牍（包括"集簿"等10余枚）和竹简（包括"东海郡属吏行视日记"等70余枚），详细记载了东海郡的上级、行政建制、吏员设置、任命、升迁、考勤、巡行视察等情况，是迄今已发现的我国最早和较为完整的一份郡级行政单位文书档案。

邮票画面上的木牍长23厘米，宽7厘米，其内容为"占取（娶）妇嫁女、问行者、问墼者、问病者、问亡者等的术数图局"。而作为背景的那枚木牍，其正、反两面均用恭谨的隶体墨书竖写，共4000多字，内容为"太守·都尉府暨县、邑、侯国吏员集簿"。这些简牍为研究我国汉代的历史提供了重要实物资料。

《汉代木牍》（纪念封）

明代铁券

明代铁券是明代皇帝赐给功臣的一种可让其本人和家族享有优厚待遇或免于死罪的特别凭证。其系铁金属制造，以便于永久保存。

50分 CHINA 中国邮政
1996-23 (4-3)T

金石档案·明代铁券

铁券是中国封建时代皇帝赐给国家功臣或朝廷重臣的一种具有奖赏和盟约性质的特殊凭证，允诺其本人或家庭可世代享有优厚待遇及免于刑罚（死罪），又称"免死金牌"或"免死券"。因为古代皇帝的权力至高无上，其圣旨便是法律，因此铁券也具有超越国法之上的作用。

铁券通常是外形如筒瓦状的铁制品，铁券上的信词通常用丹砂填字，因此被称为"丹书铁契"。梁朝时曾用银来填字，即称"银券"；隋朝时用金填字，亦称"金券""金书"；因铁券可以世代相传，因此又称"世券"。

"丹书铁券"制度始于汉代。据史书记载，汉高祖刘邦在夺取全国政权、建立大汉王朝后，为巩固其统治地位并笼络功臣，决定颁给开国元勋"丹书铁券"作为褒奖。他颁发圣旨，"命萧何次律令，韩信申军法，张苍定章程，叔孙通帛礼仪"，随后与各位功臣剖符作誓，将丹书、铁契、金匮、石室藏于宗庙。其中的"符"就是通常所说的"契"，即皇帝与各位功臣之间信守誓约的凭证；"丹书、铁契、金匮、石室"，即以铁为契，以丹书之，以金为匮，以石为室，将皇帝与功臣的信誓用丹砂写在铁券上，装进金匮藏于石头建成的宗庙，以示郑重和保证铁券安全。一开始铁券尚无免罪和免死的许诺，只是作为加官晋爵、封侯纳地的凭证。

南北朝至隋唐时期，北魏孝文帝颁发给皇室宗亲和心腹大臣的铁券主要是作为防身护家之用。到南朝的宋、齐、梁、陈四代，对于功臣颁发铁券、用以表示免死特权的做法已较为普遍。隋唐时期，颁发铁券成为常态，并作为朝廷的一项制度稳定下来。凡开国元勋、中兴功臣和少数民族首领皆赐予铁券，一些受宠的宦官也曾被颁发铁券，以保其荣华富贵。北周太祖宇文泰曾赐李穆铁券，恕其十死。唐中宗曾赐杨元琰铁券，也是恕其十死。至唐代晚期，藩镇割据，皇帝更是大量颁赐铁券以讨好拥有兵权的将领，后来发展到一些藩镇将领也对部下采取赐铁券免死的奖励。

到宋代，铁券颁赐制度进一步趋于完备。《水浒传》里的小旋风柴进，作为大周柴世宗子孙，因柴世宗陈桥让位有功，太祖武德皇帝特赐于他丹书铁券，保证所有柴氏子孙有罪不得加刑。当时世人都知道，柴家有丹书铁券在家，因此"无人敢欺负他"。显然这丹书铁券比尚方宝剑还要管用。据称赵匡胤生前曾在太庙里立下石碑，碑上就镌刻着"保全柴氏子孙，有罪不得加刑"和"不得杀士大夫及上书言事者"的誓词，并要求子孙不得背弃上述誓言，否则即遭天罚。后来的新天子即位都要到太庙里去拜碑，并默诵誓词。

明朝建立后，沿袭了宋代的铁券颁赐制度。铁券镌刻的内容一般包括四个方面：一是赐券的日期，赐予对象的姓名、官爵；二是记载被赐者对朝廷的功勋业绩；三是皇帝给被赐者的特权，如免死等；四是皇帝的誓言。按朝廷的有关律法，持有铁券的功臣、重臣及其后代，可以享受皇帝赐予的种种特权。

我国现有的铁券实物，唐代的仅有乾宁四年

（897年）唐昭宗李晔赐给镇海、镇东等军节度使钱镠的一件铁券。券为复瓦形，长52厘米，宽29.8厘米，厚0.4厘米。上嵌金字诏书333字，誓词称："卿恕九死，子孙三死，或犯常刑，有司不得加责。"该券在元朝曾一度失落，钱氏后人重价购回保存。1951年，钱氏后人将它捐献给国家，先藏浙江省博物馆，现由中国国家博物馆收藏。

明代铁券存世的还有"会川伯赵安铁券"，是正统五年（1440年）明英宗赐给镇守陇右的土司会川伯赵安的。长20.7厘米，宽39.8厘米，厚0.2厘米，嵌金字219字。此券保存甚佳，券字金色灿然，无一字残损，现藏甘肃省渭源县文化馆。

20世纪80年代中期，青海省档案局在征集民间文物时，从西宁郊区征集到一件明代铁券，是天顺二年（1458年）明英宗朱祁镇赐给军功卓著的高阳伯李文的。铁券长37.5厘米，宽21.2厘米，厚2厘米左右，重1.3千克，正面206字，反面11字，共217字，均为颜体，金锉方法，字基本完整无损，写有"食禄一千石，免本人死罪一次"的誓词。该铁券是我国档案界保存很少的铁券之一，1991年曾将其复制件运往加拿大展览，在国际上引起轰动。

1996年9月2日，为祝贺第13届国际档案大会在我国召开，并展示我国源远流长的档案工作，中国邮政发行《中国古代档案珍藏》特种邮票，1套4枚，其中第三枚为《金石档案·明代铁券》（参见题图）。画面主图为明英宗朱祁镇于天顺二年（1458年）赐给军功卓著的高阳伯李文的免死铁券，背景为铁券上文字拓印的局部。

《中国古代档案珍藏》（首日封）

清代国书

国书是各国元首之间为派驻大使或遣使访问、相互往来的正式文书。由于鸦片战争的失败和列强的入侵，清代紧锁的国门被强行打开，近代外交的出现产生了清代国书。

纸质档案·清代国书

清朝初、中期，随着社会经济的发展和政权的逐步稳定，清史书编修之勤、数量之多、种类之繁、卷帙之大，均为历代所不能及。清末由于对外交往日趋频繁，档案中开始出现外文档案，其他如电报档案、照片及影片档案等，也在这一时期陆续出现了。

国书作为一国元首代表本国政府致书于另一国元首的正式文书，主要用于国际交涉时，由特派专使递送；或于公使赴任、卸任时，由公使晋见驻在国元首时呈递。外交使节一般在递交国书后方能正式履行职务。国书有正本、副本之分，正本加封，副本不封口。

清末的大清国国书封面都有涤金龙刺绣，象征"如朕亲临"，华丽典雅，流露大国风范。最上方是一条正面蟠龙，有"领袖翘首天下"之意，另有两条立身行龙护文，符合三角构图美感，最下方是汹涌的波涛。国书均以漂亮工整的楷书书写汉、满两种文字。例如下面这封《大清国致大日本国国书》：

大清国大皇帝问大日本国大皇帝好。敝国与贵国相依唇齿，敦睦无嫌。月前急有使馆书记被戕之事，应深惋惜。一面缉凶惩民间，而各国因民教仇杀，致疑敝国袒民嫉教，竟占大沽炮台。于是兵衅猝起，大局益形纷扰。因思中外大势，东西并峙，而东方只吾两国支持其间。彼称雄西土虎视眈眈者，其注意岂独在中国乎？万一敝国不支，恐贵国亦难独立。彼此休戚相关，亟应暂置小嫌，共维全局。现在敝国筹兵御匪，应接不暇，排难解纷，不得不惟同洲是赖。为此披忱布臆，肫切奉书。惟望大皇帝设法筹维，执牛耳以挽回时局。

并希惠示德音，不胜激切翘企之至。

日本天皇接到大清皇帝国书后，迅速给予了回复：

大日本国大皇帝复大清国大皇帝陛下。杉山书记生被戕之事，前已传闻，未得确耗可据，顷接贵国来电，始悉其事的确，良深悲叹。迩来北方团匪日益猖獗，妄动乱举，无所不至。驻京各国钦差暨各署员等，竟被围绕攻击，甚至某国使臣闻已被击而亡。贵国所派官兵，既不能救护使臣，又不能弹压匪徒，殊不知公法有言，外交官之身尊而无犯之理。若于使臣之身稍加冒失，已属有违公法，况于杀害使臣乎！当此之时，贵国政府如果实力剿平匪徒，救护现存各使臣，则余事自将易办。是仍大皇帝目下对中外应尽之责，断不可踌躇而不为。自上月以来，各国将大兵派往天津，敝国亦不得不调派兵员，协同办理。

惟此举实系为弹压匪类，救护使臣起见，此外别无他意。是以贵国政府倘能趁早将各国使臣救出重围，即足见贵国政府不愿与各国开衅之实据，自应减少贵国祸端。敝国与贵国素敦睦谊，苟有实为紧要事，敝国亦不敢辞劳。今贵国政府如能迅赐弹压，以表救护使臣实据，即日后与各国议和之际，敝国自应从中出力以保贵国利益也。兹特具电肃覆，惟大皇帝鉴之。

而下面这件系清廷致英国国书，用满汉文对照缮写，满文在左，由左而右；汉文在右，由右而左，俱直行书写，并钤有印玺，由镇国公载泽、署兵部左侍郎徐世昌、商部左丞绍英联衔呈递，以示亲仁善邻、参观互证之意。国书为册页式，外装双龙盘珠封套。

1996年9月2日，为祝贺第13届国际档案大会在我国召开，并展示我国源远流长的档案工作，中国邮政发行了《中国古代档案珍藏》特种邮票，1套4枚，其中第四枚为《纸质档案·清代国书》（参见题匣）。画面主图为清光绪三十一年（1905年）八月，光绪帝派载泽等三人赴比利时考察政治，向比利时匡君递送的国书封面，背景为该国书的内容局部。

邮票画面上展示的这件清代国书，系满、汉文合璧、纸质，长220厘米，宽235厘米，折叠式，黄色墨书，外加龙纹彩边，封底、封面系金丝和绒线绣制的真龙形象。国书置于黄缎函套之中，函封上端书满、汉文字《大清国国书》。函套之外加以红面黄底锦匣，装帧极为精致。

该国书的内容首先是光绪帝向比利时国君问好，讲述两国友谊；接着介绍镇国公载泽、署兵部左侍郎徐世昌、商部右丞绍英赴比国考求政治，以便清政府研究采用；最后希望比君"推诚优待"。国书末的时间为"大清光绪三十一年八月初九日"，并加盖满、汉文合璧的"皇帝之宝"印玺。

此件国书原本应由载泽等人到比利时后向比君亲自递送，但事有骤变。当年八月二十七日，正当载泽等从北京东车站登车启程之际，忽遭革命党人吴樾投掷炸弹，数人受轻伤。载泽等人虽然无恙，仍中止出发，行期延后；所携国书亦缴回朝廷，以后一直存放宫中，现收藏在中国第一历史档案馆内。十月二十六日，清廷改派山东布政使尚其亨、顺天府丞李盛铎，会同载泽、戴鸿慈、端方，前往各国考察政治。

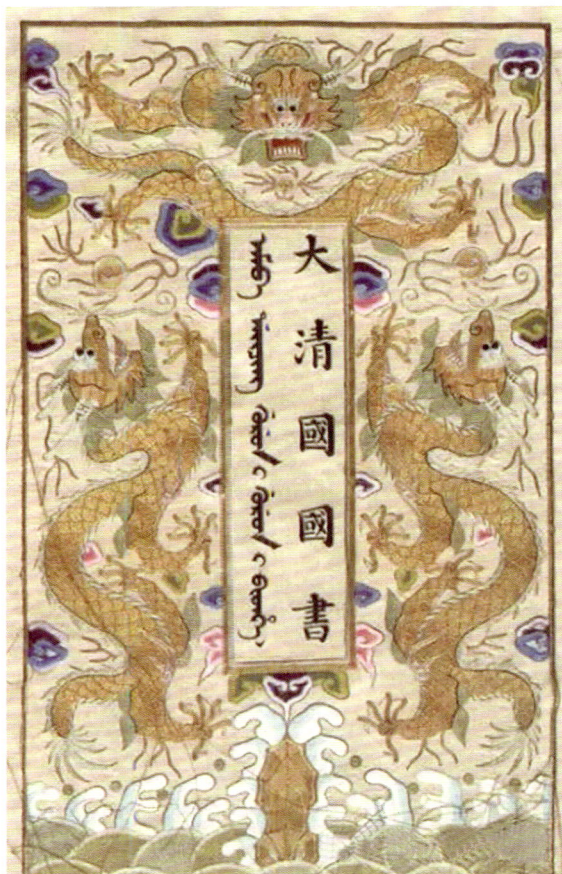

大清国国书（封面）

后记

　　昨夜江边春水生，艨艟巨舰一毛轻。

　　向来枉费推移力，此日中流自在行。

　　宋代著名理学家朱熹在诗中借一江春水说明往日舟大水浅，众人使劲推船也白费力气；而当春水猛涨时，即使不费很大气力，巨舰也能自由自在地飘行在水流中。全诗寓哲理于生动形象的比喻之中，富于理趣，千百年来一直为人们所传诵，对我们今天在新的历史条件下，努力推动国学大众化也具有重要的启示。

　　在本书编写、出版过程中，全国政协委员、第十一届福建省政协副主席、本书顾问陈义兴给予许多关心和指导；福建省爱国拥军促进会会长、福建省民政厅原厅长、本书编委会主任黄序和全程参与策划，并给予精心指导；我省著名企业家、正祥集团董事长、本书编委会主任吴富立热爱中国传统文化，为本书出版提供了重要保障；福建省政协农业与农村委员会主任刘宏伟、福建省集邮协会会长黄建计及各位编委群策群力，努力为国学大众化贡献力量；我省集邮专家、本书编委宋晓文、郑启五认真审读书稿，提出了不少宝贵意见；编写组成员周威、程晓刚、李小安等克服各种困难，按时完成了资料搜集和编写任务；厦门大学出版社总编辑宋文艳、责任编辑章木良、美术编辑李夏凌等也为本书出版付出了许多辛勤的劳动。在此，我们一并表示衷心的感谢！

　　把国学与邮票结合起来，以此推动国学的普及，既是一项颇有意义的创新，也是一项大胆而有益的尝试。由于国学博大精深，而本书编写时间较为匆促，加之编者水平有限，书中难免存在诸多不足乃至错讹之处，尚祈读者予以批评、指正。

　　往事越千年。正是孔子与朱熹这两座中国古文化的巍峨高峰，撑起了中国历史发展和文明进步的永恒时空，令人高山仰止。可以说，泰山借孔子而彪炳千秋，武夷山因朱熹而名垂史册。

　　殷切希望本书的出版能有助于加深读者对国学的理解和认识，树立坚定的文化自信，在实现中华民族伟大复兴、迎接中华文化繁荣昌盛的道路上奋力前行。

主编

2019年8月10日